公共预算经典译丛

预算:比较理论

［美］ 阿伦·威尔达夫斯基 著
　　　（Aaron Wildavsky）

苟燕楠　译

上海财经大学出版社

图书在版编目(CIP)数据

预算：比较理论/(美)威尔达夫斯基(Wildavsky,A.)著；苟燕楠译．
—上海：上海财经大学出版社，2009.6
(公共预算经典译丛)
书名原文：Budgeting：A Comparative Theory of Budgetary Processes
ISBN 978-7-5642-0444-0/F・0444

Ⅰ．预… Ⅱ．①威…②苟… Ⅲ．国家预算-财政管理-对比研究-世界 Ⅳ．F811.3

中国版本图书馆 CIP 数据核字(2009)第 007880 号

责任编辑　张　虹
封面设计　张克瑶

YUSUAN：BIJIAOLILUN
预算：比较理论
[美]　阿伦・威尔达夫斯基　著
　　　　（Aaron Wildavsky）
苟燕楠　译

上海财经大学出版社出版发行
(上海市武东路 321 号乙　邮编 200434)
网　址：http://www.sufep.com
电子邮箱：webmaster@sufep.com
全国新华书店经销
上海市印刷七厂印刷
上海叶大装订厂装订
2009 年 6 月第 1 版　2009 年 6 月第 1 次印刷

787mm×1092mm　1/16　21.5 印张　397 千字
印数：0 001—4 000　定价：46.00 元

图字:09—2006—316号

Aaron Wildavsky

***Budgeting: A Comparative Theory of Budgetary Processes* (Revised Edition)**

Copyright © 1986 by Transaction Publishers, New Brunswick, New Jersey.

This edition is an authorized translation from the English language edition published by Transaction Publishers, 35 Berrue Circle, Piscataway, New Jersey 08854. All rights reserved.

All rights reserved under International and Pan-American Copyright Conventions. No part of this book may be reproduced or transmitted in any form or by any means, electronic or mechanical, including photocopy, recording, or any information storage and retrieval system, without prior permission in writing from the publisher.

CHINESE SIMPLIFIED language edition published by **SHANGHAI UNIVERSITY OF FINANCE AND ECONOMICS PRESS**, copyright © 2009.

2009年中文版专有出版权属上海财经大学出版社
版权所有　翻版必究

第二版序言

第一版的衍生目的是在一本书中展示已知的主要部分，公共支出怎样实施、如何改进，以及预算过程中的主要模式如何才能被谨慎地解释，这是一个难以完成的任务。

也许，除了第一版中某些内容的评论公开批驳已提出的主要理论，在十年内没有与此相提并论的书或者书评出现并不令人惊讶。现在，我将着手至关重要的工作，涉及该理论的所有瑕疵的自我评价。

正如在第一版中所述，"预算理论的检验受限于那些富裕且不确定的现代国家政府的缺失"。尽管"我怀疑这个世界正在弥补这一缺失"。出乎意料果真如此了。自20世纪70年代中期以来，看起来似乎仅有少数其他的检测。没有人了解政府部门怎样快速地扩张，彻底的支出控制会怎样崩溃，或富国的预算支出在来年将以多快的速度变化。第二版的主要任务即在解释这些现象。

原来的分析体系存在两个主要缺点：第一，分析是静态的而非动态的；第二，分析过于绝对化。因此，原来的体系难以适应时代的变化。当然，这不是目的；20世纪70年代早期，似乎通过财富和确定性的组合即足以划分预算过程的主要类别。这些国家怎样以及为什么变得更加贫穷或者更加富裕与或多或少的确定因素被认为是重要问题，但是，其中没有任何一个问题是我能够解答的，或者据我所知，没有任何人能够解答。我没有打算矫正这两个缺点。我仅仅是期待着解释现实世界中社会变化的根源，这需要圆满的答案。

我将尽力做的是将这两种迷失的联系连接起来——国家创造历史（而不仅仅是其主题）的能力和它们采取的多种策略的变化——为了解释预算程序更广泛的范围。这种联系通过政治文化连接起来。

在贫困和不确定性的极端方面，行为是确定的。正因如此，旧式的分类仍然能够描述穷国的预算，也仍然公正地涵盖了穷国和富国之间的差异。然而，现在我宁愿否认大多数行为是确定的。不同的政治文化对社会关系的期待有不同的偏好，因此，也采取不同的预算策略。在第二版中，我的方法旨在把旧式分类作为静态情况的反映而抛弃，同时把多种政治文化汇集起来作为变化的激励因素。在富国有许多变量,因为财富导致更少的限制,但是,富国可能浪费它们的优势。在最贫穷的国家,运用策略的余地较小,所以,它们必须更加努力;但是,穷国也能够改善它们的地位,即使可能花费更长的时间。

根据这个思路,我竭力利用富国已经改变的行为的事实。通过展示两个时期的数据——20世纪50年代晚期至60年代与20世纪70年代至80年代早期相比较——我希望展示变化的程度。无论我是否能够利用这个机会更好地解释这种变化存在问题的特征。任何想尝试的人都会收到一份公开的邀请。

第二版中,自我反省的起点可能说明这样的事实,即这里提出的新理论不至于取代扩展和补充旧理论。针对与财富和确定性相关的原外生变量,我基于参与者对不同生活方式的偏与好补充了内生变量(政治文化或政体,如我所言)。针对这些国家特定时期的实际情况,我引入了激励政府和人们以多种方式塑造他们的环境,以便适应他们偏好的共同价值和习惯,尽管这个富于变化的解释仅仅使分析更加复杂,还是使有辨别能力的解释易于理解,仍有待证实。

时间的安排使我的工作既容易又困难。预算改革的经历使我能够划清主要的改革类型,以及把具有代表性的结果与之联系起来。因此,不再用五个章节描述一个相对狭窄领域的经验,现在有一章的内容范围更为广泛。然而,我必须用分散的参考文献去解释少数国家抑制政府增长的行为,他人的工作促使我比较许多国家的支出控制——或者,更精确地说,控制的衰落,并且分析为什么在西方世界政府扩张与其他社会因素相关(冰岛可能除外)。学术研究广度和深度的进步使得第二版的内容体系更加方便和简洁地涵盖更多的基础内容。

但是,并不是全部新趋势都倾向于压缩。新项目以前几乎没听说过,不完全是因为它们不存在,而是因为它们太小。不要言过其实,几年前,比起必须的认可,政府增长伴随着比几年前认为是必要的更多的重要支出方式。无论是那时的支出是否更简单,还是我们预算专业的学生头脑是否更单纯,都没有考虑可比数据仍需收集的问题更重要。

当然,我提到了权利、借贷、借贷担保、预算外企业、税收支出、反通胀指数、征收私营部门的税费、无法计量的变量,当政府过小时,这些在预算过程中几乎不可见。在这些需要特定专业的领域没有一个有可比较的政府间数据。然而,预算专业的学生们没有些许懊恼,他们必须承认正是这些策略,在顺利时期称为"后门支出",并且也没有园艺般多姿多彩的拨款来弥补大部分(等于三分之二或更多)公共支出。权利或借贷担保或税收偏好程序毫无疑问是预算程序,但它们可能不同于我们一直关注的拨款程序。虽然我会间接提到这些支出障碍,利用关于它们的任何出版物,因为可比较的文献相当少,没有办法做到客观公正,而且也不可能,我能承诺的仅是在另一个十年中做得更好,这算是一点的安慰。

如果有第三版,另一个主题应给于特别重视。生活已经给了我们检验一个世界上最古老的假设的可能,富裕和贫穷(在这里,国家以及人民)之间的差别正是金钱。在世界不同的角落里,石油储量丰富的国家突然出现——尼日利亚、委内瑞拉、墨西哥、沙特阿拉伯以及中东其他国家——为考察支出过程提供了绝无仅有的机会:(1)快速增长超出了预先的想象;(2)随后快速下降;(3)尽管国家收入较之以前保持在一个相当高的水平。学生们现在或者不久将分析这些经验。他们怎样证实——持续的经济增长和政治稳定,倒退的不稳定,比以前或某段中间水平更糟——应该为金钱与人民和制度的相对重要性提供重要的启示。

看待本书研究的一种方式是意识到当拨款已不再重要时,我们才开始理解它。另一种方式是,理解国家为什么以及如何利用其环境提供的机遇的舞台已经搭好(或避免由于无能而被破坏)。如果你在写这本书,你也会选择第二种方式。

导　言

　　本书旨在搜集某些地方现存的预算知识。"现存",我指的是合理、可信地考查在一个特定的政府层面预算是如何实施的。"知识",我指的是一系列真实的见解或者一份把每次预算程序描述为一种可识别财物的实例的事实文件。本书描述了英国、法国、日本以及美国等富裕国家,而没有以德国、瑞典或苏联为例,前面这些国家的预算程序已被研究并报道,而后面这些国家没有受到相同的学术关注。

　　预算的焦点是清晰明了的比较。本书中,预算程序研究是根据列举财富、可预测性、催生预算行为特征的文化等方式进行分类的。这解释了其他似乎是奇异的制度安排。在第一部分中,提出了一个一般性的理论。第二部分描述了富国、穷国、美国城市以及美国各州的预算程序。我的分析将按照类别而不是按照国家排序。财富和确定性(富国)在先,接着是穷国和不确定性(低收入国家),贫穷和确定性(美国城市),其他因素的综合(美国各州)。据我所知,这些预算程序占据了有利的变量。第三部分涉及国家如何根据资源配置和预算规则运用预算程序处理冲突。第四部分提出和运用预算的文化理论;在该部分,我力图解释收入和支出之间的平衡,为什么所有工业化的民主国家的政府会增长,为什么为了不同的目的支出增长的比例不同。

　　研究预算的原因——或者支出过程,一如有时候所称——是很多的。这十分重要。人们参与其中,关注他们的所作所为。他们的行动对政府内或政府外的许多人而言是很重要的。预算和"政治活动"之间的联系十分紧密。资源配置必须反映权力分配。对预算而言,最基本的是它必须揭示人们生活在特定政治文化背景下的规则;它的选择是根据资源限制的固有特性,在共识已经建立和冲突已经协调的基础上进行的。政府的权力是通过其不仅能够编制预算而且也能够执行预算的能力来体现的。公共决策决定了什么项目将被通过,谁将会从项目中获利,什么样的资金水平会用来支持项目。公共决策是通过预算来体现的。执行也是如此,因为当执行不好的时候,项目不会按照计划(或者全部)被实施,除非允诺资金支持。如果延误公正意味着否认公正,那么,一项预算被否决意味着一个项目流产,一份资金被转移意味着一项政策被遗弃。当一项程序关涉权力、政局、文化、共识和冲突时,这项程序将占据大部分国家的政治生活。

预算的研究也传达了重要的方法优势。任何地方只要稀缺资源要在大量需求者之间进行分配,预算程序即以某种方式进行,实际上每个地方都是如此。在危机和稳定之间,通过观察偶发的重大事件或持续的小调整,政治学的学生们在预算中发现了一种合理的妥协:一直在制订重大决策。数据存在且可信的地方(且有这样的地方),这些程序的结果以数据形式出现。例如,在美国,投入(支出申请)和产出(实际拨款)是公开制定的。因此,以更严格的方式去检测预算假设(通过询问人们做了什么和观察他们怎样做而得到)是合理的。

不过,比较的确需要高度概括,同时也丧失了独特性。没有一种工具在所有时间适用于所有目的。[可能存在始终如一的人,但《桂河大桥》(*Bridge over the River Kwai*)中的科洛内尔·尼科尔森(Colonel Nicholson)——有时很好,有时却很糟——而非托马斯·莫尔爵士(Sir Thomas More)在现代条件下似乎更真实。]因此,读者将不会遇到对这些饱受争议的职位上的个人的讨论。然而,我们所有人都知道,谁(因为意识形态、阶级、政党、名流)拥有这些很重要。格拉德斯通(Gladstone)和迪斯雷利(Disraeli)都曾是财政大臣,在主管财政部时,一个比另一个更出色。然而,我认为,与任何其他点滴的信息相比,熟悉依附于职位的角色几乎总是更有用处。如果某人对于弄清楚涉及支出具体情况的最新趋势的可能性感兴趣,那么政界名流的信息和主要决策制定者的倾向是必不可少的。如果某人正在寻求关于最大多数事例的最权威的预测性变量,那么关键角色将胜过名流。当这些条件不正确的时候,一个确信的征兆是一些事情一定出错了,也许是观察者,也许是被观察者。

在吝啬和慷慨之间可以做到平衡。充分解释所有影响预算的因素,即使可能,也会使每个人精疲力竭而非清楚明了。与一个条理清晰的解释相比,这看起来更像是洗衣清单——或者更好点的话,一份电话号码簿——坦率讲,可能会影响预算的因素——仅举几个例子,如石油危机、通货膨胀、货币的相对价值、利率、罢工、国内政党争端——一直在变。我们真正想要的是关于更持久的力量的知识,这样我们就可以将其运用到当前调查的结果上。知识,正如肯尼斯·波尔丁(Kenneth Boulding)曾说,涉及原始资料的丢失;否则,人会被大量有所了解的事情所淹没。[1]

预算的本质内容不是我要讨论的主题。对每项预算决策是怎样以及为什么制定与实施的理解,会清晰彻底地表明政府自身的意图。没有人能够如此宣称,等到全部政府政策支出的影响已经结束时,没有什么会留下且需要解释。本书探讨预算过程,不是探讨能源或福利或国防。分析单位是组织,不是政策。但是,组织和组织产生的政策以及与制度结构相连的偏好因素之间的联系,我们称之为文化,是本版的一个新视角。类似地,对于预算失衡和政府规模增长趋势的解释,尤其在社会福利项目方面解释大量增长的原因,也是新增内容。

政策领域之一——政策关乎预算程序的合理结构和运行——与本书关心的问题直接相关;如果我们对预算毫无关联,我们应该能够将其应用于分析改革的长期性问题。了解事情的运作方式是使其更好地运作或至少是以不同方式运作的一个必不可少(尽管不是唯一)的部分。我将说明我为什么认为确立整体的支出限制会产生重要的作用,当今的其他提议——项目预算、零基预算、多年期预算、项目否决——即使被采用,也不会奏效。理解预算过程中发挥作用的主要变量有助于解释失败并为成功的改革指明道路。

注　释

1. Aaron Wildavsky, "Information as an Organizational Problem," *Journal of Management Studies* 20, no. 1 (January 1983):29—40.

序 言

《预算：比较理论》是一本非常特别的书。它是渐进主义者的理性诉求，也是理性主义者的渐进探索，应运而生，后无来者。威尔达夫斯基再一次在预算这个新世界里别开生面，类型化、比较、分析、综合、建构。

本书是一本诠释现实的书，更是一本写给未来的书。在文化理论广阔的视野下，预算过程的冲突与妥协揭开神秘的面纱；在预算过程丰富多彩的舞台上，文化理论发现了新天地。在提出一个普遍的理论框架后，本书系统分析了财富和确定性（富国）、贫穷和不确定性（低收入国家）、贫穷和确定性（美国城市），以及其他因素的综合（美国各州）等条件下的预算过程，探讨了预算过程中的矛盾与冲突，建构和运用了预算的文化理论。阿伦·威尔达夫斯基是公共预算研究领域最著名的学者之一，曾任美国加州大学伯克利分校政治科学系主任和美国政治科学协会会长。在超过40年的研究与教学生涯中，他先后出版了《预算过程中的政治》、《预算与治理》、《预算：比较理论》等多部影响深远的著作，运用渐进主义理论视角，围绕"预算即政治"这一核心命题，超越了预算技术的狭窄范畴，极大地拓展并深化了预算研究的领域。从某种意义上讲，正是因为有了威尔达夫斯基和他的著作，预算研究变得生气盎然。

作为一个以预算研究为业的人，威尔达夫斯基的著作高山仰止。艰苦的翻译过程对译者而言，更多的是会心的微笑和发现的快乐。逝者如斯，新的航程才刚刚开始。

感谢贾康教授，在翻译过程中给予我很多的启发与帮助。感谢杨君昌教授、蒋洪教授、丛树海教授的支持。感谢袁敏编辑、张虹编辑的耐心与认真，感谢何小杰、王珍、徐晓鸣、戈珍珍、陈虹等同学对部分初稿的整理，正是因为他们的努力和帮助，本书的翻译才得以顺利完成。

荀燕楠
2009年6月10日

目 录

第二版序言/1

导言/1

序言/1

第一部分 理 论

第1章 关于预算过程的比较理论/3
定义:预算服务于多种目的/3
模型:预算关系的简化模式/5
变量:规模、财富和预期性/9
政治结构/14
政治文化/16
富国为什么可能不确定/18

第二部分 过 程

第2章 富国和确定性(不确定性):美国联邦政府/23
预算倡议者与国库管理者:20世纪50年代初至70年代初/24
计算和调整/26
1974年预算改革法案颁布前的国会权力/28
1974年的预算改革法案,1974年及之后/29
新游戏规则/30
扣押权的控制/31
预算执行过程/34
预算过程中是否有增加支出的偏见/39

调解与激进的改革/40

第3章　由定性分析转入定量模型分析/43
　　初始模型/44
　　原始数据的检验结果/48
　　异常情况/50
　　扩展模型/54
　　对比初始模型检验扩展模型/56
　　探讨环境对各部门的影响/59
　　渐进主义、协调和按比例削减预算/61
　　预算与经济/65
　　长期：回顾熊彼特、米塞斯和哈耶克的观点/68

第4章　信任、公断和均衡：英国、法国和日本的预算/71
　　相互信任/72
　　计算/73
　　环境/74
　　财政部/75
　　部门和财政部之间的讨价还价/77
　　内阁会议/87
　　议会/89
　　地方政府预算/91
　　日本的道路：通过最大化公平份额减少冲突，从而把数字转变为事实/95
　　法国：预算作为受理上诉的法院/106

第5章　穷国和不确定性：低收入国家/118
　　穷国的不确定性/120
　　收入约束：财政部的角色/126
　　反复编制预算/127
　　支出约束：支出机构的角色/129
　　预算编制和发展/134
　　政治：正式的和非正式的/138
　　总结/141
　　对文化的评论/142

第6章　贫穷与确定性：美国城市预算/147
市政预算模型/147
政府对于环境变化的反应/163
收入预算：从20世纪70年代中期到80年代中期/169

第7章　政治结构的影响：美国各州/178
财政问题/179
加利福尼亚州/182
密歇根州/183
策略问题/187
计算问题/193
结论/196

第三部分　冲　突

第8章　策略和计算/203
策略/203
动荡时代的预算编制/207
支出限制的出现/209
有人控制支出吗/213
计算/220
渐进主义的制度化/222

第9章　应对变化/225
计算与矛盾/226
问题解决的类型/229
预算矛盾的序言/234
富国的财富、税收和政治/235
社会、政治和矛盾/246
预算与政治/249

第10章　竞争的模式，或为什么传统预算仍然持续/254
衡量单位：现金或数量/256
时间间隔：几个月、一年、多年/258

计算：渐进或者综合/260
拨款或者财政预算/264
结构预算差额法/266
为什么继续使用传统预算方法/267

第四部分 文 化

第11章 文化前景下的预算/273
支出和税收是政体的一种功能/273
考察文化理论/276
预算的形式/277
预算主体是一种社会制度的表现/278
赤字是在预算中还是在社会中/280
预算平衡是体制的一种功能/281
预算规则的变化/285

第12章 政府为什么增长/294
经济理论/294
瓦格纳法则/296
公共观念/303
政治解释/305
经济与政治/309
历史理论/310
利益集团理论/312
佩尔茨曼法则或文化的重新思考/316
平等主义大行其道/318

第一部分

理 论

第1章

关于预算过程的比较理论

本书的内容与预算过程有关,包括富国的预算、大量穷国的预算以及美国各级城市和各州的预算。本书关注的是作为政治工具的预算过程;旨在对预算理论进行清晰明了的比较。在众多预算过程运作的"特殊性"被充分理解之前,我们必须理解这些预算过程的最"普遍性"运作的影响力。在本章中,我们将会定义预算,描述一个简单的预算关系模型,以及提出一个预算过程比较分析的体系。为什么要编制预算?预算是什么?为什么要编制这种方式的预算?据我所知,原因在于我将要讨论的与预算相关的因素。

定义:预算服务于多种目的

预算根据人们的意愿分配财政资源。在货币面前,人的能力是有限的。同样,资源是有限的,除非国家知晓炼金术,能够把低劣的金属熔铸为金子。但是人的欲望是无限的。因此,我们必须在存在竞争的公众及其不同的目的之间寻求某种方法来分配可利用的资金。每个政府预算背后都隐藏着利益冲突,这些预算的资金必然来自某些公民的税收,然后政府将其分配给另外一些公民。由于人的欲望是多样的、无限的,因此政府的预算绝不是单一的事情,相反,它涉及众多事项。

预算是对历史情况的记录。过去的财政资源分配中的胜利、失败、讨价还价和妥协都在预算项目中被反映出来,同理,也反映在那些不考虑的预算项目中。预算是对未来的阐述,它试图把建议的支出和可以预见的未来事件联系起来。因此,预算必须是计划,计划力图通过一系列现实行动来决定事情的未来状态。预算更是预测,预测把预算文件中的语言和数字与将来人的行为之间的联系具体化。但是,预算制定者所关注的这种行为是否会真正地发生,有待实践检验,而不是解释性的假设。

我们都知道计划是必需的,即把现在的行动和将来的结果联系起来。因此,真正的问题是:(1)谁来制定计划:中央统治者,地方统治者(受委托者),或者是非中央集权的统治者(独立、富有竞争性);(2)他们将怎样制定计划:是按照中央政府颁布的法规来制定,还是由非中央的单位通过价格机制来制定?

相对于欲望来说,资金更稀缺,因此,预算成为分配资源的一种机制。倘使预算的目的是以最低的成本实现期望的目标,那么预算就成为我们追求效率的一种工具。当我们考虑采用某种投资方式努力增加资金时,预算就成为保障经济增长安全的手段。在市场经济中,支出不是减少国家的财富,而是在经济理性的范围内增加国家的财富。政府从一些公民那里以税收的方式获取部分资金,然后把这部分资金用于政府支出,并让其他公民从中受益。就此而言,预算是收入再分配的手段。在一个主张平等的环境中,支出不仅能从文化理性的层面减少社会中的个人和群体可利用资源的差异性,而且能维持个人和群体地位和权力的适度差异性。从这个意义上说,预算支持了等级性的文化。

预算的规模和分配能够很好地解释某个阶层的生活方式,或者至少是统治精英的生活方式。与人类有价值的艺术品一样,预算是一种文化思想,表达了人们之间渴望的人际关系的维持、发展,或者缩小彼此之间的差距。

如果组织被看作政治联盟,预算就是一种机制,即通过下层组织对冲突的目标进行讨价还价,决定相应的支付,以及力图激励他人去实现自己的目标。一项预算可能代表一个组织的预期,也可能包含这个组织期望的支出数额。一项预算也可能既反映一个组织的抱负,又可能包含这个组织希望在有利条件下得到的支出数额。因为某个用途需要的资金常常受到其他用途的影响,所以,预算提议通常是策略性的。所有的资金和这些资金在各种活动中的分配可能被计划用于支持一个组织的目标。当预算被用于将支出控制在设定的界限之内和固定的目标时,它就成为一种工具,通过这种工具,某些参与者试图去控制他人的行为。此时,预算是权力的表现形式。

预算是信号。当参与者在编制预算的时候,他们接收到其他人偏好的信息,并通过他们做出的选择来表达他们自己的愿望。在这里,预算是一个交流的网络平台,在这个平台上,信息不断地被总结并反馈给参与者。一旦实施,某项预算就成为一个先例;以前曾做过某事的事实在很大程度上提高了它再次被做的机会。如果预算缺乏预测性价值,而且实际支出也未包括在预算中,那么该预算就不能作为一个指南,也没有人会接受这样的预算。因此,预算编制者必须从其他途径寻求资源分配的真正机制。

作为国家在公共部门中扮演角色不是操作性的表达,有预测价值的预算。可以被视为政府扮演角色的表述,与政党纲领和成文法律(除了特权)相比,预算中包括的内容付诸实施的可能性更大。没钱做不了事,因此,想做什么事情,就把它写入预算里。假使有人问道:"谁得到了政府必须给付的?"那么具体的答案会及时地记录在预算里。倘使政治被视为决策偏好的冲突,那么这些冲突的结果会记录在预算中。让我们来设想一下,为了服务于不同生活方式的公众,预算旨在通过政治过程来分配财政资源。这里对"不同生活方式"的强调在第二版中非常重要,需要特别关注。因此,我将试着去展示预算是怎样被支持者或者是试图改变各种文化氛围的人们编制出来的。

模型:预算关系的简化模式

对预算的定义无需描述。我们是否应该把预算作为一种假设呢?也就是说,如果所需的资金到位了,那么预算资金是否会被按照预定的预算计划合理支出呢?这要看是否要考察以及证实资金有效花费的程度。除了考虑资金的稀缺性、社会复杂性和(至少部分地)对支出冲突性的偏好,我们可以在不考虑任何特殊环境或者具体条件下提炼出一个简化的预算模型,事实将证明这种模型是有用的。公共支出的总额是有争议的。人们对于怎样支配这些资金部分地不能达成一致意见,人们并不能充分认识到他们这种行动的后果。但是,他们的确拥有自行决定的自由,其行动并不完全受他人支配。在这种情况下,我会在将来的讨论中考虑这些因素。

决策取决于对各种需要考虑因素的计算以及最后选择的方案。计算涉及决定怎样识别问题,怎样把问题限定在可控的范围内,怎样与其他问题联系起来。计算涉及并选择相关的因素和需要考虑的人。因此,在计算过程中,存在着文化因素。问题并不显露在外,它需要由人来做出决定,并认为这些问题值得解决。收入不平等在某些情况下是可取的,而在其他情况下又是不可取的;这要求我必须正视问题,并寻求解决问题的办法。

理解预算的主要思路涉及计算的复杂性。在任何一个大的组织中，都有很多因素需要考虑，这些需要考虑的因素中，许多存在技术难度。但是，在大部分的政策领域中，很少或者根本就没有理论能让政策实践者预测某种方案的结果或者某种方案发生的概率。由于人们的计算能力有限、时间不充足，大脑不可能在同一时间内思考很多问题，因此，人们只能通过"黑箱"来看问题，并按有限理性的原则实施决策。没有人能解决人际效用的比较问题，这是一个重要的问题。在政治程序之外，没有一种被广泛接受的方法能用来比较和评估不同人各种选择的优点，因为不同人的偏好在种类和程度上存在差异。

预算编制者通过采取启发式的计算方法来处理重大问题。为了使预算获得通过，他们简化了计算。每次预算都改进一点，逐步积累经验，然后利用决策的反馈来预测结果。他们利用解决简易问题的方法（他们真正掌握的方法）来指导复杂的问题。即使他们无法直接鉴定政策的好坏，他们会力图评价项目负责人的能力来间接地来评价这项政策。如果他们的支出超额，他们可能采用全面削减的方法来降低支出，这都依赖于有影响力的组织和利益集团呼声的大小。

当前，最有影响力的计算方法是渐进计算方法。预算项目的价值与所有可替代的项目几乎不可能同时作为一个预算整体进行考虑和比较。相反，本年度的预算以上一年的预算为基础，只在很小的范围内做一定的增减。任何一项预算最重要的部分都是预先决策的产物。由于大部分约束性条款都已经制定出来，因此法定项目的资金必须到位。有强大的政治支持的其他活动不可避免地要计算在支出之内。然而，政府官员担心预算会限制他们所关注的并且能够实施的项目和计划，譬如说，一些新项目和可能削减的老项目。

渐进计算是在已有的基础上进行的。这里的"基础"是指参加者对预算持有的预期，即预算项目在接近支出水平时才会被付诸实施。因此，一个预算基础涉及已有项目的部分不会按照正常程序接受详细审查。预算者通过已有的预算基础总结过去的预算来估测现在的预算，进而阻止将来的纠纷。因为许多组织竞相争取资金，所以中央当局趋向于要么把利益给所有的组织，要么谁都不给。预算者经常提到的预期是指给所有的人相同份额的增加或者减少。对组织的基本份额和它应得资金的公平份额，人们普遍拥有共同的预期，这种预期（尽管是非正式的）在预算机制中提供了一种有力的方法，使人们进行协调并保持稳定。

如果缺少这种被人们接受的基础份额，就会给普通的计算带来损害。支出单位不知道他们到底需要多少钱，而审查机关也不知道他们应该把多少钱分配给这些单位。因此，申请的支出和实际的拨款波动很大。当初始申请资金的数量太少时，就会追加拨款；当单位不能用完他们申请的资金时，预算资金就会减少；这是常有的事情。新的单位和新的项目会经常遇到这些困难，因为他们缺乏每个人都能接受的资金申请、配置和支出的必要的历史模式，或者因为某种原因，如参与者之间缺乏信任、单位服务需求的变化、政党权力的变动等，在这种情况下，过去的财政资源分配方式不再能很好地指导未来的分配。预算决策者之间的关系发生了变化，以前的预算就会搁浅，此时，预算是非渐进性的。但是，在一段时间之内，当支出单位和审查机关都寻求稳定的时候：一个是支出流，另一个是支付流，一个新的预算基础通过谈判达成。在这种预算过程中，对于这种预算的可预测性来源于不同的角色，除了参与者假定的配角。

角色（与机构的地位有关的行为预期）是劳动力分工的一部分。下级行政单位扮演增加支出的倡导角色，中央控制机关作为国库的管理者。每个单位都希望对方能顺从自己的工作。下级行政单位在知道中央要施加限制的时候，他们就会提倡支出；同样，中央知道行政单位在尽力增加支出的时候，他们也可以发挥控制作用。因此，各种角色是为计算机制服务的。支出和削减支出这两个角色的相互作用就构成了预算系统的组成要素。为什么主要演员——倡导者和管理者——会扮演他们各自的角色呢？

不管在什么地方，只要一个单位的收入依靠另外一个单位，那么就会产生同样的情况。每个单位都认为，自己的支出增量太小而不会影响预算总量；每个单位都自由地增加预算资金，而不考虑他们的行为给全国的财政情况带来的影响。每个单位从来不把收入看作是固定的，因为他们都已经知道收入总量是经常变化的，所以他们就开始把这种变化看作一种技巧——有时候你能看到，有时候你不能看到。就让其他人去担心这些总量到底增加到多少吧。

每个机构都想要更多的资金，生存和扩张的需求是内在的。一个机构赖以支持的群体则视该机构能给他们多少利益，并以此来判断是否继续支持该机构。群体成员获得的利益越多，这个群体就会变得越大，进而这些成员就会给予该机构更多的帮助。因此，为了变得更大，机构和他们的成员经常会通过吸收更多的受益人和增加得到的基金来寻求扩张他们的联盟。

在一个机构内部，资源分配会随着拨款水平的提高而变得相当容易。在一个机构内，领导的威信取决于他是否能满足雇员对高薪、适意度、项目的需求，而这一切都意味着更多的资金。机构的领导不是通过削减一些人的工资来增加其他人的工资，他们可以通过为所有人做得更好，或者至少不对任何人做得更糟糕的方式来缓和内部批评。只要一个机构有了充足的资金,其项目和成员得到的并不比其他机构少,增加的资金会被用于扩大政府的整体规模,为此,机构和它的相关利益集团的关系是合作性的,而不是冲突性的。

在机构中间也同样存在着相对声望的问题。能够在新项目或者扩张的项目中获得更多份额的领导认为自己更有能力(别人也这么认为)。由于领导们的声誉和他们机构的预算成功相一致,领导们逐渐认为,经济增长是他们的成功之路;个人利益与组织生活的需求都强化了这种趋势,即他们都过分强调自己单位的重要性。因此,机构都倡导增加自己的支出,而不是看好政府的钱袋。因为,所有机构都想要更多的钱。

财政部(现被称为中央控制机构)的工作是监督,它们并不拿钱,只有中央机构能看到整体情况,这不是愤世嫉俗的言论或甚至是一个被广泛接受的观念。财政部的动机更大程度上在于对支出的限制。人们对于一个增量毫无怨言。但是如果有一个巨大的赤字导致增加税收或者通货膨胀,财政部就会受到谴责。财政部经常被授权管理税收过程,因有钱在手而责任重大。它对权力的追求很少能通过倡导更多支出来实现,支出部门关注于此。相对于接管机构的所有工作而言,削减边际量更有利于设定优先权。为实施领导权,需要在惩戒和奖赏之间找到一个平衡点,而不是消除被领导者。

财政资金管理者和预算支出申请者在一个混合的动态博弈中对弈。虽然他们有冲突,但是他们又必须合作。两者需要相互信任。每一个角色都暗示对方;管理者的角色希望申请者能在削减的方案中做出一个选择,而申请者又希望能给出至少是心照不宣的限制,在这个限制范围内,申请者可以自己去操作。毕竟,没有支出的建议或者没有适合这些建议的界限,资源都无法完成配置。出色的、有策略的参与者习惯于改善自身的地位,即要求获得比他们期望得到的更多的资金,并通过集体决定削减几个百分点,这一策略取决于保持认可的限制,从而使得预算有意义。

有意义的预算依赖于信任和计算的能力,两者之间相互联系。一个不能计算出自己有多少资金的财政部,不能决定分配多少可利用的支出给各机构。在预算中,它也许会分配过多的支出,导致后来不得不考虑最初的预算而重新收回资金;或者它会分配过少的支出,导致各机构在一个财政年度结束之前就用完了资金。不知道自己能花费多少支出的机构可能会申请太多的支出(让资金闲置),也可能太少(导致在没有预期到的事情发生后需要紧急拨款)。任何一种这样的支出方式必然会降低信任,因为预算参与者知道他们不能相互依赖或者依赖预算。没有信任,管理者一定会实施更为严厉的控制;这些控制导致申请者因受到过分限制而产生逃避行为。没有信任,申请者就会陷入低俗的欺骗或者干脆脱离中央预算;于是,管理者实施进一步的限制,直到相互都不再依赖,同时,都学会了漠视正式预算。如果在正式预算中提供的资金与他们实际得到的资金之间失去了紧密的联系,他们都会对正式预算视而不见。

但是,如果没有对总的可容许的支出达成一致,对于预算参与者来说就更没有理由相互关注。如果对于征收多高的税收缺乏理解,或者计算能力欠缺,或者对提议的征收水平意见相左,那么彼此之间的合作就会中止。既不可能在大大超过以往的支出申请数额方面得到同意,因为公平的份额依靠一个绝对的总量限制;也不可能因为保持正式预算中的份额而得到回报,因为财政部不能保证这些资金到位。

变量:规模、财富和预期性

某位职业女性哀叹道:"就像整个世界都停止了一样。"这听起来像是对预算的一个富有同情心的回应。不管你走到哪里,都会遇到类似的行为。但是,在穷国和富国之间,在美国和英国、法国、日本之间,在美国的各州、各城市和联邦政府之间,都存在着显著的差异。我的任务是解释这些相似性和差异性。

首先来解释相似性。无论在什么地方,预算中的常量会导致常规的行为模式。任何地方,在不同的范围内,都有支出和储蓄者。负责政府大部分职能的机构很自然地想把它们的财富和它们关注的利益联系起来。因此,他们反对削减,任何可能的情况下都寻求增加开支。把支出和收入联系起来同样是一种最基本的表现方式。国库的管理者如果被迫采用通货膨胀的方法或者必须不断地提高税收,那么他们的工作就做不好,因为他们不能控制支出。因此,国库的管理者调整并削减支出,或者努力把支出控制在收入的范围之内。当国库管理者的上述努力失败时,就像自 20 世纪 70 年代早期以来发生在大多数的西方国家的情况一样;或者当国库管理者成功时,近四分之一个世纪以来各个国家发生的情况大多如此;我们将会探究清楚其原因。究竟是他们的财富、环境的不确定性、还是他们的政治制度给他们创造了这些机会?

除了预算角色的基本分工外,预算的复杂性会把所有预算参与者难倒。没有人能把无数的因素相互联系起来以轻易地完成预期的分配。复杂性似是一个初始变量;一旦涉及多种因素的变量迅速增长并超出人们能控制的范围，人们就无法知道它到底增长了多少。决策制定者在城市水平上可能会被86个变量难倒；在州的水平上可能会被860个变量难倒；在全国范围内可能会被8 600个变量难倒；在面对这些困难时，决策者们没有表现出太大的差别。所有的人都采取辅助方法进行计算。所有的人都以历史的预算为基础简化决策任务，为了集中精力研究提议的新的预算增量，他们基本上都接受以前的预算事实。如果这些增量一直持续增长，支出机构的日子会好过，但是中央控制机构会吃紧；当增量的份额下降时，支出机构就困难了，而国库管理者会好过一些。所有的人都必须在自己不能完全理解的领域内工作。在财政年度末，如果仔细审查就会发现，存在虚报账目、全面削减资金、增加支出以及拒绝支出一部分预算资金等情况。无疑，从一个足够远的层面观察，所有的对象看上去都很接近。因此，需要近距离的审查。

　　财富的作用很大。它可以创造额外的资源使得预期易于实现。我们会逐渐发现，财富可以这样做，但并不需要。正如财富是创造出来的，它也可以被浪费掉。需求可能低于或者是正好等于现有的资源数量，但也可能高于这个数量。就正如我们即将看到的那样，当需求高于现有的资源数量，将会导致不确定性，这在富国和穷国都一样。富国和穷国之间的差别是财富为富国提供了一个缓冲作用，它们需要时间来消耗掉这些财富。但是，如果支出增长的速度比收入更快，结果是不可避免的——不确定性成为流行病。

　　现在来看差别。最重要的差别来自于财富、预期、政治文化和规模。从最后一个差别着手更为方便。规模可以改变预算过程中的各种关系。在美国，虽然各城市、各州和联邦政府的预算都被描述成渐进性的，但是渐进过程的基础差别很大。全国的预算比任何一个城市或者州的预算大几个数量级。例如，一个管理员的薪水或者一台复印机的租金对所有规模的政府可能都是一样的，但对于每个政府来说，支出代表了总量中一个差别极大的百分比。当我们把目光从城市转移到州，再转到国家的时候，尽管绝对成本以算术级数增长，但是它的相对成本却以几何级数递减。例如，当年度预算为6 000万美元时，一个关于创新的决策将用去城市收入的千分之一，约60万美元。——够建一个小办公室。年度预算为60亿美元的州将用去6 000万美元——够支持一个小项目。年度支出约9 000亿美元的联邦层面一个类似决策将用去9亿美元——足以支持一个重大项目。联邦政府在决定怎样花费这笔资金时，可能涉及几个包含其他替代方法的决定。州政府的决定可能只是一个单一的决定。城市政府的决定看起来更像一个反射性行动，而不是一个仔细考虑过的选择。增长的数额从根本上改变了决策的实际重要性。支出多少资金的巨大差异不仅表现在支出了多少资金方面，而且也表现在制定支出的机制方面。

穷国和富国以不同的方式编制预算。其显著的特征可以归结为两个变量：财富和预期性。财富涉及人均国民生产总值（2 000美元以上或者1 000美元以下）的可以改变的总体差异。确定性和不确定性的预期涉及可利用资源和可能的支出需求。一般来说，预算不足是指不能调动足够的资源（因为资源稀缺或者支出增长过快），或者不能控制支出，或者两种情况都有。预算的不确定性是指不能控制支出流或收入流，或者不能把上一个阶段的收入和支出应用于下一个阶段。预算的确定性恰恰说明了相反的情况。

确定性和资金的结合通过渐进方法产生预算。过去的决策决定了大部分的支出；因为过去财政预算被保留下来，当前的选择只关注现有基础上的一小部分（增量部分）。但是，重要的不是增量部分，而是这个基础，因为它意味着对过去的认可。过去的争论不会再次被讨论。

在美国，资源贫乏的城市需要平衡预算，其税收缺乏弹性。我们发现，相对于资源富有的城市来说，这些资源贫乏的城市几乎以总量控制支出为导向，缺少策略性的方法，基本上没有决策的机会。收入决定支出，预算成为收入行为的一种形式。城市官员们清楚自身的处境，但是他们不能走远。因此，他们的预算增额，无论是上升还是下降，实际上都只有很小的一部分。

渐进变化的程度随着预算程序类型的改变而改变。富国的中央政府和某些国家展现出与经济增长相伴的积极的渐进主义，他们的方式是正向的和上升的。他们可能利用增加的资源来相应地扩大大多数项目，或者通过增加一些项目创造更多的优先款项。美国1960年的防卫支出是当时福利支出的两倍，采用的正是这种方式，在实际项目没有下降的情况下，到了1976年，防卫支出达到了福利支出的一半。相反，收入预算的渐进主义规模更小，并且被严格限制，因此，改变项目优先级的空间就不大。[1] 穷国的预算是非渐进性的，因为它们缺乏维持基础变量的稳定性。

在穷国，我们发现了重复预算。一年内，预算在无数次的决策中被重复修改制定。贫穷导致它们推迟预算，以免资金不够用；不确定性也使它们不断地重新立项，以适用快速变化的形势。穷国不清楚它们当前的处境，预算也不能帮助它们认识下一年将要面对的形势。大多数国家都需要稳定的预算，而穷国最不能保证这种稳定。它们缺少富余资金，即保障安全的储备，用于应对突发事件并补充不完善的配置，这对于良好的绩效是必要的。贫穷和不确定性的结合具有破坏性，这些国家只有少许的资金用于支出，因为它们贫穷，而且它们发现很难明智地做出支出决策，因为很多事情是不确定的。

总之，除了复述简·艾瑞克-莱恩（Jan Erik-Lane）的书的第一版中关于预算理论的陈述以外，我没有其他更好的办法：

穷国和富国之间显著的区别在于稳定上的差异……如果典型的不稳定预算行为被称为"重复性预算"的话,同时,典型的稳定预算行为被称为"渐进预算"——正如威尔达夫斯基(Wildavsky)所说——收入行为是分类渐进主义的分支类型。在某些情况下,我们可以区分两种渐进预算类型——零增长或零收入行为和增长型渐进主义。当然,在增长型渐进行为的两种类型之间,可以做进一步的区分:总量增长或部分增长和一定优先权范围内的特殊增长,这种分类如下所示:

		比例增长
	增长	
渐进法		优先增长
预算	收入	
重复法[2]		

贫穷使行为单一化。当国家极度贫困和陷入不幸的动荡时,这种情况十分普遍以致于几乎决定了国家的所有预算行为。但是也有一个限定情况,国家可能依靠运气或者通过努力变得更富有。它们也可能竭力克制浪费以便降低资源需求。如果不采取这种方式,贫困将会是永久性的,而且也不会有改变。但是我们知道这种情况不会发生。

富国和某些国家以预期的价值来编制预算,即许多认为会在一年内发生的事情都会发生。充足的财富减少了不确定性,并创造出年度预算所必需的最低限度的稳定性,这是资源分配有意义的工具。正式预算和参与者对预算的非正式理解传达了可读的信号。总体来说,预算文件中的数据和文字涉及将要发生的真实事件;即将要花费在某些事件上的具体金额要与指定目的大致匹配。编制一项有意义的预算的能力是关系预算分配结果的先决条件("谁得到什么")。

在第一版中,我曾说:

这里我们将不具体地讨论在富国和不确定性范围内的预算过程,因为我目前还没有能力找到具有这些特征的现代政府的账目。但是,第三和第四法兰西共和国却在政治极度不稳定的情况下,创造了大量的财富。其结果是著名的"十二次"投票的实例(每个月的拨款),即当政治家们不能就预算取得一致意见时,为政府服务提供支出。因此,法国经历了交替的渐进预算和重复预算,而这些都取决于当时的政局。

现在,在客观上,可以用文化理论解释财富和不确定性是怎样共存的。法国的经历应该可以提供一条线索:如果政治精英之间的差异太大而不能取得一致意见(同时,制度安排放大,而不是减少这些差异),财富的优势可能被剥夺。同样地,在一个既定的国家里,如果多种政治文化的融合导致了收入和支出的差距不断加大,不确定性就会显露出来。财富为工作提供了的经济基础;但是财富脱离了人的意志,它不能决定人们会做什么以及怎样支配财富。然而,在修正旧的理论之前,我们应该力图理解财富的含义。

利用财富和预期性来建立一个四边形图表,到目前为止,通过深思,我已经对预算过程分类(参见图1.1):富有和确定的环境产生渐进预算;贫穷和可预期性产生收入预算;贫穷和不可预期性产生重复预算;以及富有和不确定环境产生渐进预算与重复预算的相互交替。这准确地描述了实际发生的情况。我将要解释的现存问题是怎样理解财富中存在的预算不确定性。

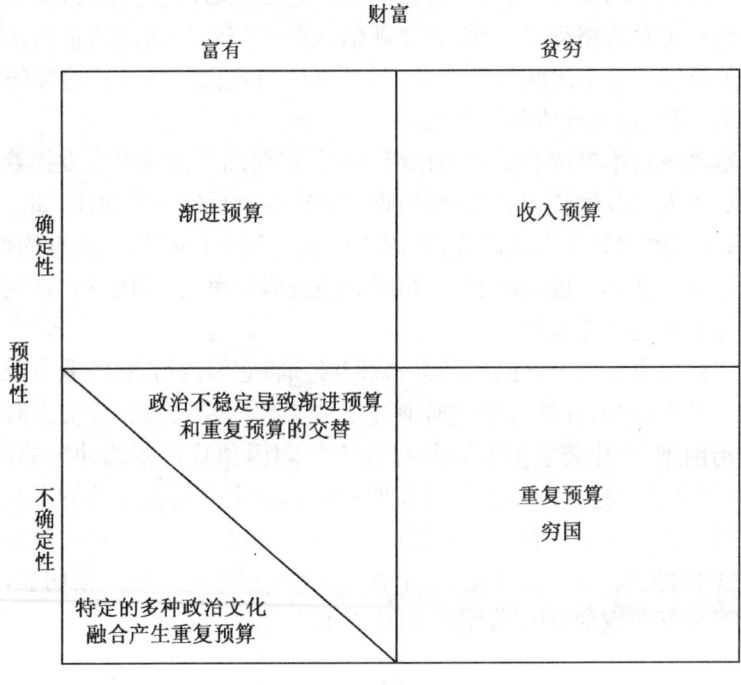

	财富	
	富有	贫穷
确定性	渐进预算	收入预算
预期性 不确定性	政治不稳定导致渐进预算和重复预算的交替 特定的多种政治文化融合产生重复预算	重复预算 穷国

图 1.1　五个预算过程

当预算过程是在贫穷和确定性环境特征的条件下进行时,我们就会发现收入预算。当环境是贫穷和不确定时,重复预算的特征就会出现。富裕和确定性环境下的政府采用渐进预算。当财富与不确定性并存时,重复预算和渐进预算会交替进行。产生交替的原因在于,不确定性的原因不是由国家的物质条件决定的。当政府联合起来行动时,它们重新确立渐进预算;当它们不合作而且不确定性的因素继续产生时,重复预算就出现了。尽管资金匮乏,仍然可以通过把支出限制在收入保守估计的范围内来获得确定的环境;资金充足时,如果过度支出,或者税收太低,或者两种情况都存在,仍然会造成不确定性的环境。

我们怎样识别和解释富国之间的差异呢?比起其他类型的国家,这些富有的国家之间有更多的共同点；但是，它们之间也存在差别。一些国家的支出数额和税收数额比其他国家更高。它们征税方式和支出方式略有不同，预算项目也有差别。它们不同的历史传统也给它们留下了不同的制度：日本只有一个执政党——自民党，它在预算中发挥主导作用；法国是总统与议会联合的政体；美国拥有立法机关和独立的执行机关，它们对预算有着重要的影响；只有英国实际上是由内阁来制定重要决策。我们必须找到证据确凿的方法来比较这些独特的政治制度。但是，正因为这些国家都相对富有，所以我们必须介绍它们之间富裕的差异程度，从而进行比较；除非我们很好地解释了其富裕程度，否则想要评估这些不同政治制度的贡献是不可能的。如英国和日本之间的预算差别，更多地与它们经济增长速度的巨大差距有关，而不是和政体差异有关。

财富在政治中发挥着重要的作用，同样，经济增长的速度也发挥着重要作用。如果没税收增长，与从公众的收入中征收大量的税收相比，如果经济增长了，支出更容易获得政治支持；因为公众习惯于保护自己拥有的财富。我们将分析上述四个国家在财富、相对的经济增长率、资源配置存在问题的严重性等方面的主要差别。

为了比较富有国家之间的预算，我们必须将它们的财富、税收和政治联系起来。其方法是：评估每个政府通过增加必要的税收来支持支出时所面临的政治困难，来比较它们在预算过程中处理因预算产生的冲突的能力。因此，我将会比较这些国家税率的高低和它们为支出提供支持的多少。每个国家处理资源配置导致的冲突的优劣程度，依赖于它们各自的政治结构（制度之间的关系）和政治文化（基于社会实践的共同价值）。很明显，制度和文化是相互关联的，让我们依次讨论它们。

政治结构

编制预算的政治结构涉及的机构数量和机构之间的相对力量差别显著。预算关系由数个必要机构的相互作用和它们的正式权力来规范。

操纵这些政治机构的精英是一个有序社会的背景。他们的人际关系通过普遍的行为规范来调节。影响预算的外部规范如下：在高层公务员和政治家之间的个人信任度；偏好面对面还是正式的、法定的、类似法庭解决纠纷的机制；以及决策以比例为基础制定的程度，即以统一的标准为基础来协调每个竞争机构,而不是以每个机构的功劳来决定。

指导原则——我将其称之为比例、公断和信任——与机构形式密切相关。统治精英的原则会影响机构的形式;他们彼此越不信任,决策的过程中就会包含越多的冲突。他们服务的机构也会影响他们的指导原则;一个在资金之外独立行使职能的立法者对行政首脑的忠诚度不可能和与之密切相关的公务员一样。

通过把机构层次的数量和流行的精英价值观联系起来,我们就能够区分渗透在预算程序中解决冲突的、特有的政治类型。美国实行相互制衡的政体把许多等级和三个广泛流行的准则联系起来。冲突并没有被更好地解决,就如没有处理好混乱、牵制、转移等情况一样。法国的限制型政体(堡垒,或者马其诺防线)在等级制度的很多层级上,力图通过仲裁纠纷把冲突限制在有限的范围内。在日本的规避型政体中,为数不多的等级都注重比例均衡。没有必要告诉某人他错了;因为无论受益还是受损,所有的人都是机会均等的,在每一个层次上都是按照比例分配的(通常都是相对增长)。英国是实施君主政体的国家。英国人在很高的信任度下工作,并且具有一定的决策权,他们通过预期的调整来和解冲突。没有人会去否定差异,但是这些差异在一致的预期下被解决了,即每个工作者都清楚自己的工作职责,并对他人的重要利益负责。他们应该能够解决问题,这比协定的内容更为重要。这就是他们执行君主政府命令的原因。

以一小部分国家为例,机构差异被严格限制。不幸的是,富人并不总是乐于把他们的政治经历用来帮助比较政治学的学生。这四个富有的国家在所有相关机构特征上差别并不是很大,这正好验证了我们的想法。例如,这四个国家的政府在党派性问题上的关注程度都很高,我们怎样分辨它们的整体效果呢?在只依靠美国联邦政府的情况下,我们怎样为评价立法机构的影响力创造条件?

包括预期的机构特征的预算过程在数量上的增加无疑是有帮助的,即使这意味着要考虑国家层面以下的政府单位。考虑一下党派性,美国的城市是很有用的实例,因为它们在财富上都很相似(它们都缺少财富),都具有预期性(可预期的因素),但它们的党派性是不同的。因此,如果我们想比较预算中备选方案的范围,以及处理市级立法机构在反对执政党的意愿方面党派性到底起了多大作用,现在就变得可行了。政党的存在使得某些项目成为必然,在政党基础上成立的立法组织使得这些项目更具吸引力。大多数市级立法机构的缺点在于非党性组织、兼职服务、低工资、缺少职员的支持,而这一切又限制了对抗行政部门所必需的特殊化、专业化和内聚力。

让我们来看一下美国的州政府,这对我们来说会更有启发性,因为它们在具体的利益上存在差别。一些政府所在的城市相对贫困,而另一些政府却是财富集聚。但是,这些政府的预算机构拥有的权力差异巨大。因此,当特定的公共机构规定如执政者的否决权、立法机构平衡预算的要求改变了激励条件,在不同的财政状况下召唤不同的职能,就有可能观察立法者和执政者的职能如何从控制者变为倡导者。例如,一个立法机关如果知道执政者有分项否决权,并且有预算盈余,就会试图否决更多的项目,把减少资金的责任留给行政机构。如果立法机关中的绝大部分席位和行政机构的人员分属不同政党,立法机关增加支出的倾向就会加剧。

曾经的"正常"也可以变成"反常"。这种情况也会发生在预算中。根植于预算内部的经典规则具有重要的作用,它们是从19世纪传承下来的;要是普通的规则,就不会在我们现在的讨论范围之内了。下面我将阐述:平衡的规则、综合性和年度计划。平衡提供了一个非正式但是很有力量的协调机制,因为它建立了一个全面的界限,在这个界限内,支出申请一定要经过调整。支出不能超过可支配的收入。综合性要求所有(或者绝大部分)的收入都要进入国库,而所有的支出(或者大部分)要由财政机构来分配。年度计划针对预算程序的步骤引入规范的秩序。把这些因素和经典的规则放在一起,就构成了现有的可预期性和共享的目的。预算参与者相互之间彼此影响的行动把这些规则完全改变了,即改变为非平衡性、分散性和连续预算,这也就解释了支出控制的瓦解,以及甚至在富有国家重复预算也呈周期性地显现。现在每个机构及其工作者都自行其是。支出控制瓦解了,因为它阻止不了增加支出的要求。下面我将要力图去说明:支出偏好(或者税收偏好)或多或少地都受到不同政治文化的影响。

政治文化

政治文化的比较基于这样一个命题:即对大多数人来讲,对他们影响最大的是其他人的行为。两个基本的问题是:我是谁? 即我是一个采取集体行动的强势集团中的一员,还是一个能按照自己的意愿自由行事的个体? 我应该做什么? 即我是应该在无数的法规中按照指示去做呢? 还是按照自己的意愿去做,唯一的准则是排除有形的限制? 对集团或者机构服从的力量和日常行为准则的范围(参见图1.2)都是政治文化的基本要素,在此基础上,我们把其他的因素也结合起来。

政治文化为利用资源提供了动机。只要人类生命存在,就存在调动和分配资源的空间;这对于人类来说十分重要,即支持人的生活方式。通过从政治文化中寻求帮助,我们回到预算的价值和偏好中来,在一个特定的社会中,价值和偏好涵盖了利用特定资源的不同动机。

强势集团以丰富多样的手段联合起来形成了一个等级制度。强势集团以少许的手段限制宗派制度——平等权力下的自愿认同。在弱势集团范围内,把少量的手段综合起来,就鼓励了无数的新的联合。这种情况下,市场制度中各种力量的竞争就会产生等级权力下的自我约束机制。当限制很弱,手段很强时,所有的决策就由这个集团外部的人来制定,这样一个被操纵的制度是致命的。

	集团力量 弱	强
法规的数量 多	服从(致命的)	集体决策(等级制度)
少	个人主义(市场制度)	平均主义(派系制度)

图 1.2　主要政治文化

若一项活动支持人们的生活方式,它对社会而言就是理性的,政府预算如果在现有的时空中维持现有的政治制度,它就是政治理性的。例如,在以市场为基础的政治制度中,预算反映了通过竞争和讨价还价后获得支出的机会。在等级制度下,社会组织的约束性规则以等级和地位来区分人与人之间的活动,预算也反映了劳动的具体分工。当一个宗派制度强调机会平等时,预算旨在实现资源的平等分配(或者重新分配)。

我的文化假设是:在努力维护自身权力的等级制度中,统治者为了维护他们的等级和地位,就要加大支出和提高税收。在市场制度下,会偏好于减少权力需求,因而会尽可能减少支出并降低税收。在平等制度下,会竭力重新分配资源,但是他们反对特权的愿望也使得他们无法筹集足够的政府收入。

当富国采用类似的重复预算来模仿穷国,或者当穷国实现了过去仅有富国达到的预算稳定性,政府便已经超越了自身的物质条件。在脱离了强制条件的束缚时,政府或多或少都会审视当前的处境,他们发现自己对文化的解释是自由的,这种解释不仅基于潜在的资源,而且也基于他们偏好的方式。

富国为什么可能不确定

现在来回顾一下:文化分析的目的在于,我在此书的第一版中不能解释财富和不确定性的并存情况。那些拥有很高的人均国民生产总值、资源丰富的国家,资源多到足够维持下去,并且完全有能力长期面对逆境,为什么它们最终采取了像巴拿马共和国一样的预算?为什么这些政府不能够在一个财政年度末给它们所有的或者大多数机构提供足够的资金?为什么它们的支出预算在一年内要重新编制好几次?为什么这些机构不能再依靠预算中量化的资金?用另一种方式来问,为什么中央控制机构觉得有必要把以前分配的资金重新"回笼"?

财富一定能够为逆境提供保证。多余的资源使得政府有能力满足任何需求。财富是获得更多财富的一个优势,因为它为多元化投资提供了资金,尽管有些投资的资金是必须定期偿还的。但是财富本身对它最终的分配是没有界线的。财富本身并不能保证它将来会比过去增长得更快。这里有一个很强的偏好因素,我将力图通过政治文化进行分析。

如果市场文化占主导地位,统治者会降低支出,减少税收,把所有的收入投资下去。如果等级制度占主导地位,他们会提高税收,增加支出,适当投资使得每一代统治者都能兑现他们对未来的承诺,即信守等级生活中固有的不平等,使得将来的每一代都比上一代过得好。那么,如果我们要在等级制度和市场制度之间建立所谓的典型联盟,两者间的制衡可以保证适度的税收和支出。然而,派系制度具有的三种倾向导致了财政动荡:(1)为了达到平等的条件而要求高支出;(2)由于缺少权力而无法获得收入;(3)权力运用被其他派系否定。当平均主义和等级制度联合的时候,它们之间的平衡可能是稳定的,一个高税收能力支持了另外一个重新分配的倾向。但是随着要求平等的愿望增长,称为"剪刀危机"的斯堪的纳维亚现象显现了其规律:即使在最好的年度,支出增长的速度超过了经济增长的速度。然而,不是收入的绝对减少,而是支出的快速增长,两者此消彼长;这正好解释了经济萧条时期增长困难的原因。因为现有计划的目的,特别是拨款项目为了保持个人经济情况的稳定,政府必须努力维持自己的开支。西方国家预算的不稳定性,远不止是因为外部力量附加的东西,或者不利情况导致的结果,它根植于其公共政策的土壤里。当然,政府不需要它们曾如此希望实施的项目的总后果。它们不需要,但是它们还是会得到那个公式。公民的安全意味着政府的不安全。

美国存在一些略微不同的问题,尽管结果很相似。它的支出和税收与欧洲的社会主义民主制度国家相比少了很多。因此,它有更大的空间来提高税收或者减少支出。但是美国缺少一种社会主义民主制度国家所拥有的东西:即在支持社会福利的支出方面达成一致意见。不能够决定是否应该提高税收或者增加一种新的税种,像增值税,不能够决定是否应该减少拨款,不能够决定是否应该减税来维持更低支出,或者不能够决定是否应该坚持高税收来增加支出,这一切都导致了持续的困境,是政治冲突而不是经济衰退导致了美国联邦政府重复预算的出现。

政治制度对不同方式税收和支出的倾向被概括在表1.1中。政治文化不是炼金术,它不能使低劣的金属变成金子。但是我们应该看清楚,它完全可以做相反的事情——使富国与其需求相比贫穷,因此,也就使富国变得和穷国一样不确定。无论我们在哪里,都会得到社会本身的支持。

表1.1 政治制度和预算程序

政治制度	市场	宗派	等级
力量	非中央集权	共享	中央集权
权力	规避	反对	接受
目标	增加差异	减少差异	维持差异
预算过程			
选择标准	结果	重新分配	过程
意见一致	资金额总量高,项目资金低	资金总额低,项目资金少	资金总额高,项目资金高
税收	低	中等	高
支出	个人支出高,公共支出低	个人支出低,公共支出高	公共支出高,个人支出低

注 释

1. 我将这种洞察力归功于 Jan-Erik Lane 对于第一版卓有成效的审阅,"是的,预算分析过程可能会遵循科学方法," *Statsvetenskaplig Tdskrift* 4(1979):294—298。

2. Ibid., p.296.

第二部分

过 程

第 2 章

富国和确定性(不确定性):
美国联邦政府

　　美国比现实估计的更强大。它不仅是当今最富有的大国,而且是最令人瞩目的大国。由于它的政治程序比其他任何重要的大国更加开放(因此值得研究),因此人们对美国预算的操作过程也更加了解(包括其缺陷)。仔细考察可知,该过程的可操作性是其他国家所没有的特征,它拥有独立的立法机构真正地行使拨款的权力。因此,国会的听证会相当重要,这种环境不仅促使公共部门更加努力地运用预算策略,而且通过逐字记录听证会证词,详细地记录了那些突发事件。这正如戏剧(也许不完整,但已足够),一幕幕地呈现在所有人眼前,可能人们并不喜欢他们所见到的,但他们知道那是事实。

　　第一版中描述的 20 世纪 60 年代和 70 年代初的预算过程与现在的预算过程在某些方面是不同的。关注的目标也不同,那时是拨款而现在是授权。为了进行历史比较,我选择了保留而不是模糊这些差异。预算法规和部门预算申请的实际操作,各预算执行部门和国会的具体处理方法促使我们探讨各部门申请的拨款数和实际的拨款数之间的关系是否与我即将阐述的预算模型一致。在下一章,我介绍定量分析中的基本解释模型。现在让我们开始对支出申请进行定性分析。

预算倡议者与国库管理者：
20世纪50年代初至70年代初

　　由于各部门中的管理者人数众多，拥有丰富的专业知识，工作在一线，他们更接近政策问题和政策对象，并且渴望扩张本部门的控制权，因此，他们总是通过发出倡议来开展工作。但是应该申请多少拨款呢？如果他们仅将其扩张所需的花费累计，然后提交作为本部门申请的拨款数，那事情将会很简单。但是如果他们申报的数额远大于财政机构认可的合理数额，那么该部门的信誉度就会急剧下降。在这种情况下，审查部门可能会对申报数额进行"非真实性测量"，直到测量结果比原来已得出的合理的数额还要少。因此申报部门的第一决策规则是，不能申报太多的资金，当然也不能申请太少的拨款。假如某一部门不需要资金，也可以要求不必拨款。由于预算形势总是偏紧的，非常紧或紧得让人无法想象，因此审查部门可能更愿意批准较低的预算申报数额，而不会进一步了解预算申请的合理性。在各部门的预算分配形势既定的情况下，今后各部门的预算额度被削减也在意料之中。因此，各部门的预算决策规则可以解读为：申报数额只是将预算基数加高一点（少量增加），但不要太高（失去信任）。但是申报数额多高才是过多了呢？部门领导们经常做的就是评估预算环境中的各种信息，这些信息包括上一年的经验、立法机关的表决情况、执行政策的记录、政策对象的行动、相关领域的报告等，然后提出一项比他们预期略高一点的预算申请。

　　决定了申报数额，各部门就要进行预算战略规划。（预算战略是连接各部门预算目标与其对有效的政治环境中各种活动的领悟之间的纽带。）美国联邦政府的预算官员对于成为一名优秀政治家的看法几乎是一致的，即培养积极的政策对象；发展本部门与其他机构之间的信任关系（特别是与拨款小组委员会的关系），熟练地运用各种策略寻找机会，争取预算资金比展现工作效率更重要。各部门的领导们很快了解到，拨款委员会的权力很大——他们拨款建议的90%都会被国会接受。由于预算核算十分复杂，立法委员们必须花费大量的精力审核预算草案；因此，他们需要各部门拥有极高的可信度。如果拨款委员会认为自己被误导了，这将对各部门官员的职业前途和各部门的资金支持带来灾难性的影响。出色的工作可能是各部门成功申请资金的必要条件，拥有顾客和立法委员们的信任如此重要，所有的部门都使用这些策略。

此外,还有根据时间、环境、地点的不同而使用的应急策略。例如,为了保证获得预算基数,可以削减热门项目的资金,但是,公众抗议也能重新获得对该项目的资金支持。在现有的项目内,通过转移各类项目的资金也能增加预算基数。为了应对危机设立新项目和政治活动涉及的大量广告宣传等支出都会使得预算基数持续增加。在增加预算中对这些策略的依赖,预算核算的增减方式都是明显的。在美国,管理与预算局(OMB)被委托负责帮助总统实现其施政方针(当它能够揭示这些政策方针应当如何时),但它倾向于削减预算资金,因为各部门通常都会竭尽全力争取资金。

管理与预算局通过使总统的偏好在行政机构范围内广为人知来帮助他,这样那些打算遵循的人有机会发现他们应该做的事情。对于有政治支持的机构,管理与预算局的预算数据是它们能够得到的最重要的数据,尤其是那些不足以在国会进行详细审查的项目。国会对财权分配有相当的权力,如果管理与预算局不断地就预算规模提出建议,而国会对此并不重视,那么预算官员们很快就会认识到,不必再对总统的预算提案抱太多的希望。其结果便是,管理与预算局的预算规划总是和国会的行动保持一致。

在决定申请多少资金用于特定目的时,严格遵循互惠的原则将众议院拨款委员会划分为多个自主的小组委员会。由于小组委员会受限于其能力和权限,因此必须坚持专门化。由于各小组委员会对各个部门的预算基数进行调整,预算过程是渐进的和分散的。渐进决策是基本的原则;对于小组委员会发现的问题,首先在本小组权限内进行处理,然后再逐步扩展到其他出现该问题的地方。小组委员会的成员们将编制预算看作是现存项目资金的局部调整过程,而不是重新考虑每年的基本政策选择的机制。通过参议院拨款委员会的仲裁功能,预算进一步分散化和专门化,这使得问题的解决变得更加分散化(通过参议院的行动)。当小组委员会的提案发生冲突,则通过重复解决问题或提交参众两院审议来应对困难。

美国政府拨款委员会的成员们习惯于将自己视为国库的管理者,他们为经常削减预算而自豪。以削减预算实现他们作为选民利益代表的角色,以往年的预算为基础增加预算资金实现其另外一个角色,并使得这两种角色相互协调。人们希望作为公共资金管理者的拨款委员会成员能以怀疑的眼光看待各部门迫切希望增加更多预算资金的讨好行为。但是,正如我们所见,1974 年预算改革法案颁布后,由于增加了新预算委员会,导致许多小组委员会放弃控制职责,偏好于向更高的国会机构提出申请。

由于削减预算可能很困难,预算委员会的成员们在进行决策时,通常会保护本部门的预算不被进一步削减。这种做法有些自私。如果小组委员会的建议经常被更改的话,他们的权力会逐渐削弱。委员们认为如果那些"有条理的程序"(支持委员会的建议)不被遵守,众议院委员们可能会"发疯"。

参议院拨款委员会的委员们可能认为,他们作为负责任的立法者可以使难以约束的众议院少做些损害选民和国家利益的事情。参议员们强烈地认识到众议院委员会在拨款方面的优越性。他们知道自己不能奢望众议院审查预算申请的时间和审查结果的彻底性能够完全一致。因此,参议院预算审查委员会高度重视各部门就预算进行的申诉。参议员们把他们对存有争议的项目表达不同意见的权利视为对重要的领域施加影响的一种方式,同时他们付出尽可能少的时间和精力。当然,参议院作为负责任的仲裁法庭的角色依赖于各部门的预算倡议和众议院预算委员会的管理职责。

计算和协调

编制预算的过程是渐进的,以历史基数为基础,运用公正分配的理念;编制预算过程中的决策是分散的,由专门的机构顺次制定,并通过对问题的反复处理和多种反馈机制来协调。我们使用的描述预算实践的重要术语——专门的、渐进的、分散的、有顺序的、非程序性的——意味着什么时候都不能把预算视为有效的整体,因而各组成部分有机地相互联系。如果缺乏预算协调是由于忽略了其他人的活动或组织的复杂性造成的,我们有不错的机会通过工作人员忘我的工作或是一些正式的协调机制加以弥补。但是,缺乏协调通常源于对政策的冲突性意见,因为人们和各机构在社会和国会中有独立的影响。确保预算调整的方法是存在分歧的一方说服另一方,或强迫另一方屈服,或双方通过讨价还价达成妥协。如果预算协调意味着双方了解对方的行动,协调就会实现;如果预算协调意味着其中一方要向另一方屈服,协调可能不会实现。如果把"预算协调"理解为只是一种"强迫行为",那么,问题的复杂性就会显现。因为包括总统和国会领导在内,没有一个人会因为把"预算作为一个整体"进行处理而受到控告,也没有一个人能把他的偏好强加于人。为有效地协调预算进行正式授权,等同于对国家政治系统进行根本的变革,包括权力划分的废除、联邦的政党控制系统以及其他体制。

如果我们认为现存的政治体制不需要进行激烈的变革,那么,对预算协调可以讲些什么呢?我们可以给出一个明确的答案:以现存的政治结构负责协调任务并且有能力执行协调任务,作为我们预算协调的标准。除了总统通过管理与预算局协调预算之外,现在很少有预算协调。除了接受预算参与者考虑到其他人正在工作的、非正式协调的可行性,我们可以说有大量的协调都被忽视了。

让我们讨论如下问题:拨款小组委员会怎么知道在受其行为影响的其他领域里,事情何时协调解决?它的预算决策与其他小组委员会的决策协调吗?一位委员会委员的评语给了我们部分答案:"如果不抗议,人们的状况就会糟透了。"(如果他们不抗议预算,他们的利益就不会在政治过程中有效地体现出来;政治系统不会为他们服务。这就是预算编制中的错误必须通过政治变革和预算协调来加以改正的原因。)小组委员会认为他们并不是预算编制的唯一参与者。在依照顺序进行预算决策时,他们希望各委员会、各组织能够在各自掌控的领域内采取正确的行动。当某一部门发出强烈的呼吁,当某一利益集团发动一场游行运动,或者当其他的国会议员们开始抗议时,小组委员会的委员们就会知道出问题了。如果各拨款小组委员会对政治权力安排的认知使他们误入歧途,他们可以通过在全体委员会内造反或者在议会内投反对票来重返正轨。除非委员们有强烈的偏好,否则,他们会努力提出不会被议会否决的预算方案;如果不这样做,他们将面临丧失委员会所看重的信任。小组委员可能会被认为在处理一些无足轻重的事情上小心谨慎,这些事情在他人看来不足以引起重视或者不足以对他们构成挑战;但是如果没有这些争议,其他人就会开始动员反对他们。因此,预算的细微协调还是需要的。没人必须审查所有人,偶尔偏离被普遍认同的公平份额会引发反对,这就足够了。

事实上,这些非正式的程序是很有力的协调机制。当某人想起那些一直致力于解读他人想法的预算编制参与者,那些试图领悟国会、总统、利益集团、特殊公众的意愿的预算编制者,我们清楚地知道,预算的许多协调是在考虑到他人可能的反应之后做出的;这是预算协调的又一标准。除非有人坚持认为预算协调是应某个人或某个集团的要求,为实现其有意识的控制而进行的。

预算拨款委员会与行政管理部门之间有关预算协调的互动至少包括以下七种模式:

(1)法规规定的特定行为;

(2)委员会汇报针对将来违法行为的具体诉讼案件;

(3)相互容忍;

(4)未经直接接触就考虑对方的偏好;

(5)未经磋商就相互迁就对方的行为;

(6)争辩中一方尽力说服另一方；

(7)准予编制预算的参与者中获利的一方向另一方进行单向支付。

编制预算时最有效的机制无疑是各部门在预算过程中各司其职。由于它们在预算过程中的角色相互协调，因而形成一种互有期待的稳定关系，这可以为个体参与者减轻大量的核算负担。各部门不必过多考虑他们的预算申请如何才会影响整体计划；他们知道此类标准会被介绍给管理与预算局。拨款委员会和管理与预算局很清楚，各部门可能会提出各种可以获得支持的拨款计划，并且能够集中全力使这些计划和总统的计划相匹配或者适当削减这些计划。参议院的运作建立在这样的假设之上：如果重要的项目被众议院否决，相关部门可以提出申诉。如果这些部门突然转变角色并看轻自己，各部门间互有期待的稳定关系就会动荡不安，这将是那些毫无主见的预算参与者不得不面对的复杂局面。

1974年预算改革法案颁布前的国会权力

控制者角色是通过对预算申请的详细审查实现的，当然，这些审查涉及对管理部门的干预。要求国会不要过多干预行政部门如同要求他们对所有的事情袖手旁观。重大政策的决策是很少的。大部分政策通过行政官员对相关法律状况的解读来制定，或者以立法修订的形式通过一系列的局部调整来制定。阻止他们处理各种细节问题就等于要求他们放弃自己应有的权力。我完全同意理查德·费诺(Richard Fenno)对此的观点，在此，我引用他的一些评论：

指派国会制定众多的政策并监督众多的项目管理即是清晰地规定那些国会难以胜任的工作。批评国会以特殊且详细审查的方式干预行政即是抨击它唯一可以有效地维护其影响的事情。特殊性和注重细节是国会议员们用来有效地处理众多监督事务不可或缺的方法。这些方法关系到国会议员们所代表的选民的利益，因为他们必须干预行政官僚们的工作。相比其他众多对政策的评价，重视相关利益的议员对机构领导或分支部门领导提出的专门且详细的要求，更有助于"促使他们遵守行政部门的内部规则"(Arthur Macmahon)。大量的委员会和小组委员会在一定程度上实现了专门化，这给国会议员们干预行政行为提供了最详细且特定的信息。

立法者们在使用他们应有的控制权时不应受到批评，他们的工作经验告诉他们应该对行政执行施加最大的影响。如果不认识这一点,我们会继续描述不可能的控制措施。[1]

国会控制预算决策的权力取决于它的各拨款委员会的力量。因为没有那么多人能够拥有丰富的专业知识、自我监督、凝聚力,并处理大量必要的预算事务。衡量立法机构权力的一个良好的指标就是看它是否在特殊领域的决策中发展专家委员会并接受它的建议。在没有专家委员会或者委员会的力量比较弱的地方,譬如英国,议会的权力虚有其名。(内阁的一般定义是不允许对抗的委员会。)

在某种程度上,拨款委员会的巨大权力取决于各部门和管理与预算局考虑它们的偏好。任何了解预算运作的人都知道国会的无形之手绝不会远离表面。部门举办虚假听证会,指派某些官员担任拨款委员会成员的行为就生动地说明了国会如何间接地执行它的意志。

在过去的十年中,上述预算程序已经受到相当程度的限制。大幅度增加支出的压力被证明是难以抗拒的,但却没有持久的吸引力。因此,国会议员们开始对拨款委员会失去信心,随之对其自身的预算活动失去信心。年复一年,他们只是在拨款委员会的工作范围内支取开支。立法委员会和拨款委员会之间的对抗程度不断升级,每年扩大的立法授权和议会频繁的抗议就是明证。国会控制者的作用随着拨款委员会对坚持支出的请求的回应而逐渐减弱。

1974年的预算改革法案,1974年及之后

立法者们对他们的个人选择产生的集体结果并不满意。他们喜欢投票决定开支,但不喜欢投票决定税收。一般来说,他们自有办法对付那些拨款委员会,通过违规的途径直接从国库获取资金("后门支出"),或者绕过拨款委员会,通过税收支出获取资金(这种支出允许在税款入库前减少某些人的税金),或者通过贷款和抵押贷款,这些税款不会作为直接支出计入预算,除非到期无法偿还。国会的各个成员赢了,可是国会作为一个整体却输了。个人理性和集体理性是不一致的。

在国会的支持下,政府留置的事情司空见惯。国会议员们会投票支持支出,同时让总统承担削减预算的骂名。国会控制着政府的钱袋,尼克松总统对此发起了直接的挑战,他在任期内破除了这一束缚。

随着国会在预算上的分歧越来越大,授权拨款的差距上升到数百亿美元。立法委员会的成员们为了自己和特定公共政策领域的选民利益,一致批准更多的预算支出,这一支出数额比拨款小组委员支持的支出额更多。从多年度授权转向年度授权的趋势便是立法委员会游说拨款委员会增加支出的努力的部分结果。国会议员越反对,预算审查的时间越长,整个预算过程就越会因延迟而声名狼藉;这种延迟不仅给各管理部门有效地履行职责带来困难,也为地方政府以合理的方式利用联邦政府资金实施各项计划带来了困难。

"越战"的到来表明国会忽略了它负责拨款的职责;总统扣押权则表明国会正在逐渐丧失其在国内的权力;"水门事件"更是成为各主管部门超额支出的理由。国会的财权必须得到加强。征税和支出是国会权力的核心;如果这些权力减弱,国会的地位也会随之下降。这些事实解释了国会为什么一直为了改革苦思冥想;然而,国会没有必要预测单独立法者们的愿望会屈服于国会在维护制度权力方面的集体利益。

新游戏规则

1974年的国会预算和扣押权法案(参见《公法》第93页~344页)阐述其目的:

国会宣布以下基本事项:保证国会对预算程序的有效控制;规定联邦政府每年的合理收支水平由国会决定;建立扣押控制体系;确立国家预算的优先次序;规定各执行部门必须提供相关信息协助国会履行其职责。[2]

为了实现这些目的,需要创建三个新的机构:众议院预算委员会(HBC)、参议院预算委员会(SBC)和国会预算局(CBO)。该法案还规定了新的预算程序,预算过程的时间表,还对财政年度做出变更,最后,对控制总统扣押权的程序做出了规定。

参众两院预算委员会的法定权限是相同的。每年他们都被要求至少就预算报告提交两个共同决议案,分析现存的和已提议的项目对预算支出的影响,并监督国会预算局的工作。

第一个预算共同决议案是由参众两院通过的一个文件,它规定了在之后五个月预算过程的议程。这至少包括以下内容:总的预算资金的合理水平、总的新预算授权拨款的合理水平、预算费用的概算数额、新预算授权在各主要科目和储备金方面的合理水平、依据经济条件确定的预算盈余或赤字的规模、联邦各项收入的水平及具体各项收入的增减数额以及在法律限制下公债的增减额。[3]

经过参众两院辩论之后,将会有一个协调会,在会上经过深入讨论解决两院的分歧。会议报告和有关分配目标的管理者联合声明将会在参众两院通过。这要求在5月15日之前完成,但通常无法做到,任何拨款授权或支出法规都要在这之后进行。然后视第一个共同决议案通过后各项工作的实际开展情况,提出第二个预算共同决议案,重申第一共同决议案或对其进行修订。

扣押权的控制

国会以两种方法解决资金扣押权情况来限制总统权力:撤销执行和延期执行。延期执行指的是不必为实现国会计划而扣留资金。撤销执行指的是为了改变国会的计划而扣留资金。总统可以把预算拨款资金延迟到财政年度末,除非国会以多数票通过预算资金扣留决议案。总统可以通过不使用支出拨款资金改变国会的计划,除非他同意国会45天内以多数票通过的撤销法案。如果总审计长认为总统推迟执行应当撤销的预算资金,他有权将总统送交法庭。如果他认为总统没有花掉不应撤销执行的资金,他也可以将总统送交法庭。最终结果是扣留拨款资金的情况仍然存在,但没有以前那样严重。

像所有人都希望成为有影响力的人物一样,预算委员们可以承受偶尔的失败,但不能总是失败;因为如果失败成了家常便饭,预算委员会很可能会失去信任,从而没有人会关注他们。为了避免预算委员会和拨款委员会之间的正面冲突,该法案将诸如卫生、收入、防卫、退伍军人保障等预算的16项内容分解为1 200多种单独的议题,它们的拨款由国会投票表决。

在避免直接的对抗和广泛支持拨款委员会方面,众议院预算委员会一直保持着良好的关系。首先,它要避免对拨款委员给予特别的指示;其次,它支持拨款委员会在其权限范围内努力防止新的违规支出权。众议院预算委员会的难题来自增加支出的主张,这一点不令人吃惊。例如,考虑一项增加失业补偿金的法案,筹款委员会要求在法案中设立一项弃权的规定,防止在该年度的预算议案尚未通过之前,支出法规已经在议院通过的情况。当众议院预算委员会反对这项弃权规定时,负责这一法案的科尔曼(Corman)代表对此予以严厉批评。他说:

我认为,预算委员会一直试图告诉筹款委员会,你们不再有任何权力。这里所有的游戏规则就是权力,预算委员会的所有人都愿意看到他们对国会其他委员会的决定拥有否决权。[4]

再看高速公路建设支出的例子,当时,拨款委员会和预算委员会都想将政府在这方面的支出上限定为22亿美元。但是,负责地面交通的公共建设工程交通委员会主席成功地向众议院提交了一项修正案,去掉了这一上限。预算委员会在两院商讨会上试图在法案的最终版本中恢复这一规定。当委员会主席霍华德(Howard)对此颇有意见时,没有人会为了不合适的限制而指责他。他抱怨道:

预算委员会,从主席到每个成员,都承担了这样的责任,即劝说议会的议员们竖起白旗并投降——可能用背叛一词更恰当——议会表达的意志。在我担任议会代表的这些年中,我想不起有比这种企图背叛我们的立场、反对众议院多数人通过的决策更傲慢的事情。[5]

控制支出不会牵涉过多资金,除非收入也需要调整。毕竟,把资源配置和资源筹措整合起来才是预算改革的主要目的。这需要各筹集收入委员会相互合作(在某种程度上是次级合作)。

现在我们明白了预算委员会面临的困难,也应该更容易了解其预算结果。新的预算程序是否改变了真实的结果呢?不可能改变。准确地说,相对于影响结果而言,预算委员会可以更成功地预测结果。从一开始,预算委员会就知道他们进入了一个已经搭建好的国会大舞台,其权力构架是事先安排好的。他们起初的工作一直是估量国会工作的进程,每年春季,在《第一共同决议案》中,根据预算提出的建议,试图依据经验来预测国会未来的工作。

预算改革的目的是为了通过计划支出目标,帮助国会将他们的义务与筹集收入联系起来。参议员马斯科(Muskie)谈及立法委员们在投票的同时决定增加支出、减少赤字时说:"我们不能使得预算系统像哲学体系那样自然地平衡。"[6] 约尔·哈维曼(Joel Havemann)列举了几个事例,说明国会议员们参与了此类事情,正像有人所言:"预算程序的妙处正在于此,你可以投票赞成你喜欢的各种项目,也可以投票反对预算赤字。"[7] 那么,国会又是如何参与经济管理的呢?

经济管理与预算编制

预算改革的一个主要目的是将经济管理和支出政策的意图更加紧密地联系起来。预算委员会的成员们通过处理困难,更多地了解支出水平与经济状况之间的关系。其中困难之一就是了解的信息不多,且已知的信息一直受到挑战。例如,巨额赤字可以与较低的通货膨胀共存。另一个困难是,随着政府工作摘要概览的发布,运用已知信息的能力受到严格的限制。

经济管理(或者称为财政政策)需要一个合理的支出水平来刺激或抑制经济活动。从这种意义上说,它是一个自上而下、严密的过程。当然,那些在政府工作的人是在一个未经他们安排的世界里工作,政府只是在某种程度上支持他们的工作。过去的各事项构成了预算的绝大部分,在法律上和行政上,这些事项都不可能彻底更改。假设有人知道财政政策是什么样子,那么考虑合理的国防支出和国内支出就会因最优财政政策的需要而竞争。在政策制定者所受的众多约束中,最难以理解的是那些由时间和目标施加的约束。

有一个可以预期的谬论假定,以透视的眼光看待未来,即财政政策在被制定的时候就产生作用。如果财政政策的支出是我们正在谈论的,那么这一假定是不正确的。通常来讲,财政政策的考虑涉及预算总额的最重要时间是在春季预算筹备期间,这由管理与预算局在4月实施。假设1985年4月完成了春季筹备,现在,所有的时间表都是错误的,但是我们仍然要假装有一个时间表,关系着经济预测情况和支出项目。在这种虚假的方式下,我们至少能够探知它们之间的假设关系是如何起作用的。管理与预算局把财政政策和其他因素一并考虑,确立预算目标,并将目标下达给各预算支出部门。此时,这里假定支出总额没有遭到各部门的反对,也没有经过总统的修订,而是直接进入了冬季的预算。即使这些违背现实的条件都满足,直到1986年秋季,国会才能完成拨款法案的立法。完成立法要耗掉各部门几个月的时间,因此这些预算支出的影响将会到1987年冬季才显现出来。所以,等那些财政政策思想在实际预算中反映出来时,大约已经过去了两年时间。

有更快的方法将财政政策引入预算支出中;但是,像机枪扫射一样,这种方法可能会失去目标,并且在射击的时候会伤害无辜者。这里我要说,增加或减少支出的比例可能会正好适合当前的经济环境,或者正好相反。临时增加支出很难被发现。无论如何,正常情况下,各部门都不能迅速地增加大量的支出,它们的职业管理者也不愿意这样做,因为均衡地裁减职员的创伤效应会随着时间的变化而恢复正常。总的来说,增加支出容易,但是不能过急,也没有必要增加到所期望的规模。减少支出自然会更难。结果可能会像刚领到解雇费的员工或者收到逾期赔偿金的签约人那样,只是暂时增加支出而已。换句话说,支出的适度微调是很好的方法,但是在实际应用中却难以奏效。在经济管理方面,国会的努力一直受阻,不仅是因为对有效的政策缺乏了解,而且也因为没有能力加强实施大家公认的、必需的措施。

第三个新的机构是国会预算局,它是一个信息分析单位,其职责是审查来自行政部门的信息。国会预算局的领导先由两院的预算委员会推荐,再由参众两院的议长来任命,任期4年。国会预算局有三项基本职责:(1)监测经济运行并估计它对预算的影响;(2)提高预算信息的质量并加快其传播速度;(3)分析预算备选方案的成本和影响。[8]

在很短的时间内,国会预算局就建立了预算分析部门,可以与任何政府部门在此方面的能力匹敌。尽管通常利用从各部门获得的第一手资料,国会预算局有助于改进行政部门的质量和客观性。这一成本规划上的竞争在两个层面展开。首先,评估的质量存在缺陷。当新的、更好的技术出现时,各部门可能仍然满足于使用过时的技术。他们拥有过时的指标或者不相关的数据阻碍了他们的数据"结果"被用作相关"信息"。其次,公共机构存在偏见。国会预算局出现之前,国会分析能力受到严格的限制。总审计局的会计部门和国会的研究服务小组都不能就经济预测和项目成本给出最新的分析结果。以前,经济咨询委员会和管理与预算局对预算有绝对的发言权,他们不会给国会任何机会质疑他们的预算数据,但现在国会有能力对这些数据进行检查。

让我们来看一个在卫生教育和福利部(HEW)为支持其基础教育机会资助项目所作的成本评估上存在的争议。卫生教育和福利部的评估是在拨款听证会上提交国会的,这份评估不符合政府事先对经济收入的预测。卫生教育和福利部的这些评估假定项目参与者的收入将会发生与社会平均水平不同的变化。国会预算局发现了这一差异,修改了该部门的计划。类似地,国会预算局的分析结果能够使国会确信,总统就大陆表层含油出租收入的预算过于乐观。现在,各行政部门都试图在他们的评估结果提交国会检查之前,查明他们的评估成本与国会预算局的数据之间的差异。

现在,在华盛顿国会预算局被认为是预算数据的权威来源。但这并不意味着对这些数据没有争议。正如一位立法助理所说:"国会工作的方法就是让许多部门做同样的工作,然后看其是否得出了同样的结果。"如果他们的结果不相同,立法委员们就知道问题的所在了。

预算执行过程[9]

任何财政年度的联邦预算从准备到执行至少历时31个月。每年春季,预算预审的工作重点如下：(1)控制该财年后半期的(合同性的)债务和费用(支出)；(2)做出下一财年的项目计划,该财年将在下一个10月开始；(3)为下一个财年建立初步的计划和政策。

在国会考虑下一财年(10月1日至次年9月30日)的预算期间,各部门也要准备下一财年的支出预算数额。这些数额由预算官员们在他们的机构和部门领导的指挥下进行编制。预算数据必须详细,但是他们必须综合考虑总统的整个预算计划和国会可能做出的反应,修改预算编制。修改完成后,把预算提交给管理与预算局。在管理与预算局,熟悉各个部门的审查人员会根据总统的预算计划来审核预算数据。接着举行听证会,允许各部门就预算进行辩护和说明。在预算程序的这个环节中,管理与预算局局长与总统频繁协商,努力使各部门的预算保持在总统的限制范围内。及至12月,管理与预算局局长向总统提交一份统一的有关预期收入和所需支出的账目表。接下来,在总统的指导下,管理与预算局、财政部和经济咨询委员会准备编制预算,次年1月,总统向国会提交他的预算计划。

管理与预算局在预算执行过程中的作用体现在两个阶段：宏观规划或者设定目标阶段,即所说的春季预算预审；以及一个更为详细的领导审核阶段,详细审查各部门提交的预算内容。在秋季的领导审核阶段,要根据整个的财政政策对各部门在计划实施阶段的需求进行调整。各部门的一项基本工作就是在他们的预算申请提交给管理与预算局的领导审核之前进行调整。国防部也有一个与此相似的协调申请的程序。

至少,在过去10年的春季预算预审中,管理与预算局在没有各部门任何正式信息的情况下,一直提供必要的预测,并决定各部门的拨款和支出额度。这种预测提出的一系列计划与预想的财政政策一致,管理与预算局几乎是独立完成的。尽管管理与预算局试图在预算预审中设置预算总额2%或3%的预备费(多半支出都会增加),但是预算资金在这方面的配置大体上已经被决定了。各部门都倾向于将管理与预算局的最高限额理解为最低保障额。秋季领导审核的特点是汇集信息,严查细节。

联邦政府预算的部门支出从1/2(战后早期)降到1/5(最近),人们对此会产生怀疑。国防部有一套基本上独立于管理与预算局的预算程序,当然,这已经与管理与预算局协调过。在这一过程中,国防部长办公室(OSD),尤其是部长助理负责的审计办公室,起着与管理与预算局相同的作用,即管理与预算局负责非国防机构和部门的预算。

这种将国防部门预算和非国防部门预算分开进行决策的方式,是在第二次世界大战后的10年间发展起来的。这种方式基本上是从已积累的总收入中减去"不可控因素"的支出、固定项目支出、临时决定的支出、有某种支出决定权的可控制的国内支出等,得出国防支出的可用数额,这是一般的定义。[10]而里根总统改变了这一方式,先将预算资金分配给国防部门,然后把余下的分配给国内的各种用途。

预算估计由几个工作人员在几周内完成。因此,我们想雇用更多的帮手协助编制预算,甚至是为协助总统决策做简单的准备。尽管这些帮手可能知识储备不够,但可以使预算编制变得容易。虽然国防部和五角大楼可以就国防预算支出提出申诉,但是在执行预算周期内,预算资金通常保持相对固定。其稳定的原因是,从春季预审到秋季审核期间,国防部长办公室和管理与预算局分别对国防支出和非国防支出的预算程序和项目责任进行了详细的划分和审查。由于时间安排对编制预算十分重要,要时刻想着在财政年度内,这些预算估计数额比实际支出的时间提前 18～20 个月计算出来。因此,我们不必奇怪,对于预测不确定的未来,做出的预算越晚越重要;因为在编制预算期间或编制完成之后,会有很多事件发生,较晚做出的预算会考虑到那些事件。因此,在 12 月,总统审核不是最后制定决策,而是由财政部、管理与预算局、以及经济咨询委员会根据财政政策和经济形势的变化决定的。事实上,除了外交政策的重大改变以外,在春季预审期间,政府的大部分政策方针都是不变的,比相应的实际支出提前了 4～8 个季度。在下一个预算周期内,总统提交给国会的预算要根据经济形势和其他环境的变化对预算涉及项目进行相对细微的调整;详细的调整则是在各部门、国会和各利益集团根据经济和政治形势对政策进行讨论后决定的。预算编制的全过程就是不断地进行调整,在现有的官僚体制下,各利益集团的预算相互协调,将最终的预算汇集起来以总统预算的形式提交国会。

战后预算支出的增长

在 20 世纪 50 年代,预算程序似乎运行良好——收入和支出都保持在合理的范围内。国会议员们遵守这个程序,总统也如此。毕竟,即使在 1961 财政年度,联邦预算只有大约 820 亿美元,约占国民生产总值的 16%,自 1951 财政年以来,总额增加了近 400 亿美元,但在 GNP 的比重中是可以忽略不计的增加额。然而,到了 1979 财政年度,预算总额已经增加到 5 000 亿美元,在 GNP 中占了巨大的份额,接近 25%。[11] 20 世纪 60 年代和 70 年代在预算上分别代表了两个不同的时期,从前一个 10 年到后一个 10 年,发生了什么事呢?

首先,一件事情并未发生,即军费绝对数额的增加。以不变价格计算,军费支出自从 1953 年朝鲜战争结束后减少以来,一直保持在稳定的水平——越南战争期间也只是暂时增加。然而,在杜鲁门、艾森豪威尔、尼克松、福特等总统深谋远虑的政策意图中,军费支出最为重要,被视为囊中之物;在执行预算的过程中,军队和非国防的应急预算也是独立的;这导致军费支出总量随着工资和物价的上涨而逐渐增加。进一步说,以 GNP 的比重为例,它表示国家资源对军费支出的投入——一直比较稳定。在第二次世界大战后的 1950~1975 财政年度期间,军费支出的比重一直在 5%~13%(朝鲜战争时达到顶峰 13%)之间变化,在越南战争期间上升了约 3 个百分点。为了查明第二次世界大战后政府支出持续增长的原因,我们必须把目光转向其他方面。

公共支出的巨额增长投入了社会和福利支出,在 1965 财政年度,该项支出总额约为 80 亿美元,即在林登·贝恩斯·约翰逊总统的"伟大社会"计划实施前;在 1975 财政年度,已经上升到 1 680 亿美元——以不变价格计算,增长了 4 倍。只能说,在这个国家中有一种非常一致的看法,即国家在人力资源方面的支出应该增加;这种看法在国会的拨款和随后的联邦政府支出中被反映出来。[12]

20 世纪 60 年代和 20 世纪 70 年代早期,见证了一系列关于政府支出规模和范围变化的奋斗历程,在支出增长的背后,政治力量也越来越强大。肯尼迪、约翰逊、尼克松等几任总统尽管都支持增加支出,但他们都试图对经济负责。不论约翰逊政府是否努力将支出保持在 1 000 亿美元以下,或是尼克松政府是否将支出保持在 2 000 亿美元以下,他们公开推销他们主张的目标。预算执行部门与国会之间相互影响已经成为游戏,一场将削减或无法削减支出的责任转移给对方的游戏。预算规模决不会像以前那样成为政治策略的一部分。因此,无论各届政府对支出的定位如何,他们都会发现,通过增加收入或减少支出来削减预算赤字势在必行。

经济学(至少是经济学家)此时成了救命稻草。政府工作中日益重要的经济学有意或无意地为过高的支出水平提供了理论上的帮助。统一预算,为制定财政政策本身进行预测的性质,充分就业预算盈余的概念——经济学家的所有发明——共同致力于证明高额支出是正当的,并使其看上去较低。

到目前为止,对前述增加政府支出来说,最重要的解决方法是放弃预算平衡的原则,这是尼克松总统在 1972 年的财政年度预算中提出的,他赞成这一宽松的原则。在美国,即使是在"凯恩斯革命"提出之后,在民主党人哈里·杜鲁门、共和党人德怀特·艾森豪威尔执政期间,联邦预算应该保持平衡这一观点都被广泛接受。工作很简单(远离了战争),就是执行现金控制;

支出是正规政府部门支付的资金，收入是征收的税款。赤字是一般收入和支出之间的现金差额。什么是"一般"？这是根据多种惯例和常规来定义的。当政府征收的资金和所需支出一样多时，预算是平衡的。凯恩斯的经济学理论被解读为：经济处于低迷时期时，暂时的联邦赤字可以刺激经济复苏；资金的损失可以在随后的经济高涨期以收入盈余来弥补。该理论认为，公债不应增加而应长期维持。经济学争论的焦点是这种反周期经济政策的有效性和时机选择。

杜鲁门总统和艾森豪威尔总统都对预算平衡的思想极其推崇，并遵照执行，而肯尼迪、约翰逊、尼克松几位总统抛弃了这种思想，取代了旧原则的新指导机制被称为充分就业预算盈余。简单地说，该理论认为，联邦预算支出应该上升到某一点，使得经济处于充分就业的状态。按照凯恩斯理论的新解释，经济处于充分就业的支出水平和当前收入两者之间的差额就是合理的赤字数额。它可以刺激经济，使之实现充分就业。在这种情况下，出现盈余几乎不可能，特别是肯尼迪总统出台了降低税率的政策之后。但是，所谓合理的赤字额度十分模糊，这依赖于估量失业率水平到底有多高，判断计算拨款数额在多大程度上实现充分就业。预算收支平衡被认为是不论从实际看还是从理论上看都是不必要的，但是处于充分就业水平的"预算平衡"是一个可轻易辨认的点，在实际中可以分辨其大致的变动范围。凯恩斯理论可以解释为，预算应该实现这样一种平衡，在该点，预算支出可以有效地刺激经济实现充分就业。

从经济管理理论的角度看，这种新的经济学解释无疑代表了进步；从预算支出的政治管理角度看，进步并不明显。这是区分经济理性和政治理性的重要因素。从经济学角度看，减少支出可以减轻通货膨胀给大众带来的影响，它代表了对社会安全的一种贡献。但是，如果负责社会安全的政治经济学家们意识到，国会议员们偏爱投票增加支出以保护选民的利益不受通货膨胀的损害；那么政治经济学家们会主张一种截然不同的方法。同样地，从经济理性出发，负责预算支出的政治经济学家们可能更倾向于单独考虑经济目标，而非在政治文件即美国联邦政府预算与那些反对增加支出的经济设想之间达成妥协。当然，如果大家都试图增加支出，那么减少支出的做法不仅正确，而且富于独创性。

过去，大家对牺牲控制支出的长期利益以获取短期利益的收益者一直抱有争议。但是，在任何时候，预算平衡的准则都限制了这种牺牲长期利益的情况。当约翰逊总统发现几乎每个人都着迷于新的拨款授权，即特定年份的预算规模，而对将来职责的授权毫不关心时，另外一项限制也被放松了，即减少目前的支出可以换来未来的经济增长。[13]

预算过程中是否有增加支出的偏见

如果事实证明增加支出容易而协调行动削减支出难的话,是不是意味着预算过程偏向于更高的支出? 支出过高或过低是否意味着缺乏改革力度? 改革中立者是否仅仅根据政治多数票原则执行他们的意志? 或者支出主张是有利的还是不利的?

国会预算程序在面临增加或减少预算申请时是否会像现在这样保持中立? 让我们做如下检验:美国人民将挥金如土的人选入国会和白宫,其中偏好较高支出和较低支出的人数目也相同,预算程序是否能保证以相同的力量对比通过那些申请? 是否会因为现存的制度偏好一种方式或者另一方式而终止增加支出或减少支出?

1974年的预算法案表达了国会的希望,即给予其明显地联系收支的能力来加强自身的财权。尽管支持该法案的联盟由偏好高支出和低支出的双方组成,但是新的预算程序并非是为了讨好其中一方而设计的。一方面,仅存的预算委员会为提高支出增加了可能的障碍;另一方面,这些委员会要求保持与各收支委员会共同掌权的关系,要接受国会的意志,这种要求意味着他们不得不听从广泛的增加支出的要求。艾伦·希克(Allen Schick)在《国会与钱》(*Congress and Money*)中的证据是有结论性的:

在接近100位接受采访的国会议员和政府工作人员中,没有人表达这样的观点;预算决议中的分配被认为低于立法委员们的预期。"我们得到了全部所需。"一位主管兴高采烈地说。但是一位拨款小组委员会的秘书却抱怨决议中的目标数字过高,他说:"我们面临花光所有预算拨款的压力,好像是预算委员会在竭尽全力满足所有的和部分的拨款需求。"[14]

在考虑强制性支出的问题时,需要靠法律,而不受年度拨款程序的限制,阿伦·希克找到一个有力的借口,将其视为一个有意的选择,不是"一个立法程序的疏忽,而是一个国会期望的决策,更偏好非预算价值而非预算控制。"[15]像历史一样,由于预算具有选择性,通过选择不考虑什么,国会做出了它最重要的选择。难以控制本身也是一种有偏好的控制方式。

公共支出可以被描述为像参加抢座位游戏一样,当歌声停止的时候,总有人抢不到座位。各部门、各项目在申请拨款时的最优法则是每一方都去争取另一方可以争取到的拨款,正如另一方也是这样做的一样,只要拨款足够多。打破这一法则的做法就是某一部门从其他部门获取资源,但这绝不会发生。这种"兔子吃窝边草"的做法是被禁止的,特别的项目,经过专门的申请会获得更多的支持,只要其他支出不被削减。即使在20世纪70年代,国防支出占总支出的比重下降了,但是以不变价格计算,1955年后的国防支出仍然维持了相当稳定的规模。用进化论的话说,物竞天择,适者生存。

谁会为了缩减预算出头呢?每个部门的政策都只关心他们自身的内部发展。争取更多的预算资金可以在解决内部纷争时更加从容。那些认为资金越多对本部门或利益集团越有利的人自然会持这种观点。那些试图彻底调整各个项目的人很快就会发现,没有足够资金的话,这样做极其困难。改变政策的代价就是项目扩张。[16] 所有的内部激励措施都会使支出增加。

假如你我同意砍掉有共同利益的首选项目,除非大家都这样做,否则,这样做有什么好处?如果他人的所得正是我们的损失,我们为什么还要玩这个游戏?预算过程对逐一限制项目支出存有偏见。当这种偏见被克服时,减少支出就会变得再容易不过。这里有一个例子,1981财政年度,里根政府通过调解砍掉了约300亿美元的支出。

调解与激进的改革

通过计算各项缩减额,并将总数进行投票表决(调解过程),里根总统和议会的共和党以及立法领导们使得这一庞大的减支计划充满吸引力,并且在政治上切实可行;因为他们加入了某些东西。因为区区几十亿美元的削减很难被发现,也可以说,因为有如此众多的国会议员"隐藏"其中。

在华盛顿,国会议员们在为是否要使第二预算决议案或第一预算决议案有约束力而争论时,那些不熟悉预算术语的人当然看不到任何利益纠葛。但是,在两者之间,即在国会程序和预算结果上存在巨大变化。在1974年预算改革法案的规定中,国会应该通过第一预算决议案,其目的是通过设定支出总额将收入和支出联系起来。在国会把这一总额分配到各个具体的项目之后,第二预算决议案会对各项支出进行增补,从而形成一份新的总额。这是采用加法编制预算;每个项目的数额加上其他项目数额,这些相互独立的预算活动的"结果"产生了最后的预算总额。倘若国会使第一预案决议案有约束力而改变这个程序,就必须在已经存在的预算数额内改变各项目的预算。当预算总额是由各个项目加总得到时,利益集团和各部门就会关注,看是否有人获得过多的拨款。各种争议就可以轻易解决,大家同在一条船上(即同一个预算决议案),若想选出某个立法委员作为破坏预算的罪人很困难。国会的权力已经丧失,因此,国会应当重新夺回预算控制权;这种不断高涨的情绪在一个有约束力的第一预算决议案中获得了制度上的支持。

当然,国会可以断定税收是太低了而不是支出太高了。无论支出水平有多高(目前的支出水平仍然远低于大多数西方民主国家),对那些试图增加社会福利或国防支出的人来说仍然太低了。接下来的章节不是继续讨论政治偏好问题,而是更加准确地解释预算过程。

注 释

1. Richard F. Fenno, Jr., review of *Congressional Control of Administration* by Josseph p. Harris, *American Political Science Review* 58 (September 1964):674.

2. Public Law 93—344, "Congressional Budget and Impoundment Control Act of 1974." Section 2.

3. Public Law 93—344, Section 301.

4. VIII *National Journal*, 25 September 1976, pp. 1349—1350.

5. Ibid, p. 1350.

6. Aaron Wildavsky, "Ask Not What Budgeting Does to Society but What Society Does to Budgeting," *National Journal Reprints*. 2nd ed. (Washington D. C.,) p. 4.

7. Ibid., and Louis Fisher, "In Dubious Battle: Congress and the Budget," *The Brookings Bulletin* 17(Spring 1981):6—10.

8. John Ellwood and James Thurber, "The New Congressional Budget Process: The House and Ways of House—Senate Difference," *Congress Reconsidered*, ed. Lawrence C. Dodd and Bruce I. Oppenheimer(New York: Praeger, 1977).

9. 一篇我和 M. A. H. Dempster 的论文修改和缩减的版本出现在国际协会《关于援助经济和集体消费集资》的大会上(Cambridge, England, 1—5 September 1979)。将发表在由 R. C. O. Matthews 编辑的会议记录中(London: Macmillan)。对于技术方面感兴趣的读者应该参考更完整的版本。在撰写本章节和后面章节的过程中,我们广泛参考了 John P. Crecine 和他的同事 Mark Kamlett, David Mowery 以及 Chandler Stolp 的研究成果。我们从与他们展开的广泛讨论中受益匪浅,并推荐读者参阅 Crecine 就国防部的预算流程进行的研究,参见 *Volume* Ⅵ, *Appendices*: *Commission on the Organization of Government of the Conduct of Foreign Policy*(Washington, D. C.: U. S. Government Printing Office, 1975), pp. 63—110。

10. 肯尼迪—约翰逊时期,出于政治原因,在预算周期的预算执行阶段,国防部长麦克纳马拉总是避免透露明确的军事支出上限。但是,人们不清楚他们是否使用了比较模糊的军事开支总额而未报告。J. P. Crecine, "Defense Budgeting," *Studies in Budgeting*, ed. R. F. Byrne and A. Charles et al. (Amsterdam and London: North-Holland,

1971)。

11. 早些年份的百分比是针对联邦行政预算的。总支出的百分比,相对于1978年的(统一现金)预算,是1951财年GNP的15%和1961财年GNP的20%。详见1967财年预算。

12. Aaron Wildavsky, *Speaking Truth to Power: The Art and Craft of Policy Analysis* (Boston: Little, Brown, 1979), Chapter 4.

13. Mark S. Kamlet, David Mowery, and Gregory Fischer, "Modelling Budgetary Tradeoffs: An Analysis of Congressional Macrobudgetary Priorities, the Impact of the Congressional Budget Act, and the Reagan Counterrevolution" (Paper prepared for Midwest Political Science Association meetings, Chicago, Illinois, April 22, 1983).

14. Allen Schick, *Congress and Money* (Washington, D. C.: Urban Institute, 1981), p. 313.

15. Ibid., p. 571.

16. Wildavsky, *Speaking Truth to Power*, Chapter 4.

第3章

由定性分析转入定量模型分析

[与米切尔·A. H. 蒂姆斯特(Michael A. H. Dempster)合著]

前一章对预算过程定性分析的概述清晰地预示了我们将要分析的定量模型的类型。例如，预算决策制定者按照比例的思维思考问题是十分明显的。各部门总是按照某一比例扩展他们的预算基数。预算管理局关心的是某些部门、某些项目的预算增长率。众议院拨款委员会负责处理预算的削减比例，参议院拨款委员会则考虑是否保留削减的比例。这些考虑表明，预算制定过程中参与各方所决定的预算的数量关系都是线性的，即在现有基数上"削减"或"增加"。

预算过程中各参与者的看法和计算方法随着时间的变化保持不变。各部门"预算基数"的显著特点是稳定性。各主要参与方的作用是强有力的、持久的，并且强烈地依赖于其他参与者的预期和他们本职工作的内在需要。稳定性还体现在参与者工作的专门化，各委员会成员长期的工作，渐进预算方法的运用等方面；诸如与往年的数据相比较，各拨款项目和科目的分列，根据预算总额的不断变化处理不同的拨款项目，而不是根据项目价值重新考虑；还有采纳往年做法的实践经验(适用于面临困难时协调决策)。由于预算程序在不同时期是稳定的，那么根据时间序列数据估计预算中的数量关系就是合理的。

世事难料，有时候，某些特殊事件确实会破坏预算过程的稳定性。例如，新的总统或者政党执掌政权；一些部门表现出过度的热情，而其他部门在拨款小组委员会中失去信任，等等。将这些临时事件视为对预算这一确定系统的偶然冲击似乎是合理的，当然，这些冲击的产生有其规律，我们试图在模型中使用变量来反映其影响。

制定预算时各参与者使用不同的策略——其中某些策略相当复杂——

来实现他们的目标。尽管如此,大部分预算程序可以用较为简单的策略加以解释,这些简单的策略以各部门申请拨款数和国会实际拨款数为基础。因为这些数据是公开的,所有的参与者都一清二楚;也因为这些数据能被直接地理解和用来交流而不必担心信息缺失或者存有偏差;所以它们是用来反馈信息的理想选择。事实上,预算制定过程中还有其他的指标需要参与者注意,例如,特殊事件、危机、技术进步、利益集团的行为。但是,如果这些指标是有效的,它们必须在正式的反馈机制中被及时地反映出来——各部门、管理与预算局和国会的行为——其行为是直接的。正式的指标较之其他指标更精确,更简单,更具操作性,更容易被解释。因而它们可能会被预算参与者年复一年地使用。现有决策主要基于以往的经验,这种经验知识可以用拨款数进行阐述,即各部门在预算周期内经过各级预算程序获得的拨款数。

通常采用的方法遵循了我们所设想的科学预算程序的原则。最初的模型是以预算的第一手观测资料为基础,并且以美国国内约半数的机构为样本进行检验。我们可以将批评意见转换为假设并用相同的数据进行检验,分析异常情况则是为了发现各种变量来改进模型,这些变量可以用来提出新的假设并对模型进行重新检验。

初始模型

由于各部门使用多种策略,国会可能以不同的方式对其做出反应。首先,我们将对管理与预算局申请和国会的行动提出一些备选的决策规则。[1] 对每个预算申请或者实际拨款数的数据序列,我们将选用最能表现实际行为的决策规则。我们将运用如下变量:

y_t——假定国会在第 t 年通过的某部门的拨款数,追加的拨款并不包括在内。

x_t——假定某部门在第 t 年通过管理与预算局提出的申请拨款数,其中包括总统为该部门申请的拨款数。

机构预算决策规则的方程

本部分我们将介绍三个简易的部门申请预算的模型。第一个将部门申请数描述为前一年度预算拨款数的函数。第二个将预算申请描述数为前一年度拨款数以及部门申请数和拨款数之间差额的函数。第三个将预算申请数描述为前一年度预算申请数的函数。在这三个线性模型中,各时期的特殊环境下的预算拨款被当作随机变量。接下来,我们将把这个随机变量作为可辨认的组成部分加以剖析;现在,来检验这种假设会在多大程度吸引我们,我们选择将其他外部因素作为随机变量。

当一个部门对其项目的价值深信不疑,一心想获得或多或少的额外拨款时,可能会引起国会的怀疑;一个部门认为其项目并不值得申请更多拨款,却可能促使国会做出相反的回应。因此,各部门通常按上年拨款的某一比例(一般大于100%)申请拨款。但这一比例并不固定,在有利的环境下,这一比例比上一年的拨款数额的比例更大,同样地,在不利的环境下,这一比例可能会下降。

以上述方式做出的决策可以用一个简单的方程式来表示。如果我们采用预算官员们通常暗地或者明显使用的比例的平均值,那么,任何一项申请都可以表示为,由上年拨款的平均比例的数额加上因为环境优劣而增加或者减少的数额。方程式表示如下:

$$x_t = \beta_0 y_{t-1} + \xi_t \tag{3.1}$$

某年某部门申请(通过管理与预算局)的拨款数等于上一年国会给予该部门拨款数的一个固定的平均比例加上某年的一个随机变量(该变量服从正态分布,均值为零,方差未知且有限)。

因此,$x_t = \beta_0 y_{t-1} + \xi_t$ 是表示这类行为的方程。β_0 表示平均比例,ξ_t 表示因为环境变化而增加或者减少的数额。

我们已经选择将某机构每年发生的特殊事件看作随机现象,它们可以用某一概率密度或概率分布来描述。这里,我们假定随机变量服从正态分布,均值为零,方差未知且有限。假定随机变量是可识别的,那么部门做出预算决策时仿佛是按照方程 3.1 给出的基本要求在进行决策。

虽然在某种程度上,部门可以按照方程 3.1 描述的过程进行决策,但是部门可能希望将另外的决策策略考虑进来;例如,部门依照上年拨款的固定比例决定申请拨款数目时,又想通过考虑申请拨款数与上年拨款数之间的差额消除拨款变化的趋势。如果上年申请拨款出现意外的大幅下降,部门会提出"补充性"的估计弥补预算资金不足带来的损失;如果上年申请拨款出现意外增加,那么机构会做出缩小的估计以避免资金使用不完的情况出现。这种行为或者说决策规则可以用方程来表示。

$$x_t = \beta_1 y_{t-1} + \beta_2 (y_{t-1} - x_{t-1}) + \xi_t \tag{3.2}$$

某年某部门申请(通过管理与预算局)的拨款数等于上一年国会给予该部门拨款数的一个固定的平均比例加上上一年国会拨款数和部门申请数之

差的一个固定的平均比例,再加上一个随机干扰项。

ξ_t 为随机干扰项,它和方程 3.1 中描述的随机变量起相同的作用;β 是反映该部门所考虑的上一年申请拨款数和实际拨款数影响的变量,β_1 表示上一年申请拨款数所占的平均比例,β_2 表示上年拨款数与申请拨款数之差所占的平均比例。

最后,当一个部门(或总统通过管理与预算局)对自身项目的价值深信不疑时,该部门可能不会考虑上一年国会的行为而决定预算申请。当国会对该部门十分信任时,这种策略尤其需要,国会倾向于给予拨款,拨款的数额几乎与申请数额一样。除了随机干扰项所代表的特殊情况以外,任意假定年份的部门预算申请往往是上一年度预算的某一固定比例。这类预算可以表示如下:

$$x_t = \beta_3 x_{t-1} + \xi_t \tag{3.3}$$

某年某部门申请(通过管理与预算局)的预算数等于该部门上一年申请预算数的一个固定的平均比例加上一个随机变量(随机干扰项)。

其中,ξ_t 是一个随机干扰项,β_3 是平均比例。

国会决策规则的方程

在考虑国会行为时,我们再次假设存在三个决策方程,其中之一最能用来描述国会处理某部门的拨款申请时采取的行动。由于国会可能针对不同部门选择不同的对策,在我们的样本中,三个方程都有可能被选择用来描述国会做出的不同对策。第一个方程将国会拨款数额表示为某部门向国会申请预算数额的函数(通过管理与预算局)。第二个方程将拨款数额表示为某部门预算申请数额的函数和上一年国会与部门之间常量关系的误差的函数。第三个模型将拨款数额表示为部门申请预算的分段函数,即不是上一年部门所获拨款或预算申请数额的部分。特殊环境包括随机变量。

如果国会认为某部门的预算申请在管理与预算局通过后,是部门为了实施其项目所需资金的一个相对稳定的指标时,国会就给予该部门预算申请数额的相对固定比例的拨款。这里使用相对固定比例,是因为国会考虑到某年的特殊事件和环境,很可能在一定程度上改变这个比例。在部门的预算申请中,特殊因素会被视为随机现象。一个方程可以表示这种行为:即国会拨款的结果是某部门预算申请数额的一个固定的平均比例,加上一个表示随机变量的数额。这一方程可以把这种行为视为国会采用了这种决策规则。

$$y_t = \gamma_0 x_t + \eta_t \tag{3.4}$$

某年某部门所获得的国会拨款数额等于该部门该年份预算申请数额的

一个固定平均比例加上一个随机干扰项。

这里，γ_0 表示固定的平均比例，η_t 表示随机干扰项。

虽然国会通常是按照部门预算申请数额的某一固定比例给予拨款，但是，有时候部门的预算申请数额体现了部门项目的扩张，与国会要求的数额不符(高于或者低于)。当各部门和管理与预算局响应政府的要求，制定的预算与国会的要求不同，或者当国会怀疑该部门虚报了当年的预算时，这种情况也会发生。出现这些情况时，国会通常会依据一个不同于原来的比例下拨资金。如果 γ_t 表示原来的拨款比例，那么这类拨款行为可以用如下方程表示：

$$y_t = \gamma_t x_t + \xi_t$$

其中，ξ_t 是随机干扰项，表示由于特殊因素导致国会改变了部分拨款原来相对固定的比例。因此，当某部门的预算申请目标与国会的要求出现明显不同时(国会可能会改变原来的拨款策略)，此处的随机干扰项代表了一个正的或负的调整值。为了区分上述情况与方程(3.4)所表示的情况，必须对 ξ_t 作进一步的说明。在某年，当部门预算申请目标和国会要求不同的时候，该部门会修改其预算申请使之接近国会的要求，或者国会调整其要求使之接近该部门的预算申请(或接近总统的预算申请)，或者两者同时调整。在该年度出现偏差后，假设国会做出补充拨款来调整这种偏差。这一调整行为可以用一个方程来表示，这里 η_t 是一个随机变量，符号 γ_t 表示上一年的随机干扰项，也表示该年出现的随机干扰情况。因此，我们的第二个国会的决策规则的方程表示如下：

$$y_t = \gamma_t x_t + \gamma_t \xi_{t-1} + \eta_t \tag{3.5}$$

某机构获得的国会拨款数等于该年部门申请预算数的一个固定平均比例加上一个随机变量，这个随机变量表示对上一年国会与部门之间正常关系的偏差；再加上该年的一个随机变量。

最后，假设国会了解某部门的决策规律。假设这一规律又可以用上述的一个方程来表示，那么国会就可以(积极或消极)推测该部门增减的预算资金或者博弈行为。因此，可以用如下方程来表示：

$$y_t = \gamma_3 x_t + \gamma_4 \lambda_t + \eta_t \tag{3.6}$$

这是第三个国会的决策规则，λ_t 是虚拟变量(dummy variable)，在 t 年取值如下：

ξ_t	如果方程(3.1)成立
$\beta_2(y_{t-1} - x_{t-1}) + \xi_t$	如果方程(3.2)成立
ξ_t	如果方程(3.3)成立

使用以上哪个决策方程要视部门行为而定。

某部门某年所获得的拨款数额等于该部门该年的预算申请数额的一个固定平均比例加上一个随机干扰项，这个随机干扰项表示对上一年国会与该部门正常关系的偏差，再加上该年的随机变量。

这些模型能够经得起经验数据的检验吗？

原始数据的检验结果

我们研究了1947～1963年间机构稳定的美国政府非国防部门的时间序列数据，这些部门的预算申请数额(x_t)是以总统的预算数据提交给国会的。国会的决策变量(y_t)在任何追加拨款之前已被采用成为最后的拨款。

我们最初所用的基本选择标准是最大（经过调整的）相关系数(R)。对于给定的自变量，这一标准要求我们利用解释变量的可识别性。

数据检验的结果（参见表 3.1）支持我们的假定：将随机误差限定在合理的范围内，美国政府的预算程序与稳定的线性决策规则相符合。各部门最优可识别的相关系数值都很高[2]，但是从表中也可以看出，国会决策方程中的决策规则和一系列数据之间的契合性比部门与管理与预算局的决策方程好。

表 3.1　　　　　　　　　部门的最优可识别性很高

相关系数的频数						
	1－0.995	0.995－0.99	0.99－0.98	0.98－0.97	0.97－0.96	0.96－0.95
国会	55	5	21	9	1	5
部门	10	2	9	17	6	10
	0.95－0.94	0.94－0.93	0.93－0.90	0.90－0.85	0.85－0	
国会	4	1	4	4	7	
部门	6	7	8	14	27	

表 3.2 显示了部门—管理与预算局和国会决策方程相结合的总体情况。研究了这些部门的情况，其中，最受欢迎的决策方程是简易的方程(3.1)和方程(3.4)。当国会使用比较复杂的（博弈）策略如方程(3.6)时，相应的部门—管理与预算局决策方程是相对简易的方程(3.1)。当国会的拨款准确地或者几乎准确地与部门的预算申请数额相等时，部门倾向于采用方程(3.3)。

表 3.2   预算行为简单

对决策方程的归纳*

国会		2.4	2.5	2.6
部门	2.1	53	6	9
	2.2	10	2	3
	2.3	27	5	1

注:* 包括全国保健部的八个次级部门。

在下面的讨论中,我们假定各方程中的系数(参数)是定值,这些方程是我们用来解释预算过程中的行为的。但是,由于在 1947~1963 年期间发生了许多重要事件,因此,认为许多政府部门的拨款结构发生了变化似乎是合理的。如果这种变化是正确的,各方程中的系数——准确地说,在本书中,这些定值表示了各部门的预算申请数额与国会的拨款数额之间的平均比例关系——从一段时期到另一段时期发生了变化。各方程在一段时间内是稳定的,但不会永远保持稳定。

方程中的系数从一个定值变为另一个定值的年份称之为变化点(shift point)。我们所采用的时间序列数据如此之短,以至于我们可能只能在其中找到一个描述部门预算申请数额和国会拨款数额极为契合的、有意义的变化点。因此,我们将每个时间序列分成两部分,用周(Chow)的 F 统计数值(Chow's F-statistic)来检测零假设方程的短暂的稳定性,零假设即认为每个方程的系数没有发生变化(反对一切备用方案)。[3] 由于大多数的系数确实会发生变化,这就证明,虽然预算过程在短期内是稳定的,但是,通常情况下,在整个时期内难以保持稳定。

表 3.3   集中在艾森豪威尔执政时期前几年的、可能变化点

变化点的频数	1948年	1949年	1950年	1951年	1952年	1953年	1954年
国会	1	2	3	2	0	6	21
部门/机构	1	2	4	1	5	6	20

	1955年	1956年	1957年	1958年	1959年	1960年	1961年	1962年	1963年
国会	31	6	3	4	4	4	2	2	3
部门/机构	16	5	1	5	5	4	3	3	6

对国会和部门——管理与预算局的决策方程而言,表 3.3 显示了各预算参与部门决策规则的变化点发生变化的频率。它证明大多数变化点发生在

艾森豪威尔执政时期前两年的预算中(1945~1955年)。显然,政党因素在预算理论中占有一席之地。

异常情况

虽然我们论证了原始数据检测的结果支持了我们的假设,即预算程序中的各项预算数字"仿佛"是依据上述模型中的各方程自动生成;但我们并不认为这些模型具有一般统计意义上的预测能力,统计学中的预测要在一定的置信区间内讨论。检测结果表明,至少对某些部门来说,预算行为确实发生了变化。由于这些模型不具备预测性,因此,不能帮助人们预测一个优先的结果,当方程的系数可能发生变化时,预测所要求的置信水平也就失去了其传统意义。

如果认为值得去寻找这种预测理论的依据,那么对选定部门记录数据集中的研究会大有益处,在记录数据的年份中,部门的行为确实会有变化。集中研究的目的,其一是检验已发生的变化是否合理,其二是为我们构筑新的预测理论寻找新的变量。

本章的余下部分将介绍我们集中研究的成果。[4] 我们并不会伪称结论已经确定无疑,或者这些方法绝不是粗略的或现成的。虽然识别变化点的方法在一定的范围内相当精确,但是我们的结论很大程度上取决于解释性的判断。因为没有出现新的解释性变量,根据前面对选定部门的研究,即对53个选定部门进行集中研究,该研究从所有部门分类的不稳定性入手,剔除艾森豪威尔执政时期(1953~1955年)的数据,以及因收益递减而断然停止使用这些数据,因为没有意料之外的新解释变量。

按照出现变化点的原因将数据进行分类,既方便又实用。控制种类的数目有利于分析。若异常情况的总数相当小,需要彻底和客观地了解所有异常情况的来龙去脉,由于我们没有足够的时间去调查,所以此时扩大所划分的种类不会有任何收获。尽管论证了已有的数据,我们还是尽力寻找其他类别的数据,力求判断新的变量是否会促进预测理论的发展。因此,虽然记账方法的改变会显得十分突出,但是作为一个解释性的类别,其作用微不足道,而党派争论作为预算程序与选民之间相互影响的一种表现,不仅对未来工作具有启发性,而且意义重大。以下通过具体的拨款事例对每种类别进行描述。

变化点原因的分类

会计。主要指记账程序的改变或者拨款类别的改变而引起的预算数额的改变,类别也因记账方法的改变而改变。这些改变只是"纸"上即预算账目上发生了改变,而不是实际预算资金的改变。这些改变只涉及考虑到的资金,而不涉及实际预算资金规模或者拨款的使用。例如,东南电力管理局在记账时将原来记录总额改为记录净值,这导致其拨款从1 939 000美元降到735 000美元。

国会监管。如果拨款委员会认为某部门挥霍了纳税人的钱,他们就会拒绝给这种挥霍行为拨款或者对这种挥霍行为施加严格的限制。例如,拨款委员会曾认为国内收入署(Bureau of Internal Revenues)在文书工作和小额账户征收方面支出过多。参议院拨款委员会报告提到:"本委员会同意众议院通过的给予国内收入署拨款266 000 000美元的议案,这一数额比1954年的预算估计数低6 500 000美元。这部分减少的资金将会用于与流程重组有关的领域,旨在消除不必要的通知和报告,同时避免在小额账户征收方面的花费比实际报道的资金更多。"(Senate Report 373,83rd Cong., 1st Sess., p.6.)

重组。此类变化点是由于立法活动或行政管理活动从一个部门转到另一部门而产生的,如果这种转变不仅在会计方面发生,那么我们将其归为重组一类。例如,众议院拨款委员会决定将1958财政年度的各个水土保持项目的拨款进行合并。众议院拨款委员在报告中称,这样做的目的之一是采取经济措施"及时地汇总水土保持的管理成本"。可以清楚地看到,这种转变的目标并不仅是各种管理活动的改变。

外生变量。某些变化点出现的原因是某些外部因素的变化导致对政府部门服务需求的变化。当然,这些变化不同于政府政策的变化,因为它们不受预算申请部门控制。例如,硬币需求的下降会导致铸币局(The Bureau of the Mint)拨款的减少。当阿拉斯加和夏威夷设立州政府时,对准州管理办公室(The Office of Territories)的拨款减少了。当会计署(The Bureau of Accounts)完成了某些战时运作部门的资产清算后,其拨款水平也随之下降了。

新的法规。此类变化点的出现是由于颁布了新的法规或修改了现存法规。例如,1957年增加农民住房管理部(The Farmers' Home Administration)的拨款是缘于农场住宅法案(The Farm Housing Act)和班克海德—琼斯农场住户法案(Bankhead-Jones Farm Tenant Act)的部分修改,班克海德农场住户法案增加了对农村贷款不同类型的限制。1955年会计署的拨款从约13 000 000美元激增到17 000 000美元,这是因为1955年社会保障修正案造成了检查社会保障问题的大量增加。

拨款政策的改变。 倘若变化点的出现是由政策改变而不是新的立法引起的,这种变化情况归入此类。有一个很好的例子是关于劳工部妇女办公署(The Women's Bureau of the Department of Labor)。1949财政年度,国会删除了该办公署在服务领域的拨款,1951财政年度,国会改变了政策,重新恢复了对这项服务的拨款。这种政策的变化在资金方面导致了极大的变化,从而导致了预算署(现在的管理与预算局)决策规则(1952年)和国会决策规则(1951年)的变化。关于此问题有一个相关的问题,用来判断变化的标准应该是归类于政策改变还是党派争论,其标准是什么?将原因归入政策改变,如下所示:

(1)涉及具体的政策,而非"全面的"政策改变(例如,"削减联邦支出");
(2)政策持续的时间长于或短于党派执政的时间。

有关波恩内维尔电力管理局、东南电力管理局、西南电力管理局的数据可以用来对比这两种情况,因政策改变而产生的变化点与因政党执政而产生的变化点。这里有一个十分明确的问题:公有的电力公司是否应该修建自己的发电设施和传输线路。解决这一问题的政策是其应该购买私营公司额外的电力并使用私营公司的线路输送电力。这一政策更改的持续时间要比政党执政的时间长。改变政策后,在接下来的时期内,对电力设施的建设没有任何拨款。

政党争论。 国会中政党组成的变化或总统的更替导致了此类变化点的出现。鉴于政党争论不同于立法政策的改变,因此变化点产生的三种原因是:(1)模型结构持续的时间与政党权力持续的时间相同;(2)以执政党的意识形态为导向,而非改变特定政策;(3)民主党人和共和党人对各部门的预算申请处理措施明显不同。

例如,当占多数的共和党和非常保守的第83届国会上台后,人们希望变化会出现。如果这些变化是共和党作为国会多数党的情况下出现的,并且大多数的共和党人赞成削减预算而民主党人对此表示反对,调查又发现两党存在不同的意识形态倾向,我们就应将这些变化出现的原因归为政党的争论。1954年众议院拨款委员会解释削减公共卫生服务项目95 000 000美元的预算时,共和党的意识形态表露无遗:"削减预算的大部分已经授权州政府调配……本委员会认为应该将更多的资金授权给州和各级地方政府,支持他们行使相应的职责,应该在今后的几年里采取措施,将一定的财权还给州政府和各级地方政府。"(House Report 314, 83rd Cong., 2nd Sess., p. 14.)

不可识别性。我们不能判断其拐点出现原因的唯一部门是鱼类与野生动物部。

表3.4表明,在讨论各部门与国会的关系时,政党争论是无可争辩的最大因素。上述研究有助于识别我们要建立的预测理论所需要的变量吗？答案既是肯定的又是否定的。显然,政党争论这一因素很重要,但是,从1947年至今,在所有可收集数据的年份中,我们很难找到一个变量用来预测政策因素,政策问题都是通过部门重组来解决的,其他方法行不通。同样的看法也适用于国会的特殊监管部门。

余下的14种情况都涉及公共政策。我们从那些不同的原因中了解了这些政策的变化和可能发生的各种情况,但是,这并不能使我们得出乐观的结论:所需的解释变量就在眼前。让我们重新考虑有关新的法律的例子。有关失业救济法律的修改增加了雇工保险局的拨款。《泰福特·哈特雷法案》(Taft-Hartley Act)的通过增加了国家劳工关系委员会的预算拨款。《班克海德—琼斯法案》(Bankhead-Jones Act)放松了农场贷款的限制,增加了农场家庭管理局的支出。《社会保险法案》(Social Security Act)适用范围的扩大,意味着会计办公室可以申请更多的拨款用于开具更多的支票。修订有关消费者价格指数立法的决定给劳工统计署带来了数百万美元的拨款。

表3.4　　政党争论是形成可识别变化的唯一最主要原因

变化点原因的种类	变化点的数量	百分比
记账问题	5	9
国会监督	3	6
重组	4	8
外生变量	6	11
新的法律	10	19
拨款政策的改变	9	17
政党争论	15	28
不可识别因素	1	2
总计	53	100

虽然上述各种例子并不能给我们提供一系列可以用来自动反映异常情况变化的自变量。但是,其中某些政策变化还是反映了众多经济规律的运行。农场贷款、劳工关系、电力、社会保险、消费者价格等诸多问题都反映了经济生活的相应变化。我们可以试着利用相关的时间序列数据(例如,各类

价格、就业人数、人口等)捕捉各类情况的变化。

扩展模型

利用从前面异常情况分析、权威经济数据和某些社会指标中发现的各种线索,我们选择了扩展模型可能包含的 16 个外生变量。表 3.5 将扩展模型中的所有变量一一列出。预算程序变量包括之前介绍的方程中的那些变量,也是最主要的变量,还有各部门决策方程中表示上一年度预算拨款与预算申报数额差异的变量。

表 3.5　　　　　　　　　　扩展模型中的解释变量

预算程序因素		
LV	(Leading variable)引导变量	机构的预算申请数额(基于政府预算的估计)x_t 或(预先决定的),上一年度的预算申请数额 y_{t-1}(预先决定的)
$(y-x)t-1$	……	上一财政年度的预算申请数额与实际拨款数额之间的差异
政治因素		
HND	(House non-Southern Democrats)众议院非南部民主党	非南部(包括西部)民主党占有 100~150 个众议院议席
HLND	(House large non-Southern Democrats)众议院主要非南部民主党	非南部民主党占有 150 个以上的众议院议席
HDM	(House Democratic majority)众议院民主党多数	民主党占有 217~250 个众议院议席
HLDM	(House large Democratic majority)众议院主要的民主党多数	民主党占有 250 个以上的众议院议席
SDM	(Senate Democratic majority)参议院民主党多数	民主党占有 50 个参议院议席,或多于 50 席
RP	(Republican president)共和党总统	……
PRE-EL	(Pre-election year)选举前年度	发生总统选举的财政年度(选举前一年至选举年)

续表

行政因素		
B. DEF$_{-1}$	(Budget deficit in previous fiscal year) 以前财年的预算赤字	由经济顾问委员会对上一财政年度的盈余(0)、赤字(1)进行估计,并在1月当年总统提交的预算中公布
PBRR	(Projected budget receipts ratio) 计划预算收入率	下一财政年度预算收入的估计值除以上一财政年度预算收入的估计值
经济因素		
EC. REC	(Economic recession) 经济衰退	经济顾问委员会以下一财年的预算信息判断该财年处于经济衰退
UER	(Unemployment ratio) 失业率	以 5% 为基数
RNNP	(Real net national product) 实际净国民生产总值	经过私人价格指数缩减后的单位国民产出净额。以1971年为基期
GNPD	(GNP deflator) GNP 平减指数	以 1958 年为基期
FPPR	(Federal/private price ratio) 联邦/私人价格比率	联邦政府/私人价格指数的比率
社会因素		
WAR	……	国家处于战争中(已宣战或实际处于战争状态)
AFO	(Armed forces overseas) 海外军事力量	海外驻军总数以两年为期(t 与 $t+1$)进行一次移动平均
YPR	(Young population ratio) 年轻人口比率	年轻人占成人总人口的比重
ADP	(Adult population) 成年人口比率	以 1971 年为基期

  首先来看政治因素。参议院的政党力量对比、总统所属的党派、总统选举的前一年,我们将这些因素看作二元的虚拟变量,如果那一年我们关注的事情发生了,变量赋值为 1,否则赋值为 0。但是,在反映众议院党派的议席对比时,类似的变量会有 4 个。

  民主党联盟的不同构成在许多事情上有着不同的目标和影响。因此,设置了两个取值反映非南部的民主党在众院所占议席的变化,虽然我们希望不管是众议院中民主党席位的变化还是非南部民主党席位的变化,都不会对众议院拨款小组委员会的组成和处境有任何影响。但是,非南部民主党席位和民主党席位总数的变化很可能都会产生重大影响。从某种意义上说，变量的取值是任意的，这里给它们赋值为 0 和 1，正是为了反映我们的这种想法。

行政因素中有两个变量，上年的预算赤字和预算收入比率的估计，在每年的预算周期中，拨款过程中的双方，(需求方)行政部门和(供给方)国会都熟悉这两个变量。

毫无疑问，政府和国会的拨款小组委员会成员们作为政治动物(尽管表达方式不同)，都对连续出现预算赤字或者预算盈余格外重视。因此，我们将上一财政年度的预算赤字或预算盈余设为一个二元的虚拟变量。由于政府对于预算盈亏的估计在重要性甚至倾向上都经常出现错误，无论是在政治方面还是统计方面。但具有合理性的是，预算编制过程中的双方都能独立地考虑最佳收入估计(即行政性收入)的需求或分配。为了消除波动性，要将上年的该项收入与其估计数值作比较。我们的第二个行政变量正是这两种估计的比值，这一变量可以验证扩展模型中数据的稳定性。

外生的经济变量则选择了一些规范的经济产出数据和价格数据。外生的社会因素选择军队的战备和人口规模作为解释变量。首先选择一个二元的虚拟变量表示处于战争状态，其次选择一个变量表示占总人口比例的海外驻军数。以年轻人口占成年人口的比重作为标准化的成年人口规模变量，用来反映过去 20 年中年轻人的不同社会需求和各代人的政治诉求。

显然，我们把某些连续型变量处理成二元变量时，出现了信息损失。这样处理正是我们这种研究方法的关键，预算程序受到了不同的突发因素的冲击，例如，战争、经济衰退、政党轮替。我们必须使用离散变量(0—1)解释这些冲击。通过使用离散变量表示个别的政党政治事件、重大经济和社会事件，我们模拟出了外部因素导致的突发事件对预算程序造成的影响；通过使用连续变量表示行政管理、经济社会各因素，我们希望进一步模拟预算程序的动态变化过程。

对比初始模型检验扩展模型

我们提出扩展模型的最基本目标，是为了解释预算过程中已被注意到的、暂时的不稳定现象。因此，评估过程中初始模型的拟合度明显改善，并不能充分说明由于引入了外生变量，模型的解释力增强。更好的拟合度只能说明,由于某些未知的原因,在我们没有确切了解的外部因素发生变化时,初始模型的解释力已经提高了。实际上,估计得到的某些外部因素可能是虚假的或是不可重现的。进一步而言,影响某些部门拨款的重大因素可能已经从我们的外生变量集中消失了。

本章我们希望通过逐个研究众多未经使用的预测方法(naive predictor)来评估模型的解释力。最低要求也要证明扩展模型的平均预测水平比初始模型高。这里的"平均"是指对包含 55 个机构的样本而言,与包含 116 个机构的样本相比,其中不能满足初始模型所要求的拟合度的机构占了更高的比例。到目前为止,没有计量模型可以用来检验未经使用的预测指标是否具有更优的预测能力(从统计学角度看很复杂)。[5]

让我们考虑机构拨款在最初六个月的预测。此时,拨款的估计数(即各机构的预算申报数额)已知,相对于经济顾问委员会的宏观经济核算而言,六个月是一个预测周期,经济顾问委员会假设国会不会对总统提交的预算数额作任何改动就予以批准。对这一假设的、易于理解的检验方法,是将各机构的预算申请数额 x 作为实际拨款数额 y 的预测指标。一个类似的未经使用的预测指标以每年政府支出的需求和自身预测为周期,假设机构的拨款数额 y 与上年的拨款数额 y_{-1} 相同。

统计学意义上更为复杂的预测指标可以通过对机构拨款作自回归得到。这一自回归过程是将当前的拨款数额表示为赋权的往年拨款数额加上随机干扰项。

想寻找变量解释单个机构的行为很容易。但我们要寻找那些可以影响许多部门的通用变量,而不是只对某个机构显著的变量。因此,决定通过对样本期后的五年期间(即从 1964~1968 年)的拨款数额进行预测,以检验扩展模型的解释力。这一检验依赖于成功地判断初始模型中方程系数的变化所在,还要借助于引进一些通用的影响一系列结构的外生变量。

以众多机构个体组成的样本建立扩展模型,由于各机构拨款的变动较大,若想评估模型的预测效果,其中的问题不可小视。衡量预测效果最常用的是预测期内模型预测值的均方差(the mean square error, MSE),对应于回归方程中随机干扰项的方差估计。

我们追求的是模型的绝对预测效果。采用上述两种计算方式(MSE 和方差)是为了获得预测结果,即考虑相对于预测变量可变性的预测误差。这可以通过比较一对方差来实现,一个是被预测序列使用真值得到的预测数据的方差,一个是先用平均过程将数据平滑化,再使用经过平滑化的数据进行预测,得到预测数据的方差。最简单的平均过程是用数据的平均值代替每个数据,这个过程具体可用 NMSE(normalized mean square error)表示,

NMSE 即 MSE 与被预测序列样本方差的比率。还有一种更复杂的方法，将数据进行三阶移动平均，使数据平滑化，这可以用 MANMSE（moving average normalized mean square error）表示。移动平均的方法可以使经过处理的数据更接近它最初的实际情况。因此，对于带有趋势性的序列，要求 MANMSE 小于 1 可能过于严格，要求 NMSE 小于 1 即可，而对于有较大波动性的序列，情况则正好相反。

评估扩展系统(方程 3.1)对我们例子中的 53 个部门解释能力是否提高的第一步是将扩展系统在 1964～1968 年间的预测能力与原有系统在此期间的预测能力进行比较。计算机程序 COMPARE 可以用于比较每个机构拨款的系统预测值的 MSE，这些预测值可由四个系统产生，这四个系统由原有模型和扩展模型中的两组方程经过四种可能的组合生成。为此，基本方程的识别系数取自前期一篇文章的表 A，这篇文章给出了最近一段时期的最优识别系数。[6] 扩展模型中方程的识别系数已在前一部分给出。

图 3.1 显示了某部门第二次世界大战后 21 年(1947～1968 年)拨款的实际值和预测值。预测值的生成过程是，先利用 1947～1962 年的数据和扩展方程做回归，在此基础上再利用系统对之后五年(1963～1968 年)的数字进行预测。

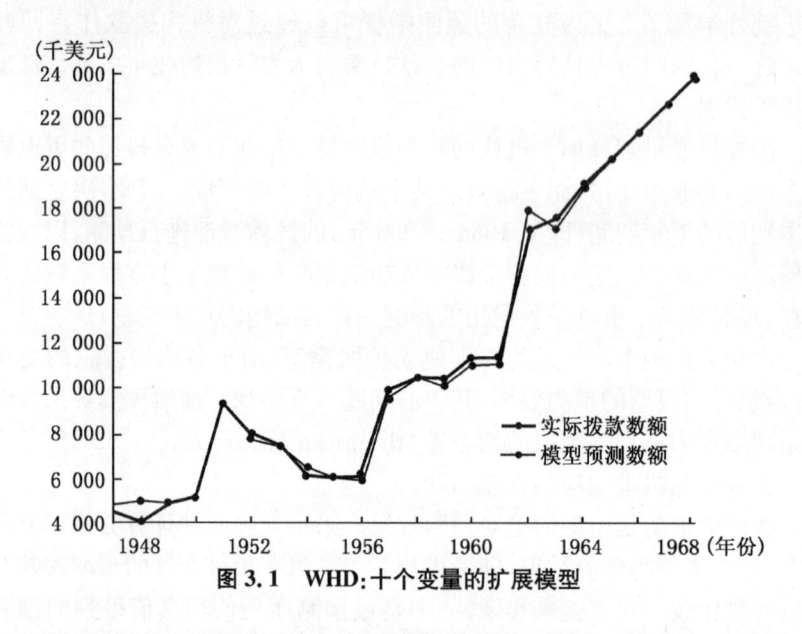

图 3.1　WHD：十个变量的扩展模型

图 3.1 显示了劳工部工资除以工作时间(WHD)所得的时间序列数据。其拨款在经历了起初的波动后，在预测期表现出线性趋势。这里系统预测效果良好，实际上比拨款方程或是任何未经使用的预测指标的预测效果都

好。[7] 总体而言，预测指标的预测效果良好。

接下来，让我们比较模型与未经使用的预测方法的总体预测效果。以6个月为预测期，通过预算申请数额可以预测52种情况中的42种情况（$NMSE_y^x$）。利用上年的拨款数 y 预测效果并不好。表3.6显示我们所用模型的预测效果优于其他的方法。

表 3.6　　　　　　我们的模型在所有预测模型中是最好的

半年最优预测值						
	方程	方程系统	预算申请额	自动回归	上期拨款额	总数
全部机构	18	8	23	2	3	54
$NMSE_y<1$ 机构	16	6	20	2	0	44

年度最优预测值				
	系统	自动回归	上年拨款额 y_{t-1}	总数
全部机构	23	12	19	54
$NMSE_y<1$ 机构	16	12	2	30

由于没有什么通用的诀窍可以用来改善预测效果，从确认模型的预测效果和对真实值进行预测的可能性的角度看，表3.6中的结果令人备受鼓舞。接下来，我们希望给出更加令人信服的例子，因此我们必须更多了解如何选择变量以及选择将哪些变量引入模型。

探讨环境对各部门的影响

本节我们要从部门的预算申请和国会拨款两个方面详细描述那些对样本中52个部门都产生显著影响的变量。[8] 我们想要查明，是否任意一个部门都很容易受到外界环境的影响，如果是这样，具体哪些因素会影响哪些部门。以1947～1963年间的数据为样本进行回归，某些外部因素提高了回归方程的拟合度。为了免受这些虚假因素的蒙蔽，我们只考虑利用这些外生变量作为预测指标对1964～1968年间的预算进行预测。我们不禁要问，哪些部门会受到这些因素的影响？哪些部门受到的影响最大？哪些因素会经常影响这些部门？这些变量在影响部门决策时会同时发生作用吗？接下来让我们仔细分析这些问题。

为了考察哪些部门会受到环境因素的影响，我们将样本中的 52 个部门划分为六大功能类别[9]，具体如下：

(1)劳工、社会福利、卫生、市区(房地产)、教育、退伍军人、印第安人事务；

(2)自然资源；

(3)农业与农业公共事务；

(4)法规、交通运输、商务；

(5)国家管理与人口总务；

(6)太空。

哪些环境因素会影响这些部门？我们将 18 个外生变量分成四大类：政治因素(7)、经济因素(5)、社会因素(4)、行政因素(2)。我们发现，没有一类可以单独影响各部门的决策，而将其他因素排除在外，这些变量在四大类间很难有一个均匀的分布。

分析政治变量的另一种方法是看哪种因素发生最频繁，它的效应是否总是正的或负的。在样本中，民主党在参议院占多数和非南部的民主党议员在众议院占 150 以上席位这两种情况出现得最多。正如我们所预料的，这些变量的效应通常是正的(占 6/7)；对所有的政治变量而言，这一结论通常都是正确的：16 个例子中有 11 个都导致了预算的增加。7 个政治变量中有 5 个代表了民主党在立法机构中具有控制权。这似乎又证实了我们的假定：民主党立法委员更倾向于增加拨款而不是减少拨款。政治进程很重要，这些因素包括谁担任总统，哪个政党控制国会，政党的议席有多少。

这些变量的第二类是经济因素。同样，一般服务分类无疑是最重要的，自然资源似乎并不重要。在这里经济情况的变化依惯例进行，没有相互矛盾的行为。而自然资源部门似乎并不太重要。经济情况的变化通常按照日常事务来处理，这是无可争议的。

最具影响力的经济变量是 GNP 平减指数(13)，它对 17 个部门中的 6 个都产生了影响。失业率(11)与联邦政府/私人价格比率(14)，分别对 17 个部门中的 3 个产生了影响。但是，与政治变量相比，经济变量产生的正效应和负效应相当：9 个正效应和 7 个负效应。

总起来说，以上分析表明，各变量施加的影响总是对最敏感的部门产生作用。当某个部门成为争论的焦点，或履行它的常规事务时，都会受到外部因素的影响，外部因素或是起到推动作用或是起到阻碍作用，最终命运取决于这个部门的支持者和反对者力量的消长。

渐进主义、协调和按比例削减预算

除了联邦预算程序和支出程序的复杂性,美国政府规模扩大带来的直接压力都可以被合理、清楚和准确地模拟出来。本节我们将介绍以下得到经验数据支持的模型:

(1)拨款构成的微观模型——以管理与预算局所划分的各主要机构部门为基本单位,包括外部经济、社会、政治等因素影响行政部门、总统、国会的运行情况。

(2)非市场协调机制模型——模拟管理与预算局内部的协调过程,使得各部门的预算申报数额符合当年财政的要求。

(3)预算支出分布滞后模型——模拟各部门根据拨款资金的部门支出(实际支出)和时间的分布。

虽然预算程序基本上是渐进的,它确实会对经济和社会的各种需求做出反应,但是,只有当各种经济和社会问题不断累积,产生了足够的压力,才会促使预算程序发生变化。对单个的机构来讲,外部冲击导致预算程序渐进动态性的剧变,促使处于渐进变化中的预算程序发生剧变的外部冲击,可以通过引入统计上显著的政治、社会和经济变量加以模拟,同时检验预测的准确性。但是,对于可预测性的目的,预算执行方的预测过程效果不佳。因此,我们试图揭示问题的原因所在,并改进模型对执行部门行为的预测结果。

我们推测,如果模型中的外生变量主要通过国会一方起作用,内生变量主要通过预算执行部门起作用,那么丢失的信息可能是相关组织间的一种关系。继续在隔绝的状态下研究单个部门的活动已经不合适了。事实上,正如我们所见,不仅是管理与预算局,还有各主要部门,例如,国防部、农业部和内务部等,都要接受审查,看它们各机构的预算申请是否符合总统的整体计划——特别是财政政策。我们忽略了核心执行组织在协调它们内部关系时使用的准则:增加可解释性和预测性,我们需要建立模型,以模拟执行组织内部各部门间相互关系的调整。

对于我们来讲,模拟执行过程所需协调行为的有效方法是努力建立更为精密的有关公平分配的假定——即各预算执行方都认为,考虑各部门的预算申请时,不仅要看它们项目的价值,还要看它们整个组织的要求。因此,所有预算部门都应该接受一定比例的预算增减。[10]毕竟,如果只考虑它们的优点,随着它们政治领导能力和公众形象发生改变,极有可能导致它们的拨款数额骤升或骤降。换位思考表明公平分配是值得的——细水长流,今年减少申请拨款以后就可以获得更多拨款。除此之外,也缺乏必需的专业知识。因此,预算核算要求将所有部门一视同仁、平等对待。现在,我们用外生变量表示外部因素,通过修改使它们满足执行组织内部的要求,然后模拟各机构部门间的公平协调关系。最初是以美国邮政局和美国国防部门的主要拨款科目为例,对协调部门间关系的机制进行检验,这一机制即按比例进行削减拨款的机制,在下面将有详细叙述。结果明确显示,某些部门和某些拨款项目被认为是无法控制的,因而被免除了进行公平分配的待遇,次要的部门或项目被混合在一起进行核算,争取拨款。

各部门必须在秋季预算审查前后将内部各机构的预算申请汇总。类似地,管理与预算局的领导必须在秋季的晚些时候将主要机构和部门的预算申请汇总。此外,我们知道,由于项目庞大并且复杂,资金数额巨大,很少有人能在短时期内将协调事务处理完毕。用以前莫希尔(Mosher)的话说,"一些预算几乎可以在一夜之间完成预算估算,但是相对于最后提交的预算申请,准确性只有3%~4%。"[11]各部门的预算官员们在9月和10月有几周的时间编制预算,管理与预算局的分析人员在10月和11月会有数周的时间进行审查,国防部审计办公室的工作人员在同时期也有类似的准备时间。

为了建立模拟部门间相互协调关系的模型,我们应当寻找一种简化的经验法则。依据该法则,公共资源可以在各部门间公平分配。假设讨论以前的民用和国防执行预算过程,我们预想这一极其重要的分配机制是渐进的,可以逐年增加部门的预算。事实上,对每个部门的拨款逐年有所增加的同时,这两套预算编制的重点是,在给定预算计划总数的情况下,压缩各部门预算申报的总额。在官僚机构内,由于这一程序与政治高度相关,因此不必奇怪已用的经验法会减少冲突,因为,预算编制的参与各方认为预算资金的分配是公平的。假设某部门的主管在其他工作人员的帮助下,确定了本部门的政策并愿意执行这些政策。随着该部门与总统、国会以及其客户间相互发生影响,各种问题产生了,但这都是惯常出现的情况。

对一个高层部门的官员来讲,他要做的就是将整个预算摆在各机构主管的面前,努力向他们解释,为什么他们不能获得比当前分配数额更多的拨款,尽管他们的项目不同寻常且值得奖励。一些预算官员很有才干,他们可以削减预算而不会受到责备。[12]

《预算过程中的政治》(*The Politics of Budgetary Process*)已经指明

了简单的"公平"机制的必需性：

"公平分配"不仅是指各部门建立的预算基数，而且指它们对所获资金份额的期望，这一份额可能会高于或低于各政府部门的预算基数。"公平分配"反映了与其他部门所获资金相比，本部门所得资金应是多少的一致期望。[13]

但是，当前采用的"公平分配"作为组织内部稀缺资源配置的一种渐进的非市场机制，源于科瑞森（Crecine）和费希尔（Fischer）对舒比克（Shubik）一个重要但通常被忽视的贡献的沿用。[14]在一个对国防部预算执行程序的开创性研究中，科瑞森和费希尔提出，在秋季预算审查时，总的预算削减额应该按照各预算项目申报数额在总预算规模中所占的比例进行分配。[15]这正是舒比克在他的单周期、中央组织竞争部门预算博弈的博弈理论分析中提出的部门间资源配置法则。虽然科瑞森和费希尔的分析产生了"按比例削减预算"的模型，但是我们将在下面用数学方程把模型表示出来，但是耐人寻味的是，两种分析都认为这种分配机制只是权宜之计。正如科瑞森和费希尔所说：

早期……我们认为不同的预算科目对额外削减预算的敏感程度差不多。在对模型进行的最初检验中，我们使用了简化的假定，即认为额外削减预算或是重新编制预算是按照预算计划数额的某一比例进行的……未来的模型将以更合理的假定为基础，即认为，不考虑预算计划，各个预算科目对额外调整的敏感度不同。[16]

他们提到的"简化的假定"正是我们的理论基础。

本文前后都在阐述预算额的计算，预算授权部门必须能够以一种简单快速且被认为公平的方式降低各部门的标价（压低其过高的要价）。因此，我们希望证明：(1)预算削减额与预算申报数额的增长成比例；(2)主要削减重大部门或重大项目的拨款；(3)这些部门或科目在无需变更立法的情况下仍是可控的。如果上述假设成立，削减预算将不按比例，并且针对那些短期来看可以控制的主要项目进行。例如，文职部门的薪金，就像前面模型中所作的调查那样。对于要求增加支出的政治压力，以推迟分配削减预算数额进行回应；对要求减少支出的政治压力，则以加快分配削减预算数额进行回应。毕竟，总统和管理与预算局都知道哪些部门要不断施加压力；国会可能会建议增加或削减哪些部门的支出。因此，他们开始考虑那些日益迫近的压力也就是很自然的事情了。

在政府的预算内，定义 x_t 为第 t 财政年度 m 个机构按照比例削减预算之后非国防预算的总申报数额，通常我们假定：

$$d_t - x_t \gg 0$$

例如，通常情况下，机构和部门的预算申报总额远大于按比例削减预算之后非国防部门的财政目标。

在财政 t 年度，第 i 个机构的预算申报数额 x_{it} 在按比例削减预算模型中表示如下：

$$x_{it}=d_{it}-\frac{d_{it}}{d_t}(d-x)_t \quad i=1,2,\cdots,m$$

第 i 个机构经过核准的申报数额等于最初的申报数额减去（加上）总削减额（总增加额）乘以相应比例，这一比例即最初该部门的申报数额在最初的总申报数额中所占的比重，总的削减额或者增加额，要满足核心组织的预算要求。

简化得到：

$$x_{it}=\frac{d_{it}}{d}x \quad i=1,2,\cdots,m$$

第 i 个机构经过核准的申报数额，等于核心组织所要求的预算数额乘以相应比例，这一比例即最初该部门的申报数额在最初的总申报数额中所占的比重。

因此，核心组织——管理与预算局——将以上述方式得到的、经过核准的预算数额反馈给各机构，通过把各个部门的这一预算数额加总得到最终的目标总数（通常情况下，这一数额都会比上一年度预算总额有所增加）。经过核准的预算很快就这样公平地产生了，因此，不必在意预算数额背后的项目，"公正"也最大限度地减少了各部门之间以及各部门与核心组织之间的摩擦。

经过核心组织的审查，余下的预算总额迅速在各部门间进行公平的分配，按比例削减预算模型不仅适用于这种情况，还适用于更一般的情况。当然，这一模型也是渐进的，因为它以各部门最初的申报数额作为基本数据，生成的预算目标通常在往年的实际预算总额基础上有所增加。

国会的拨款预测可以通过估计模型来产生，该模型的正确性在前面的研究中已经得到证明。有关管理与预算局各主要部门的模型的拟合度和预测能力都比以前有了显著提高。这些都应归功于使用了按比例削减预算模型，从而协调了各部门的预算申请数额。我们可以得出这样的结论：对于管理与预算局的部门间相互协调函数来讲，按比例削减那些不可控制的部门的预算是一种合理的表示方式。

而且，在利用各部门的模型和国会的模型检验拨款数额时，没有发现几个选前变量是显著的。[17]因此，似乎没有证据可以证明与美国政府的政策极为合拍的凯恩斯需求理论，也没有证据可以证明由选前支出变化归纳出的政治商业周期理论。[18]预算拨款可能不会抑制商业周期的运行规律,也不会在大选的前一年增加支出,以帮助在位的总统。因此,选前支出可能会受到支出时间效应的限制,不同时间的支出必然具有某些有限的影响。换句话说,如果总统可以调整支出改善他们的选情,他们也会使用一些小伎俩改善经济条件。[19]

预算与经济

目前,凯恩斯理论十分盛行,因为政治家极有可能受其影响。该理论中一个引人注目的特征是只有两个决策规则:储蓄与支出。当出现经济扩张时,政府会降低支出减少社会需求;当出现经济紧缩时,政府会提高支出增加社会需求。至今效果一直不错。但是政府本身作为一个重要角色被忽略了。经济作为一个被动的接受者,可以被模拟出来,而政府作为主动的政策制定,作用却不能被模拟,这一点让人感到很疑惑。有关经济被动的假设,即认为经济可以在就业和通货膨胀之间被动地实现一个可接受的平衡,这一点已经有人做过很多的研究,可惜的是,有关政府主动的假定,即认为政府可以按照自身的意志增加或减少支出,仍极少有人研究过。将我们的微观支出模型应用到各种不同的环境中,会有什么收获呢?

我们怀疑"凯恩斯式"政府所需的灵活性是否存在。任何按照凯恩斯理论制定政策的人都应该清楚,在用各项支出目标指导预算编制时,存在两年的时滞,它使得任何短期的政策调整都是不合时宜且有悖事实的,这一点在利用模型进行检验之前我们也不清楚。尽管如此,在本章的剩余部分和以后几章中,我们将予以关注的不是短期而是中期影响,5~10年时间,一段较长的时期足以让我们去考察在一个或多个经济周期内更多经济条件的变化。

我们需要同时关注的相互关系至少有四对:预算支出与预算收入的关系、拨款与支出的关系、预算执行部门与立法部门的关系、公共部门与私营部门的关系。在研究每对关系时,最重要的是要认识到试图使其中某一个关系实现平衡所采取的措施必然也会影响其他几对关系。例如,改变公共部门和私营部门的相对规模,可能会解决预算收支不平衡带来的问题。

在最初的研究中,我们使用了三个方程描述预算过程中执行部门与立法部门的相互作用。我们发现,其中有一个最基本的方程,描述预算执行部门提出预算申请和国会按照预算申请某一比例进行拨款授权。各部门提高要价,国会压低要价。通过双方反复的协商,产生最后的预算。在这一过程中,双方都足以胜任各自的角色:各部门扮演提倡者申请更多的拨款,国会扮演守护人压低申报数额,但是会在上一年拨款的基础上有所增加。这样做,国会通过削减拨款获得选民的信任,各部门也争取到更多的拨款用于支出。经历了经济周期的不断扩张,这一规律一直在发挥作用。

但是,在经济处于萧条期时,按照凯恩斯理论,剧增的政府支出可以促使经济呈现不同的气象。各部门的预算申请数额不再是国会授权拨款的函数,而是各部门上一年预算申请的直接反映。要求增加支出的呼声如此强烈,以至于来自预算系统内部的要求占了上风,而不是外部的压力。

最终,随着支出的不断增加,巨额的预算赤字或较高的通货膨胀使经济条件发生了变化,也引起了政治环境的变化,引来人们要求削减支出的呼声。国会开始选择第三个模型[方程(3.6)],以博弈的形式考虑各部门的预算申请,试图降低他们的要价。结果怎样呢?支出增长的速率变慢了,但支出还是会增加。每一财年的预算拨款都会较其基数有所增加。我们不禁要问,为什么预算支出总是在增加,却不会下降呢?大家都知道,每个项目都形成了各自的客户群,他们会反对废除该项目,他们的做法不会太过明显,因此,依据渐进性和平等性的原则,各个项目的规模总是在不断增加。渐进性意味着利益一旦获得就不能被剥夺甚至减少。平等性意味着任何有资质的部门的申请都不应被拒绝,甚至可以批准那些没有资质的部门的申请。因此,当我们考虑社会福利改革的时候,摆脱诸多限制的唯一方法是增加该项目的支出。于是,所有的项目都得到了更多的拨款。[20] 另一方面,支出的减少给政府各机构带来很多困难,这种情况的出现,首先是因为政府部门是权力的缔造者,减少支出会损害同僚和客户的利益,而且因为执行部门内部要求相互关系平等。各机构通常不会相互控制,即使隶属于同一部门,它们也缺乏杠杆来改变彼此的行为活动。当然,它们可以通过管理与预算局向总统提出申诉,但是,这样做很危险,管理与预算局可能会证明它们的理由是不可信的。各机构通过协商结成联盟也极不安全。而且不论它们结盟的基础是什么,都不能以利益为基础,因为它们根本不会就此达成一致。这正是我们在研究孤立部门的模型时的发现,该模型在许多情况下并不适用。因此,管理与预算局总是依据公平分配的原则在各部门间配置预算削减额。

当各部门的混乱状态日益严重时,可以将改变支出的压力向未来转移或转移给私营部门或同时向两个方面转移。当约翰逊总统发现存在拨款和支出的博弈时,他可以把下一年的支出目标定在1 000亿美元以下,这会导致政府未来债务的增加。刺激私营经济可能更容易减轻政府的压力,因为这不必做出明确的决策，制定明确的目标。当支出的增长快于国民产出的增长时，物质生产失去平衡，出现了通货膨胀，但是，预算资金必须有其来源，那只能是来自私营经济部门的收缩。

总之，没有任何机制迫使人们去思考公共政策或公私部门的相对价值。在政府中，资源配置已经变为资源追加。

增加政府支出所带来的行政压力、官僚政治压力无处不在。随着通货膨胀的加速，经济也走向了高涨的尽头，对预算执行部门来讲，纵容那些有关工资、价格方针、政策、管理等方面的花言巧语变得稀松平常。当处于经济衰退中的政府开始迅速增加支出时，它必须到市场上发行债务，对利率施压，接着施压要求增加货币供给。工人的工资已经接近他们的边际产出，但还是随着生活成本的增加不断增加。出于对通货膨胀的恐惧，政府尽量减少支出，限制货币供给的增加。但是，与此同时税收收入也由于通货膨胀增加了，因此弥补收支缺口的要求并不强烈，支出很难减下来。每经历一个经济周期，政府支出水平都会提高。目前可以说，政府已经成为最大的企业，其他企业会随政府的调整而调整，政府实际需求的减少会给其他企业带来严重的经济后果。但是，整个第二次世界大战后的这段时期，公共部门的相对规模一直保持稳定的增长，这是长期的结果。

为了使部门支出维持在政治上可接受的进程内，围绕某部门支出主要行政首脑提价和立法部门压价的大量行为都要服从于阶段性渐进调整的需要。这意味着，面对复杂性和不确定性，官僚的动力使参与预算编制的各方保持了他们行为的稳定性。除非他们认为，编制预算失败所带来的惩罚超过了他们搜寻新预算程序并向新程序转移的总成本。

对于参与预算编制的国会而言，转变的压力在总统更替以及参众两院多数议席的变化期间显现出来。在此期间，内部主要的行政成本被放在维持原状方面。政党力量，以及对中期财政政策的考虑，也作为对行政部门的环境影响因素体现出来。但是，完成周期性变化还有一个必须条件：将按比例削减预算作为调整各部门预算申请的机制。自从 1921 年以来，毫无疑问，使用按比例削减预算的机制可以节约相当多的时间，当各机构充满幻想地认为没人会愿意坚守职责时[21]，国会拨款委员会必须打破它们的幻想，使用按比例削减预算的机制可以为其工作节约时间。但是，与其他决策规则相比，这一方法有其不受欢迎的一面，在预算扩张期，年复一年地使用这一机制，最终会使得最大的预算单位占据整个预算。显然，对这一动态非平衡的机构间协调机制进行周期性调整是必需的。因此，我们也不必奇怪，当政党或其他因素发生变化时，必须抓住时机调整预算，不必遵守按比例削减的原则，而是按照当前有利的政治进程配置预算资金。

在研究各部门拨款的供需矛盾（也可以说是部门拨款申请与上年该部门实际拨款的差异）时，我们在模型中采用了博弈的方式，这种方式在预算双方受到外部冲击时，可以起到稳定作用。但是，预算支出持续上涨的压力却永远无法改变。这种上涨具体表现为，机构提出更高的预算申请，国会进行部分修改，最终预算增加了，在方程中，则用方程系数随时间发生变化表示。这种做法增强了核心预算机构（管理与预算局）的审查限制能力，它是按比例削减预算机制的另一种结果，按比例削减预算机制已经由舒比克在他的《预算执行程序的博弈论分析》中阐明了。[22]

长期：回顾熊彼特、米塞斯和哈耶克的观点

竞争性经济市场的动态运行正如达尔文生物进化论中所描述的那样——优胜劣汰，适者生存——类似的观点在19世纪许多伟大经济学家的著作中都有表述。20世纪前半叶，熊彼特（Schumpeter）、米塞斯（Mises）、哈耶克（Hayek）都曾阐述过竞争导致进化的观点。[23]最近，这种观点在尼尔森（Nelson）和温特（Winter）的许多文章中又重新提及，他们这样表述：

在已经程式化的熊彼特进化体系中，既有胡萝卜又有大棒，促使企业引进"更好的"（better）生产方法。这里"更好的"有明确的含义：可以降低生产成本或可以生产出消费者乐意购买的产品，当然产品的价格要高于成本。上述任意一种情况都会带来货币收益。成功的创新不仅给创新者带来实际的收益，而且给他们带来有利可图的投资机会。因此，有利可图的企业规模不断扩大，它们就占有了那些不进行创新的企业的市场份额，减少了它们的盈利，迫使它们压缩规模。创新企业的盈利和停滞不前的企业的亏损，都激发后者努力去模仿前者。[24]

哈耶克认为，经济组织的关键问题是如何应对外界环境的变化——如何应对需求、各种要素供给的变化。他还认为，社会主义体制对环境变化反应缓慢，不够灵活。要想做出快速的反应，就必须提供"真正的"市场，真正的利益激励。值得一提的是，他的观点不是在谈"最优性"，而是在讲有效性和快速适应性。[25]

官僚体制运行的创新与政府提供短期消费物品和服务的环境的变化密切相关，同时，政府生产方式的创新与研究、开发和建设等各项长期投资活动密切相关，这些投资活动的领域包括能源生产、太空探索、医疗和教育技

术的开发等。官僚体制运行创新的动力不是来自外界环境而是来自内部的压力。另一方面，如果外界环境最终决定了创新，改变了政府的长期投资活动，如同在市场部门中一样，政治决策过程的内部作用伴随着反应缓慢的官僚体制，必然倾向于降低其适应性。接下来，让我们考察其他相对发达的工业化民主国家怎样适应环境的变化。

注 释

1. 下面的资料根据 Otto A. Davis，Michael A. H. Dempster 以及 Aaron Wildavsky 的著作改写，"A Theory of the Budgetary Process,"*American Political Science Review* 60 (September 1966)：529—547 和"On the Process of Budgeting II：An Empirical Study of Congressional Appropriations,"*Studies in Budgeting*, ed. R. F. Byrne and A. Charles et al . (Amsterdam and London：North—Holland 1971)，pp. 292—375.

2. 要了解更多关于这部分表格如何汇编的信息，详见 Davis，Dempster，and Wildavsky，"On the Process of Budgeting Ⅱ"。

3. G. C. Chow, "Tests of Equality between Sets of Coefficients in Two Linear Regression," *Econometrica* 28 (July 1960)：591—605 and Davis，Dempster，and Wildavsky，"On the Process of Budgeting II." appendix.

4. 我们受惠于伯克利政治科学学院研究生 Rose M. Kelly 所做的研究。

5. E. p. Howery；L. R. Klein；and M. D. McCarthy，"Notes on Testing the Predictive Performance of Econometric Models," Discussion Paper No. 173，Wharton School，Dept. of Economics，University of Pennsylvania，1970.

6. Otto Davis，Michael A. H. Dempster，and Aaron Wildavsky，"On the Process of Budgeting II ,." pp. 292—375.

7. Otto Davis，Michael A. H. Dempster，and Aaron Wildavsky，"Towards a Predictive Theory of Government Expenditure：U. S. Domestic Appropriations,"*British Journal of Political Science* 4(1974).

8. Adian Vining, a student at the Graduate School of Public Policy at Berkeley, helped prepare this section.

9. 这 17 个机构是：州际商业委员会(ICC)；田纳西河流管理局(TVA)；总统行政办公室(EOP)；原子能委员会(AEC)；总务管理局(GSA)；邮政管理局(POO)；邮政部(POD)；职业康复办公室(OOVR)；国土办公室(OOT)；土地管理局(BGLM)；海岸和大地测量局(CGS)；铸造局(BOMT)；鱼类与野生动物局(FWS)；农民住房管理局(FHAL)；农业研究服务中心(ARS)；航空航天局(NASA)；麻醉品管制局(BON)。

10. Aaron Wildavsky，*The Politics of the Budgetary Process* (Boston：Little，Brown, 1975).

11. F. Mosher，*Program Budgeting：Theory and Practice* (Chicago：Public Administration Service，1954)，p. 239.

12. Wildavsky，*Politics of the Budgetary Process*，p. 35.

13. Ibid., p. 17.

14. Martin Shubik, " Budgets in a Decentralized Organization with Incomplete Organization" (Report p. 4515, Rand Corporation, Santa Monica, December 1970).

15. J. p. Crecine and Gregory Fischer, "On Resource Allocation Processes in the U. S. Department of Defense" (Paper prepared for Institute of Public Policy Studies, University of Michigan, October 1971).

16. Ibid., p. 57.

17. Collat 对公司和个人税收收入的研究也得出了类似的结论。Donald S. Collat, "Voting Behavior and the Formation of Tax Policy" (Ph. D. diss., University of Oxford, 1978), Chapters 6, 7, and 8.

18. William D. Nordhaus, "The Political Business Cycle," *Review of Economic Studies* 42 (1975): 169—190; Bruno S. Frey and Friedrich Schneider, " On the modeling of politico-economic interdependence ," *European Journal of Political Research* 3 (1975): p339—360;and Edward R. Tufte, *Political Control of the Economy* (Princeton University Press,1978).

19. Aaron Wildavsky, "Goldilocks & the End of Democracy," a review of James Alt, *The Politics of Economic Decline in University Publishing* (Spring 1981).

20. Aaron Wildavsky, *Speaking Truth to Power: The Art and Craft of Policy Analysis*(Boston: Little, Brown 1979).

21. House Report 14, 67th Cong., 1st Sess., p. 4.

22. Shubik, "Budgets in a Decentralized Organization."

23. Joseph A. Schumpeter, *The Theory of Economic Development* (Cambridge, Mass.: Harvard University Press, 1934); Joseph A. Schumpeter,*Capitalism, Socialism, and Democracy*(New York: Harper & Row,1950); Ludwig von Mises, *Human Action*(New Haven, Conn.: Yale University Press, 1949); and Friedrich A. von Hayek, *The Road to Serfdom* (Chicago: University of Chicago Press, 1944). For a succinct statement of this dynamic—as opposed to the static neoclassical relative price—role of the market, see Friedrich von Hayek, *New Studies in Philosophy, Politics, Economics and the History of Ideas*(London: Routledge & Kegan Paul, 1978).

24. Richard R. Nelson and Sidney G. Winter, "In Search of Useful Theory of Innovation, *Research Policy* 6(1977):36—76.

25. Richard R. Nelson and Sidney G. Winter, "Firm and Industry Response to Changed Market Conditions: An Evolutionary Approach"(Social and Policy Research Working Paper No. 788, Yale University, January 1978), p. 29.

第4章

信任、公断和均衡：
英国、法国和日本的预算

政治制度可以分别阐述，但是居于英国政府中心的政治生活却是一个高度相关的整体。我们在此利用了多样性的概念，同时为了保存这个体系的性质，这些概念至少保持了本质上的一致性。我们谈到的人民，是指有共同的血脉和文化，从而把他们和其他人区别开来。英国政治官员的一致性是通过排他性来表现的，并且也通过相互干预与执行者隔离。与达成的最后决议不同，官员的这种超越政府规则的行为，既不被外界所了解，也从未想让外界了解。由于制定者占有压倒性的地位，所以局外者被愚弄了。简单地说，管理公共资金是一项保密的事务；但是，在议会委员会权力的模糊地带，人们努力让管理中心开始在支出领域进行更详细的调查。

我们通过英国政府的三个中心特征：相互信任、共同计算、政治趋势，来介绍政治中心的秘密。对英国来说，这三个特征没有一个是绝对唯一的，但是，在其他国家也非常有可能存在英国这样的情况，即这三个特征的程度相同或者说三者之间紧密结合的程度相同。相互信任是处理内部成员之间关系的普遍方式，再扩大一点来说，对陌生人也是适用的；共同计算帮助政治管理者处理复杂的国事，但是他们理解的"解决政府问题"又与普通大众不一样，使得一般人很难理解。为什么政府不能简明地制定正确的政策并且执行这种政策？政治影响经常会招来政府外部的压力，但是不管是哪种方式的外部压力，主要是内部人自己的反应和评价的聚集。因此，能力、计算和良好的环境，就是在英国政府体制内基于一个共享的、唯一的集体生活主题下的变体。

相互信任

假设英国政府执行高层是一个名誉体系。这个体系的要素是位居高层的管理者；相应地来评价名誉并与之交换的是尊重程度。这种尊重可以用来帮助获得快速提升、更高的位子、更快速的行动或者是政策选择上的拥护。尊重是通过才智（他聪明吗）、影响力（他能说服他的同事和领导吗），特别是信任（他可靠吗）来评价的。[1] 这三个因素综合起来影响在位者相互之间的信心。

很少有人是直接卷入的。当我们谈到英国中央政府的政治管理者的时候，我们意味着包括部长和高层公务员在内的所有人，这些公务员主持内阁和各部的工作。在政府周围的是有后座议员席的下院议员、记者和利益集团的领导者。卷入的至少有几百人，他们变化得也非常慢。他们都认识或者相互了解，而且他们相互之间喜欢排名。部长们很有可能不仅知道另一个部长的表现，而且还知道他读的大学以及他获得的学位。如果某个秘书不准备去评估他所效劳的部长的领导能力的话，他的位子就不会坐得很久。有经验的财政官员会毫不犹豫地去评估部门内部对手的尖锐度和可信度。称职的财务官员一定清楚，财政供给官员到底了解多少自己递交建议中陈述的真正价值。

英国政治管理的基石是个人信任的价值。如果信任某人，就意味着个人之间的依赖、公正，而且感到这是一个可以依靠的人。官员们认为，相互信任是第一位的，因为他们知道，以后每年他们都要就不同的项目进行合作。他们认为，如果专业主义意味着一切的话，那么专业就是要知道怎样对待自己团体中的成员。在部长与公务员之间的信任也是很重要的，因为他们都要面临其他人的挑战，一个是在内阁会议和公共舞台上，另外一个是大量的政府官员。尽管（就像我们将要看到的那样）相互信任没有在部长们中间周旋重要，因为这些部长都是通过联合起来对抗其他党派或者棘手问题而获得生存的，但是相互依赖仍然是很重要的。由于每个人对政治权力的预期都依赖于同僚的评价，因此一个人的名誉一直有可能比其他特殊问题都重要。

英国中央政府认识到了相互信赖的重要性——的确，特别——在冲突中。财政支出部门之间的关系是相互信任关系的一个灵敏的表达。在危急关头的表现更是超越了相互愉悦。这是一个构建和利用人际工作关系的问题。"我努力去创造一种氛围,因而他们会告诉我他们不应该说的事,"一个财政供给官员说,"而且我也会做同样的事情,有时把我为上司做的文件复印一份给部门的财务人员。你不可能自己什么都不做而要求别人为你做很多事情。"大家也都清楚,人们通过他们建立的秘密关系来评价他们的工作能力。另一个财政官员更坦率地指出:"我认为人们是通过你对其他部门渗透的程度来评价你的,我要建立足够的关系来了解事情的进展情况。尽管这个部门的部长可能不同意,并且他的公务员不会说,你该了解它"。各部门的运行规则是一样的。公务员一致认为,当他们对财政部的人有信心的时候,只要有可能,他们就会尽量完成困难的工作。

信任,特别是更高层次的信任,不仅通过交谈获得,而且也可以通过行动。一个财政部的人想知道部门官员能否在讨价还价中保持他的立场。当二者同意:"正如在我们之间一样,这就是我们和我们的部长们认可的界限。"财政官员希望部长相应地简洁,不露声色且效果明显。如果不是这样,如一位财政部副部长所言:"我反对的数字能否送抵他的领导手中。"

信任不仅是坦率、协商和内部控制的问题。财政部也会信任有能力的人,完成部门里有挑战性的工作也是维护名誉的一种方式,而且也会让人们认识到谁可以信任。因为他们不能直接监督工作,所以他们必须讨论这个部门官员的能力,从而维护他的能力,作为他有竞争力的一种替代。

计　算

为了使他们的工作便于管理,负责制定公共支出政策的官员利用了一些捷径,或者简易的规则。例如,对计算来说,个人信任是难得的帮助。有了这种信任,每个总量都不需要重新计算了;许多细节都可以有把握地略过;进一步的警告还可以降低不确定性;非正式交谈可以在萌芽状态就识别真正的危险;这样的话,政治管理者可以更有把握地驾驭目前的状态。

对计算来说,可能最广泛、最经常的用处是关注边际支出的变化。过去强加给未来支出的限制比政府支出的年度分配更加直接。由于习惯而施加给未来支出的一些限制和政府支出的年度分配都很灵活。我们讨论的不仅是成本在边际上的变化;实际上所有支出决策都清晰地集中在这个边际上。在支出问题上,渐进主义被所有的英国政官员所理解并接受。他们了解渐进主义,生活在渐进主义的氛围之中,并在日常工作中运用这一原则。削减支出运动虽然被广泛宣传,通常并不能导致实际支出的大幅度减少,而仅会减少增长率,这又是另一个层面的问题了。②如果部门持续不断地采用低于通货膨胀率的实际削减率,这种行为将最终侵蚀他们的个人关系。

环　境

尽管对计算来说,信任和帮助是相互联系的,但是制定支出政策的运行环境是模棱两可的。政治管理者都学会了在决定支出政策之前来评估一下环境。因为如果错误判断了环境,可能就意味着要遭受一个令人吃惊的反复,可能会面临很尴尬或者更坏的局面,有可能丧失被信任的名誉。正常情况下,环境仅从直觉上就能判断。部长和官员们在政治环境中成长,学会了保持对事件的支出含义应有的敏感度:这种敏感度是很模糊但又很重要的一个方面,政治管理者往往称之为经验。

一个几乎被认为是一成不变的普遍环境特征是:与美国和其他一些工业国家不同,英国没有坚实的经济基础让它来提高税率,而当国际支付账户变差的时候,如果有需要,再减少税率。英国只有美国 1/10 的经济物品,却要养活近美国 1/4 的人口。

有时没有正式决议来削减或是增加支出,但是一系列决议表明部长们的态度在改变。最近,有决议削减增长率,基于解释的决议依赖于舆论的政治风向。新的趋势发生了微妙的变化,因为官员们改变了他们训练有素的传感器。信息和情绪都被逐渐过滤。财政部的人一直听从于他们的前辈和会议选出的佼佼者。大多数的高级官员在办公时间都会坐下来看看内阁辩论的要点。

财政部官员在会见的时候都谈些什么事情呢? 和其他人一样,他们谈论购物,他们高兴地指出最新的可怕事情;他们讨论新名人以及对老名人看法的证据。他们提到某个部门里的人曾经做过明智的分析或者部门里已经离开的人玩过的精明花招。他们讨论关于失控的细节,因为这些细节可能在其他地方有用。他们警告对方要注意的人和事。

再也没有比由于这些闲话有时是轻浮和随意的,便认为它无足轻重更大的错误了。它位于财政部效果的中心。财政部的协调首先基于一个永不结束的人际关系圈,这个关系圈内的人们相互认识,而且都有很强的专业兴趣来谈论他们的工作。没有哪种正式的交流能如此有效。

财政部

　　在所有的信任计算和环境评估的斡旋中,财政部是直接介入这些工作的。这是一个支出程序的强大交流网(有人会称之为结),从这些结上的优势点来观察所有其他环节发生的情况。就像政治官员和学者们了解的那样,对支出程序的理解要从财政部开始。

　　仅通过信仰来判断不是财政部的准则;还需要通过好的工作来证明。信任部分地依赖于能力——或者至少表面上看起来是这样——然而,支出问题在数量上是巨大的;在相互关系上是复杂的;在分配上是不确定的。在政府的大量活动中,应该向各个活动投入多少?关于这个问题,你怎样才能做出应该做的决策?历年来,财政部在这个问题上,积累了一些标准。

　　在这些标准中,最重要的一点启示是要知道财政部的事情主要是节约资金,而不是怎样把它花出去。一个财政部官员,如果他有了这样一个想法:怎样才能让某个部门增加支出?虽然他的目的是好的,但是也非常有可能被认为是多管闲事,因为他根本就不需要考虑怎样花钱。各个部门将会在自己的立场上来考虑怎样花钱。在这个意义上,财政部天生是被动的。

　　第二点启示是,财政部不是一个有独创性的研究机构。由于在最主要的层面之上,有不足50个支出控制者,他们最终必须学会放弃实际的研究工作,而仅研究与管理机构直接相关的问题。财政部的任务不是直接完成那些工作本身,而是检查各个部门是否按照要求的程序完成了那些工作。

　　财政部的文化氛围要求一种角色,即在一定程度上要相对积极,而不仅是怀疑,也就是说,要积极地批评。财政部人员要学会看穿他人误导性的争论,并以此为荣。

　　在这个支出的游戏中,你要学会不能立刻说是。你必须询问大多数根本性问题。你必须浏览一遍充满疑问的过程,来检验一下建议者是否是认真的;如果他论证了一切并且能经得起提问,那么他就是认真地对待这笔支出。并且,你也要推迟一段时间,看提议者是否夸大了支出数量。

　　首先,艰难的财政部探索因其间接效应被认为是一条有价值的准则。财政部官员认为,各个部门会通过预期财政部的反应来限制支出。

　　这些客观的需要通常要求必须保持随机抽样,但也有一些需要是由公认的原则引发的,这些原则被一些机构官员称为财政部教条。违反这些教条,就像是拿着红牌对着像牛一样的财政部官员。因此,对于这些挑剔的怀疑论者有一定的倾斜;他们要多了解需要注意的事项,而不是需要寻找的事项。隐藏支出或者建立支出增长机制通常被认为是带有敌意的。下面我们就介绍其中五种常见的类型。

(1)注意支出的新增长点,确保没有项目混入,因为虽然它们现在看起来很小,但将来可能会变得非常大。

(2)反对开放式承诺。财政部官员将反对这样一些项目,即通过推导他们已有的结论可以证明这些项目的可行性。因为官员们认为行政安排不够严谨,不能够阻止总量支出的极大增长。

(3)避免预先设定的行为。这对于财政部的意义和在一个部门里对部门的意义并不相同。在部门里是指要和以前的行为密切联系,而在此时,避免这种设定,因为这种设定会在其他方面产生增加支出的效果。

(4)反对向公众承诺某一具体的经济增长率。财政部作为一个机构从来都不应该有经济增长的思想。它的官员可能并不是非常反对经济增长,但是他们可能非常激烈地反对这样利用资源,即在被一个副秘书长称为"一个可以期待的、写在纸上的增长率,这个增长率仅仅导致错误预期、失望、削减支出以及更深刻的幻灭感"的基础上。他们首先想要见到钱,否则,人们将被鼓励增加支出,在这种情况下,去找到钱的所在又将是财政部的任务了,这是一个不受欢迎的任务。财政部最基本的教条不是增长,而是限制国家资源的消耗。

(5)限制隐性支出,因为它们是不可识别的,因此也很难被控制。财政部喜欢这样或者是那样清楚标明的补贴。例如:一项人为的低利率贷款很可能会遭到反对。

概括起来,财政部标准包括:
(1)根据反应来决策。
(2)让其他人来执行技术工作。
(3)你知道的要和每个人一样多,同时,要比大多数人的多。
(4)最重要的是,要怀疑——特别对于热衷者。
(5)不断地探索、推迟并且质疑。
(6)作为一项规则,通过讨价还价来削减,而不是直接否定。
(7)树立一个强硬的形象,抑制可能的支出。
(8)控制支出的内在增长机制。

财政部的天赋在于对他人的敏感性。它通过间接地尝试设定他人的假设、预期和思想来发挥作用,但是都要依赖于其他人采取的决定。因此,单独认识财政部会存在一些误解。我们现在必须转向英国中央政府中关于矛盾意见最通俗的表达:是关于财政部喜欢控制的官员和部门喜欢支出的执行者之间的关系。

部门和财政部之间的讨价还价

　　财政部的责任是管理经济,而部门的责任在于管理其分内的事情。这两个机构之间的关系构成了混合动机的博弈。每一方都可以帮助或者是伤害另一方;他们相互需要,但是他们也需要相互操纵。

　　从部门的观点来看财政部是很矛盾的。对于财政部,他们既敬又怕。当涉及到不太严肃的话题的时候,他们滑稽地把财政部比作"必要的恶魔——必需的又是邪恶的"。他们知道肯定要有某个人来控制钱袋子并管理经济,但是又希望自己能不受约束。他们希望财政部不要集中于具体的细节,但是当财政部深入研究主要政策的时候,他们又不高兴了。部门的官员诉苦说财政部官员关心的所有问题都是总量上的,同时也轻声低语地抱怨财政部官员认为自己比委托人更了解部门的事务。部门的官员希望感到在总体上受保护,但是在具体问题上很自由。他们希望财政部官员能够理解他们而不是干涉他们。部门官员希望财政部是强大的,只要不涉及财政部和部门有争执的问题;希望财政部能够冷嘲热讽,只要不是他们需要信任的时候;希望财政部能够慈善,除非其他部门剥夺了他们的一个公平份额。

　　财政部预期支出部门会需要更多的资金。那是它们的工作,没有人会因为把这件事情做好而受到惩罚。但是财政部讨厌所谓的虚张声势。用美国人的话来说,就是把某人当作"傻瓜",走向极端,是与信任行为相矛盾的准则。部门对财政部虚张声势的时候,某个部门在获得财政部初步的承诺后,会故意坚持令人难以接受的意见。部门会坚持这种意见,直到达到了底线——譬如合同到期,或者是一个国际会议要召开——这时,部门会一再地转向财政部,呼吁更多的资金是必需的,而且需要很快给出答复。这里不再是简单、细小的边际挤入问题,财政部官员迫切想发表见解,而是支出钓钩上一个项目化的诱饵。

　　虚张声势对财政部来讲是令人讨厌的事情;其会采用一切可能的手段来惩罚经常试图虚张声势的部门。但是,在某种意义上,认为对财政部虚张声势是一种常规策略的看法,却是误导人们的。部门占优势的观点认为:过分的行为是不明智的。

下面是由几个官员提供的与财政部和睦相处的实践建议一览表,这些建议也被他们的大部分同行所接受:

(1)及早并且彻底咨询。不在最后一分钟给财政部提出建议,并且说建议实施不会产生什么结果。

(2)不隐藏成本,而是列出成本(要有尽可能多年份的资料)来说明的确存在一个大的变化。

(3)与其他部门划清界限;名义上,表明你已经考虑到了提议的副作用。

(4)为了得到更多的资金,要通过一种合理的谈判姿态来处理这些提议,以保存你的信誉。

(5)当引起怀疑时,向财政部提供更多的而非更少的信息。

没有任何部门官员对自己分内的事情的影响力和他的财政部官员一样大。但是,财政部官员在他的司法权限内不能对所有的项目给予特殊的偏好,因为这样的话,那个部门就会得到比它应得的份额多的资金。他有时候可以是某个部门项目的拥护者;但他一直都是财政部的保护人。部门官员们知道,他们有时候可以改变他们财政部对手的意见,但是他们同时也清楚,作为回报,他们要把决定部门政策的更多话语权交给财政部。在部门官员和财政部之间斡旋的看门狗是一些主要的财务官员。

部门首席财务官员(PFO)与其说是哨兵,不如说是中间人。他对自己部门的影响力依赖于和财政部之间建立的信任关系。如果财政部不信任他的话,他就不能为本部门的同事服务或者为他的部长服务。如果他不能得到这个信任的话,他的同僚和部长将会认为他没有竞争力,因为在没有经过曲折的审查程序的情况下,他无法通过最简单的提议,这就证明了人们的推论。但是,即使他和财政部对手的关系再亲密,如果部门人员感觉到他为了和财政部控制者搞好关系而泄漏了部门执行条款的话,所有的明显优势也将消失。如果部长是一个好斗的并且对人要求严格的人,他就会为所欲为。他可能提议一些策略,这些策略在短期内可能被证明是有效的,但从长期来看,却可能破坏与财政部的良好关系。从财政部的角度来看,他们可能希望这些主要财务官员能时刻提醒财政部真正发生的事情,能尊敬财政部的交易,在困难事情上能帮上一把。即使这样做可能与部门其他官员的期望相违背,财政部官员也希望主要财务官员能做到这一点。所以说,财务官员是一个承受多重压力的人。[3] 他们的生活从来都没有轻松过。

聪明的首席财务官员会利用他严谨的诚实。在财政部官员没有发现之前,他就在草案中展现自己的缺点。他努力给人这样一种印象:在尽可能的情况下,他将比财政部的人员更希望看到资金能被很好地利用。如果财务官员不是经常跑银行的话,那么,保留这么一点牢固建立的可信度,可以保证在他最需要资金的时候,能直接从财政部里提取。

确实又存在一些时候,需要首席财务官员立场坚定地进行斗争。长期在某个部门担任财务官员可能会使得自己变成某个特别项目的忠实支持者。他在部长和同僚中的地位可能要看他在获得资金上的功绩。因此,他也会有感情用事、怒发冲冠的时候。他可能会尽自己所能利用一切销售商的伎俩。他将会编造数字、图表、精制的曲线图,所有这一切都将显示某项特殊的支出是一项毫无疑义的需要。他在此时此刻表现的代价是,这是一个自我否定的过程,他并不能经常这样来做。部门官员们会认为首席财务官员在任何一个可能的场合都应竭尽全力为部门而努力,不管这种努力是多么没有效果,部门官员是财务官生存的祸根。

如果财务官具备了批评的技能,那么这种能力表现在他能在多大程度上推进部门支出,同时不损害他所代表的部门以及他自己的利益。他一直在平衡外部条件和内部需要。从一定意义上来说,他可以改善外部条件,即利用战略优势,使他的内部交易变得相对容易。在一定范围内,他可以说服自己部门降低需求,他的外部关系就会改善。在这所有的情况下,他都是自己独立完成的;他很少从其他部门获得帮助。

我们说部门之间很少会有主动的联盟来对抗财政部,但是这并不意味着部门之间就不能一致行动。恰恰相反,部门之间的联盟处处可见,但是他们采取被动的形式,从来不在财政部面前相互削减对方的支出。就像财政部准则里提到的那样,财政部要避免做部门应该做的工作,所以,部门之间也从来不会为财政部做免费的援助——相互攻击对方。如果游戏的规则变化了,在总支出上有一个固定的最高限额,部门之间就会在对方的支出倾向上采取一个攻击的姿态。因为如果某个部门有一个大的支出增加,这就意味着另外一个部门必须有一个大的支出减少。部门之间就会对相互的需求发生兴趣。

财政部和部门之间的关系是二元的,而不是多元的。大臣和秘书长分别而不是一起会见各个部门。因此,大臣们在内阁会议上不喜欢这样的解决方案,即支出利益居于主导地位。通用支出规则的出现,例如,预算平衡或总量限制,或者像在撒切尔首相时一样,公共部门的贷款要求使负责支出的部长们清楚地认识到,在遇到一个总量限制时,他们之间的相互依赖性。

我们已经试图展示大量的支出事宜如何在财政部和部门官员之间进行的,这些官员相互之间都很熟悉,对彼此的策略也很熟悉。在大多数的交易中,按照职权,部长都是作为当然的会议主持者出现的。我们阐明这一点,并不是为了推广任何的官僚阴谋。由于受到他们时间、兴趣和任期的限制,部长们在支出程序中的有限介入已经成为一种不可避免的事实。一个部长（至少平均而言）只能在一个工作岗位上任职两年左右。因此，他没有花足够的时间在公共支出程序上扮演长久性角色。

就像俗话说的那样："了解部长的想法。"这可以使公务员设想出一定的界限，超过了这个界限，他们就不能由自己单独负责来谈判支出交易。如果部长有偏爱的问题，几乎每个部长都会有，那么在这个问题上的决策通常留给部长。由于工作人员会预期部长的反应，部长的影响力因而间接地增加了。政治家通常会依靠他们在工作人员中创造的预期在不知不觉中做出决策。不管部长和公务员之间的关系多么密切，在每个工作日结束后，只有部长才可以与其他的部长为了自己部门的地位而斗争。只有部长才可以为了所有公务员都期望的最高指导方针而据理力争，使其变成内阁通过的决策。

部长在部门间讨价还价中的重要地位解释了对官员和前任部长全面的观察：公务员永远都希望有一个有能力的部长，而不是懦弱的部长。制定支出决策中的边际量通常都很小，但是每个人都希望自己享有那个很小的边际量。假如有两个人可以选择，一个是被动地接受建议，另外一个能有效地保护并推进部门利益，财政部和部门的官员会一致同意选择那个能力强的人。从某种意义上讲，这种偏好源于官员们对制定精确预期的需要，知道自己想法的能力强的部长发出明确的信号：其他人也可以清晰地辨析，他值得期待。

在官员们对有能力部长期望的背后，一个同样重要的原因是部门利益。正如夏普（Sharpe）所强调的："你对部长的要求是他能够在内阁中获得应得的地位。"一位前部长总结了这种情况："公务员讨厌没有能力的部长。他不能反映部门利益。如果他在辩论中闪烁其词或遭到同事们的反对，部门利益会受损。当他加入改革俱乐部时，他的私人秘书会因此觉得尴尬，并受到其他部长秘书的同情。"

但是怎样做才能被认为是能力强的部长或者是能力弱的部长呢？部长们应该怎样为得到资金而斗争呢？这些相互作用在公共资金如何使用的无数种选择中怎样产生一种分配？简而言之，内阁政府应该在支出程序的哪个阶段介入？要回答这些问题，我们必须转向主要的部长级别的主角——支出部长和财政部部长。

支出部长们：为你的支持者而战

支出部长并非徒有虚名。他们领导的部门支出了国家政府消费的大部分资金。除了两个财政部部长之外，几个非部门成员（像兰切斯特公爵），一些小的支出部门（像外交部），以及大量的内阁官员，就构成了主要的支出大臣。他们的支出和他们对增加支出的追求,对大众来说意义重大。

在第二次世界大战后的英国,普遍的共识变得越来越成熟了,政治力量都倾向于支出。同时也有些时候,首相和他的内阁采取的行动需要部长们来承受社会大众的反对。然而,展现不受欢迎的一面不可能是常态,而仅是民主政府下的一个例外,它必须回应定期选举。负责剥夺公民们习以为常的爱好的部长少有回报。部长的下属看到自己的部长这样做时,如果不是觉得恶心,至少也是非常绝望的。他们都希望部长能够支持一些大的项目——如果是的话,他们的工作就能得到肯定。如果是这样,部长在最初的适应期内就可以修改他前任制定的政策,很容易在他的部门内获得认同。部长的责任在于,不管是部门的成功还是失败,他都要最后承担后果。要在一个部门内部获得尊重并提高自己的威望,通常的做法是提升他所在部门的重大使命。重大使命通常很费钱。

部长的拥护者是没有党派界限的。另外,支出部长要怎样回答他在位时产生的问题?对于如何判断一个部长,没有什么客观的方法,但是部长获得资金的能力(也许比他的同事做得好一点)却是最好的试金石之一,不管是在白宫、内阁、还是在大众那里。

自1976年以来,确切地说,是自1979年以来,这种一致就已经被扭曲了,但是依照我的判断,还没有消失。部长们现在可能做着在以前完全不可想象的事情,譬如,为了削减支出,必须首先获得人们的信任。但是这种信任往往是短期的,且只对总理本人,而非社会上的大众有益。一些谈话和征兆易被察觉。(从政治角度上来看,当然如此)。

尽管表现的行为不同,但是保守党的玛格丽特·撒切尔(Margaret Thatcher)首相,一位自称"令人信服的政治家",也没有实现削减公共支出的目标。在她成功连任首相的竞选上,她同样提出了要在社会福利上增加支出,特别是在健康保险上,作为选民支持她的一个理由。削减支出的意图是一个长期的政策,不是为了一时应急而产生的,这为我们创造了完全不同的氛围;但是要求更多支出的氛围也在低层次支付上展示了自己的需要。

从我们的多种信息来源出发,人们可以拼凑出当代支出过程中成功部长的形象。首先,他在陈述自己的方案时非常清醒。有能力的部长认识到,如果表达不清或迟疑不决,内阁和财政部很快会对其形象大打折扣。同僚们在这样一种情况下会尊重一个部长的请求,即这个部长对于影响自己的事情非常清楚,并且能在自己的位子上为部门辩护。其次,成功的支出部长能够在他的要点之外展开讨论,并且知道怎样利用政治舆论。譬如说,某个团体在机构费用方面失去了公众同情,而其他不是很支持这个党派的团体却可以继续获得大量津贴;通过提醒某项特定的服务由该党发起,并且"现在,被认为是我们的孩子";通过讨论在当地竞选中失去的席位;通过讨论某项计划好的项目由于耽误而不能执行,下届政府实施这些项目就会显得更富同情,或者说更能获得选举上的信任;他可以把拟议中行动的政治后果发挥的淋漓尽致。最重要的是,成功的支出部长是一个战士——强硬、固执、难应付。政治伙伴知道,要想判断这个部长在多大程度上想得到某个项目,只要看他在争取这个项目上付出多大努力就行了。看一下自1976年以来糟糕的经济情况,撒切尔政府在降低支出增长率上又做了很大的努力,这些斗争变得越来越困难了;而且在每一场战斗中,支出部长们对于升级的争斗都是非常敏感的。

如果支出部长在所有的战斗中一直处于优势,那么公共支出就会无限制地增加。这是不可能的,我们必须设定一些界限,财政部部长必须设法保证这个界限。为了满足不同的支出要求,界限通常需要把支出控制在某个最大的增长率之内。稳定地增加支出,不仅在绝对数量上,而且在国民生产总值的相对量上,也是可以接受的,只要不公开攻击财政大臣。把支出控制在上一年支付的水平之下,或者说使支出与国民产品的增加率保持一致,这需要大臣发挥很大的作用,他要进行更艰难的斗争。首相和他的官僚们知道,英国内阁政府结构中固有的特征是,只有在例外和某些小问题上,他们才可以采取措施来反对财政部部长。如果在一些主要的问题上反复这样做的话,就会产生真正的政府危机。因此,大部分的支出部长在大部分时间都是被迫减少要求来适应财政部部长的。我们现在必须转向这些强势的政治家。

英国支出过程的详细叙述将会包括财政部秘书长精心准备的讨论,因为他接管了财政大臣大部分的事务,负责与支出部长们就具体的细节进行谈判。在认识到秘书长的重要性之后,这个简要描述必须基本上把他作为财政部长来对待,除了说他们在工作上联系紧密外,不再详细说他做什么或他和部长之间的关系。

财政大臣:支出部长的受害者或是使支出部长受害的人

大臣有很多,但是幸福的很少。在经济领域内,他的每一个动作都被批评者密切注意。在每方面他都会遭到事后批评:与财政部在一起,与部长级官僚在一起,与财务利益集团在一起,与一群负责这些工作的记者在一起。

心事重重的公众把大臣看作是经济的管理者,并建议说,他对经济的关注不够。大臣基本上来说对支出不感兴趣,他们只对经济感兴趣:生产、就业、利率、货币供给、出口、支付平衡——任何事情,只要不是支出。这样导致的结果就是,支出只是他们经济政策的一个手段,而并非结果。

在财政部官员和各个部门讨论的背后,以及财政部部长负责和支出同僚谈判的背后,财政部和大臣最主要的兴趣在于税收。这实际上也是英国宪法实践的重要内容:要保持支出和储蓄之间平衡,不能仅通过抽象的公式,还应该具体到个人。这意味着在具体制度的要点面前,一种宣传这些冲突主张的兴趣。

然而,最近通货膨胀作为一种政策工具经常补充了税收的功能。在累进所得税制度下,通货膨胀使人们进入了更高税率的纳税区间(这里指的是累进区间)。在税率没有提高的情况下,通货膨胀每增加1个百分点,政府收入就会增加大约1.5个百分点。增值税(特别是在产品销售税上的变化)上细小的变化也会增加整体收入。没有引起太多公众的注意,这些变化通过弱化可见税收增加和政治不满之间的联系,已经侵蚀了传统的政治关系。从某种意义上来说,扣税后的实得工资已经受到了影响。但是,理查德·罗斯(Richard Rose)和B. 盖伊·彼得斯(B. Guy Peters)认为,自1974年以来,可见税率变化上的减少从政治上来说意义重大。[④]逐步地但却是残酷地,撒切尔政府正在改变来自收入的税基,在这一税基下她的选民要为消费支付,工党的选民支付了很大的一部分。通过不断地降低所得税,并提高增值税,产品价格的上升比消费能力的提高快。

每个大臣都清楚,谈判的氛围对最后的结果也有很大的影响。他所有的任务就是通过创造一种压倒性的严格氛围来打压这些预期。经验告诉所有的大臣,经济情况越好,资源越丰富,要想说服支出大臣减少支出就越困难。一旦乌云密布,大臣们就可以理直气壮地宣布:经济形式要求限制性方法来防止国家的洪水和饥荒。并且在税收上会有一个很大的提高,或者两种形式都采用。

财政部官员准备了三个评估指标,每年都把支出程序引领到一个高度。一个是经济预测,它会预测一些可能的投资趋势、私人消费、就业、支付平衡以及其他的经济指标。由于经济变动反复无常,这些评估一年要做两次。第二个指标是公共支出调查委员会(PESC)报告,它会报告一些规划的年度部门现金限制。第三个指标是公共部门借贷需求(PSBR),所有公共部门期望(或者说是想要)的总体贷款数量,包括地方政府和国有企业在内的所有公共部门。在这样一个背景下,是第四个因素,即来自支出部门的一系列申请,申请可以得到的任何资金。

在过去的10年间,公共支出调查委员会报告不论是形式还是实质上都已经改变了许多,注意这一点很重要。因为这个报告是在1961年开始实施的,公共支出调查的目的是假定已有政策维持在现在水平之上,预测未来几年的支出水平。公共投资调查委员会报告是在部长有机会实施这些政策之前的一个年度中期成本报告。该报告现在和过去一样，是一个高度机密、从不发表的文件。如果发表这个文件，就要经受深层次的斗争，政府通过这些斗争来调解冲突的压力。在公共支出调查委员会的原始文件数据中，有一个潜在的假设就是，要把现有服务水平的价格因素剔除掉，政府将为这些因素埋单。

直到1981年，这个调查都是在一个不变的价格基础上进行的，价格通常被认为是游戏币，根据通货膨胀来调整项目成本。相对价格效应也促进了投资，相对于私人提供产品和服务而言，政府提供的成本更高，我们也要把这一因素考虑在内。年度成本调整消除了通货膨胀对现有项目的影响，同时也保证了服务将会在现有的水平上提供下去，不管经济情况如何。

起初，公共支出调查委员会被赞美为一个有效的机制，它能够预测几年到未来更久的支出，因为它假定价格水平保持不变。随着事情的变化，公共支出调查委员会变成了一种助长公共部门扩张的机制，因为它受到保护，要消除通货膨胀的影响；私人部门会收缩，因为它没有受到保护。外部冲击在1975~1976年间，对英国经济的影响低估了公共支出调查委员会作为一种控制公共支出机制的不足。[5] 为了政治上的稳定，并且作为国际货币基金组织给予英国贷款，帮助它摆脱下滑经济困境的先决条件，一定的限制也是必需的。在这种情况下，财政部对公共支出调查委员会做出重大调整，把支出程序改为年度现金预算，也就是说，改成一种简单普通的、以名义货币计算的预算。1975年，在对各种支出的限制中引入了现金最大限额。公共支出调查委员会的内部报告就像平常一样用不变价格来编制。这一报告在随后被用来解释接下来几年预测的价格变化，同时也变成了各个支出部门的现金限额。现金限额让各个部长对于下一年度可以动用的资金数量有了一个清晰的认识。第一年的数据，也就是本年度的数据，变成了决策的基础，坚定的部长决策只能在下一年度进行。在这之外的所有事情都只能是一个推测。[6]

一旦现金限额被决定，就希望各个支出部长能够坚持住这些底线。不会再有自动重新测算成本的方案出台。财政部习惯性地都会低估通货膨胀的水平。（一个政府怎么可能估计出这么高的通货膨胀率？看起来就好像是政府对此束手无策。）管理者导致的结果通常是削减商品和服务的支出数量，以防止因违反现金限额而受到惩罚。但是，项目管理者应该削减多少？这种削减会影响哪些因素？实际提供的服务量又有多少呢？没有人可以回答这些问题，即使是对《公共支出白皮书》(Public Expenditure White Paper)最热心的读者。在白皮书中，项目都以现金的形式计算，国内生产总值(GDP)剔除通货膨胀因素后的值反应在第二卷的附录中。这个现金限额的金额成了财政部和支出部长主要关心的问题和具有指导性的政策。彼

得·鲍德温(Peter Baldwin)先生先是在财政部工作,后又调到交通部担任常任秘书,他说道:

> 困惑的形式完全不一样……如果我能把这种困惑放在一个容器里,为了控制支出,你必须要做两件事……其中之一就是你要有一个方向盘,另一个就是你要知道方向盘的方向。在过去的体制中,我们清楚地知道我们的方向,虽然我们的方向盘不是很灵敏;而现在的情况是,我们的方向盘非常灵敏,可是我们并不知道我们的方向在哪里。[7]

不论是1977年以来每一份支出白皮书内都没有参考数字,还是一段时间内经济发展指标的广泛缺失,资源长期计划系统失败的证据是明显的。

对于现金限额,如果能够严格执行,其意义不言而喻。这一限额将弱化财政部和支出部门之间的关系。为了相互信任的需要,双方必须要有一个信任的纽带。持续严厉地严重削减,不带有任何希望或者是宽慰,不是维持信任的纽带。降低增长率,直到达到一种稳定状态,在这种稳定状态下,支出系统将成为首要系统。降低增长率,也就意味着以夸大现金限额为代价来维持相互信任。这样的话,各个部门就不能对现金限额盯得过死。现金限额可能但是并不一定就意味着削减。我们也可以看到,不管是原来的公共支出调查委员会,还是改变以后留下的东西,都不再提供关于各个部门如何利用这些资金的任何信息。而且,以现金形式表现的数字也和现实差得很远,使这些数字无法为设计未来一段时间的支出提供帮助。

实际上,现在的内阁在这个报告之前就已经清楚地知道各个部门在下一年度可以得到的资金数量,以及支出部长们积累的资金需求。把这些需求减下来是财政部部长们的事情。

财政部没有自动方程或者固定的数值关系来确定可容许的总公共支出规模。它只是有一些对预期的经济扩张、支付平衡、通货膨胀以及就业进行的经济预测(或者财政部里有些人喜欢称它为经济假设)。财政部的支出判断是(也只不过是)一种知识、预感,被意识强化了的直觉的综合。保守党(至少当撒切尔夫人在位的时候)喜欢小幅度增长,工党喜欢大幅度增长,新社会主义民主党和老共和党介于二者之间。

不管不确定性有多大,正式的财政部支出判断几乎不可避免地要作为偏离的起点,因为财政部在考虑其决策制定的时候要把这个判断作为参考。让我们说得更明白一点:我们并不是说财政部开始命令并且否决了民主选举出来的政府。但是,财政部的支出判断是正式部长会议讨价还价的中心所在。修改、增加、或者减少,财政部的经济看法是所有这些问题的假设前提。

现在是首相把她自己政治判断的敏感性应用到支出问题上来的时候了。她私下里向大臣建议,某些项目不应该由内阁来讨论,应该从内阁会议上清除。某些时候,首相在其他项目上也会做一些妥协,譬如说削减700万英镑而不是1 000万英镑。在一些问题上,首相可能有自己的行政特权和个人偏好。当涉及这些问题的时候,首相可能就要坚持己见,无法与大臣达成一致了。在这一点上,撒切尔夫人是很特别的,她明确有力地表达了意识形态的偏好。就像她自己对自己的定位一样,一个令人信服的政治家必然会在许多问题上有很多理由来对付大臣们。"在其他一些问题上,"撒切尔夫人说,为了保持大臣们的信任,是一定要说的,"我完全支持大臣们。"因此,在内阁会议还没有召开之前,大臣们就清楚地知道在哪些问题上能获得支持,哪些问题应该放下,哪些问题还要推进,哪些问题应该遗憾而又优雅地放弃。

不管正式的名字怎样称呼,在通常的内阁委员会上,都会涉及国防、农业、经济政策和国内事务。集体政府意味着,每个部长都有权征询全体内阁的意见,虽然他们很少利用这一权利。当然,在内阁会议上被接受的观点不多总比不断遭受失败要好得多。谨慎原则还要求部长在内阁会议上对争议性很大的问题要有所保留,并给自己留有余地,不要在很多问题上和委员会的意见相左。内阁委员会对总理和大臣是十分有利的,这倒不是因为他们在内阁委员会会议上可以解决所有的问题,而是因为在这里解决了足够多的问题,把内阁可以回答的问题都大胆地阐明了。

在内阁里主要的纠纷也会迭起,但是大部分关于投资的商讨已经在半打左右的内阁委员中区分开来。财政部在总量问题上的一致意见现在经常是提前达成的,通常也会划分到各个部门,每一个部门都有一个被部长们称为讨价还价的平台。各个部门会把这些问题带回到它们的委员会,在那里开始通过讨论在他们自己和秘书长之间达成和解。一个负责社会服务的委员会与另一个负责工业政策的委员会之间,几乎没有什么联系。每个委员会都有自己的预算,并在他们自己的委员之间讨论通过。因此,正常情况下,医院会和学校在一起讨论,而不是和工业补贴或者是农业支付一起讨论。不存在这样一个地方,一个委员会可以与另一个委员会就自己的支出问题进行讨论。

尽管这种划分对于那些寻求更全面分配的人来说是令人失望的,但是它有自己的优势所在。各部门知道,他们将会与其他部门就一些主观问题充分讨价还价并达成部分谅解。很明显,全体的内阁成员对各个部门的具体事务没有兴趣;一个支出部长仅能模模糊糊地回忆起其三年任期内两次关于某主要部门重大问题的内阁讨论是很普遍的现象。然而,在委员会上各部门可以肯定,他们之间至少有一点是共通的,那就是他们各有各的支出目的。同时,财政部对于压制内阁冲突兴趣十足,它也知道,在部门支出申请可以相互牵制的时候，基于无知和误解的冲突将降低至最低。如果团体间发生讨价还价而又对彼此的目的缺少理解，冲突将会升级。

内阁会议

内阁会议使失败者和胜利者(包括那些坚定地认为自己了解内阁的人)感到困惑的倾向，提示我们以最终结果开始的适当性。除非极少的情况，一定不会在内阁会议上出现的情况是，在总支出数之内，全面考虑整个优先权。尽管可能每一点都与总支出有关，但是很少会出现这样的情况，即一种支出和另一种支出直接相冲突。为了理解英国的支出程序，先要知道这种支出程序为什么要这样，这一点很重要。

尽管英国内阁最近讨论了有关优先权、策略以及理性分配的事情，但他们还是不能考虑并决定一个明确的、有关支出资源的总体分配方案。为什么呢？

把所有重大问题都考虑在内是一项很费力的任务，没有人知道应该怎样应付所涉及的计算。同时考虑支出申请已经很难了，更不用说当它们还不是同时提交的情况。防止相互攻击的行为准则是为支出比较设置障碍。内阁委员会中的派别划分反映并加强了这一标准，但更重要的是政治—行政文化本身。公务员们在内阁会议之前就已经通过划定界限消除了大多数彼此间的争议。部门简要情况汇报可能为部长准备一些证据来保住他的位子，但是不提供分析其他部门提案的内容。在部长讨论中的互惠主义(你不管我的项目，我也不会过问你的项目)是相对应的，即公务员在彼此的支出上相互保持中立。支出部长们不愿意相互批评对方的提案，通常保证了接下来的决策可以不被明显的交易或相互引用所打断。

我们关于复杂的内阁分配中的障碍的清单可能只是现实生活中复杂关系的一个抽象。重要的内阁活动可以被轻松遮蔽，只要使审议看起来没有实际上那么混乱就行了。更进一步地审视内阁商讨的细节，我们会发现它的价值。一个支出总量在内阁中被明确通过后，并不意味着这种支出形式已经被接受或者说在这个总量之内的项目相互之间没有冲突。一个协调数字的存在并不意味着已经达成一致，仅因为首相的存在，也并不表示就已经实施了有效的领导。在讨论和通过财政部支出决策和独立的内阁委员会报告后，内阁将对各部门进行逐一审视，并考虑突出的支出争议。财政部已同意为各部门付出许多，部门反过来也在一定程度上表达了异议。财政部的数据和部门提案的数据之间的差异，是初始内阁会议讨论的焦点。有必要的话，秘书长或者大臣会宣称部门必须削减开支，并且用公务员提供的简要说明来选择一些项目。实际上，支出部长会说："从我的尸体上跨过去。"

分配问题不是围坐在圆桌周围花上一个下午时间就可以完成的事情。内阁决议是一个无休止的重复过程，其中汇集了希腊暴君的臣民，以及宙斯的怒吼。不是立刻决定选择方案，而是通过一系列的会议，一些非正式会议和一些内阁会议。决策、再次决策、延期、以及再次提出，直到精疲力竭并最终达成一致。除非大臣即将宣布所有的决策，并且许诺不会再有改变，否则你很难相信集团规则，没有办法避免连续地制定决策。

在内阁会议之间的几个星期是很容易过去的。大家需要时间来疗伤，大臣在愤愤不平的部长中间召集会议需要时间，要帮助部长们适应这种前景，即得到的支出资金比他们期望的少，也需要时间。气氛很紧张，大家都希望时间的流逝可以淡化这些情绪。通常，两个财政部部长一致认为秘书长不应参加最初几次会议中关于财政部问题的讨论。虽然大臣会支持他的同僚反对支出部长，但是人员的这种分配也意味着大臣将在保全面子的前提下，在以后的某个时间支持各方达成妥协。

在所有的这些过后，撒切尔政府有没有成功地削减支出呢？这是不可能的，除非你用了另外一种形式的账单。就像斯蒂芬·路易斯（Stephen Lewis）所说的那样：

政府削减了公共支出——至少在国内生产总值（GDP）相对百分比上——这只是政府在1982年宣布的中期财务战略的主要目标之一。就像下表中显示的那样，政府在完成目标上，没有做出任何努力。在1983～1984年度中，公共支出占国内生产总值的比例与前一年相比下降了；但却比1980～1981年度的高。

尽管这个趋势很明显，但是数字却不精确。自从我们于1981年6月首次刊登这些数据以后，财政部已经向下修订了公共支出，通过把债务支付建立在净流量而非原来总流量的基础上，并别除了国有化工业企业为自己筹措资金的资本支出。[8]

以市场价格计算的公共投资占国内生产总值（GDP）的百分比

1980/1981	1981/1982	1982/1983	1983/1984
	新的定义		
42.5	44	43.5	43
	老的定义		
45	46.5	46.5	45.5

作为一个各部门联合起来的政府,把预算的增长控制在经济增长可以支持的范围之内,难道就真的不可能吗?有没有方法来干涉作为相关各方基本关系的互投赞成票行为?那就是,内阁首先要同意保持支出占国民产值的现有比例不变。这样的话,接下来内阁内部的争吵将在各部门合意的支出间平衡。但是,相互反对的政党不能为选民提供更高的支出吗?它们会的。英国毕竟还是一个民主国家。如果选民想要更高支出的话,没有人可以对此说不。这个问题实质上是:是否有办法来控制支出,并不是说,大多数人是否喜欢这个办法。譬如,想一下《政策分析和观察》的变化,在这个变化过程中要求各部门参与到重大政策分析中来,这些政策与大的投资有关。这个过程同时又受到财政部和内阁办公室观察的限制。各部门拒绝合作,于是政策分析和观察失败了。如果由于存在一个总的支出限额,各部门的支出部分地依赖于其他部门得到的支出,那么大家都有兴趣在限额内保持最大支出。这种刺激比一大堆规劝更能促进人们利用分析结果。

议 会

议会被从支出决策制定中分离出去,在华盛顿,这种制定根本就不在议会的职责之内。对此,我们有几个原因可以解释。议会对支出程序的最大贡献之一就是要基本上保持被动。我们可以看到,在政府内部制定投资决策的相互关系中,信任是很关键的因素。议会作为一个无处不在的旁观者,提供了一股重要的政治力量来维持各个执行部门之间行为的可信性。知道了现在什么不能告诉议会,以及将来什么不能告诉议会,政治官员们可以相互吐露心机。对部长的正式建议是秘密进行的;没有内阁正式委员会和工作班子;交易、商讨、支出程序的冲突对立法审查来讲都是禁止的事情。部长负责主义——行政部长,而且只有他才对部门所有的行为负责——历史悠久,但是在对付议会窥探者上却不可行。集体负责主义认为,政府的所有工作人员都应该公开服从、支持或者是反对内阁的决策。对下议院来讲,部长和政府都要负责。这种情况下相应的举措是,行政部门要让人在最大程度上捉摸不透,不给立法机关留下任何把柄来施加影响。

然而,如果我们暗示行政机构在支出委员会的工作上或者是在公共支出调查委员会的争论上有致命限制的话,那么我们的叙述就完全误导了。议会支出改革的第二条限制不是源于行政上的保密,而是源于议会成员本身。大多数的议会成员根本就不在乎这件事。一位在议会里工作过两年的投资委员会创建者总结了一下自己的经历："我们工作的最大敌人是，我们自己的大多数成员根本就不希望改革，或者说在这件事情上的态度模棱两可。"

在国会委员会工作并不意味着国会议员希望他们的工作能得到推进。但是国会的不置可否比选择其他的职业路线有更多的内涵。大多数的国会成员不把制定政策看作是他们的工作。当国会成员谈到参加议会的时候，他们基本上是想维持政府和反对者之间现有的政治斗争。通过不断地戏弄、叱责来寻找漏洞，并以此来戳穿一些国内政治丑闻，双方都在试图表现自己的能力和对方的缺乏竞争力。对于反对党而言，目的并不是卷入，而是在下届选举中接管所有的行政权力。

这种循环是很明显的。议员对费力的政策分析不感兴趣，因为他们无法参与其中；他们无法参与其中，是因为他们对此不感兴趣。

在英国，议员不断卷入预算程序的先驱已经出现。1978年8月，普选委员会的议员们就预算程序提出了一项影响深远的改革，创建一种新的议会体系，每一个部门都要有一个选举委员，包括财政部在内。另外，1982年7月，采取了一种新的程序，在这种程序下，允许部门选举委员建议减少部门估计支出。这一程序在1983~1984年间的议会分会上被执行。这三天的时间通常被反对党称为供应日，都被用于这个目的。这又会使议会在委员们的建议上投票表决，因为他们认为政府的判断是不可接受的。受质疑的评估在下议院中引起了广泛的争论，最后由联络委员会从中选择，这个委员会由各部门选举委员会的主席构成。

三天的时间，如果要想认真讨论部门评估是不够的；对选举委员会来说，时间也是不够的，不足以让他们学习到足够的专业知识，并借此机会来质疑内阁的评估。就像联络委员会委员们所说的那样：就其自身而言，在没有更强的雇员并且可能会反对一个受约束（政党纪律）的政府主体的情况下，是否会给委员会带来必要的激励（去调查，并在必要时反对），仍有待证实。[9]

变革的动力正在聚集。受到财政研究机构特别工作组发现结果的激励，由阿姆斯特朗爵士（Lord Armstrong）主持，财政部委员会调查了预算改革的提议。[10] 在其他的提议中，委员会推荐在英国采用两阶段的预算体系。这使得大臣每年9月都要上交一份详细的投资和税收计划草案。在接下来的四个月，这份文件将成为议会和公众讨论的焦点。在这个基础上，财政部将于来年3月提交正式的政府预算。这个提议需要议会在公共支出程序中扮演前所未有的角色。用利奥·普利亚茨基（Leo Pliatsky）先生的话来讲:"这个两阶段预算过程伴随着的不仅是改革,而是对内阁成员之间的关系以及行政机关和议会关系的一场变革。(采用这个提议)意味着对议会的让步比目前为止对内阁的让步要多得多。"[11]通过这段话,他的意思是说,议会将了解更多的税收和支出细节,而这些在传统上在预算日之前都是对内阁保密的。

就像你可以想到的那样,撒切尔政府否决了这些变化,防止了内部分裂,它们直到1988年才会被采用。即使这些变化为行政机关所接受,并在将来发挥作用,也将不能达到加强议会在预算过程中力量的目的,除非其他一些变化也伴随着发生。议会里必须有一批独立的专业职员。相对于财政部提供的评估,这些专业人士能够理解、解释,并提出更有竞争力的预测。这将创造一个至少也是控制政策的权力中心,就像在美国一样,即使不是精确意义上有竞争力的执行机关。为了反对行政机关而保存的权力,将让位于制定特殊政策的权力。不管这是哪种形式的政府——第三和第四法兰西共和国,拥有强大的财政委员会,有时又被称为继承委员会,提供了一个不全面的对照——它都将不是在这个世纪里我们熟知的英国政府形式。反对党在政府中必然要有席位,他们也将会改变一些性格,因为他们不能如此自由地提出批评。而且内阁也不再是一个不能容忍任何竞争对手的委员会。

如果议会决定要在公共支出过程中扮演重要角色,那么这样一种观点就过时了,即认为在众议院投票上的一次失利就相当于是令人信服的提议,或者说就应该促进这个提议。在议会民主中这当然是对长期传统的一种颠覆,有可能导致英国政府自身结构的深刻变化。是否可以在无能和霸道之间找到一条中间的道路,在不改变有效权力范围的情况下,接受议会的批评,值得怀疑。

地方政府预算

在英国,地方政府和中央政府的关系具有自治性和依赖性相结合的特点。地方政府活动的资金主要有四个来源:
(1)地方税(财产税);
(2)中央政府拨款;
(3)从公共部门和私人部门的贷款;
(4)收费收入(譬如租金)。

随着短期现金限制的引入和公众对公共支出限制关注度的不断提高，地方政府预算越来越多地受到中央政府的控制。在接下来简短叙述中，我的目的不是要描述地方政府预算，而是要把最近的一些进步和中央政府努力发挥对地方政府的控制作用联系起来。[12]

1980年地方财务草案（2号草案）试图把英格兰和威尔士的短期贷款支付和资本支付变得更加容易预期和控制。传统上，地方政府可以自由地借入资金。[13]公共工作贷款委员会（PWLB）以低于市场利率的贷款利率给地方政府发放长期贷款。每一个地方政府都被赋予这样一种权利，即其可以从委员会借入贷款需求量一定配额的资金（这个配额由财政部和地方政府谈判确定）。公共工作贷款委员会还是最后贷款的出借方，为私人银行提供担保，否则的话，他们就不愿意向地方政府贷款。私人银行向地方政府提供短期临时性的贷款，地方政府同时也把他们多余的资金以现行的市场利率贷给他们支出部门的资本账户。地方政府的部分贷款需要依赖中央政府，历史上，当地方政府可以向私人部门贷款的时候，它拥有更大的自治权。

在一份情报文件中，艾伯塔·斯博格（Alberta Sbragia）把金融市场比作竞技场，在这个竞技场上，有两个演员，地方政府和中央政府，他们都在追求各自独立的目标。为了保证金融市场的稳定性，中央政府一直在维护其在限制贷款数量上的最高权力。地方政府则一直在为独立而奋斗。当地方政府在商业银行的帮助下，试图规避财政部管制的时候，这种相互影响就变得相当复杂。这种管制威胁了地方政府的贷款自治。譬如，在20世纪70年代中期，由于通货膨胀，地方政府不安于也不愿意以固定的利率来进行长期贷款。同时，财政部担心金融市场的稳定性，就向地方政府施加压力，要增加其长期贷款，结果就产生了一种新形式的展期贷款，也有人把它称为浮动利率或者是可变利率贷款。这种贷款允许地方政府以可变利率进行长期贷款，相反地，公共工作贷款委员会提供的贷款都是固定利率的。因为这种贷款每3个月都要展期一次，利率也就会做相应的调整，新的长期贷款具备很多短期贷款的特征。更重要的是，由于全国金融市场的不稳定性，地方政府总体债务的不可预期性和地方政府年度投资总量的不可预期性，都与财政部的管制精神直接冲突。

地方政府最大限度地保留了自治权，但这并不意味着他们不再向中央政府借款。这样做的目的在于，他们可以不受任何限制地使用这些资金。

在穷国，地方政府会联合支出部门，这些部门力图保证资金来源，并从中央政府获得独立。他们联合起来从国内外的私人部门贷款。英国的地方政府过去经常直接从欧元市场上借入资金，因为这是财政部所允许的。在财政部取消了这种借款以后，银行家又为地方政府设计了一种新的信用形式:联合借款。这种借款允许地方政府开辟美国、日本、其他外国市场以及国内银行市场。这类策略的例子很多。比如在财政部要维护自己意志的某种借款上,地方政府设计某种巧妙的主题规避财政部的意志。结果多种多样。因而很难预料。

资本支出借款一般都要求中央政府在借款许可上签字。只要政府制定的计划是在中长期的基础上,这种方法就是可以接受的。借款许可在地方政府可以借款的数额上设定了限制,这种限制通常都很慷慨,超过了地方政府的借款需求。借款许可可以在年度之间递延。结果,一年内借款的时间和总体水平都是不可预期的。随着实施新型现金限制以及转向年度基础上的支出控制,就需要我们来控制借款和资本支出的时间和年度水平。这在1980年的地方财务草案(2号草案)中可以找到,它规定资本支出配额不能在年度间转移,除非数额很小。规避支出水平是违法的,这样你就不可能像使用借款许可那样来使用投资配额,因为这个配额必须在一年内用完。地方政府可以利用平衡预算来获得资本支出上一定的灵活性。中央政府试图限制地方政府的借款能力和机动性,但是效果怎么样,现在预测还为时过早。

除了限制地方政府在金融市场上的机动性之外,中央政府将它自己的拨款限制在以地方税作担保的补贴形式上。这类补贴通常占地方政府筹措的财产税的一定比例。随着财政限制和短期现金限制的介入,配套补贴就被定额拨款所取代了。定额拨款是在地方政府预计的投资水平上确定的,像其他国家的中央政府一样,这种定额也要受到最高现金限额的限制。拨款的数量会逐渐减少,直到达到过度支出的边际地带。拨款的数量每年都会有变化,尽管从原则上来讲,拨款的数量可能会减少到零,但这种激进的方法从来就没有采用过。

在限制了地方政府的借款能力,限制了地方政府的地方税支持拨款以后,还有一个领域财政部没有控制到,那就是地方税税率的实际设定。实际上,1/5的地方议会都提高了他们的地方税来应对新的限制。少数的地方议会(它们大部分是由极左工党领导的)超过了他们的投资目标。这种负担大部分都由地方企业来承担(参见图4.1),目前地方税收收入的57%是由这些企业缴纳的。保守党担心地方选举不再起到约束地方税设定的作用,因为这些对税收贡献最大的人都不参加选举。这已经引起了保守党政府的特别关注,其宏观经济政策高度依赖私人的投资和储蓄。中央政府内部一些部门的过度支出远远没有引起同样的关注。

一直都有预想不到的事情发生。在被《经济学家》杂志称为"世纪资产销售:国会房屋和土地的处置"中,地方政府在过去的4年中已经得到了30

亿英镑,其中 20 亿英镑还没有用完。由于不明白中央政府的意图,议会把这些钱放在特别的账户中。财政部低估了这些收入,现在开始担心这笔财富。为什么呢?因为其所做的一切就是为了把支出水平限制在一年收入的 40% 上,现在财政部不知道地方政府支出了多少。因为马太效应(Matthew Effect)(对于财政部来讲,这个是事先假定的)随处可在,所以收入最高的议会对房屋的需求可能最小。那么,当销售收入在某些而非全部地方都能超过集中支付的房屋补贴时,补贴将变成什么?中央财政部责任不轻。

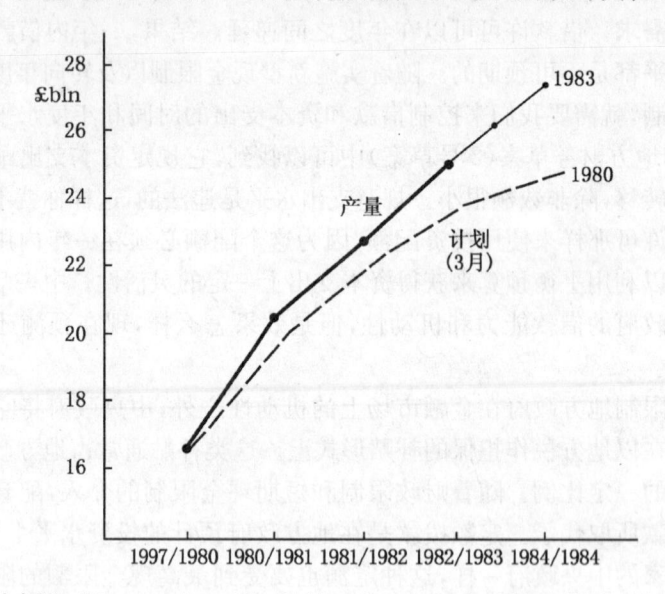

资料来源:"Ratecapping: The Cabinet Prepares for Blood," *The Economist*, 14 January 1984。

图 4.1　地方政府当前支出计划和产量

帕特里克·詹金(Patrick Jenkin)先生提出了一种新的法案,现在正在议会中讨论,这个法案提议把对那些超支地方政府预算的限制明确说明(大多数可能的备选政府中 16 个是工党控制下的伦敦地方政府)。如果接下来的谈判不能推动这个提议的话,就要开始限制地方政府的年度地方税了。违规者在每年夏天都要被选出来,不过容许他们进行各种形式的上诉。法案的第二部分为地方政府保留了一项权利,即征得两院的许可后,可以对地方税和支出提出一个总的限制。这在地方政府的院外活动者之间引起了一股愤怒,包括托利党领导的地方议会联盟。实际上,中央政府这种做法低估了托利党对地方政府的承诺,他们承诺要给予地方政府更多的处置权。尽管现在的违规者都是左派议员,但是,如果低估了地方议员的自治权的话,将来的潮流是可以改变的。实际上,政府已经提议要废除大伦敦议员

(GLC)，以及相应的主要都市的郡。推测起来说，地方政府越少，支出就应该越少。在托利党内部，等级体系中集中管理主义者和那些重视地方独立性的人之间存在冲突，并伴随着地方上的讨价还价，就像在市场上一样。当上议院在没有看这个关于废除大伦敦议会的法案之前就拒绝阅读的时候，这种冲突就表现的很明显了。

撒切尔政府应对货币政策的方法是给国内储蓄和私人投资很高的优先权。限制公共支出并稳定金融市场可以达到这个目的。由工党引入的现金限制已经极大地帮助了投资的降低，但是不能控制贷款和支出的时间，也不能控制地方政府从他们自己的收入来源中投在资本项目上的资金数量。但是，时间和总支出在撒切尔政府的经济策略中是非常重要的问题（且不论对与错，我们这里先不讨论这个问题）。因此，1979年以来，地方政府的经济活动已经受到了详细的审查。财政部已经在地方政府财务的三个层次上通过了一些变革；第一，在年度投资控制中增补了贷款许可；第二，限制中央政府的拨款；第三，限制地方政府开征地方税的权限。

努力争取投资控制并推行自己的宏观经济政策，政府的目标是一起建立一个更集权的公共财务部门体系。我们将会看到，政府是否能够成功地实现其目标，以及地方政府是否会像往常一样在财政部周围斡旋。

日本的道路：通过最大化公平份额减少冲突，从而把数字转变为事实

预算的相似性来源于预算本身广泛的要求：分配有限资源来保持政治支持和提高经济运行能力。如果经济资源是无限的，就不会有选择的问题，每个人都可以得到他想要的东西。如果政治支持是有保障的，那就不需要考虑不同分配对政权稳定的影响。所有国家都面临这个问题：要使预算决策的制定容易操控，要通过协调冲突来保证政府机构的合法性。部分预算差异来源于财富和不确定性上的不同，反映在迫切的社会需要和可以利用的政治和经济资源的差距上。在我们研究的四个富裕国家中，日本的这种差异是最小的。日本兼有最高的经济增长率和最低的军备与福利支出。这些既定条件本身可能足够让日本有一个特殊的预算模式，但是在另外一个方面也是独一无二的。日本独特的民族因素据说也是非常重要的，而且已经引起了很多评论。日本的预算审查至少允许一定限度的调查研究，看一

看具体的民族特征是否影响了预算过程,以及怎样影响预算过程?

预算标准中令我们担心的是这些有关组织行为或者是作为组织成员个体的影响因素。在日本,这是一种习惯,即不论是在企业还是在政府,人们一生都会在一个单位工作,极少有人会中途离开。公司可以信赖他们对公司的忠诚,相应地,他们也希望公司领导能对他们有父亲般的关怀。在政府的组成机构中——本质上来讲,各个部,可能是很重要的联络处——内部决策应当通过调整这些受到决策影响的需求来完成。和谐是最理想的状态,如果和谐就意味着妥协或者说忽略一些矛盾,那就妥协或者忽略吧。根据中根千枝(Nakane Chie)所言,判断的标准是,"任何决策都应该在一致同意的基础上通过,这当然包括当地政府的一致同意……不应该有人不满意或者有挫败感。"[14]把这些标准应用到预算上来,就意味着在得到或者是失去上都要相对平等。不管是奖励还是惩罚,增加支出或者是降低支出,都要对所有的地方一视同仁。每一个地方都可以说他在这次预算分配中得到了许多东西,或者说他和其他地方都没有受到很好的待遇。在部级水平上,公平份额的标准是指用一种可比的方法来对待下面的单位。对财政部来讲,公平份额是指用平等的方式对待所有的支出部长,这样的话,就不会有人两手空空了。对政治党派的领导阶层来说,包括首相在内,都不能公平地调整财政部、支出部长以及政府下面的各种下级组织之间的差异。如果允许胜者统吃的规则被禁止,如何才能让大家一起来玩扑克(或制定预算)并在离开游戏时得到的超过付出?预算怎样才能成为一个正和博弈呢?

理解在一个部门内部怎样来规范冲突是一件很容易的事情。以有威信和有影响力的财政部为例,从东京大学法学院毕业的毕业生进财政部是很典型的事情。在55岁就可以早早退休,接着就可以开始在国会中作为自民党(LDP)的代表或者在一个大公司的董事会作代表。这种形式的一生雇用合同保证了在整个职业生涯中关系的稳定性,同样,控制好的方法也可以保证大家都可以分得资金。这种关系模式是很稳定的,特别是考虑到在上、下议院之间的"老板和客户型"关系的重要性,所以,这种关系就不会有变化,除非在代际交接的时候才有可能变化。在部门内部降低冲突是最安全的,但是,却要以升级部门间关系为代价。对组织的忠诚可能是引起政府间矛盾的导火索。毕竟,在提倡者和保护人之间,以及一个提倡者和另一个提倡者之间,潜在的冲突是无处不在的。因此,为了规范组织间的敌对状态,需要额外的标准和实践。

部长可以避免这种冲突。他们可以通过减少直接讨论这些问题来避免冲突。我们期望的部间交流只可能在上、下级之间进行,很少会在平级的部长间发生。避免冲突解释了部长之间为什么通过报纸和记者来传递信息；交流是信息立刻公开的，而且没有多少人性化的因素在里面，因为没有人直接把话说给对方听。除非公开招标同时也是最终结果，不然的话，财政部和支出部门间的接触就不可避免。既然不可避免，那么我们可以做些什么呢？

这个问题最集中地表现在财政部预算司的审查者和各部会计主管的关系上，后者有责任维护部门的需求。人们都做了努力，通过批准许可来维持相互的信任。人们的信心提高了，因为每个参与者都接受了一种叫做"shōjiki"的公正标准，这是一种具有诚实、信任、没有欺诈、没有不光明正大等特征的标准。一位处长告诉约翰·坎贝尔（John Campbell）："如果你欺骗了别人，你只能欺骗一次；如果你让他们能够理解你，那么你将不断地走向成功。"[15]

但是两个部门的利益是不一样的；一个关心的是怎样使其项目有实质推进，而另一个关心的是怎样来限制他们的支出。就像我们将要看到的那样，他们选择了在可能的冲突周围斡旋，采用互利互惠的标准，在这个标准下，各自都在自己适当的范围内活动。这种潜在的对手并不能完全避免对方，但是他们可以接受相互的影响范围——一方知道支出总量必须得到限制；另一方也允许对方说明支出是怎样被利用的。他们通过减少决策的范围来协调各自的活动，然后把剩下的决策分成独立的合理责任区域。他们要么降低投资决策政策要素的重要性，要么根据各自的兴趣和能力来划分决策范围。

冲突的可能性也被限制在一定的范围之内，这是在渐进主义基础上，由传统的制度上的限制决定的。在20世纪30年代，以及20世纪50年代，财政部试图制定出标准预算，这种预算应当包括变化不大的费用，而且这些费用对员工来讲，都能通过严格的法律意义上的讨论来解决。标准预算没有正式投入使用，显然是因为它包含太少的总量支出。所以，财政部开始采用更有力的淘汰方法，例如，对预算增加请求设定最高限额。在20世纪60年代早期，内阁要求部长们要服从这样的要求，即先是不能超过前一年预算的50%，接着是不能超过25%。25%的最高限额在高增长时期仍然发挥作用。但是这个限额在去掉通货膨胀和法定因素以后，只不过有12%多一点的实际增长来协商。经济的低增长率和增加的预算赤字，伴随着20世纪70年代石油价格的飙升，使得这个最高限额在1980年降为10%，1981年为7.5%。这些在控制预算增长方面的限制取得了有限制的成功。这个成功促使1984年采用最高限额作为主要的工具来达到平衡预算；支出部长在1982年也不能要求任何支出增长，而且被迫在1983年和1984年全面削减了支出的5%和10%。自从1966年以来，这种零限额和负限额的直接后果是,保持预算以最小幅度增长。1982年的预算也确实只增加了6.2%,1983年增加了1.4%,因为从最高限额中减少了一些支出。

尽管有这些限制冲突的传统方法,我们也应该考虑这些问题,即这些免除条款的存在仍然会产生一些争论;请求被拒绝的部长可能会认为自己处于劣势。在这个部长周围的利益群体也可能会认为他们的需要没有被考虑。尽管参与者已经很仔细地考虑了这些问题,他们也可能引起一些不满。在日本,这种情况就不会出现。因为其他两种方法可以增加公平感;其中之一是平衡,它被设计成实现公平的手段;另外一个也就是我们接下来要讨论的,即是把竞争的想法分化,让每个人都比第一次做得好一点。

也许,大体上和补赛的意义差不多(在补赛中,在前一轮比赛中失利的选手们被给予第二次机会,来为总决赛赢得一席)。但是和我关注的所有预算程序都不大一样。已经在他们的请求中削减了支出的部长们,被给予了大约有总量3%的调度范围。这个范围就是财政部为了实现此目的而特意设置的。合适地称为"复活"或者"复兴"谈判(因为以前的请求被否定,现在又象征性地起死回生),这些请求要持续一周左右。在这期间,预算局和各个部在交互的谈判中,意见逐渐地分开了。下面我们将会看到,部长们先在自民党的政策局获得通过,自民党就会向财政部求助。最后,半打左右的项目都得不到解决——引入大约3%的适当比例作为救命之物——这些项目最后作为自民党和财政部之间的政治问题而被丢在一边。复兴谈判最光彩的一面——大众民主、利益集团的公开呼吁、迂回策略的报告——直接引向了公共参与程序。这种程序实际上已经接二连三地被修改,而且也变成了主要官员参与者之间的一种惯例。

在日本预算最基本的标准中,平衡被用来保证每个人都能得到将要分配资金的公平份额。增长在可比项目上按比例分配。在尽可能的范围内,每项活动、项目,每个部长,都能达到大致一样水平上的平衡。自然地,参与者可能会在适当水平的比较上达不成一致;例如,公共工作是否应该在部门之间达到平衡?是否在目的之间达到平衡?或者日本实际上是不是不适合与其他支出必然很高的国家作比较?财政部将寻求低水平上的比较。对平衡概念的理解正如坎贝尔所言,"并不是通过评价特定项目的收益,与类似项目进行比较来制订预算。为了平衡,由于相似或相关,两个或更多的项目被认为需要相同的支出。"[16]因此,平衡不仅是作为一种标准,而且是作为一种辅助计算的方法,使得许多投资项目可以参考其他已有项目来设定。正如坎贝尔所说:

坦率地讲,在目的和目标群体上非常相似的项目,几乎可以自动达到平衡。有许多政府资助的健康保险计划,当一种计划的拨款提高以后,福利部将可以毫不费力地呼吁增加其他计划的拨款。类似地，政府增加了对公立大学的支持，也将引起人们呼吁增加对私立大学的支持。对平衡的要求变得不是那么迫切，但是它的说服力仍在。适当加以延展，它将可以为此辩论：即如果对大学的支持增加了，那么对中学的支持也应该提高（或者，反之则反是）。或者可以说，既然在健康保险补贴上增加了支出，在其他福利项目上，例如，失业和生活补贴上，也应该相应增加支出。[17]

尽管平衡不能解决所有的事情，但它确实解决了许多问题，并进一步缩小了争论的范围。而且，众所周知的是，当感觉到某些项目还没有达到充分平衡之前，会重新讨论并调整。

在日本，有四种基本的支出主体：(1)最高政府；(2)半政府性质的集团，例如，铁路局；(3)地方政府基金；(4)财政贷款和投资项目(FLIP)，它提供贷款给无数的政府机构和半政府机构。假定知道了平衡的标准，我们下面的解释意味着扩散利益的波及范围。如果财政贷款和投资项目的资金大部分都投向生产性的商业投资，我们将不感到奇怪。但是这是不会发生的。大多数的资金都流向了铁路局、公共房产、地方政府、小公司以及相关部门。菲利普·特雷齐斯(Philip Trezise)概括道："事实是这样的，财政贷款和投资项目在政府和半政府活动的大杂烩中大获全胜。这些活动除了在国家的某个地方有一个支持性的选区外，没有一定的相似性，严格意义上讲，它不是工业政策项目。"[18]

但是一个主要的可能分歧仍然存在。世界上所有国家的支出部长都倾向于把他们自己看作是那个领域的专家，日本也不例外。他们自然会认为控制机构，譬如财政部，是干涉他人事务者，根本不能完全理解或者是正确评价他们的困难和需要。但是，如果财政部真的没有一些特殊领域专家的话，他们将不能阐述他们干涉的基本理由。这种分歧在日本也没有完全消除，但是它已经被缩小、降低和削弱。

和其他国家的控制机构一样，日本预算局也认为，它有特别的责任来保护自己的国家免受灾难性的通货膨胀或者是浪费国家财富的不必要支出。如果其他部门能自由做主的话，他们肯定会把预算推到合理边界之外。财政部预算局的责任就是控制支出。它的第一直觉是说："不！"新的支出提议几乎一直都是在预算草案中就被自动拒绝了，随后只能出现在再次举行的谈判中。在首次提出后就把提议拒绝，预算局通过观察这个提议被再次推进的过程来判断部长在这个提议上是否经过认真考虑。既然一些新的提议是不可避免的，预算局可以一方面避免对这些提议负责任，同时另一方面帮助在最需要的提议中做出选择。只有当财政部害怕某个项目变得太受欢迎，且这个项目将会同时引起在其他项目上支出的增加时，它才会较早地作出有利决策以减少损失。如果害怕被卷入某个不可抗拒的压力漩涡中，财政部将会放出试探性气球，来决定其是否应该事先大方地接受，还是在事件发展后期再介入进去。在日本，所有的有专项用途的收入都要受到怀疑，就像被世界上所有的同僚怀疑一样，因为其在正常预算程序周围提供了另外一条路。由于类似的原因，财政部应当计划，更精确地说，应当决定长期支出项目，并通过把这些项目包含在计划书内而延伸到未来。如果支出部长能一次通过他们五年的申请，就不仅可以每年少在这个方面投入精力，还可以把批准的数据作为一个起点，集中精力来实现增长。预算局试图把计划看作是另外一种增加支出的形式。其并不把计划数字看作是支出的要求，而是把它看作一个外部的界限，在正常的投资程序中都要遭到削减。

但是，总体来说，支出部长和预算局之间的关系是友好而又合作的。他们相互需要，又都能认清相互间有竞争力的专业性。也许在所有的政府机构中拥有最高地位（所有的人中只有一个首席检察官，毕业于东京大学，是学工程的毕业生，现在负责处理科学事务），由大约 300 个员工构成的预算局被称为"官僚中的官僚"。[19] 没有人希望卷入和他们不必要的斗争中去。不仅是因为他们很强，而且是因为他们很可靠。预算审查者要通过履行承诺被认为值得信赖，需要承受很多痛苦。在第二次世界大战之后的某个时期，当自民党在草案中建议削减支出时，财政部强硬地回答说它不会食言。当会计部门的主管和负责其预算的审查者达成一个口头协议时，就实现了相互理解。每个人都能从良好的人际关系中受益。一位部级预算官员告诉坎贝尔："负责管理资金的人往往让得到资金不那么容易，他不会那么轻易就放手，但是如果他信任你，你就容易得到自己想要的资金数量。"你走得越深，信任就显得越重要，因为平衡的标准不太可能提前决定结果。尽管每个部长都能够期望能被给予大体同等的待遇，基层单位就不能保证了，因而，他们就想要加强他们之间的个人联系。申请者和控制者可能都是好人（值得信任，忠诚，可尊敬的，勇敢的），但如果他们的机构之间存在许多争议，关系就很难处理。那些他们的角色迫使其一直持有异议的人们，很可能自己就站在了一个敌对的立场上。但这种情况在日本尚未发生过。

日本的支出者和节约者关注的领域不同。财政部主要关心管理经济和税收，所以其主要集中在限制总支出上面。在这些大的总量数字之内，财政部允许各部门在决定优先权方面有所作为。这样一来，预算局审查官的工作就被极大简化了。技术人员在标准成本和重复活动的成本上达成一致。支出部门和预算局不需要在收支平衡表或货币供给上达成一致。在它们可能无法达成一致的国内问题如社会福利项目上，问题的实质性讨论基本上留给各部门，预算局主要负责未来支出的不同选择。冲突已经被分成最细小的部分。在资金数量上的分歧——被认为是一个可持续的总量,这个总量可以被分成不同形式——相对于谁是正确的或应该由哪种哲学来统治社会政策的分歧而言,要容易解决得多。

近年来,财政部采取了很多措施关注宏观经济问题而非微观经济问题。例如,由预算局施加的最高限额已经转变成由各支出部门来设定优先权。在仍然存在一些再次谈判可以得到的边际数量时,放弃对这些数量的保密,也减少了冲突。更近一段时间来讲,关于哪个部门应该增加更多的支出,已经不在零限额和负限额的考虑之内了。首先要看选择能力,其次看需要程度,财政部已经从一些领域撤回了,在这些领域内,财政部先前至少在一些小的处理权上发挥过作用,现在支持把其转给自民党,或者是支出部门,或者是转给它们两者。

财政部之所以这样做,可能是受到通俗易懂和简单可行的凯恩斯经济学的启发。这并不是说经济是简单的,但是被日本所采用用来处理经济问题的凯恩斯规则既简练,又易于被高层所接受。当国民收入和政府投资跳跃式发展的时候,财政部一定要把精力集中在管理经济上,避免在讨论无数社会政策问题时陷入泥沼。实际上,管理经济是财政部最有可能受到挑战的领域。在日本,预算的主要话题在于——一场长久的防卫战,财政部为了反对自民党不断增长的影响力的斗争——为了保护它的最有价值的部分:在宏观政策制定上的主要发言权和人事问题上的相对自治权。[20] 财政部已经放弃了大量的阵地。为了保护这些领地,财政部已经对自民党小心翼翼。坎贝尔解释道:

> 在财政部官员中,有一种根深蒂固的关心,他们担心自民党侵入他们内部的程序和决策中。尽管财政官员对待自民党一直都比财政部下面的员工冷淡,但是,活跃的财政部的政治影响力,财政部官员在自民党国会议员中的女校友数量,政府和自民党之间亲密关系的大趋势,往往都威胁了财政部官员的自治权。只要财政部认为政治家应该看到这些重要性,那么政治家就应该寻求自己的影响力来接受这些事实。这是有关个人项目微观预算决策的问题,它引起了国会议员极大的兴趣;而不是宏观预算程序,它是在不同的规则下更高层次上发生的问题,至少它看起来似是而非。1968 年,财政部明确地把大部分影响比较小的决策责任转到了各部门,让各部门决定什么时候弥补他们的请求,让各部门来决定现存资金的最终边际分配。在任何情况下,这个改革都不能清除自民党在这些决策中的参与,这是很明显的,因为自民党对其他部委的渗透远比财政部要深入得多。这种转变确实也降低了政治家参与财政部决策制定的动机。就像一位记者在采访中指出的那样,"在新的体制下,当国会议员在上诉谈判中向预算审查官寻求帮助

时,这位审查官就可以简单地告诉他直接去和部长秘书处谈这件事情。"[21]

为了理解日本政府发生的情况,当然包括它的预算在内,我们需要立刻考虑自民党在其中扮演的角色,这是很明显的事情。

自民党

尽管存在自由选举,在国会中各党派都有不同的席位,为了我们的目的,我们可能要假设日本有一个占优势的党,并且与高层的部长和企业都有联系。自1955年以来,在国会中的多数党就没有改变过。利益集团压力和对财务支持的接受通过贸易联盟慢慢扩散了。贸易协会主要附属于社会主义党,被有效地限制在核心集团之外。重要利益集团对政府部门而非市民活动作出回应。因此,许多利益集团有它们自己的组织结构图,由单个部门的界限决定。官员从各部退休以后,就会成为他们以前权限之内的某一利益集团的高管。因为这种事情经常发生,所以我们很难说,是利益集团殖民了各部门,还是各部门殖民了利益集团。控制住那些想要控制政府的利益集团,是政府机构的主要目标。因为自民党已经当权很久了,大多数贸易协会之外的利益集团都附属于这个占优势的党派。这并不是关系利益集团的党派之间的斗争,而是体现自民党内各部分分歧的部门间冲突。

在日本,占优势的党对我们来讲有着特殊的意义,因为,单单在西方政府中,这种党派就在预算程序中扮演着一个公认的角色。尽管有人会说,美国国会偶然地从党代会上捡到了政纲条款,或者英国政府在其投资中反映了在党代会上通过的解决方案的效果,这些党从来没有试图去编制预算或者是在很多项目上进行特别的修改。在日本,自民党却做了。政策事务研究理事会(PARC)的分支机构准备了自民党的官方预算编制计划,这个机构又要对部长级的责任范围做出反应。正如坎贝尔所述:

在许多方面,把自民党组织看作日本真正的立法机构是富有成效的。从这个意义上,政策事务研究理事会也就相当于美国的立法委员会(而不是拨款委员会)。他们密切地关注有关部门的事务,在党内外支持有关部门的利益,反对其他组织的竞争性主张。[22]

因为部长们在他们的选区居民中可以帮助许多国会议员通过一些项目;公务员需要自民党支持他们未来的职业;在国会中有许多前部长官员;所以,政策事务研究理事会和部长们的关系是非常紧密的。

自民党当权这么久的原因之一是它明确地认识到,只有通过多方面分配物质利益,才可以保证一个影响深远的党派在政治生活的兴衰变迁中站住脚。在美国,预算被视为地方建设性项目的来源之一。坎贝尔引用了政策事务研究理事会主席塔那喀在1961年说的话:"随着下一年春天上议院选举的临近，1962年预算中至少需要1亿日元的资金来解决党派间的问题。"[23]诸如"议员为选民所争取得到的地方建设经费"条款和"党派间协调资金"条款是很普遍的现象。

同时，自民党不能逃避作为支配党的责任。他不能让其他人来完成最后的部署。他的领导当然也是首相，同样，政府依然是自民党的政府。因此，自民党在一定程度上也必须帮助财政部把支出控制在界限之内，抵抗住那些能够引起反对的增税项目。当党派的领导参加一些重大问题会议的时候，例如，预算总规模；或者政策事务研究理事会审查部门在夏末的申请时，或者党派不太正式地参加一些会议，如国会议员为他们的项目寻求委托人的会议，或者是国会议员为支持他们的利益集团寻求帮助的会议；自民党都要为这些后果负责。

那么，为什么这个党没有制定预算，而由政府来制定呢？在日本的国情下，这样做是可以理解的。实际上，自民党也尝试了很多次要这样做。但是自民党的失败对我们这些预算专业的学生来说，是很有教育意义的。

自民党可能已经尝试了去做自己的详细预算，或者，由自己负责制定一些相对轻松的主要决策，并在新的支出上设定主要的优先权，把细节问题留给财政部。但是他一项也没有做成。制定一个预算至少在一定程度上需要政策专家来决定政策应该给予哪些人，优先权以及预算中应该包含哪方面的财务建议。但是在自民党内部，你从来就不会看到有这些专家。尽管自民党可以控制内阁和国会，他本身却不是支出部门或者财务控制者的组织，也没有合适的人选来替换这些人。但是，实质上的困难要大得多，比仅缺少专家要有趣得多。

制定一项预算意味着要对最广泛的政府活动做出总体上的偏好选择。因为支出部门一直想要更多的支出，所以预算制定者必须指出应当从这个和那个要求中砍掉多少，（只有偶尔地）才能给另外一个要求上调多少。对预算制定者来说，财富不仅是政治报酬，还有责备，因为这些令人失望的决策会引起人们的责备。所以自民党不可能或者至少说将不会招致这一惩罚。政策领导也就意味着政治仇恨。选择是不让步的，不平衡的，是一种偏好的表达，与领导权所需的平衡、协调与和谐等特征有很大差别。自民党的每次尝试都会陷入矛盾之中：一方面要满足地方和部门党员们的要求，另一方面又向财政部许诺过不把预算水平提得太高。自民党最后对财政部食言了。它另外为通常的党派间协调费用拨出了数亿日元。

自民党所做的就是发布一个正式的预算政策陈述，称为预算编制项目，对每个人、每件事进行一般性定义，并不将政党（同时也意味着政府）与任何特定的优先次序相联系。满足于制定一个一般预算的象征意义，自民党实际上就把自己的权力限定于通常在复审磋商中对一些具体的项目做出特定建议。自民党的影响力可以在这些方面看出来,对农业和商业最广泛的支持,这是其财政上和选举上支持的来源;在复审磋商中,屡次在最后一分钟让政治上有重要意义的项目通过。[24]一位预算审查者曾称日本模式为:"在晚上,你认为你听到了远处的鸟鸣,接着新年来临,它扑了下来。"包括在最终预算中的无数个小项目符合自民党选民的偏好,但却在一定程度上不利于国家,据说它的基础设施远远落后于工业的发展。

如果占支配地位的政党不制定预算,而且也不可能一直都期望支出部门能和财政部完全达成一致,那么实际的预算是怎样做出的呢?也许首相应该发挥一下他的权威性来促使最后决策的达成?也许是偶然,但是如果一直采用日本人的方式的话,这种事情很少发生。当纠纷牵扯到首相时,他就会做他所能做的一切来调停,缩小影响范围。当某件事情上传到首相那里的时候,这件事情已经被缩小了,这样的话,首相就会尽力说服支配党同意这件事情,而不是给出某种解决办法。坎贝尔曾经说过:"首相并不是通过预算来设定一系列统一的优先权,从而贯彻执行某些政策;他也从不评论投资分配。他甚至很少单独核对某项具体的提议。官员和国会议员当然会为了自己的项目来寻求首相的支持。但是因为这些人周围都是有影响力的政治家,所以,首相通常对此都给予同情,而不是承诺性的回答。"[25]就像他所领导的自民党一样,首相一定会干预政府的稳定,平衡支出部门以及与他们相关的利益集团的需要和财政部的要求之间的矛盾。但是,通常来说,财政部对于政府来说是最重要的。因此,首相将会附和财政部惯常的做法,听他们抱怨现在的财政状况是多么差,要增加投资的话是多么困难。如果说某个人拥有最后决定权的话,那么这个人一定是财政部部长,但是财政部部长又最大限度地利用了自己的权力,就像我们已经看到的那样,他把大多数有争议的决策都转给了支出部门。

谁拥有这些权力呢?在互利互惠原则大为盛行的制度下,在每个参与者都在预期对方行为的情况下,没有人,不仅是这些直接参与者,知道到底是谁在做决策。支出部长们不断地讨论他们得到的拨款资金。财政部控制了经济管理局面,也许也控制了一些新项目的时间顺序。虽然它缺少美国总统能够授予管理与预算局的政治权力,它却不必像管理与预算局那样常常要为执行部门高额的申请寻找空间。首相可能是解决问题的最后法庭。但是应该提前解决掉大部分的事情,这样才能保证首相处理最后剩余问题的效率。关于公共事务和一些优先项目,自民党颇有微辞。但是这些项目繁多,涉及面又很广,所以自民党不可能、也不会在众多的政府项目中把其偏好添加进去。所有的参与者都被不断增加的国民收入冲昏了头脑,但是他们又必须遵守基本的标准,这些标准规范了日本社会的冲突。也许我们最有权利对这个问题发表一下看法,即日本的预算就是一个内部人之间的游戏,在这场游戏中,官方参与者包括支出部门、财政部长和政府官员,通过遵守相互接受的标准来解决他们的分歧。

在某些空想的改革运动中,常常会试图把实际问题变成价值层面上的问题。日本的预算程序恰恰相反,它试图把价值层面上的东西变成实际问题。像美国投资程序一样,可能有过之而无不及,日本的投资程序要经过一系列简化手续,在这个过程中许多大的问题被分解成细小的问题,目的是更易于管理。程序和政策问题的重要性被从最重要的降低为最不重要的。如果支出是经济管理和税收的函数,那么你没有余地来考虑哪一个支出政策是最需要的。财政部的自动机制在草案中就否定了一些新的提议,留给支出部门自己去决定他们支配资金范围内的优先权。支出部长们可能要在一些项目之间做出选择,但是财政部则不需要这样做了。那这样做的目标可能是:如果预算不是人为制定的话,那么预算就是看似中性的、规则下的产物,这些规则自动地在大量的资源之间做出选择。

日本的预算程序已经达到了很高程度上的稳定性,因此也就有了可预期性,在日本,过去的承诺是未来支出最根本的保证。每个参与者都知道可以期待对方做出什么,也都把预算看作将来打算的精确信号。最突出的问题是你怎样适应这些变化,所以为了使自己能够被关注,一些关于支出所带来的价值的观念被提了出来。

当在支出中的变化是减少支出而不是增加支出时,在支出变化中结合价值的观念就变得很重要。在日本经济高速增长时期,在增加支出上总是可以达成一致,唯一的问题是增加多少。尽管最近随着预算增长的逆转,出现了这样一个问题:在经济增长时期,日本预算程序具有这样的特征——坦率、平衡、和谐。在经济萧条时期,这样的做法是否还行得通?我们看到,当日本经济增长率降低时,财政部必须进行支出削减,而不能仅把一些大的增支项目的分配交给支出部门,这个问题的答案会变得很清楚。

只要有足够的支出资金,在预算程序中引起的冲突是很容易解决的。因为很多剩余资金的存在使得各种机构都能容易地得到它们想要的支出资金,也使得日本预算制定者忘记了他们还有削减预算的功能。但是,回到这个问题上,他们不想削减资金,这样是可行的。如果是这样,是不是任何一个机构的参与者都会这样做呢?问题依然存在。

随着公共债务负担变得越来越重(日本政府把资金以相对较低的利率贷给商业组织的负面作用)和由于人口老龄化所导致的福利支出增加,预算变成官僚机构和党派之间最大的争论点。这些官僚机构需要取得支持去减税和降低支出,而党派却不给予这种支持。执政党不愿意给予政治上的支持是现在日本财政部门中普遍存在的危机感的根源所在。

没有能够控制预算增长的征兆之一是,在一段稳定的政局之后,频繁更换首相,在1972～1982年间,有6位首相。政府先前承诺过的目标,以及它实际分配的资金之间的矛盾,直接导致了铃木善幸与其他政治家对首相地位的争夺。不能增加税收和不能增加这么大数量的财政赤字(日本1982年的财政赤字是国民生产总值的6%,而同期的美国和英国分别是3%和2.5%)的巨大压力促使政府做出了这样的承诺:即在1984年不再发行债券。很显然,减少了对借款的依赖以后,就只有一种方法可行,这就是铃木所谓的日本财政紧急事件:减少支出。但是,当政府公开同意减少支出的时候,实际上,由于人们对政府改革的期望太高,开支并没有减少。没有政治力量来推进政府改革,譬如,把铁路和电信转到私人部门,精简政府人员,削减对农民的补贴。[26]政府改革现在就成了保守党的政治家们的一家之言:他们试图告诉公务员应该怎样去做。[27]但是,如果日本想要在经济没有恢复到高速增长的情况下就摆脱财政紧急事件的话,政治家们必须加倍努力。

那么,他们真会这样做吗?从目前来说,一个正常的经济是不会有灾难的。在缺少明显的证据来证明真实的经济崩溃(和它相对应的是虚假的经济繁荣)的情况下,在其他国家里阻止支出削减的力量,在日本也同样存在。这些力量包括:公众援助计划的利益集团、中产阶级纳税者,他们中的每一个在支持渐进增长上的付出都很小,但他们却是主要的受益人。这是另一个证明过高估计了日本特色文化的例子。这个国家仍然存在森严的等级制度,仍然是市场和宗派力量的混合体。等级制度擅长筹集收入,却在剥夺各个阶层的经常性经费上臭名昭著,这就是针对特定利益集团的日本项目的情况。一旦超文化的经常性经费的形象不存在了,记住如下结论是明智的:尽管日本人发现分派牺牲并不比我们更容易,与世界上大多数国家相比,他们仍然做得很好。

法国:预算作为受理上诉的法院

19世纪的法国和现在的发达国家有很大的不同,因为法国一直坚持平衡预算制度。为了达到这个目的,除了特殊时期,例如,战争,国会要先投票决定必要的支出,然后再决定税收。在必要的支出数额被确定清楚后,国会接着会调整收入。当然,这种平衡预算制度在20世纪被颠覆了,因为平衡预算的概念被废止。[28]

法国议会制度和其他国家议会制度不同,特别体现在第三和第四共和国时期,因为立法委员会行使着真正的权利。财政委员会不是任何委员会的继承者。多数政府构成复杂,因为缺乏凝聚力而倒台;一些构成单一的少数政府被外部推翻。预算程序比今天还要激烈。议会中席位的多少直接决定了预算中的份额,如果不能在这一点上达成一致,会采用一种投票"十二次"(twelfths)的方式来决定,即政府以现有的支出水平继续支出一个月。因此,法国高层政治家中间曾一度缺乏一致性,这可能产生了穷国典型的情况——重复预算。[29]

但是持续时间不长。在第四共和国时期,法国政治家就学会了收买不可避免的事件,以保护国家不受混乱所干扰。虽然整个预算貌似处于掌握之中,但是自从废除了预算控制之后,实际上已经很久无法控制了。严肃的讨论集中于在现有预算基础上的变化。盖伊·洛德(Guy Lord)讲述到:

在选举之前的1955年,国会意识到没有时间对1956年预算进行投票,于是政府让国会采取1955年已通过的预算方案,同时在选举后继续讨论之前第一次提交的草案。这个过程进行得很顺利,并且1956年预算改革的倡导者使之成为了一项制度。

他们把每一章节分为两种衡量方法:在前一年被国会通过的部分被称为服务性投票,这里翻译为持续性项目,另一种被称为中期方法(新办法)。

这个持续性项目"代表了政府认为在前一年被国会通过的、可以投入公共服务的项目必不可少的资金"。[30]

因为现在处于英国公众支出调查之下(毫无疑问,处于相同的混乱状态),持续性项目代表了改变现有政策的成本。在德·高尔(De Gaulle)掌权以后,1959年预算改革的当权者规定,国会可以直接签署持续性项目,但是保留新方案的投票权。现在,这个程序过于程序化,而导致对经常项目的投票不被认为是拨款,而仅是确认以前批准的支出。起初,国会议员认为别人根本不可能对过去的决议提出意见,这是不正确的。尽管如此,他们必须做的是把新的方案融合到旧的方案中。但是我们不能走得太远,因为相对于提出新的方案,然后再修改,国会通过修改旧方案得到的新方案,更能体现自己的意志。实际上,第五共和国政府可以而且确实采用了一揽子投票法。这样使得整个部门或从属部门的提案被作为整体通过,避免了杂乱的不同级别提案导致的政治性困难。这里我们找到一个更加灵活的程序,来把一般的提案转化为确保的投票。这是在法国第五共和国时期经常使用的工具,在支持无能的政府方面表现得不是很成功。

在预算问题上，立法机构被执行机关严格约束着。实际上，我们一般把执行机关称为政府。如果议会没有通过预算，这些预算只有政府才能够提出，那么在17天之后，政府可以以政府令的形式来公布预算。国会议员也不能提出修改预算，减少收入或增加支出。持续的项目最后被集中在一个提案中，通过一票否决制来获得通过。然而，议会并不是软弱无力的。1983年，议会提出了500条对预算的修改提案，绝大多数获得了政府支持。其中100条最后被通过。议会也并不是很有势力。正如迈克尔·梅宾（Michael Mabin）说的："在去年的会议上，单独的小组委员会就对海军的研发预算提出了许多修改方案。"[31]

那么，法国的预算有什么特色呢？和其他国家一样，有申请者，有支出部门，有保护者，有财政官员；在新的计算方法下，预算一般被认为是以略高于10％的增量增长。它的特色在于，冲突通过一系列精简，被分解成可以管理的部分，通过不同层次的请求最后得到解决，至少也要等到第二年。就像法国社会生活的其他方面一样，个人之间的关系相对疏远、正规、形式化，并且最后在解决冲突的关键性法律程序中得到调解。

如果我们可以把英国政府准确地描述为部门联合体，那么更可以把法国政府称为部门和局的联邦，这和美国的模式很相似。公务员不仅被分为黑和白（财政部门和支出部门），而且被分为许多小的"不同的组"（局、分支机构、政府部门和高级代理）。这些机构在与其他部门的冲突中享有充分的自治权。因为缺乏行政管理层中的仲裁者（就像英国的秘书长），公务员集团之间的冲突一般会诉诸更高的政治层次以寻求解决。也即法院系统，一般有三个基本层次：从最低的地区法院（部长），到上诉法院（总理），再到最高法院（总统）。每一种法院在其各自的层次上对冲突做出仲裁：在政府分支机构和各个政府部门的预算部门之间，在财政部门和支出部门之间，在总理和其他内阁成员之间。冲突被分解之后并不是立刻就得以解决。

财政部长、总理、总统和他们的助理，这些高层由于担心他们会成为过去既定事实和正在争论事件的牺牲品，都试图扩大自己的判断范围。既定事实极大地限制了他们的财政机动性，正在争论的事件又使他们沉浸在无休止的争论之中。他们都试图把一些重要的选择权力保留下来，譬如总支出的额度、军事和民用支出的比例以及一些资本项目的借款总量。然后他们关注于更进一步提出新的支出提案以有效干预预算。他们也试图建立机制以减缓已有项目成本的增加。因为就是这些循环性支出的增长，减少了他们可能的财政余额或者使他们不得不采取增加税收这样不受欢迎的方式来保证支出。虽然这些人希望增加他们在全局上对事件的控制能力，但是他们经常在如何达到这一目的上产生分歧。他们不可能都支持同样的项目,不可能面对同样的风险。虽然还存在着其他吸引人的地方,但是压榨支出部门却绝对不在此之列。在我们更深入探讨法国的预算程序之前,我们必须更多地了解主要参与者和他们之间的相互关系。

政府部门由许多相对独立的部级单位构成,这些单位又由一些更小的相对独立的局级单位组成。毋庸置疑,每一个政府部门,都希望资金用于他们自己的目的,并且对其他部门的用途有所怀疑。每个部门都不仅有自己的政策偏好,并且希望能够方便地与有分配权的财政部取得联系。每一级都希望得到更多的份额,超过运营需要的平均水平以获得更多的灵活性。这样就可以避免预算的不确定性或达到实施新工程的门槛。一个单位的预算富余就是另一个单位的机会;局预算富余可能带来部门预算的富余,而部门行动的灵活性可能导致新政府的主动性。这些共识并不是和平时期达到的,也不是战争时期一致对外产生的。同一层次部门之间的相互交流几乎没有;局级单位没有理由请求竞争对手的合作以取得部门的支持,这种情况也存在于部门和其分支单位中。这些部门都对财政部门混杂着希望与失望。

在大多数国家财政部都是很有权力的部门。但是它的权力范围和相应的权力大小必须明确。相比较英国财政部而言,法国财政部更关注于经济的管理和税收。税率是非常重要的,既可以作为宏观经济政策的调整工具,又可以折射出政府尤其是财政部的决策方向。他们更关心总体的支出而不是具体的运用。财政更愿意反对那些增加已有项目开支的提案而不是关注他们自己的巨大利益。因为这些项目会使用有专门用途的税收,或者投入的增加会减少其他机构未来的灵活性。

支出的权力控制在财政部预算部门的手中。就像其他部门一样,他们渐渐怀疑常常要求更多的支出部门的纠缠。"小心别的目的,自私的动机和得到预算的人的诡计,"洛德(Lord)谈到,"他们倾向于认为他人不能信任,在预算讨论时对对手没有同情心并且愤世嫉俗。"[32]那些在预算部门的官员这样定位他们的角色,就像其他中心预算代理部门一样,他们宏观把握整体情况。他们声称自己是大公无私的,并且以公众的利益为目的,但是其他获得预算的部门则是为了自己的特殊利益并且只关心自己那一部分。根据到目前为止的定性判断,我们可以说,他们对预算支持者的敌意和使事情变得直接明了的意愿远大于其他部门。所以,据此,令他们愤怒的是财政部门对他们部门预算的无情漠视。提倡者和保护人可能利用其他部门的态度和行为习惯来加强自己的判断。

如果各支出部门是其行业内的专家,那么财政部长可以声称自己是整个经济的专家。当他公开发表意见,谈及经济情况需要在一定程度上限制投资时,其他部门是很难反对的。他可以用可怕的预言和成本巨大的辞职来威胁总理。他的任务是让总理接受他提出的限额（不管这个限额是多么独断专行）。支出预算部门的首要和最重要的工作是说服财政部长，如果不能，就要向总理寻求帮助；如果有可能，还可以请求总统的帮助。这样对财政部长施加压力，对其他的部长并没有好处，至少没有表现出必要的集体主义精神。更进一步，财政部长的地位并不依赖于其他部长。

到现在我们只讨论了对抗发生的原因，而没有讨论协作的方式。如果所有的进程都包括激烈的诽谤和争论（法国预算过程一个重要的特征），那将很难在年度预算上达成一致，或者把部长们长时间招揽在同一政府下。政府的影响力太微弱。系统内的一些人必须认识到这一点，从而相互尊重。有必要让参与者表达自己的不平，裁定后允许其继续保留在政府内部。到目前为止，个人关系网络确实存在于法国政府中，由公共服务领域的重要公司提供赞助。

公务服务部门中有声望的团体——财政总检查员、会计法庭和参事院——提供了某些线索。他们的任务是协调，并不是不太现实地让所有人的提议一致和连贯，而是让所有人知道最重要的是什么。预算部门的局、部级单位不受到重视，一个原因是他们的领导职权低于上述团体，并且每个部门都有财政部的代表（称为总控制者）。这些代表拥有预算的优先控制权，法国将这种权力称为"控制的义务"。每个关注资源分配的团体成员，都会认为自己是部长周围的内阁成员之一。在总统办公室内，在财政部和部长级内阁会议上，在议会财政委员会内（这里公务员依照职责行事），在关注预算的政府主要上层机构中，在所有的重要部长委员会中，大公司都施加他们的影响。不管怎样，他们的影响力确实存在。每当支出部长们裁决各个内部部门之间的预算支出时，每当财政部长决定预算总额或者最大支出项目时，每当总统试图干预，以保证某个工程的高额预算时，这些大公司的成员总会出现。他们知道任何情况，因为他们就在现场。幸运的是，部长的内阁中有一个聪明并且有决断力的青年，他来自财政监察委员会，并且认识曾经作为同学的财政部长、总理和总统。这些高级公务员是最优秀的。有些时候他们知道很多，但是更重要的是，他们了解其他被公认为最优秀的人。

局级单位之间的协调工作不是由更高一层部门解决的，而是进一步由部长和其他决定部门和其他单位之间事务的内阁成员解决。部长的工作，至少从预算支出任务和相关部门关心的方面来说，是获取更多的预算。没有部长会因为比前任做得少而获取好名声。支出部门对于欣赏他们项目的部长是非常喜欢的。但他们更喜欢那种可以更有效地从财政部门得到资金的部长。

根据组织法，预算是由总理准备和决定的。尽管如此，他可以选择把这些权力委托给财政部长,但是保留一些关键权力;或者当财政支出不能协调一致时,由辩论完全决定。他更愿意作为一个裁决者。就算在这里他可能是一个被动的裁决者,因为大部分裁决都是由大量的部门间委员会辩论决定的,或者他可以提出希望解决的不同观点。其内阁成员毫无疑问希望一起解决与其他部门有关的问题,或者交回给委员会解决。但最终在最重要的问题上,支出部门相关人员和财政部长会出现在总理面前,对这些议案进行最后决定。

总理办公室的关键角色由预算顾问扮演。他是和财政部长、预算部门和总统办公室保持联系的人。他在大公司任职期间建立起一种关系,他和以前与他一起工作过的人也建立了一种关系,通过这两种关系网,他站在一个有利的位置上来构建他的提议,并发表对总理面对的建议的看法。当需要面对部门委员会,或者参与各种裁决时,预算顾问一般会站在总理这一边。他的支持是非常重要的,即使当总统、总理和财政部长之前已经商议出各种限制、层次和整个预算的分配。

到现在为止,总统在预算中扮演的角色被忽略了。他在开始时帮助设定总体预算边界,最后有可能对辩论结果进行裁决。但是,在中间他会扮演什么角色呢?这取决于他自己。虽然总理在表面上对预算有正式的权力,但是宪法或者组织法并没有阻止总统干预预算。既然总理是由总统指定的,很显然下级应该听从上级的指示。既然他们是相互依赖的,一个相当程度的协作处于秩序之中。不管是怎样的关系,这种对预算管理潜在的两层监管会产生有趣的战略机会和缺陷。在总理的衬托之下,所有部长(包括财政部长)都可能求助于总统。毫无疑问,向可能会表示同情心的总统请求帮助是比较明智的。一个部长不会使自己被认为是浪费时间者和麻烦的人。但是总统,就如最初的模范总统戴高乐一样,毫无疑问只希望过问那些与自己有切身利益关系的事情。所以,总理可以选择出这部分交给总统处理;或者有时也可以贸然提出。可能最麻烦的是,当总统希望达成某个宏伟目标,例如,增加家庭的补助,而这个目标会支出大量资金时,将大大束缚总理和财政部长在其他领域的作为。但是对总理来说,这样做完全是好事。因为他不是最后的提案者,所以总理可以利用总统作为双重缓冲:他希望做某些事情,但是总统会因为自己的想法不让他做,或者总统亲自解决这些事情。某些人听说总理故意向总统谈及部长间的差异。因此,总统的责任就是接受部分指责。

对于那些模仿英国模式成长起来的议会制度,到目前为止,没有看到内阁和部长理事会,这是很奇怪的事情。这并不是因为缺少正式权力——远远不是。其成员通过一系列的会议决定支出限额和政府的优先投资顺序。

尽管如此，真正的决定通常是在其他地方完成的。理事会只是负责起草和宣布的论坛。正如一位公务员盖伊·洛德说的：

在预算事务上内阁一般会批准，没有讨论。所有事情在之前已经在总理、财政部长和总统之间讨论过了。就算在第四共和国，预算案并不是引起内阁争论的原因，除非一部分国会团体威胁说除非某项事务得到满足，否则集体辞职。通常来说，如何取得更多以安抚相关利益团体是很大的问题。[33]

在英国，有争议的部分会在内阁中得到解决，而在法国，这种事情往往在预算支出部长、财政部长或者总理、总统之间解决。

为了使内阁确定之前的决定，必然有先期的协议需要达成。对总统来说，最重要的是财政部长和总理之间的分歧需要先被解决。一个达成此目的的重要机制就是部门间经济委员会。这个组织不仅包括财政部长和总理，还包括各州的预算官员、总统的经济顾问、计划委员会总顾问和其他围绕这些重要部门的内阁成员。但是支出部长一般不会参加。在这里参与者会浏览一遍财政部长提交的预算草案。这些草案是关于当期发生的预算和资本支出预算之间的分配，计划中提出的投资，以及得到更高或更低优先权的部分。如果总理想要通过实施来显示他在预算上的观点的话，这是一个机会。他们努力让政府做到计划中政府应该做到的。这个过程是计划者"游泳"或者"溺水"的地方，通常是"溺水"。[34]为了管理经济和税率，财政部把预算控制在合适的范围之内，在这里，财政部长也站在他的某一最终立场上。

那么支出部长们呢？被排除在最重要的预算决策之外，他们当然不可能很高兴。1961年，当他们的反抗达到高潮时，努力之一是使他们参与编制总体预算。他们采取这种方式，呼吁财政部让他们自己参与到设定他们部门支出的最高限额中去。在以前，只有国防部这样做过。以前这样做的原因是认为这样做有利于部门在一定的总量内更自由地设定资金的优先权。下面洛德讲述了一个实际发生的事件，给我们很好地描述了法国预算中的权力斗争：

但是，支出部长们很快就发现，财政部是在利用这个程序迫使自己做出极度困难又非常不受欢迎的决策，因为这些决策结果都是严格设定信用额度和优先权的。更进一步，在详细编制预算的过程中，预算部门一直挑战和反对某些支出项目，而这些项目是以前通过的最高限额自动累积下来的，不应该在这个阶段受到质疑。所以，现在对支出部长们来讲，不是受一个控制的支配，而是受到两个连续控制的支配。那样的话，支出部门的地位并没有得到提升。这个程序在1963年的预算中得到了进一步的修改，但仍然对支出部门不利。实际上，财政部认为，支出部长不但要在最高限额内编制预算,而且还要在他们自己和他们的行政部门之前设定的原则内编制预算。

当然,这些原则要符合部门间经济委员会的要求,并需要在部长理事会上讨论通过,但不需要直接在财政部和支出部门之间通过。这又减少了每个部门讨论的空间,也相应缩短了部门间预算会议的时间。支出部长唯一可以影响这些选择的方法,过去是,现在仍然是通过与财政部长和财政部门之间良好的人际关系,或者说是通过与总统和爱丽舍宫的良好的人际关系。[35]

注意我们已经看到的在法国预算过程中处理冲突的方式。部门之间当然不直接发生冲突;他们单独与各个局的局长或者是各个部的部长会面。在局级层面也是如此。部长和他们的内阁官员在局之间做出公断。支出部长们并不直接会面就他们的分歧进行商讨。他们每个人单独地与财政部部长会面,如果觉得还不够的话,可能会与总理和总统会面。只有财政部长、总理和总统需要直接讨论。但是,到那个时候,他们不需要讨论任何像整个预算决策程序那样的问题。他们每次会面谈论的都是之前持续谈判中已经修改过的问题,看看能否把其他已经制定好的决策纳入这个问题的体系之中。在少数决策上,没有办法完全避免面对面的冲突,但如果说有一种能将这些个人间的敌意减到最低的方法(除了将所有的权力给予某个个人),这种方法在法国。

法国官方政治当局的权力在总统富兰西斯·密特朗(Francois Mitterrand)的社会主义政府经历的高支出过程中可见一斑。他于1981年就职,当时是高通货膨胀(10%)和高失业时期,社会安全和医疗成本也迅速增长,密特朗一方面想实施社会主义原则,另一方面又想减少高失业和通货膨胀的痛苦指数。于是,对主要的工业进行国有化,包括银行,这提高了工人对社会的控制;对地方政府的分权也增加了政府的合法性。高支出也就增加了就业,提高了生产力。合法性和有效性的综合提高了人们对社会主义工人运动的理解,也使得价格和工资降到了合理水平。

那到底发生了什么呢?道格拉斯·阿什福德(Douglas Ashford)总结如下:

评估结果可能千差万别,但是在数月内,密特朗政府进行了无节制的支出,这种规模是前所未有的:社会保险津贴增加了20%,最低工资增加了40%,又增加了一个第五周带薪假期;每周的工作日工作时间在薪水没有减少的情况下,从40个小时降到39个小时。另外还有代价高昂的国有化、地方政府和劳动关系的改革。到年底,通货膨胀大概是15%,支付勉强平衡,人们的商业信心剧减。[36]

因此,法郎的国际价值减少了,货币贬值了,赤字上升到2 000亿法郎,失业率却没有变化。

这是上升的一面，下面我们叙述下降的一面。除了迅速贬值和冻结工资以外，1983年的三月计划宣布了大的支出削减，增加了销售税和货物税。电、天然气、石油的价格上升了；对所有的纳税人都有一个强制的负担；社会保障和医疗支付提高了，而补贴降低了；国有化了的产业实施了严格的管制；为提高经济动力宣布减少所得税。下面的报纸叙述了到目前为止下降的所有情况：

今天新政府总理劳拉·法布斯（Laurent Fabius）宣布了首次预算。全面削减所得税，紧缩公共支出是未来几年内预算的主要特征。

1985年预算开始实施总统富兰西斯·密特朗最近的承诺，即在他剩余的四年任期内，降低法国税收负担，同时还要继续和通货膨胀作斗争，要对政府预算赤字实行严格的最高额度限制。

新的预算……继续进行社会主义撤退，不再实施激进的经济政策，这些政策是执政党在三年前开始掌权的时候采用的。[37]

结构改革是一个长期的命题，但是它的财政成本立刻被反映出来。给予公共理事会预算权力，限定各类官员的权力，这些都使得中央财政控制变得非常困难。工人们对工作场所的进一步控制意味着高额的安全支出。这些成本影响了工业的贷款安排。反对派利用分权来使用税收资源，而这些资源在没有分权的情况下是应该归属于中央政府的。总之，中央政府实际上执行了自己的政策，但是却不能及时地控制结果。

所有的这些反复都已经结束，就像道格拉斯·阿什福德所说的那样，"没有改变政治制度"。唯一发生的是伴随着政府机构的增长，不同级别的政府与公共和私人部门之间的互相依赖加强了。在最后体系中的每一个元素都更紧密地联系起来。既然所有的支出都出自同一个口袋，行政专家们可以进行特别的请求。劳动联盟的权利变成了限制性的行为。短期的权宜之计被制定此政策的政府反复使用，而没有留给继任者。

如果法国政府曾经被迫把支出限制在可利用收入之内的话，它将会避免20世纪80年代早期的过山车式的预算变化，然而，避免下降趋势的代价，正如美国城市中相应的经验记录所表明的，在上升趋势时出现的机会较少。在我们能充分理解贫穷和确定性的平衡之前，我们必须更好理解的是，当贫穷也不确定的时候，将会发生什么。

注　释

在准备本章的过程中，我从以下三个来源搜集了大量的资料：关于英国的部分节选自 Hugh Heclo and Aaron Wildavsky, *The private Government of Public Money: Com-*

munity and Policy Inside British Political Administration (London: Macmillan,1974);对于法国方面的描述则完全摘自 Guy Lord, *The French Budgetary Process* (Berkeley: University of California Press, 1973);对于日本预算的说明完全来自于 John Creighton Campbell, " Japanese Balanced Budgeting" (Paper prepared for the Research Conference on Japanese Organizations and Decision Making, Maui, Hawaii, January 5—10, 1973) and from Campbell's "Contemporary Japanese Budget Politics" (Ph. D. diss., Columbia University, 1973).

1. 据说,我不知道有多大的真实性,撒切尔首相添加了另一个问题,"他是我们当中的一员吗?"如果这样,这就为财政部高级官员对政党的政治偏好做出更好的反应奠定了基础。

2. Richard Rose, "Misperceiving Public Expenditure: Feelings about 'Cuts'," Studies in Public Policy, No. 67, Centre for the Study of Public Policy, University of Strathclyde, 1980.

3. 地方政府的联络官员也面临着差不多同样的情况,他们作为会计的代表与支出部门打交道。由于 David Rosenberg 和 Cyril Tomkins 细致而富有创造性的研究,我们了解到:

成为一名好的监护人涉及协商、公正和信任……作为一名联络官最基本的特征就是保持对支出部门和财政部门的尊重。

财政部门对一名预算联络官员的尊重与支出部门对他的尊重是相互关联的。两类部门都尊重财务上的刚性和公正性。会计希望一个在第一线的监护人,但如果联络官员未能成功地说服支出部门合作,会计就会认为他没有用,而支出部门则需要一个得到他的会计支持联络官。联络官和支出部门之间"信任"的工作关系与联络官和财政部门之间"信任"的工作关系是密切关联的。因此,要想成功的话,联络官员必须有能力解释和转述两类部门的观点。有一个关于几年前某名联络官员的例子,他受到了支出部门的高度评价,但是没有得到会计的认可。在这种情况下,这个官员的工作是无效的,他必须得到两方的认可。

4. Richard Rose and B. Guy Peters, *Can Government Go Bankrupt*? (New York: Basic Books, 1978).

5. Maurice Wright, "PESC: The Crisis of Control," Public Administration 55 (UK), (Summer 1977).

6. Maurice Wright, ed., Public Spending Decisions (London: Allen & Unwin, 1980); C. Hood and Maurice Wright, ed., *Big Government in Hard Times* (Oxford: Martin Roberston, 1981); and Maurice Wright, "Pressures in Whitehall," in *Fiscal Stress in Cities*, ed. R. Rose and E. C. Page (Cambridge, England: Cambridge University Press, 1982), Chapter 1.

7. House of Commons Paper 374, p. 11.

8. Stephen Lewis, " Public Expenditure and GDP 1980/81—84/85."*Public Money* 4., no. 1 (June 1984): 58—59.

9. Liaison Committee, "The Select Committee System,"H. C. 92,1982/83,p. 11.

10. R. I. Nield and T. Ward, "The Measurement and Reform of the Budgetary Process," Institute for Fiscal Studies (London: Heinemann, 1978).

11. Treasury Committee, " Budgetary Reform," H. C. 137. , vol. 2. Minutes of Evidence, 1981/82.

12. 要全面研究,参见 Cyril Tomkins, "The Effect of Political and Economic Changes (1947 — 1982) on Financial Control Processes in Some UK Local Authorities," (Bristol, England: Thompson Mclintock, 1984), pp. 1—62。

13. 关于地方政府借款权力的阐述是基于 Alberbt Sbragia, " Capital Markets and Central—Local Politics in Britain: The Double Game," Studies in Public Policy, No. 109。

14. Nakane Chie, *Japanese Society* (Berkeley: University of California Press, 1970,) pp. 144—45, as quoted by Campbell, "Japanese Balanced Budgeting. " p. 43. See also Ronald p. Dore, ed. , *Aspects of Social Change in Modern Japan* (Princeton: Princeton University Press, 1967) and Nathaniel B. Thayer, *How the Conservatives Rule Japan*(Princeton: Princeton University Press, 1969).

15. Campbell, " Contemporary Japanese Budget Politics," Chapter 3, p. 44.

16. Campbell, "Japanese Balanced Budgeting," p. 6.

17. Ibid. , p. 10.

18. Philip H. Trezise, "Industrial Policy Is Not the Major Reason for Japan's Success,"*The Brookings Review*(Spring 1983) ,p. 16.

19. Campbell, " Contemporary Japanese Budget Politics," Chapter 2, p. 16.

20. Campbell, "Afterwad, 1983," typescript p. 5.

21. Campbell, " Contemporary Japanese Budget Politics," Chapter 6, p. 75.

22. Campbell, "Japanese Balanced Budgeting," p. 17.

23. Campbell,"Contemporary Japanese Budget Politics,"Chapter 6,p. 146.

24. Ibid. , Chapter 2, p. 49.

25. Ibid. , Chapter 5, p. 62.

26. *The Economist*, 16 October 1982, p. 59.

27. *The Economist*, 27 November 1982.

28. Campbell, "Contemporary Japanese Budget Politics," pp. 8—9; Rene Stourm, *The Budget*, trans. Thaddeus Plazinski (New York: Appleton, 1971).

29. Philip Williams,*Crisis and Compromise*: *Politics in the Fourth Republic*, 3rd ed. (Hamden, Conn. : Anchor, 1964).

30. Guy Lord, *The French Budgetary Process* (Berkeley: University of California Press,1973), p. 30. Originally published by the University of California Press and reprinted by permission of the Regents of the University of California.

31. Michael Malbin, "Plus Ca Change," *National Journal*, 14 April 1984,p. 729.

32. Lord, The French Budgetary Process, p. 131.

33. Ibid., p. 85.

34. Stephen Cohen, *Modern Capitalistic Planning: the French Model* (Cambridge: Harvard University Press, 1969).

35. Lord, *The French Budgetary Process*, pp. 161—162.

36. Douglas E. Ashford, "Government Responses to Budget Scarcity in France," (paper prepared for Annual Meeting of the American Political Science Association, Washington, D. C., August 30—September 2, 1984).

37. Paul Lewis, "French Budget Seeks Tax Cuts," *New York Times*, 13 September 1984, p. 35.

第5章

穷国和不确定性：低收入国家

合作者：娜奥米·凯登(Naomi Caiden)

　　匮乏的资源和迫切的需求似乎使得预算编制对于穷国来说是一个适合的想法。预算编制被认为旨在节约并最有生产价值地利用资源。它应该事先计划好，这样资金才能在需求出现时保证满足需求。预算编制提供对过去收支的记录、决算，对现在收支的控制以及对将来收支的预测。理论上，它帮助决定支出的效率，并相应地配置资源。通过其预算，一个政府希望可以了解它的财政状况，安排最佳的行动方针，并推行公共政策。

　　因此，好的预算编制对于那些主要特征是资源不足的国家来说是必不可少的。这些国家包含了世界近3/4的人口，它们在国家大小和人口规模、民族性质、文化类型和国家凝聚力等方面存在广泛的差别，在政治经验、社会制度和国家历史长短上也存在着不同。它们相同的地方就是广泛存在于整个社会并造成大多数居民生活痛苦的贫困。已经有许多研究讨论了如何描述这种贫困以及衡量贫困的各种尺度的有效性。为了方便起见，我们把穷国定义为每年人均总收入不足1 000美元的国家。这一标准(甚至任何标准)是有缺陷的，但是我们关心的不是建立精确的标准，而是描述一幅总的图画来表达相对于急切的需求来说资源的不足。在这篇文章里，区分穷国的重点和细节的差异不是我们研究的重点，我们研究的重点是它们处理其所控制的稀缺资源在方式上惊人的相似性。

　　穷国的另一个特征是它们都在努力致富，这一特征使得它们都被婉转地(现在变得过时了)称为"发展中国家"。所有的穷国都遭受压力——内部的或外部的——去发展。许多国家有制定详细的发展计划和计划制定机构；大多数国家接受了国际组织的这种或那种贷款。许多国家聘请了外国专家，支持和实施引人注目的工程，旨在把它们带入一个繁荣和现代化的时代。为发展所进行努力的一个结果是强调预算的重要性；资金必须要记录，要用在指定的用途上，要编制得当以避免产生瓶颈效应，以及要用来预测并促进使用的最大化和分配。政府在为发展所进行的努力中的重要角色只是强调了对好的预算的极度需求。

但是，在把富国的预算编制程序引入穷国之前，我们最好牢记其在从本土移植出来时通常由制度显现出来的难以克服的困难。它们的有效性通常都依赖于初始环境的特征，没有这种特性它们就不能繁荣、毫无用处或是会经受不可预期的变形。研究好的预算编制在富国是不是繁荣产生的原因是有根据的。换句话说，即什么条件可以使一个合理的预算编制模型（像本章开头简述的那样）满足其目的。确实，随着富国经历逆境——这说明即使原有的财富也不能保证稳定性和有效性，我们对穷国不稳定状态的关注更加深入了。

我们从一开始就必须承认，没有一个预算体制的运行与完美的模型相一致。所有的一切都可以被记录、控制以及预测（更不用说保证每一笔支出都最有效的目标）的"纯"预算模型只存在于想象中。其原因不难分析。对未来收支的准确预测依赖于未来与过去的相似性。例如，政府的政策不应发生突然的变化，尤其是在财政年度中间。预算过程参与者的行为要保持连续性，这样才能使人们相信他们会以事先预见的方式行事。价格和工资应该保持不变，或者在事先知道的限制范围内有所上升。确定的程序应该继续产生相似的结果。完美的预算依赖于保持基于知识和信任的稳定关系。这种条件即使存在也很难被满足。除非是在总体停滞不动的时期，而我们生活在一个不确定的世界。有效的预算编制必须寻找一些方法来补偿不能全知的缺憾。

这就是实际发生在拥有有效的预算编制程序的国家的情况。这些国家享有足够充分的资源允许它们犯高估或低估的错误，冒险也不会产生灾难性的后果。当充足变成匮乏时，富国和穷国的预算行为就会变得相同，关于这一点，我们毫不惊奇。

马丁·朗道（Martin Landau）在他的重要著作中写道："无论什么东西过量了，都会出现多余。"[1] 这句话常常被用来表达一个似乎是与浪费同义的消极的判断。重叠、多余的出现通常被认为是无效率的表现；完成同样工作的竞争机制的存在暗示着工作可以以更低的成本完成。但是，完成一个给定工作的可靠性、可能性依赖于裁减一定数量的人员。如果只存在一种机制，那么第一次故障就会导致工作无法完成。

在预算编制方面，资金剩余是至关重要的。特别是在改革创新中——技术、政策、或是组织，剩余的资金可以弥补不确定性。预算体制包含重复、竞争和支持系统,而非节约和理性。它依赖于抽样检查、持续反馈和信任,而非尝试综合化和责任最大化。它强调可信度而不是效率,有时为了可信度甚至会以牺牲效率为代价。剩余内在的特性允许试验和中途的失败;这一过程不要求第一次就正确——而且实际上错误往往在意料之中。如果一种政策路线被证明是错误的,风险即被分散,财政损失将被限制在可接受的范围内,而其他替代方案也不会在预算过程中被淘汰。[2]

在不确定性方面,多余的要素被用以抵消知识匮乏、复杂性、未知成本、未知的事件带来的影响。完成目标需要具备提供资源的能力——人力资源和财力资源——要超过目标恰好所需要的。现在我们要问,在没有这样的多余作为弥补的情形下,在一个形势十分严峻和存在诸多不确定性的境况下,何种预算编制会产生(即在穷国)?在我们转向本章的主要论题,即在这些国家的预算编制方式之前,我们先来看看在何种意义上它们遭受不确定性。

穷国的不确定性

首先,不确定性对于穷国的决策者来说是一个更大的问题,因为在穷国不确定性影响着更多方面。一个富国——有更大的能力来消化和克服不确定性——能够比穷国更好地承受充满不确定性的生活。维持储备是昂贵的,但是如果没有它们,花费将更多。当必需的服务被中断时,人们不得不采取昂贵的权宜之计。对长期搁置的储备的维持常常是最为昂贵的一种。当资金用完时,人们必须以高利率举债或者任它中止。

其次,穷国比富国更可能面对多种不确定性的交叉。多种不确定性的混合极大地增加了困难;因为每一个都使其他的更加难以计算。因为没有参与者能计算出他所处的位置和下一步应该怎么做,他便加剧了那些必须使自己的行动适应于他的行动的人的决策困难。结果每级政府机构不仅不能为其他级政府化解不确定性,其自身的不确定性反而一涌而出,加剧了其他级政府所面临的不确定性。

再次,存在于穷国的不确定性更严重。例如,在工程设计和实施时,人们很难知道它们究竟会增加还是减少国民收入。经济信息可能不充分,价格也可能严重扭曲,以致不能反映投入的生产要素的价值。缺乏训练有素的人员指导工程分析。鉴于不佳的财政状况,也可能随时中断资金供给。

信息传播不及时与迟缓的行政行为导致了工程延迟。同时,由于因影响工程的一系列价格发生了变化,原先的核算也被抛开了。当建设结束后,良好的管理也可能缺乏。销售人员及成本会计则更加缺乏。而且,因为国内整个需求被高估或者不受人为因素控制的国际关系发生了巨大的变化,预期的市场可能也不复存在了。每一次遇到这样的障碍,不确定性对工程的所有影响在穷国会变得更加极端。

穷国的预算编制者在估计收入和支出(这是我们最关注的不确定性)时,面对的不仅是将来的不确定性,还有过去的不确定性。他们常常不清楚他们所处的位置,因为不了解国家经济周期的基本特征;他们对收入的估计有所偏离,对支出的估计就更加不准确。他们甚至可能要花上两年甚至更长的时间才能知道(在合理的误差范围内)他们的政府花了多少钱。他们没有牢固的基础以预测为公共目的所提供的资金量的改变。国际油价的波动、对外贸易、外国援助和外汇储备使得收入的短期预测存在风险。

一个重要的不确定性在于货币的价值。通货膨胀会对预算计算的结果造成破坏。没有人能在年初说明经核准的资金在当年剩余的时间里还能值多少钱。我们不是在谈论一倍或是两倍的通货膨胀,而是三倍的通货膨胀。这意味着预算中所做出的承诺可能无法兑现。也许根本就没有真正的预算。苏哈托总统(President Suharto)在印度尼西亚实施平衡预算前,一位参与者告诉我们:

过去预算常常在它们适用的年度结束前才能完成——没有人知道有多少资金正在使用,而且这并不重要,通货膨胀仍在持续。事实上,通货膨胀使我们不可能事先计算出任何有意义的预算。如果我们在年初预算建一所新的学校,到年末这笔钱的价值可能连建一个厕所都不够。这对于任何做预算工作的人都会起到极大的抑制作用,而且许多单位会非常紧张而根本不提交预算。

政府的政策既没有事先规定好,也不能严格执行。即使是在军队保持不变的和平时期,在国内产生骚乱和国外出现明显的威胁时对资金的压力也是不可克服的。政府对这些需求和其他政治紧急事件——罢工、选举、压力集团施压、外国商业利益——的反应依赖于它现有的安全感。几乎在所有的领域,人们都无力承受使其行动不可预测的压力。

资源不足造成了这种情形,并使它难以解决。时间的延迟和信息的匮乏是所有国家的预算编制者都苦恼的问题,在穷国更是变本加厉。穷国的领导人需要最新的信息来作为其决策的基础,但是对评估所列支出的编制和审批过程中的拖延使他们无法得到它。编制工作在一年或者8个月以前就已开始,然后艰苦地审批所有评估的工作再花费整整6个月。这样,来年预算中的信息至少已经过时一年(可能是两年)。这样的时间延迟在影响预算决策的因素变化较慢的稳定的国家影响较小。但是在情况快速变化的低收入国家,它可以使一个正常的预算程序无法遵循。可以理解领导者们勉强以旧的信息作为决策的基础,但糟糕的是,这些信息在它所处的时期也是不完整的。然而,现在情况对于他们来说也和他们在过去所面临的一样含糊,因此他们普遍的倾向是把行动推迟到最后一个可能的时刻,这反过来又增加了支出部门的不确定性。

这种混乱的财政环境的特征是许多变化会产生在预算通过之后。每一个政府必须设计出某种方法来提供补充的拨款和安排不同种类支出之间的转移支付。没人能准确地预测支出方式从而避免年度内变化产生的需要。富国通常经过较少的变化;而穷国则面临持续不断的变化产生的需要。一位智利官员说道——"预算就是一系列补丁"——表达了大众的抱怨。

对经济发展所做的努力增加了政府的脆弱性和预算过程的不确定性。在制度上,它表现在设立资源管理机构,使它们努力制定资源规划的远景,并对政府机关施压,使工程在外国援助下得以开展。实际上,对发展所做的努力的结果不能与政府预算编制的现有问题截然分开。然而,理论上讲,可以这样认为,发展的冲动为预算困境增加了一个维度,同样因缺乏资金,节约和筹划资源的意图明显被破坏。

预算行为实质上是一国的执政当局、高层政治家和政府职员社会特征的表现。最近关于肯尼亚的研究强调无止境的社会关系分派是以排他性而不是普遍性标准为基础的,正如爱默瑞·罗(Emery Roe)回应其他许多观察家的报道所说:

肯尼亚的政府机构是高度个体化的,几乎涉及所有上级对其下级发起的资助中的委托人……关于预算编制我们所了解到的是在个体官员中,而不是在整个政府机构中的"制度化"……一方面我们拥有一个高度政治集权和阶层分明的政治系统;另一方面许多个体官员的工作职责却常常是模糊不清的,它高度依赖于每一个所论及的政府官员的个体特征。

我们看到的不是中心区下定决心要渗透到农村地区,而是广袤而偏僻的地区继续未被政府包含在内,就是因为这样做可以维护大批政府高级官员的既得利益……同样,我们看到的不是中央政府官员经常代表他们未能与之磋商的外地工作人员做决定,而是一些总部的决策制定者限制他人获得信息和资金,故意不做决定,以维护个人的权力并使它真正分布在政治系统内。[3]

个体化程序的预算结果令人惊奇。罗把这种现象称为"防御性预算编制",也就是采取行动以避免本来可能被消除的威胁。由于工程的价值无关

紧要,罗写道:

奇怪的预算虚报和赶在提交限期前匆忙准备的、草率的成本估算成为那些行政官员和职员的惯用方法,因为当他们详细的工程估价被削减,他们慎重考虑后提出的理由被忽视后,这些人变得极为沮丧。

在这样一个高危和易损的环境中,预算是关系重大的且全面的预算(包括基数和增量),而不是年度工程增量的预算,即几乎所有的预算博弈策略都集中于一种虚报的费用,它与其说是保护其资金的增加,不如说是以每年为基础再次论证和编制全部工程资金,即使这项工程是一个跨年的、捐资兴建的工程。边际分析在这样的环境中变得荒谬。[4]

在一月或二月,管理者提交他的项目或分项目的年度评估。他有几种方法虚报这种估价。首先,他在可能的地方增加其项目或分项目里的条款,因为财政部通常不会一下子删掉整个项目,这样他有越多的条款他就越不怕某一条被删减。我们的管理者依次单独为他所有的而不只是一些项目申请一个 x%的"通货膨胀因素"。他可能在估价中把整个工程隐瞒成一个项目,其目的是表明这一工程值得立项目和分项目,而且随着这样一个变化,提出更多细节化的条款。他可以使一系列项目具体化到一个工程中,并论证这个"工程"需要它的项目被给予专门的资金考虑。更明确地,如果他认为财政部会公正严密地检查一或两个项目,他就会使财政部因详细的数字和支持这些工程项目的正当理由而应接不暇,事实上财政部很少会对支持一个特定项目感到"吃惊"(虽然这种策略不是总能奏效,见下)。所有的管理者都会夸大他们的年度估价,与其说这是他们彼此竞争一个固定的方法,不如说这是他们通过其表决给财政部施压来提高他们部门的上限,以超过财政部最初评估时具体设定的部门上限。[5]

资金与国际捐赠分离的出现给预算知识增加了一个新的用语。[6]

因为捐赠财年并不必然与肯尼亚政府财年的六月至七月同步,我们有企业家精神的管理者要注意那些周期性"捐赠繁荣"。例如,一个捐资者不可能不知道撤回他自己在公历年底没有用完的资金,此时管理者正好有关于他的工程资金能维持到六月底的好主意。"捐赠繁荣"是一个绝好的、获得未经预算的工程或编制已有项目/分项目的机会。[7]

当预算被视为个人的专利时,准确性和支出的生产率都无关紧要。

面对个人影响混杂其中的严重的不确定性,政府不能依赖重复来弥补预算的不确定性。现在让我们回到最初的问题上:在一个形势十分严峻和存在诸多不确定性且没有补充性余款的境况下,何种预算编制会产生?

我们可以把在预算编制过程中影响参与者的约束分为收入约束和支出约束。在实践中它们组成了一幅图的不同部分,但出于分析的目的,这里区分开它们更为方便。所有的参与者都关注资源的约束并努力要么扩大收入，要么减少支出以符合财政限制；但通常是各国的财政部才有责任担心钱从哪里来。为了使工作更容易，财政部采取了各种策略，尤其是谨慎的评估程序和反复的预算编制(我们将在下一部分检验它)。通过这些方法它试图把收入约束传达给政府支出机关，而它们又反过来回应以它们的策略——虚报估价、转移资金、寻找它们自己的资金来源、独立于财政部。这些策略反映的不仅是它们自身的不确定性——不知道它们有多少钱或者它们在花多少钱或者将需要多少钱——也有财政部的行为所产生的不确定性。后者反过来又受部门策略的影响，尤其是防御性预算编制，它削减了受其支配的收入并使它更加难以了解正在进行的工作。

我们泛指的为发展所做的努力使情况更加复杂。这里主要的约束和不确定性是周期性预算支出，例如，教师工资的规模，它们每年都会发生而且倾向于吞掉任何剩余的钱，因此计划者试图获得一笔资金或是可以帮助解决他们自身不确定性的发展预算——这又得以财政部为代价，它必须争取更多的资金用于调遣。一个加剧恶化的因素是优先权的不确定性，通过政府支出机关作为中间人的申请人——立法机关和其申请人的压力集团、外国政府、行政领导的政治利益体、需要整合的政党、想获得利益的政府雇员——的数量和不稳定性使情况更糟。

在这幅充满相互冲突、相互侵害的利益的宽广的图景中，一致的行为出现了。参与者按照以前的经验就可以知道别人将会如何反应。鉴于此，读者应该意识到，即使每个参与者在努力控制其此刻的情势，这时他会根据自身的利益理性地行动，他们相互作用的结果未必具有社会理性。

继续以肯尼亚为例，不过使用不同的材料。雷纳德(Leonard)、科恩(Cohen)和平克尼(Pinckney)总结了在农业领域这种混乱的预算编制场面的后果。

农业部(MoA)和畜牧发展项目部(MLD)的资金水平不能与计划保持一致，在很大程度上是因为它们的预算形式、资金支出和捐赠退款的不良记录。在1977～1978财年，农业部使用了它的周期性分配的92.8%，但只使用了它的发展基金的68.1%。在1978～1979财年这两项指标分别是104%和79%，而总支出率是80%，相比而言，政府的整体支出率是83.5%。然而，如果把预算分为通过农业部分配给半国营实体的资金和部门自己使用的资金，你就会发现，后者在发展上的花销从1977～1978年间占预算的70%降为1979～1980年间的56%。假定保持这样的趋势，农业部很难证明计划已经制定的资金的增加类型合理。然而，矛盾的是，农业部没有超支使用发展预算的同时，一些捐赠支持的项目因为缺少肯尼亚政府许诺的出资而出现困难,而周期性预算已经透支了。很明显,农业部在它的预算编制和财务管理上存在问题。[8]

在重大项目缺钱的时候,我们被告知还有资金没有被使用。

目睹了过分冒险造成的令人遗憾的后果后,穷国的财政领导很可能会采取一些策略,使他们事务中的大量不确定性因素更易控制。财政部采取严厉的措施以保证其不会用光现金;执行部门去寻找自己专门的资金;利益体由于财政部"打了就跑"的战术的妨碍,尝试建立与政府保持一定独立性的自治组织。每个参与者在其自身所在的领域都是理性的,他们采取行动确保自己此刻的环境更安全。然而这一切都会加剧继任政府未来的财政难题,因为只有通过把不确定性传给其他人,每个部门才能增强自己的安全感。

情况由于可以理解但令人遗憾的趋势而变得更糟,这种趋势是当收入高时就过量使用经济资源,当经济形势变坏时就只剩下附加的债务和负债了。尼日利亚和墨西哥在20世纪70年代油产量突增,到80年代就遭受了这种综合症。正如约翰·贝利(John Bailey)所言:

非专业人士一定会对历史上一直拥有丰富资源和快速发展的墨西哥怎么能在1977年经历一场石油繁荣,而在5年后却陷入严重的财政困难感到困惑。一种同情的解释可能强调罗培斯·波蒂尔(Lopez Portillo)政府审慎地选择通过赤字支出促进高增长率,因为它在对通货膨胀感到恐惧前寄希望于基础设施发展、就业创造和提高的生活质量。然而,在最终的分析中,政府对于石油收入、通货膨胀、收支平衡的预期被证明是乐观的……随着公共部门活动在非常短的时间内的大量扩张,墨西哥在财政政策上发生了实质性变革。

转向支出方面,最深刻的趋势是公共部门支出实际上发生了倍增……从1970年占GDP的22%到1981年的近42%。这种倍增是公共部门支出(在正常情况下)超过十一年以平均每年33%的速度增长的结果。[9]

一件在肯尼亚发生的类似事情是:

拒绝在工程和项目中确立优先支持对象是由于20世纪70年代中期资源的巨大耗费。咖啡收入很高,投资者急于把更多的钱投入到小农经济的发展上。正确的假设是任何经过良好构思或者有捐赠支持的发展项目都有资金投入。关于周期性项目,有理由认为如果分配的资金在年底前用完了,财政部会提供更多的追加预算。官员们不仅没有因为未进行财务控制而受到惩罚,他们实际上还被奖励了更多资金。财政管理标准的降低表现为提交给总审计长的国会年度报告的规模的戏剧性增长,以及他所指出的不合理滥用量的增长。这样,官员们发现不需要确立工程的相关价值,也不需要特别仔细地设计他们的要求。当财政形势在十年期末发生变化时,新的不良习惯却保留了下来。[10]

"坏习惯"的持续解释了为什么突然的慷慨对穷国来说可能是一种交易。

收入约束:财政部的角色

财政部极其热衷于获得并保持一些盈余。这意味着财政官员必须总是能够找到足够多的钱来满足其内阁同僚(或任何掌有政权的人)所描述的最急迫的需要。他的工作是守护财政部。财政部认同这样的信条并把它刻在门上,牢记在意识的最深处:手头有钱才能付账。财政部的任务是有现成可以使用的钱;如果用完了,财政就会蒙羞。如果钱有盈余,没人会说发生了管理不善。因此,当面对坚决的要预算接近平衡的要求时,穷国的财政部会试图低估收入,高估支出,这样以增加产生盈余的可能性。一旦有意外事件发生,他们谨慎的估算技术可以避免政府用完资金。在各种规避不确定性的方法中,财政部发现这种方法最有效,因为财政部直接掌握税收,但它却必须在一定程度上依赖支出部门对支出进行的估算(尤其是当以前年度数据的会计核算肯定是延迟的,而且可能有不准确的时候)。虽然财政部确实在努力高估支出,但是它经常遇到不能控制的事件,结果支出以低估告终,但它至少抱有情况会相反的希望。

对低收入的估计很可能是保守的,为此,每个人都会觉得有必要把收入的估计保持在低水平。在阿根廷,一位参与者解释道:

我们用来估计来年总收入的数据偏于谨慎。我们提出一个我们认为来年总收入的准确估计数不成问题,然后看着预算部门从总量上删掉一部分,以给他们留下一个误差的余地。我们所做的是在每一系列的计算中做出谨慎的估计。如果估计价格将上涨10%,我们得出的数字就是12%。

由于预算要经过许多官员连续的审阅,他们每个都更加负责地去平衡它或者更加谨慎地使用盈余资金,所以其趋势是低估将来的收入——这个过程与一个有名的故事相反,在那个故事里,一位将军命令军队在12点列队,而传达命令的每一个军官都提前了大约15分钟,结果轮到下士时,士兵在上午9点就开始排队了。

不管国家在低估收入方面竭力谨慎有多么艰难,现实总会战胜它们。

经验表明,在一个充满惊奇的世界里仅依赖于一种预防措施是不明智的。需要充足的资金。从发现危急的税收账户18个月前就已经用完,到认识到一个包括在4年前的预算里的欠账一直积累着,现在到期要归还了,太多的事情都可能发生。此刻人们认为稳定的大地将移到预算编制者的脚下,而且需要一种技巧来利用最新可能的信息来重新做出决定。

反复编制预算

  几乎所有面临极端不确定性的低收入国家的财政部基本上都采取同样的预算编制方法:他们形式上赞同预算概算,但到分配资金时却坚持要详细地检查实际的支出权利。用一对词语形容就是"推迟"和"控制"。财政部等待做出实际决定的时间越久,它关于可使用资金和政府偏好的信息就越充分。它在最后一刻所实施的控制越多,它就越能更好地根据当时情况的紧急程度估计支出的迫切性。

  根据预算程序的正式报告,部门准备详细的预算概算并在某日前把它们提交给中央政府,中央政府根据对有限资金的相互竞争的主张审查他们的要求,最终达到一个合理的(或者至少是规定的)资源分配额,并以预算的形式发布。这种整齐有序的程序与持续实行支出控制的穷国实际发生的情况相去甚远。一个出现在部门已被批准的预算中的项目不能保证有现成的钱而且可被使用;首要的是得到财政部对一个或更多详细的支出的批准。预算不是当概算被提交和审批时一次性制定的;相反,随着预算编制过程的反复,它在一年当中被不断地重新制定。我们把这种现象称为反复的预算编制。

  整个预算被看作好像每个项目都是补充的,它受制于最后时刻的重新审查。预算实际上在整一年度中都在编制。可以在最贫困的国家发现反复的预算编制。它最极端的表现是像现金流一样的编制,可以每天甚至每时都发生变化。

  在哥伦比亚,根据理查德·伯德(Richard Bird)说的,最初的预算是:

  无论仔细的设计如何与强加的经济计划协调,最初预算与最终预算都没有必然的联系。实际上最初的预算只是一个预算编制过程的起始点——这个过程发生在整个一年中,而且通过一系列"追加的"预算实行,而不是一个长期计划中这一年份额的一个计算得很好的"菜单"。由这一过程最终产生的总预算支出和部分预算支出都不服从于同样的努力——不管它可能多么地无效——以使它们符合关于最初预算或者至少是它的"投资"部分发生的计划的目标。

这种持续或者是反复的预算编制在许多发展中国家都被发现是常用的。事实上，它被看作是对这些国家可利用资源的基本不确定性的一种自然甚至不可避免的反应，在大多数时间内，这正是这些国家的特征。这一因素在哥伦比亚肯定是非常重要的，不仅因为中央政府财政对敏感的外贸收入的高度（近年来还在增长）依赖性。而且，哥伦比亚预算体系的一些特点还加剧了这一问题的恶化，尤其是预算"平衡"的要求（在形式意义而非经济意义上）以及对收入估计的增长和部分正式批准的贷款的正式限制。这些因素的综合实际上会使最初的预算完全被低估，这样在一年当中就必须有重大的追加。在追加过程中，可能发生的情况是注意力几乎全部集中在预算总体上，而根本不会注意支出部分及它们和已陈述清楚的计划目标之间的关系。[11]

而在肯尼亚：

存在工程或项目之间转移资金的连续的再分配行为，而不管它们的概算是否被虚报。尽管这种再分配的过程应该是正式通过订正概算发布的预算过程的一部分……但再分配却如此地频繁和普遍，以至于它实际上只反映它自身的支出过程了。[12]

再分配是反复预算编制的又一个术语。

穷国，像许多被困扰的家庭一样，经常缺少满足当前目的的资金。他们的支付能力可能由进入财政部的收入决定，所以他们迟迟不肯支付账单。为保证政府手头有足够的现金来支付最急迫的账单，财政部采取了强硬的措施。他们删减正当的资金或者直到年底也迟迟不肯支付给机关。他们推迟支付账单，或者一个一个地支付。假如一个部门在其用纸上欠了笔钱，提供纸张的公司就会得到一张有权要求财政部支付款额的收据——如果且当它能拿到这笔钱时。阿根廷的资金分配机制和其他采用现金流预算编制的国家的运作机制相似。

我们每天都与支付计划打交道。每天早上我们从国家银行得到关于国家财政状况的消息。账户是流通的，直到前一天的账簿终止。这些信息告诉我们每天可以支付多少。

我们主要的问题出现在月初，那时我们需要支付工资。工资总是得到我们支出表上最优先的考虑。许多其他账单不得不按比例分配，因为我们不能让一张收据耗尽我们一天的资金。

我们持有一份清单，记录着我们欠每一个组织、每一个私人政党多少钱。我们决定必须分配多少，并把部分给予那些来财政部收账的债主。为了做到利益均沾，他们私下里制定了对每个部门可以收款的最大额的限制。如果某个签约者需要钱来支付给威胁要罢工的工人，我们尽量优先考虑他，这样一切事情就不会停止。

反复预算编制的不幸结果经常被强调，而且对于支付支出部门来说，它是不确定性的一个主要来源。但是对于一个承受巨大压力的财政部，这种方法有着相当多的优点。这种会激怒其他人的延迟可以使财政部了解它手头是否真的有钱，政治形势是否已经变化了以至于一个部门的工程应该比另一个部门的工程优先考虑，有势力的利益体是否真的需要他们认为自己需要的东西。强迫支出部门不仅将今年而且将往年一个又一个的项目支出束之高阁，在考虑优先权时，普通的请求根本不会奏效。当财政部说它现在有一些钱，而且如果支出部门下定决心就可以得到它时，财政部就有理由相信它得到的是放在第一位考虑的工程。如果没有反复的预算编制和随之产生的滞留工程，财政就可能处于危险之中，它会发现提供资金时具有最高优先权的工程不是它原来批准的那个。因为优先权不仅意味着经济学家关于什么将会使国民收入增长的看法——这是一个存在无止境的争论的话题——而且意味着一个政治领袖对于他此刻最重要的是什么的详述。而那个时刻就是这个时刻，而不是过去某个拥有一套不同的优先权的时刻。

减少财政部层面的不确定性是以大量增加支出部门层面的不确定性为代价的。他们从来不知道他们拥有什么。换言之，财政部将解决不了的不确定性和收入估算约束的问题转移给其他部门。

支出约束：支出机构的角色

收入约束当然只是整幅图景的一个方面。政府有钱支出——如果可能明智地，并且最好以一个平稳、经济的顺序，没有瓶颈而且根据设定的优先顺序。要避免仅因为此时手头有钱而在某些可能是不必要的地方过度花销，以及其他地方的急需未被满足的情况下去增加另一个地方尚未用完的资金。但是，在提交概算并努力完成它方面——这是整个财年的目标，部门面临着由财政部传递给它们的不确定性。

最重要的是由反复预算编制引起的问题。第一，整个过程导致无规律的拖延。收据可能会被延迟多年。政府的供应者很快就会明白要根据他们的出纳调整他们的工作。如果无法赊账付款让他们工作,他们就会只等待现金。

第二,使用收据的体制在一国国内产生了大量的流动负债。一段时间后,没人知道它有多大,什么时候需要支付。而且收据的运用不受欢迎,既增加政府费用,又影响它的信用。

第三,支出的审批标准变得更加公开地政治化,因为实际上财政官员会问,"某某部门和它的支持者们究竟有多想要某某工程?"在缅甸,瓦林斯基(Walinsky)告诉我们,财政部会把请求搁置到落满灰尘,因为他们推断"如果一笔所提出的支出真的重要的话,那么该部门和有关的管理部门就会督促财政部行动。如果这些部门没有这样做,那么这个请求就仍会是一堆日积月累的、尚待解决的请求中的一部分"。[13]

第四,投资会因拖延而受损。当现金流问题严重时,周期性支出(包括工资)会被作为政府收入的首要要求,而资本项目只能得到剩下的部分。"这种做法的净效应",一个菲律宾官员说,"是实际支出中用于消费而非资本支付的份额不断增加。"

第五,各部门要不断地使用计策以获得资金,而不是只游说一次。如果资金由于任何理由被删减的话,部门必须不断地斗争以保有它们。

第六,反复的预算编制导致部门会做出不细致的概算,因为没有人会认真对待初始的概算。沃特斯顿(Waterston)指出,在巴基斯坦,财政部可以把一个包含着不能保证有资金实施的工程的预算变成可行的。"结果,当预算正在编制而且对资金的需求也被夸大时,执行部门就不会努力去提交准确的预算请求。这反过来又使财政部实施大规模的预算删减。"[14]

如果支出部门提交更好的概算,那么作为一种程序,财政部可能更倾向于保留它们。但是预算程序,包括防御性和反复的预算编制的本性不鼓励认真编制概算。如果财政部怀疑不会得到合理的、经过良好论证的概算,那么支出部门一定没有动力提供。通常,他们草率的编制表现出对财政部门不断增加的蔑视。因为人人都知道最初的概算不算什么,所以没有人会太关心它们。财政部删减概算,支出部门就开始抗争。这些部门不用花太多时间就会算出战胜可预期的删减的对策。他们要求比其期望得到的更多的资金,这样在财政进行它预期的删减后,他们就会更接近他们希望得到的。

除非双方都按规则出牌,虚报和删减的固定模式的循环才能被打破。部门必须努力估计它们被删减的可能性。当部门正式申请的不只比它们期望的多一些而是多几倍时,正如韩国很长一段时间里发生的事实,这是一个它们对自己的预算丧失影响力的信号。因为之后高层一定会不考虑部门的要求进行真实的分配。

与虚报明显相对的一面——要求的比它所需的更少——也是一种受人青睐的策略。在美国这称为"骆驼的鼻子"。通过从小规模开始,一个部门希望一个工程能被接受,这样当支出(不可避免地)上升时,政府将不得不完成已经开始的项目。紧急资金由于相似的效果也十分便利。它们可以被用于启动一些项目,而不用经过财政部常规的详细检查的程序。

在得到部门要求方面,一个主要的易变因素是可用的外汇数量。那些行动足够早的部门更有可能开展工程。成本是否有计划地被低估并不重要,因为一旦开始了,沉没成本的理论就意味着已开工的工程可能被完成。如果外汇到那时用完了,对所涉及的部门也没什么影响,因为国家可能先一步使用它自身的资源了。我们所描述的过程是一种方法,在这种方法中,单个部门所使用的策略使低收入国家为了努力支持其经济体制变得过分受束缚。

在有组织的特权阶级中的每一个单位都努力保持自己的盈余,减少其竞争对手可用的量。每一个参与者都试图从自己能够行使行政权威的单位那里榨取可用剩余(超出现有项目必要部分的资源),保护自己的剩余不被上层单位榨取。因此,下层单位的利益就是尽快用完它们的资源,以使它们的上级不会再提出要求。部门预算人员报告说他们"与每一个在此职位的人斗争,给他们发公文,试图使他们支付得更多"。这是部门历久不变的声音。

不仅部门会在盈余被发现的年度失去资金,而且财政部会试图在下一年把它删减到那个水平。来自阿根廷的典型经验报道:"有一个财政部门的代表始终关注着我们的支出能力。你可以叫他间谍;我称他为国际刑警组织的代理人。他知道我们有可以自由处置的多余资金,因为上一年通过的比率有一个增长。相应地,我们新的工作项目没有像本该有的那样由政府补助来支付,而是从假定进入现有支出的现有收入中支付。"

面对涉及财政部的困难,部门可能试图通过掌握不由它们控制的经济资源来创造它们自己的确定性。这种做法在穷国特别广泛。预算不是唯一的预算,远远不是,甚至它可能不是最重要的预算。在许多国家都会有部分特殊资金不会在国家预算中表现出来;而在许多穷国,它们形成了政府资源很大的一部分。

特殊资金的存在是为了保证收入以开展服务,因为财政部不能提供,但是它们的存在又使财政部更加空虚。这样一来,在社会资金和反复的预算编制之间就形成了自身不变的、相互加强的关系。进入特殊资金的国家收入部分越大,财政就越担心资金被耗尽。于是它就越无法满足首要的义务,越可能推迟决定,而且每个月都要复议预算。财政部越难阻拦或收回资金,支出部门就越倾向于到其他地方寻找资源。因此，60％的国家收入中的20％可能都不在财政部的直接控制之下。

拥有自己资源的自治机构的结构融入了另一个基本上有着同样原因和结果的行动。那就是专门指定收入用于那些只能因特定目的被使用的地方。这些资金可能属于一个自治机构，也可能属于一个常规的政府部门。

在努力弥补不确定性方面，部门不得不寻找一种替代品以替代他们没有的剩余。他们的对策可以给他们带来一些缓解，但却是有代价的。财政部传递给部门的不确定性通常又被以一种不同的形式传回来。例如，支付的推迟常使机关难以用完到年底前最终被分配的所有的资金。然后未使用的资金可能被作为应付账户持有，以避免它们回流到中央财政。在菲律宾，像其他地方一样，这些债务代表了对国家政府不在预算委员会控制之中的现金资产要求的积累。"结果，"我们被告知，"在预算发布中实行的财政政策可能输给执行部门的支出决定。从财政部财政管理的角度看，这类要求的积累马上就会集中反映为资金流出量的高度的不确定性。"

部门坚持没有支出平衡的问题与支出未完的问题密切相连，这是穷国财政中自相矛盾的地方。尽管遭受着资源不足，部门还是常常发现很难用完分配给他们的资金。一个外国观察家可能看不到这个问题；部门要做的所有的事情就是花掉手头的钱。但是，说比做容易。在一年中很早就花掉大部分资金的部门将发现自己在紧急情况下会非常绝望。阿根廷的某个部门的恶劣情况——"我们一点也不知道我们花了多少钱"——在全世界的穷国都是一样的。

很大一部分资本或发展预算花在建设上。穷国在工作推进方面有困难，因为存在一些显著的例外。工程可能因为天气恶劣被延迟，因为必需的材料没有从国外运到，因为计划制订得不合理，因为承造者很难得到付款，因为找不到技术工人，因为过量的日常文书工作，以及大量其他的原因。一份来自某个非洲国家的报告归纳了延迟的问题。

部门一个严重的问题是年底的预算盈余；这不是由于过度的估价。更确切地说，它是由建设工程的延迟和资金拨付相应延迟产生的。公共工程方面的部门工程师必须签署一份证书或证明，以保证承造者得到完成某一部分建设工程的付款。然后把它传给部门中的计划单位，它再按顺序把它上交给财政部以获得资金的发放。一些相互关联的问题说明了未用完的拨款。首先，建设工程会被延迟，这多数是因为进口建设材料的外国供应商对其信用的评价很低。第二个延迟来自于承造者、公共工程、支出部门和财政之间缓慢和积压的日常文书工作。部门预算长期的结果是通过申请资金去做本应前一年完成和支付的工作来夸大下一年的概算。这可能会危及一些新的工程，因为政府在这种情况下通常的政策是把优先权给予那些已经花了钱的工程。另一个令人沮丧的因素是资本工程现金回流缓慢，而且只有财政部长自己可以批准资金；如果他不在——由于个人原因或者外出旅行——没有人能代表他行使职权。

因此，贫穷不仅意味着没有钱。虽然起初看来似乎很奇怪，但是许多穷国不仅缺少足够的资金进行投资，而且也不能用完它们所有的资金（注意，我们没有说明智地使用）。只有当一个政府证明它实际上能够使用已经为某些目的分配的资金时，效率和生产力问题才是相关的。如果关于一年中每个工程已经使用了多少钱的信息不存在，那么就不能把资金从那些不能使用它们的人那里转移到可以使用它们的人那里。如果要花很长时间才能得到已经承诺的资金，那么工程将被延迟，支出就无法进行。未用尽闲置资金是低收入国家的一个主要问题。

秘密账户的花销和自治机构的赤字会产生未计划的国家赤字。外汇储备可能被用光，国家信用会受损。在短期内关注活动的有限领域可能更容易，但如果这意味着稍后几乎不能实现什么，那么它将是令人沮丧的。如果通过使用中央控制以外的资金可以使它们失效，那么预算内的优先权设置可能结果什么都不是。专断的支出形式可能发展起来，因为这些资金不仅提出了合意支出的问题，而且提出了谁有权使用留在专门账户里的钱的问题。资金可以使用仅因为它在一个口袋而非另一个口袋里。但是特定资金避开通常官僚主义惯例的有用性依赖于它们对规则的规避。它们被使用得越频繁，它们的总体影响就越大；它们越多引起财政紧张，它们的用处就越小。

因此，作为所有这些对策的结果，财政部可能发现它具有确定性的领域大大减少了。它不能依赖它从部门得到的关于支出相对有效性，甚至是进度的信息。它们无力规划资源迫使决策返回财政部，而财政部自身信息和知识的缺乏可能会导致优先权扭曲。作为收入和支出的报告书，大多数低收入国家的政府预算严重地不完整。它必须与许多其他资金和预算竞争，而它们又会影响财政部可用资金的总量，而且可能迫使财政部使用自己的一些结余。

到现在为止，我们很少关注穷国也是寻找经济增长的国家的事实。发展的努力——以外国贷款、特殊工程、外部顾问和新的需求的形式——以及它的影响——新的支出权力、新的既得利益、公共部门的扩张、增进的都市化进程、食品供应的压力、运输瓶颈等——给部门和财政当局都制造了新的不确定性。

133

预算编制和发展

不难理解计划者和计划委员会会抢占预算。穷国贫穷的一个根本原因是在现有的消费之后几乎没有钱剩下来为未来的回报而投资。除了在革命性剧变时期，绝大部分政府必需的支出被以前所做的事情占用了。今年花销的最好预言者就是去年和前年的预言者。必要的服务必须继续。过去的支出代表了相互竞争的利益之间斗争的结果，这不可能被置之不理，除非政府想要冒险持续进行更高水平的斗争。过去控制的滞留资金可能在很大程度上有利于将来的支出。周期性的重复支出胜过新的投资。

即使当不断增长的收入变成可能，它也经常不能满足重要决定的要求和优先权。学校需要教师；医院需要医生和护士。因此，在穷国分配支出的任务在某种程度上被弄得比它真实的情况看起来更难。为什么可用支出如此少的问题会如此困难？除非突然有意外收获——譬如该国生产的或外国援助的商品价格有一个大幅的上涨——否则从一年到下一年的可用资金不会有大的不同。税收可能增长，但只是缓慢地增长。在担心其对新的投资能做什么之前，穷国的官员关注周期性支出会更有用。如果不这样做，它们会上升得如此之快以至于将完全排除增加投资的任何期望。投资倾向于增加未来对周期性支出的要求，这样就降低了不久的将来投资可用的总量。

对承担过多周期性支出的恐惧解释了为什么财政部长有时勉强批准使用可利用的用于投资的资金。智利的例子屡见不鲜。

例如，在两个较穷的城市，法律可能规定所有生产制药供应品和药品代理人必须把他们销售的一部分捐给医院。我们知道这些资金属于这项服务，但是我们不让它使用它们。为什么？因为对我们来说这样做不方便。如果医院建在这些城市，那么我们将不得不支付常规预算之外的维护费和人员费用。

一个医院可能要花1 000 000元，但是特定税收每年只能提供20 000元。如果我们允许启动建立医院的服务，那么我们将必须忍受的不仅是中止已开展的工作的冲击，而且还有现在费用的冲击。

另一方面，计划者想要打破过去的链条。要做到这一点，他们必须把一部分支出从周期性支出这口干涸的井里解放出来，并把它直接投入到他们希望将产生未来收入和繁荣的资本发展工程上。

计划者很少把他们的野心扩展到整个预算编制功能——而是关注于总是与一国总的发展努力相提并论的更快速、更有实际效果的公共部门资本投资。经济学家的计算集中于此;它所代表的公共工程——譬如公路、学校、机场的工程——提供了明显成功的证据,而且它也是最可能得到外国援助的领域。假设资本投资代表不受约束的资金,那么它就是激烈的政治斗争的目标,以至于政治家、管理者和各种其他利益体相互竞争以在它之内达成妥协。如果他们想在这个体制中发挥影响,那么他们也必须在资本支出的竞技场上竞争。

随着它的发生,计划者手边有一个非常好的机制。许多穷国都有资本预算。把资本预算等同于一国的投资部分(即那些被定义为对该国经济增长贡献最大的支出)可以很容易地形成发展预算。那么,这就是该国支出中属于计划者的部分,而计划者的任务就是发展。不管最终计划委员会独自行使这一权力,还是必须与财政部分享,计划者都可以提出他们自己关于弥补计划和预算之间空白的主张,计划委员会像其他部门一样,也得到了属于自己的专门资金。

资本预算是一个(像斯堪的纳维亚的双预算[15]和英国对线上和线下支出的区分[16])通过给某年的借款某个名称,说明它是一项投资,来避免形式上的赤字支出的方法。例如,美国对赤字规模概念上的强调意味着引入资本预算允许更大的支出(明显是透支的),并使其看上去像是盈余。有许多努力试图区分有未来回报的资本资产和假定没有一点回报的一般性支出,但是当政府在避免税收增加的压力下通过把它们称为资本性支出而为似乎非常一般的项目(例如,教师的工资)借款时,这种区别就被打破了。

如果代表资本预算的主要主张是正确的,这将会很好;即它保证投资不会被转到流动支出并阻止这些支出用于不受流动收入周期性升降影响的维护上。然而,资本预算编制的实践表明,真实的情况恰恰相反。一旦资本预算被确定,你不会知道它包含了什么。重要的是资本预算经常是由一个独立的机构,例如,计划委员会,以它自己关于合意的公共支出的想法操控的。

通过把它部分委托给一个独立的机构,资本预算增加了潜在的预算问题。然而,相对于发展支出和非发展支出的进一步区分产生的混乱,遇到多么大的混乱都不算什么。当发展支出被(完全地、部分地、暂时地)等同于资本支出时,混乱就更接近于无望了。

一个人的发展是另一个人权力的来源

发展是至理名言。人人支持它,没人反对它。发展预算是一个极好的预算;其中的每一件事情都被未来耀眼的权杖触摸过。通过定义发展预算

135

中的每一件事情都拥有最高的优先权,并定义执行预算在重要性上位于更低的次序。就好像一个预算被认为对人类而言具有更高的、更精神化的功能,而其他的则被浅薄地认为只有更低的、更粗俗的物质作用;一个对生活是必需的,但它则是派生的。

然而,没有人应该相信发展预算定义了最重要的东西。那将会颠倒因果关系。更正确的说法是那些重要的东西决定了什么应该被包含在发展预算中。因为没有人能肯定地说出什么对发展有贡献,什么没有贡献,所以任何人都会主张自己的支出优于他人。当人们争论军队应被包括在发展预算中,或者计划部门的职员对国家经济增长的贡献远没有那些一般性支出体系下农村教育项目中的贫困教师大时,我们又该与谁争论呢?

给有争议的行动贴一个仁慈的标签可能并不能消除疑虑。如果一个人不确定特定的行动能否达到一个期望的目标,或者一个人脑中构思的目标实际上是否合意,那么一个适当的标签就可以消除疑虑。预算编制最大的问题是获知哪些支出比其他的更合意。因为几乎所有的国家精英都希望某种意义上的发展,所以他们可以同意发展是合意的,正因为他们关于它是什么以及如何实现它不能达成共识。真实的情况是,一个使用其他任何名字的预算,一个倒退或自我牺牲的预算听起来不会这么好。

创造一个单独的发展预算的根本理由与资本预算编制的理由大致相似。把资本与发展性支出视为一体,虽然不难理解,但是仍然忽略了这点。像沃特斯顿认为的"资本性支出可能是非发展性的,而流动性支出可能是发展性的。"[17]在新加坡、埃塞俄比亚、苏丹、加纳、尼日利亚和其他穷国的一系列关于计划和预算编制的著名研究中,沃特斯顿提出了他所关心的理由。这些国家中的每一个都坚持把其认为是非发展性的项目(公园、警察局、气象局、博物馆、公共建筑)放在发展预算中,因为它们是大型的资本项目。同时,沃特斯顿认为是发展性的支出(研究与培训、农业发展、教育等)都被排除在发展预算之外,因为它们相比之下更小或者包含了对私人的支出。因为这些区别是判断性的而且很难应用,所以实际上会使用更多可操作的标准。结果一种趋势是把发展性支出与大项目等同起来,把一般性支出与小项目等同起来。例如,在苏丹,除了防御性设施有自己的预算外,发展预算包括任何预期将花费至少5 000元的项目而不管它的目的(一般性预算简单地包括任何花费少于5 000元的项目)。

对预算有权的两个主要机构立刻制造了权力问题;谁也不能为所欲为。给一个多一些就意味着给另一个少一些。争论的主要条款可能就是预算的规模,因为它可以帮助决定有多少可以用于投资。

如果参与者享有相同的目标,控制预算的斗争不会那么严重,但是他们通常没有。财政必须确保每件事都圆满实现,因而没必要大幅增税,或从事会导致无法接受的通胀的赤字融资。相反地,计划委员会的任务是让每件事都能尽善尽美,这样将来就会有更多的国民收入。如果那意味着税收不得不增长或者各个集团会被剥夺它们从政府一贯得到的利益,那么它们就必须面对这些后果。发展预算不仅从现有的预算中抽走资金,而且会在未来产生相当多的周期性支出。投资不仅在现在而且在将来都会从财政部抽走资源;反之亦然,流动性花费会吞噬用于投资的资金。现在投资得越少,以后可用的就越少(以增长的国民收入的形式)。平衡这些相互竞争的要求并非易事。角色和任务的不同加深了财政和计划之间的权力斗争。

冲突由于态度的不同而进一步加深,这种不同起源于两个机构招募的人员类型的差异。在其通过官僚机构的过程中,财政部可能得到会计、律师、低级技师。计划委员会可能包括经济学家和其他高学历的人;而他们与官僚的联系更少。计划者说的是公共利益和综合方法,而官员们谈的是必要性和管理上的便利。官员们可能是在国内受的教育,计划者却是在国外。每一方可能都会指责另一方在其自身价值和思维模式上不现实。

在预算冲突中,财政部可能处于极其强势的地位。虽然在这个问题上的论述很少。但是我们所知道的每一件事情都表明财政部通常是他们国家最有权力的政府机构。偶尔在计划委员会和财政部两边都工作过的人立刻会注意到权力的区别反映在获取信息的能力上。"当我在计划委员会工作时,我要求获得信息从未成功过。但是当我以在财政部工作的身份要求这类信息时,我们就能得到我们所要的信息。"

拥有对财政部的控制权,财政部可能压倒计划者,在尼泊尔,计划者就抱怨,"我们制订计划而别人拿着钱包。"当被迫要做出选择时,部门就会转向有钱的一方,正如一个坦白的泰国官员承认的:

国家经济发展部(NEDB)没有权力。我们不能把我们的未来真正放在国家经济发展部官员的手中。即使国家经济发展部批准我们的工程,我们也可能仍然无法获得资金。这一问题极大地削弱了国家经济发展部,我们甚至不愿让国家经济发展部帮助我们将重要的工程扫清道路。因为我们知道国家经济发展部没有资金分配权,所以我们常常会落入忽视国家经济发展部的政策和建议的习惯之中。我们知道能获得多少钱在于我们与预算局(Budget Bureau)如何相处。

财政部有重塑自身权力的资源。财政部控制着税收和决定是否会有盈余进行投资的支出水平;它决定单个部门的支出,由此选择能被支持的工程;通常它还控制调整着其他支出的外汇。

相对富裕的时期既加强也削弱了财政部。有钱流入,它就不能更有说服力地拒绝。计划者(即支出者)就取得了胜利。仍然是有更多的钱可流动,财政就能涉足更多的工程。相反,资金匮乏增加了从财政取得支持的重要性,但是它使财政部更难决定应该删减谁以及如何保持它。

在努力增加公共支出方面,计划者和计划委员会并不孤单。他们代表的只是一个广泛地在政治上或经济上坚持获取政府肥差的利益阵线的先锋。一国的政治结构将决定财政部在尽力保存资源的努力中面对的是谁。

政治:正式的和非正式的

政治结果——它丝毫不是公共资金的最终来源和目的——在每一个国家取决于许多不同的因素。它们包括政治动员的水平、腐败的程度、压力团的数量和力量,以及许多不让它得到容易或有效判断的经济、政治和社会条件。它们中最明显的是政治体制的本质和它的正式机构的形态。许多穷国是独裁统治的,或者在军队手中,它很难指导对讨价还价的政治活动和构成预算决定基础的根本原则的研究。另外一些国家采用内阁形式的政府,在这种政府中行政官员靠议会中大多数的力量施政。在议会中通过预算的能力对它的继续至关重要,但是,由于议会没有与它选择支持的政府的意愿不同的意愿,所以利益体倾向于或者通过部长个人或者通过部门和机关里的官员使自己直接依执行部门而动。

然而,在一些国家中,我们可能看到大量的利益体公开的活动。在采用美国的政府模式的国家里,权力的分离保证了立法权独立于行政权而存在。在这些国家,包括拉美国家和菲律宾,立法会可以对预算施加影响。在这些立法会的讨论中可能追溯到预算决定的一些压力。另外,在立法会对预算确实有影响的地方,它们代表了围绕财政决策制定不确定性互相影响的形式中的另一个因素。他们可能通过超出行政部门提出的要求拨款;他们可能删减他们不同意的项目;他们可能更改细节数据以有利于这个部门或那个领域。

理论上,独立的立法会担当一个附加的公共资金监督员的职责,使用它的财政权力审计支出、询问分配和质疑政策。它可以用这种方法通过增加参与、扩大预算讨论、揭露官僚弱点和检查奢侈浪费来推进预算进程。然而,实际上穷国强大的立法会不会接受保卫财政部的准则。他们没有试图限制花销,拨款委员会(不管起什么名称)也没有采用职业化和努力工作的准则。相反,因为他们不用经常担心他们分配的收入是怎么收集来的,所以他们可能忽视他们正式的责任。他们也不对一致的预算负责,因为他们没有被要求负担实施预算的工作。换言之,财政部面临的主要约束没有运作。因此,一个独立的委员会通过的预算存在某种变成虚幻的危险——一个没有注意收入来源或实际支出政策的预算。

实际上,这幅更加令人担忧的图景不能具体化。在穷国构成独立力量的少数立法会中,我们发现没有一个能对大部分预算实施实质上的控制。一些实质上控制的是提供给公共工程的那部分预算;其他的可以减少支出,还有的可以在不同的项目之间分配资金,只要他们不增加总数。预算编制的基本特征是议会的拨款常常比国库能收集到的更多。例如,在1965财年和1966财年,菲律宾议会的拨款大约是政府支出的3倍。同样的事情发生在阿根廷、巴西、秘鲁、智利和其他穷国。议会于是把控制权让位给准备作真正决定的行政官员。法勃乐(Fabella)总结说,在菲律宾"通过给行政官员提供——通过预算授权——一份范围广泛的、关于把可用资金花在哪里的选择清单,国会已经放弃了它关于资金支出操作的控制权"。[18]因为实际上所有的支出都要求总统批准,一位高层官员告诉我们,"接近总统是非常重要的"。

立法委员会没有试图认真、彻底地检查提出的花销。除了公共工程以外(我们将回到这里),他们尽可能快地通过形式上的过程。我们拥有的最好的描述来自智利:

比方说我是国会秘书长,正在看内部各部门的预算。我从建立这个部门的所有法律开始解读提出的预算。我被一位国会议员打断,他说:"尊敬的秘书长,能否不看这一部分而转入数字?"于是秘书长放下每一项服务,阅读数字。他读条款,然后是数字。条款,然后是数字,直到读完。他看到有一个审批的申请,接着这个预算就被批准了!

到公共工程拨款出现在有立法权的地方的时候,拨款委员会的成员"开始更仔细地阅读"。因为他们相信他们的选举依赖于这些拨款,所以他们为了得到它们而努力工作。菲律宾公共工程预算包括直接分配给国会议员的专用资金。他们可以把这些钱用于任何他们想要的公共工程,只要这项工程是由政府工程师实施的。

一些立法委员只关心宣布他们已经使一项工程得到了拨款而不关心它是否真的在建设。其他人关心工程开工,然后就会对它失去兴趣。从秘鲁我们了解到"支持医院法的议员,如果可以回报选民并且夸耀自己通过为他们的社区提供了一家医院而很好地尽了职责,得到的不仅是满意,他还可以指责政府没有履行其义务"。在智利,国会为公共工程投票后,行政官员会反对绝大部分工程。"这只是一种获得更多选票的博弈,"一位官员告诉我们,"通常反对继续存在,但是国会议员可以向他的省表明'我已经要求某某改善这里的环境了。'"

穷国的预算官员意识到在世界上的每一个地方,赞助都是拨款过程的一部分。但是他们声称在他们的国家它已经"达到巨大的无法忍受的比例了"。考虑立法委员将如何行动以保证他们的要求。他会毫无疑问地拒绝投票支持有关部门的拨款,除非他的工程被批准。他会坚持要求他的朋友和支持者得到由政府支付工资的工作,然后才会投票支持一项拨款。很快农村就会散置着完成了一半的工程,没有用的建筑,或者对于其所在社区来说过大的体育馆。"在所有这些的最后,"一位来自阿根廷的高层官员肯定地说,"财政只得面对缺少资源的现实在有限的资金内进行控制,应对部门永远要求更多的冲击。总统最终必须用相关的政治权力分割资金。"

总体上,最高行政官员有权决定谁能得到预算必须给付的部分。不管他的宪法体制是什么,他都能对一个令人满意的、关于征收多少以及花在什么上面问题的政治解决方案负主要责任。这对财政部也是真实的,最高行政官员受到贫穷环境的约束;没有足够的资金用于流转,而且增加公共收入的可能性——额外的借款、增加税收、透支——充满了可能发生的政治危险。

然而,不像财政部中的形势,其位置的脆弱性要求最高行政官员找到某种解决经济增长、社会公正和局部改善压力的方法。随之而来的新的领导阶层可能会保持一或两年的这个水平并把政治稳定置于其他考虑之上。但是迟早预算中的利益会再现;然后最高行政官员将需要政治手段去塑造它。他这样做的一个主要约束是行政上的。最高领导人一定缺少时间(而且许多也缺乏兴趣)去跟进预算事项;他一定会授权。因此,财政部虽然可能并不总是像他的领导人一样看待事情,却可以对预算施加最大的控制。"传统上,"一位高级官员解释说,"财政部长是政府中最有权的人物。形势不会变化,因为总统信任他而且不想花大量的时间处理这些事情。"

然而,如果有重大的行政分歧,财政部的决定很少不被质疑。正是上级权威的存在使得对它提出争议不可避免。最高行政官员一般更喜欢让内阁成员讨论他们的分歧。一方面,优先安排减少了他们必须作出的决定的数量;另一方面,他们可以通过把担子交给部长而避免受到责难。

部长们关于预算无止境的讨价还价既是对政治力量的检验,也是一种决定一般利益能否从争夺资源的诡计中脱颖而出的方法。外国资金很有用,因为部长们可以暂时避免产生零和博弈的局面,在这种局面下给一方多一些就意味着给另一方少一些。工程不时地被细分、延长和缩短以创造可分的交易筹码。只有奖励被分解为可以在那些在场的人之间分配的部分时——当有非常大的盈余或者赤字时才最容易,每一个参与者才能得到某种程度上的满足。这样行政官员就可以把好东西分给所有的人或者谁都没有。这可以解释领导们偶尔对一个明显的危机而不是通常的糟糕局面的偏爱。

总统或总理越多地使他的权力介入预算编制，他就会越多地因资金而被纠缠。部长们不愿相信他帮不了他们。最高行政长官难拒绝政治领袖；但是他必须用某种方法限制花销。我们已经注意到的一个趋势是，最高行政长官在年初许诺资金，后来再宣布新的工程，使它们不能顺利实施。另一种策略是使用信号体系，这样请求者就不会被最高领导人直接拒绝了。

政治家直接向总统申请资金。总统通常是通过给财政部长准备一个便条，在其中要求他接待此人。很明显，总统和财政部长已经达成默契，在那里他（总统）用两种不同的方法签名——一种意味着给他钱，另一种意味着拒绝。如果是拒绝，财政部长不得不解释对他来说找到额外的资金来满足申请者的需要是绝对不可能的，等等。

预算告诉政治领袖，他们国家的真实情况是多么贫穷。

总　结

首先是财富。毕竟我们分析的是预算过程。在分配资源之前，必须有可用于分配的资源。由定义可知，贫穷意味着缺钱。穷人不必担心分配不存在的财富。但是穷国很难变得富裕的原因是它们缺少的不仅是资金；它们还缺少能干的人力资源、有用的数据和政府调动现存资源的能力。由于更缺乏处理未预期到的事情的能力，穷国比富国承受更多极端形式的不确定性，譬如政治不稳定。

因为永远都不知道接下来将会发生什么，害怕用尽其贫乏的资源，担心只是有些紧急的事情会比绝对危急的事情占先，所以财政部不断地修改其支出的优先配给。随着重新制订预算的需求出现，（新的统治者、突然的经济变化），预算编制反复进行。支出部门（和它们的客户）通过寻找自己的资金来源来尝试规避这些再配置，这又会进一步用尽中央的国库，产生更有约束的策略和新的规避努力，等等。

既不能征收到足够数量的税收，也没有对其筹措到资源的重大比例的控制权，政府在一种永久的财政危机氛围中运作。当必须将花言巧语从现实中分离出来时，财政部通常承担着进行决定的责任。因为害怕在资金用完时受到指责，以及急于对它视为现有政府真正的优先项目作出回应，财政部努力寻找抵御对无法预期事情的保护。保持流动性成了它的主要目的。在极端不确定性的情况下,这个可以理解的期望产生了一系列保守的估算策略,反复的预算编制,拨付资金的推迟和过量的日常文书工作。这些程序最初达到了他们的目的:盈余暂时被保持住了,财政部能通过推迟决定来适应变化的环境,而且不确定性的原因被推给执行部门。但是他们反过来又通过稳定自己的环境作出回应。部门保留关于未预期的平衡的信息(用来增加没有花费的部分),这样他们就可以保持一些弹性。他们变得更加政治化,因为他们必须牢牢抓住公开分配给他们的资金,以免财政部收回。最终他们通过特定用途的税收找到供应自己资金的方式,或者他们放弃以建立自治组织——这一系列活动都受到外国资助者的鼓励,他们创建一些易于相处的组织,与之建立可预见的关系,以此获得稳定。因为官方预算不是对他们实际可花费资金的可靠指导,所以部门没有动力去认真对待它。虚报在很大的范围内发生,并且加强了财政部不信任部门并把它们置于各种约束性措施之中的趋势。少量的钱和巨大的不确定性混合在一起,使得穷国的部门相对于那些富国的部门更努力地工作——使用最广泛的策略工具保护较少量的钱。因此,人们看到对设计用来增加收入的策略的更好的使用,对在富国使用的策略的更极端的描述,和对在资金变化上实现较少改变的更多的行动。

我们如何解释预算实践,尤其是那些像反复的预算编制那样在穷国很普遍但在富国却不普遍的预算实践?一个答案是这些实践具有国家性的根基。在二十世纪五六十年代,撰写有关穷国问题的社会学家很容易把它们归因于集体的道德缺陷。既然美国自身也有麻烦,这样做就没这么容易了。但其托辞是穷国的人们崇拜官僚,以拖延为荣,而且喜欢相互破坏。然而,世界各地对反复的预算编制的坚持表明,更主要的原因在于这些国家面临的普遍的问题。低收入国家这种现象的根本原因是极端和广泛的不确定性与财政资源的极度匮乏相结合,将高层领导的时间压缩到两三个月或更少。对一国清偿能力负责的财政人员被给予很短的时间,因为他们的环境使他们不停地改变。他们不得不在整个一年中重新审查预算以便能随时变动。

对文化的评论

在第一版中,我注意到"战略上相互影响的基本模式比起政权如何组织,更依赖于贫穷和不确定性的程度。穷国的策略比起它们彼此之间的差异与富国的差异更大……那就是为什么无论这些政治结构对其他目的可能多么重要,我都没有详述它们在一国与另一国的差异"。那是我的错。对于那些贫穷是如此严重以至于它们的人民几乎不能维持生活的国家来说,它仍然是真实的。然而,除了最低程度的经济水平之外,有可以创造不同情况的可替代的选择。政府限制它们自己政治机构的花销并在总体上阻止周期性花销的增长比经济增长速度快,以使得资源可用于增加财富的能力非常重要。

如果财富和确定性是利益的唯一变量,而且如果只有财富传达着可预测性,那么穷者将仍然像过去一样贫穷,富者仍然富裕。但是我们知道情况不是这样的。许多穷国仍然贫穷,但是有一些更富裕了而另一些甚至更贫穷了。改变始终存在,即使并不总是进步。

将几十个国家精确地进行文化归类超出了本书的范围。对文化的融合进行分类需要对每一个国家非常了解。尽管如此,仍然值得进行一些有广泛基础的评价。

很少有穷国(或者以前的穷国)可以被描述成具有强大的市场文化。甚至它们中的强者也伴随着相当多的政府指导。但是那些确实拥有更强的市场力量的地方,例如,韩国、中国台湾地区、新加坡、哥斯达黎加和象牙海岸也表现出最快的经济增长。强大的科层组织和适度强大的市场的组合似乎提供了政治稳定和经济增长。

毫无疑问,政治稳定和经济增长相互加强。显然,一个强大的科层组织可以通过实施劳动力与专业化的分离帮助创造稳定。但是,并不是每一个政体皆是如此,这点可以在许多例子中得到证明。也许一个国家的大小可以提供一定的线索。

穷国的领导人,像现代早期的欧洲人一样,常常把政府视为庇护者。如果它们是,那么它们就可以雇用和解雇整个社会。可能有政党或者军队或者种族(或者三者兼有)想为了排他性的目的利用政府。虽然一般社会主义者的花言巧语可能有更为利他的动机(我将会回到这些动机),但是也有自私的企图:社会主义是一个在其中的每一个人(或者几乎每一个人)都为国家工作的制度。不考虑更普遍的标准,政府成为一个某人的朋友、他们的同族、政党成员、或官员同僚的雇用机构。因为选择是要最大化忠诚而不是达到政策效果,所以这些冗员成了一种负担;很快社会就得扶持他们而不是相反。

在一些国家,领导者在其首要目标不是使与其联系最密切的集团获利的意义上说是利他的。通过把政府视为平等的主要来源,他们把平等的增进与社会进步等同起来。朱利斯·奈勒(Julius Nyere)领导下的坦桑尼亚是一国政府通过科层方法寻找达到宗派效果——条件均等者——的一个很好的例子。

平等主义者们过于着急。他们必须强调他们的理想与当前的现实之间的不同。他们相信他们的国家是富有的,但是他们的人民却是贫穷的。因此,这个词不能在很短的时间里使经济增长提高到一个前所未有的水平。个体、地区和宗教信徒之间的贫富不均相差太大。这些不均衡必须在一夜之间或者至少在不久的将来缩小。只有巨大的改变才能缩小现实和触动他们脆弱神经的理想情况之间的差距。糟糕的是,他们对如何引起大的改变比如何处理小的改变了解得更少。结果,他们所知、他们的观念,以及他们应当知道的、如何认识他们思想上的分歧在加大。这就是为什么这些政府都面临着抱负与成就之间不断扩大的差距的原因。

回到预算。统治者擅长征税以支撑包含在国家中的集体。他们很难删减费用,因为这些已经变成他们企图维持身份上的差别的重要组成部分。当与致力于再分配资源的平等主义结合在一起时,他们筹集到的收入远远不能满足政府更加巨大的支出义务。因为没有注入竞争的市场力量,而且有许多(如果不是绝大部分)人的收入要依赖于政府的行动,所以掌握权力的利害关系增大了。官员们更不愿意放弃权力。政府非但没有变得更加有效率,反而变得更加集权了。

穷国的政府就像航空母舰,它们大部分的努力都被用于保护自己了。对其自身工作人员的支付(不考虑贪污腐败)是一笔巨大的固定费用。国营或是国家控制的产业通常没有效率;更糟糕的是,它们很难废除或删减,因为政府不愿增加失业,尤其是它的支持者中的失业。从食品到住房到服装的基本商品的补助常常达到很高的水平。[19]当人民贫穷时,补助是可以被理解的,但是它们导致了对报酬被维持在低水平的农民的抑制作用和对价格低于成本的资源的过度使用。而且一旦人们习惯了补助,削减它们就隐藏着社会动荡的威胁。

穷国政府的资金都被用于支撑自己和保护其人民不受经济波动的影响,几乎剩不下什么来帮助它们适应环境。在这一点上它们并不是唯一的。富国要花更长时间才能达到同样的目的,而且它们的人民承受的痛苦没那么严重。尽管如此,通过采取同样的政策——政府高额的固定费用,对工业和消费的补助——它们也可以同时增加对政府的要求并减少它的资源。

为了检验我们的解释,看看财政状况很糟但没有面临不确定性的富国的机构将会十分有用——看看当面临非平常水平的不确定性时会对这些穷困机构产生什么影响会更有用。美国的城市必须在预算平衡的宪法限定下解决不断增加的服务需求。它们表现得有一些像穷国,因为它们采取保守的估算程序。但是它们经济环境的绝大部分是确定的,尽管是萧条的;它们知道它们正在使用的资金有多少,也可以以很高的准确度估计收入。然而,在 20 世纪 60 年代的最后几年里,当支出因为通货膨胀而快速地增长,而收入因为经济萧条而意外地下降时,可预测性消失了,取而代之的是不确定性。当不确定性与贫穷联系在一起时,穷国特有的预算行为开始出现在这些美国城市。预算局不断地试图重新规划资金,违反与部门的协定,收回资金而且坚持人员空编,只在最后的时刻作出决定;部门高呼它们的生活被打乱了,它们不能在这样的条件下计划它们的工作。像许多事情一样,城市不再是它们过去的样子了。

注 释

本章及节选自 Naomi Caiden and Aaron Wildavsky, *Planning and Budgeting in Poor Countries* (New York: Wiley & Sons, 1974)。

1. Martin Landau, "Redundancy, Rationality and the Problem of Overlap and Duplication," *Public Administration Review* 29 (July/August 1969): 346.

2. A good example of the "redundancy model" of budgeting is to found in Harvey M. Sapolsky, *The Polaris System Development: Bureaucratic and Pragmatic Success in Government* (Cambridge: Harvard University Press, 1972), Chapter 3.

3. Emery Roe, "Getting and Spending and the Power That Is Wasted: Government Development Budgeting at the Centre in Kenya," unpublished ms., (1983), pp. 10—14.

4. Ibid., p. 11.

5. Leonard, Cohen, and Pinckney observe that "these better prepared estimates were disadvantaged, however, by their competition with other, exaggerated ones." David K. Leonard, John M. Cohen, and Thomas C. Pinckney "Budgeting and Financial Management in Kenya's Agricultural Ministries," *Agricultural Administration* 14 (1983): 110—111; Roe, "Getting and Spending," p. 7.

6. Roe, "Getting and Spending," p. 7.

7. Ibid.

8. Leonard, Cohen, and Pinckney, "Budgeting and Financial Management," pp. 107—108.

9. John J. Bailey, "Public Budgeting in Mexico, 1970—1982," *Public Budgeting and Finance* (Spring 1984), pp. 76—90.

10. Leonard, Cohen, and Pinckney, "Budgeting and Financial Management," pp. 112.

11. Richard M. Bird, "Budgeting and Expenditure Control in Colombia," *Public Budgeting and Finance* 2 (Autumn 1982): 87—99.

12. Roe,"Getting and Spending,"p. 7.

13. Louis J. Walinsky, *Economic Development in Burma*, 1951—1960 (New York: Twentieth Century Fund, 1962), p. 439.

14. Albert Waterston, *Planning in Pakistan: Organization and Implementation* (Baltimore: Johns Hopkins University Press, 1963), p. 52.

15. Matti Leppo,"The Double Budget in the Scandinavian Countries,"*Public Finance* 5 (1950): 137—147.

16. Herbert Brittain, *The British Budgetary System* (New York: Macmillan, 1959).

17. Albert Waterston, *Practical Program of Planning for Ghana* (Washington, D. C.: International Bank for Reconstruction and Development, 1968), p. 7.

18. A. V. Fabella, *An Introduction to Economic Policy* (Manila: University of the Philippines, 1968), pp. 51—52.

第 6 章

贫穷与确定性：美国城市预算

美国城市与富裕国家代表了可预见性集合中的一极。两者的确定性都很高。但是，富裕国家不会在紧缩的收入限制下运行，城市却会。在贫穷和确定性的条件下，预算是什么样的？参与者如何提前知道在接下来的若干年里他们会有多少收入？其中有多少能支出？在知道无论他们做了什么，而收入依然决定支出时，他们又会使用怎样的计量和策略？预算是否会失去重要性而成为会计师的专有领域？如果不是的话，那么它应该为什么样的目的服务？

要回答这些问题，我们来看美国的市政预算。美国的城市是贫穷的。在 20 世纪 60 年代晚期以及 70 年代早期，它们的支出增长迅速——以平均 12.5% 的速率（至 1973 年的五年间共达 60.3%），而收入却落在后面——以平均 11.5% 的速率增长（共 55.1% 的增长）。[1] 它们不约而同面临着解决城市问题的要求——更多的警察保护、更好的学校、更干净的环境，举不胜举——然而它们调动资源达到目的的能力却极为有限。20 世纪 70 年代后期和 80 年代早期对城市财政流行的代名词——缩减管理、财政压力、税收反感——告诉我们情况没有任何好转。我将根据较早期的数据建立一个城市预算的模型，并观察其对近期发展的效果如何。

市政预算模型

在早先一个开展于三个大城市（匹兹堡、底特律、克利夫兰）政府的对资源配置的经验研究中,约翰·克雷辛(John Crecine)建立了一个市政运行预算程序的计算机模拟模型。[2] 他重新创建了预算程序的中心步骤和计算方法以生成结果。他发现市政预算的关键因素在于其要与一个独立的收入限额持平。收入应等于或大于支出。由于运营赤字是禁止的,预算必须提供盈余或收支平衡。[3] 在预算程序中,收入限额支配着参与者的行为。

约翰·克雷辛将预算行为分为三个子模型:(1)部门需求;(2)市长对预算的建议;(3)议会拨款。模型由部门收到市长的预算指导公函开始。部门之间不会为资金而竞争。预算请求基于去年的拨款再加一个增量,这个增量要看部门领导对未来收支的计算以及市长在预算公函中的语气。在约翰·克雷辛的模型中,部门服从市长的指令。市长的决定被接受并鲜有争议;从政治方面考虑,改变他的想法是不明智的。正如某个部门领导所说:"我们……从不在议会上改变市长的想法。破坏与市长和其手下一班人的关系而在某年预算中取得'突破'的做法是不划算的。"[4] 关于市长的子模型至关重要,根据法律规定,因为预算在目前的程序中必须取得平衡。如约翰·克雷辛所说:"市长的问题十分重大,它要求预算满足以下要求:(1)是平衡的;(2)至少保持现有的服务水平;(3)在所有可能的条件下,为城市雇员增加工资;(4)避免税收增长。"[5]

部门在编制预算申请时会假设他们将继续保持原有水平,并且如有任何潜在的预算增长,他们也将得到公平的份额。议会本应回顾和审查市长的预算建议,但它通常的做法是不加审查就批准。原因在于一方面预算工作极为复杂并要达到收支平衡,另一方面议会缺乏全职和适宜的人员,这些都导致议员们作为不大。[6]

一些简单的决策规则被用来解决这些问题。增长不允许超过去年拨款的一个确定的比例。市长只能根据去年的预算做较小的调整或是"循例而行"。约翰·克雷辛的渐进式线性预算模型强调现有政策的连续性。它并不关注项目或政策本身。城市决策者远离环境的短期冲击力。环境也许会影响一个部门领导忧虑之所在,但不会影响这个部门总的预算水平。约翰·克雷辛报告了一些在维持财产税率稳定时面临的压力,但他发现在政治压力和部门预算总数之间并无直接联系。支出水平通常处于"游移"状态,直到决策体系对收入状况的一些变化做出反应。环境是不会直接通过改变具体支出来修正这种预算的"游移"的。预算变化更像是由"收入限制过滤"之后得来的。[7]

约翰·克雷辛指出了其模型存在一些重要的缺陷。这个模型缺少一个现实的优先机制来应对部门赤字或盈余:部门是根据账户数字而非个人意志运作的。这个模型排除了资本和非常规资金支出。约翰·克雷辛还忽略了对环境力量和选民压力的关注,这一点政治学家会予以反对。但我们感到约翰·克雷辛的成果的确反映了政治现实。运作预算与环境完全隔绝。毫无疑问,有时政治压力会影响特定的支出,但这种情况不会太频繁。政治体系的这种特性在人们试图扩展城市资源基础的时候会显得更突出。

奥克兰:典型的美国城市

想要渗入普通预算关系的里层,考察单个城市的细节会很有帮助。[8]因为加利福尼亚的奥克兰与克利夫兰、底特律、匹兹堡在预算本质方面相似,考察奥克兰如何展开其预算过程将使我们更好地理解所有城市。稍后我们会看到预算紧缩带来的变化。

当地商会经常称奥克兰为"典型的美国城市",某种意义上说,这不是夸张,因为它的确证实了许多中心城市常有的窘境。城市危机的所有因素都存在:种族冲突、高失业率、非达标的住房情况、糟糕的教学效果以及家庭低收入。

奥克兰十分贫穷。它无法容纳这么多得不到应有服务的穷人。奥克兰也没有足够的人力资源来解决自身问题。虽然这个城市有很多聪明并且为薪资献身的人,但很少有人受到良好的教育而能够评价现有政策效率或提出新建议。这个城市没有政策分析员,也鲜有经济学家有此能力。它因缺乏分析能力而无法有效利用外部咨询顾问。由于缺乏人才和机会来分析政策(考虑到资金匮乏),城市首脑被迫把预算视为保证低税收和行政控制的工具。预算成了降低支出和提供有用信息来监控部门行动的工具。

城市官员每年最主要的问题是找到足够的收入来保持目前的支出。问题在于城市预算需求的增长总是超过税基的增长。财政萎缩是这个城市的"慢性病"。市政执行官在一份报告中对城市议会这样形容奥克兰的财政潜力:"简单地说,令人忧虑的现实是,在现有政策和财政结构限制下,奥克兰市的支出将很快超过其收入。"这位管理者的预测是基于1956～1966年十年间的事实:城市预算上升了86%,而财产税估计价值只上升了36%。即使有收入共享机制,情况在1974年也并未好转。奥克兰税源萎缩使其局限于自我维持,不能处理较大的社会问题。

奥克兰的税收问题与其土地使用和大量商业以及人口移向周边地区密不可分。这个城市没有更多的土地来扩展,它已经被锁定在85平方公里的面积中。侵蚀一个税基的原因是并非所有奥克兰地域内的财产都包括在税目里。被排除的不动产中有很多是被政府、公共机构、街道和高速公路占用的,或者空置着。城市财政主管者估计奥克兰超过40%不动产是税收豁免的。

城市预算的扩大被用来满足不断增长的运作成本而非奥克兰贫困人口的需求，而且它是一个满足运作的预算：总数中的 70% 与私人支出有关。但奥克兰并非是一个官僚膨胀的例子；1960～1968 年间，预算中全职人员职位只增加 1%。但是人员支出随着自身价值和退休计划支出而年年增加。因此我们容易看到在非人员支出增加 2%～3%、标准工资增加 4%～5%、人员数目增加极少以及生产力基本无增长的情况下，奥克兰在城市支出上年增长 8%，而在服务水平上却没有显著增加。

奥克兰与财政危机朝夕相伴。地方财产税作为城市收入的主要来源已经在政治而非经济意义上枯竭了。官员们的普遍认识是"我们不能再提高税率了"。纳税人抱怨税率已经太高。这不是没有理由的，奥克兰有着加利福尼亚州市一级水平中最高的税率。更确切地说，是在过去 17 年中有 12 年都是最高的。城市官员们认为点滴提税的小动作不会引起强烈反对，但大幅度的提高税率则无异于政治自杀。[9]

官员们还认为选民会对债券筹资的建议产生敌意，并且发现越来越难以取得既有政治可行性又有可观收益的收入来源。随着成本的上升，城市不得不寻找较为次要的税源，每年以征收香烟税或旅馆客房税作为权益之计来增加财产税收入。由于很难找到一种无痛的方式来筹得收入，高级官员们只得调动一切积极因素来削减开支。他们的动力很明确：他们削减的开支越多，他们对于寻找新收入来源的担忧就越少。

20 世纪 70 年代中期，每年对部门领导下达的预算指导性文件都有着类似"保持不变"的字眼，每年对城市的财政紧缩也显而易见。市政执行官常说的话是"真不明白我们为什么要花这么多时间在预算规划上，反正也不会有什么不同，我们的钱一共也就这么多"。然而他们还是会和自己的财政班底花上数天甚至数周来研究预算。

我们不禁要问，在何种程度上这种行为成了一种毫无意义的、对人类学家比对公共政策的学生更有价值的形式主义？预算过程在奥克兰究竟被认为有多重要？奥克兰是否是一个收入限制驱逐政策考虑，以便注重削减开支而非满足社会服务需求的城市？一个简要的答案是：不，预算并非毫无意义；是，它有重要的用途；不，除了控制财产税，它不会根据任何定义明确的公共政策配置资源。

● 控制对操控

控制和操控对于公共政策的学生来说至关重要。操控（或称为战略计划或决策）决定了公共组织的目标和方向。控制则把手段和结果联系起来，确保实现或达到长期目标。因为奥克兰的预算体系反映了政府依据过去做出的假设确定未来的目标,因此政府官员们掩去了操控的真正意义而仅强调控制的意义。

在运用于预算行为时控制的概念就有了很多含义。它可以指因经费不足而削减估算资金,指在预算执行过程中减少预计的支出,或者指施行那些实施工资上涨的人的政策偏好。然而市政执行官和他的财政班底有一个简单的动机潜藏于预算控制的这些目标中:他们希望通过控制不确定性来平衡预算。从前官员们运用预算控制来保证人们的诚实,而现在人们主要用它作为突发事件的短期保障措施。平衡预算意味着城市始终有一点小小的盈余在手上。

因此,我们将通过指出其目标是创造盈余来展开我们关于预算控制的讨论。我们还将进一步揭示控制产生的种种问题均滋生于预算支出者和预算削减者之间熟悉的冲突,并在整个城市收入限制下愈演愈烈。

- **目标:创造盈余**

城市官员的目标是在需要之外稍有些盈余。这种宽裕(剩余资源)从根本上使得他们处理意外事件时有了一些选择的余地。因此官员们作决定的首要原则就是将收入比实际少估一些。这种收入估算方面的保守倾向具有累积性。每一层监督者在审查估算时都倾向于低估。举一个例子,如果城市想要建立一个市区运输系统,建设对零售业的影响会有相当大的不确定性。这些因素在收入分析时将被考虑进去,并会降低在销售方面税收收入的估算数字,而这项估算又会在上报过程中被层层低估。于是,实际的销售税收收入比预计的要高得多,城市就会有这项不同寻常并且令人愉快的工作:处理这些盈余。

增加盈余的第二项规则是高估人们期望的支出。通过这种方式,财政主管试图减少部门盈余而为市政执行官增加整个财政盈余。每一级政府都想有更多的可用资金,一方面要"提防"上级政府,一方面要从下级政府挤出资金为己所用。对支出的高估和收入的低估将会为人们创造出盈余,以便于将来资助某个项目。

艾伦·希克(Allen Schick)发现奥克兰的预算工作人员不应该被称为"收入最大化者",而应是"盈余保护者"。如果他们换一个角度看世界,那么他们从未试着增加所有可能增加的收入。但他们只是试着按照他们的理解在其对体制限制的范围内将收入最大化。在这种限制下,他们可能首先被称为"盈余制造者",然后在其预算行为中被称为"盈余保护者"。

为了确保其办公室可以支配尽可能多的宽裕资金,市政执行官试图保护"公用资金"(不指定用途的资金)。这项资金是否是他的要视其取信于市政议会的能力。因此他会一直寻找方法为发生在公用资金名目下的支出筹集专用资金来支付,或是将普通资金的项目转移到专用资金下。

● 问题:收入与支出的冲突

对于市政执行官和其财政班底来说,正如我们所指,预算的目的不是配置资源而是满足收入限制。的确,如果人们只将预算视为资源分配的工具就会模糊收入与预算行为之间的联系。从很大程度上说,奥克兰的资源在多年前现有政府的结构还刚刚建立起来时就已经分配完毕。预先的决议决定当前的配置。决定设立"市长一议会"形式的政府,决定建设免费的图书馆,以及决定城市火灾保险分级,这些全都由当时的与会者做出,但却决定着现在的行为。如果允许奥克兰的雇员和支出的成本有略微的增长,那么去年的预算将是今年的预算。虽然有人会以边际增长为理由反驳,但没人能保证在某个具体预算发生大幅变化时会有足够的资金来应付。大多数相关者对"无款"假设的接受更促进了渐进式预算行为。

城市宪章强制奥克兰平衡预算,人们习惯上也是量入为出。每年市政执行官和其财政主管、预算专员都要面临削减开支以满足收入限制的问题。每年要求的支出通常超过预计收入10%。削减开支是任何预算步骤中固有的部分,唯一不同的是对于奥克兰这样较小的城市来说,那些担任削减开支工作的人同时也是"收入最大化者"。削减预算成为收入行为的一种形式。

当人们考察收入对预算过程的影响时,整个行政机构似乎一分为二,分为预算支出者(各个部门)和预算削减者(管理者和财政班子)。这种介于两套班子之间的潜在冲突与其各自的功能差别有关:在整个预算过程中,削减者的收入或资源保存功能与支出部门的服务执行功能相矛盾。这种冲突在我们考察这个过程的指导部分时尤为明显。在秋季,预算与财政部对各个部门下达预算编制的指令。其中一个指令是市政执行官发出的指导信函,其中有他对来年城市财政状况的估计。那么预算支出者对于预算削减者的指令是如何反应的?他们的态度是完全忽略它,因为执行官的公函没有包含任何具有可操作性的指示。人人都知道没有资金,公函的内容毫无新意。一个城市官员抱怨他二十年来从不同的执行官员和预算官员那里听到的都是同一个故事:没有充足资金,预算必须削减。城市官员们已经频繁上演了"狼来了"的故事。

考察1957年以来的指导公函会揭示两大预算主题。第一个主题声明城市有财政问题,而答案就是齐心协力削减开支以及提高效率。这里的"效率"主题有赖于部门领导的职业道德,也就是尽力回报纳税人每一分税收的责任感。如果部门是有效率的,那么城市就可避免寻求收入增长。第二个主题更为令人沮丧,它强调的是"收入—支出缺口"。它声明了"无款"的前提并且强调政府提供的服务不可能再扩大了。削减开支者希望部门上报的支出要求与目前的资金水平相适应。将两个主题融和在一起就成了:(1)又要马儿好(有效率);(2)又要马儿不吃草(没资金)。在奥克兰,不是说今年勒紧裤带明年情况就会变好。部门领导很快就会变得玩世不恭,他们采取的态度就是"反正一无所有,不如多多要求"。

在这样一个持续财政贫困的情况下,被告知削减开支和不寻求更多的预算申请资金没有重大意义。更糟的是,这些指令是模糊不清的:

1968/1969财政年度。望贵单位着手筹划预算申请事宜之时,务必以奥克兰市持续面对艰难和凋敝之财政状况为念。经济现状如此,我等身为专职管理者,应谨记财力有限,小心周旋。

部门领导从市政执行官那里收到这样的指令往往会说:"我是时时谨记,但又如何呢?"没有具体的指示,部门领导往往按照自己的支出意愿随意解释文件精神。奥克兰从不设定偏离程度的最高限额或是可接受的百分比水平。既然预算削减者没有将守住底线的指令数量化,那么在支出者看来这就更像一个请求而不是命令。含糊不清为各种伎俩提供了余地。

大多数部门最终没能听从文件指令不仅是因为他们希望获得额外的资金。一个典型的部门领导是这样解释他的回应的:"我是专业人员;其他人甚至市政执行官只要不在这个位子上就无法理解这项工作;我知道我们的需要,我不会做我无法解释的工作。"这些部门领导利用预算过程进行沟通,资金存在的地方,问题也就来了。通常部门领导就像一个医生在为痛苦的病人开处方,在写处方时,其职业责任感毫无作用。类似于此,城市规划局长提出一条道路需要修建栏杆以免有人受伤;消防局长感到保护措施已经很不安全,因为城市需要一辆新的消防车;文体事业负责人认为高尔夫课程应该重新鼓励起来,因为城市在其他方面也在开展竞争。部门领导们通过表达他们的需要觉得切实完成了工作,并缓解了焦虑。这不仅使他们的职业操守获得满足,而且把"烫手山芋"丢给市政执行官和议会,也使他们减轻了来自手下工作人员和选民的压力。

既然拒绝顺从是普遍现象,那么它也就被接受为生活的一部分,不会受到任何惩罚。部门预算无视于城市收入限制,并且不存在财政上实现的可能性。支出者忽略有限的收入而仅强调他们的服务执行功能。预算削减者当然也恨不得忽略收入的有限性,但他们做不到。他们知道很难再找到新的收入来源,只能通过削减来控制预算——与这种行为相结合的就是削减者最小化服务和项目的意图。由此收入限制造成了预算过程中的两大裂痕：(1)支出者在规划项目时忽略收入限制；(2)削减者在平衡预算时忽视项目和服务。

● **控制工具：预算与财政部门对预算的审查**

大多预算控制是将部门上报的要求削减至去年的基准数——除去多余的要求并拒绝对资源进行大幅度的重新配置。奥克兰的线性预算便于削减。当削减掉一些小型项目时，人们不必担心对服务造成影响。

预算官员们常常担心他们的分析员会过分支持他们被分派去的部门，但这在奥克兰不是个问题，因为分析员通常在一个部门待不长。预算与财政部的规模相对较小，每个分析员都要被派到三、四个部门，一年中其他时间工作也排得满满的，根本没时间对某个部门深入了解。部门里数量极少的有经验的分析员会离开到别的岗位上去，而大量的人员流动也加剧了经验不足的问题。

分析员不会太在意其对公共服务或政策带来的影响，在核实市政执行官做出最终决定的依据时也常常是"冷酷无情"的。但他越有经验，对于削减自己负责部门的开支带来的影响就越为熟知，在提出建议时也越谨慎。

收入有限的现实使得削减支出变得容易。当人们别无选择时，削减某些项目的行为就不需要经过太多考虑了。由于收入有限的部门所要求的支出数目根本是不现实的，因此也就必须被削减。

一个经验不足的分析员（他对于考察的部门知之甚少）是如何削减部门预算的？经验不足本身迫使人们"因循守旧"，这些规则是任何预算级别的工作人员都熟知和通用的。预算分析员会翻阅去年的拨款记录，考察是否有显著变化。如果没有，他便批准项目；如果有，他很可能会驳回它。人事方面的需求通常占据了预算的大部分开支。一般来说，每年部门都会收到超过上百个增加人员的请求。但是一旦增加一个人，就会发生一笔固定的永久性开支（因为一旦有人被雇用就不会被开除），一条不变的原则就是驳回新进人员的请求。

昂贵的资本项目上报后很有可能被裁减。这在很大程度上取决于是谁上报的。如果这个部门领导在预算办公室声誉良好，那么他们会倾向于深入调查一下。反过来说，如果这个部门领导口碑不佳，总是上报某些项目却从未通过，那么这些项目则会被自动删除。

从这点上来说，预算程序是标准化的。下面列出了一位预算分析员在考察部门时可能使用的观察标准[10]：

(1)将要求与实际支出作对比——坚持基数原则。

(2)允许3%的通货膨胀率。

(3)资本支出项目不是急需的。最好可以延迟支出决定直至做出更多研究。

(4)预算请求中可能有计算错误。

(5)一项设备被使用得更多就应得到更多的资金。

(6)建议修理而非重置,除非重置明显较为有利。

(7)不要把资金投入到前途未卜的事宜中去。

(8)支出会产生收入。

(9)裁掉部门应急储备金。

(10)注意高投入低回报的情况。如果一项设备耗费城市33 000美元而净收入300美元,城市则应考虑处理掉这项资产。

(11)服从有价值的建议——行政长官对于需求的估计。

(12)去年我们在这最后一项上对他们十分苛刻。今年允许少量的增加。

分析员会批准与去年相同的估计数字,并且允许2%～3%的增值。他会裁掉人事开支的增长以及大部分资本项目。但通常还是会有一些"擦边球"。

由于城市人工成本太高,预算分析员通常会特别注意是否可能用机器来替代人工,但这项工作经常会因为需要"进一步研究"而造成人事或设备申请报告的延迟处理。分析员会尽量推迟所有可能推迟的开支。设备和房屋只是被修修补补而不是重新置办。没有人会考虑维护保养费用的增加,直到增长到一定程度,重置才会被考虑。只有一种情况可以阻止这种"延迟政策"大行其道,那就是分析员注意到存在安全和健康隐患时。譬如因为市消防局重型救火车长期在地下室的顶棚上开进开出,造成地基震动,地下室需要重新加固来承重,这时分析员就会到现场勘查,测量震动程度,并确定这会造成生命安全的危险。反过来说,当一个部门要求为公园修建新的公共洗手间时,分析员通常会检查旧场所并决定将其翻新了事。

由于经验不足,预算分析员会选择先从部门上报的优先顺序列表的底部"开刀"。部门领导预计到了这一点,于是在上报列表时会重新排序,把重要的项目放到底端附近。他们希望这样一来,没有经验的分析员会头昏脑胀,搞不清楚状况,干脆一个都不裁减。稍有经验的分析员自然会对这样的排序心存疑虑。这对于市政执行官来说更是如此,他干脆不看上报来的顺序,而是根据其中的条目自己决定优先顺序。

经验丰富的分析员(简而言之,就是有超过两年工作经验的人)会对自己的角色有一个概念。一个分析员就将其角色解释为"法院调解员",是部门和市政官之间的缓冲器。他感到自己与部门的关系很大程度上依赖于彼此建立的信任。另一个分析员感到他的工作就是为预算过程带来现实主义色彩,而不是纸上谈兵,让部门对预算究竟还有多少容量做到心中有数。然而经验较少的分析员对于他们的角色还没有一个明确的概念,他们主要是在以下一些原则的基础上做出决定:

(1)裁掉所有的人事增加。
(2)裁掉所有看上去昂贵的设备项目。
(3)按照先例,裁掉过去已经被否定过的项目。
(4)建议修理和翻新而不是重置设备。
(5)建议以研究作为推迟主要开支支付的方法。
(6)将所有非项目运行开支削减固定的比例(例如10%)。
(7)不要删减与工作人员和社会公众健康安全显著相关的项目。
(8)裁减口碑不良的部门。
(9)确定一些可疑和含糊的项目以协助市政官的工作。
(10)一旦发生疑问,询问其他分析员。

当预算分析员裁掉一个项目的时候,并不一定意味这个项目永远被排除于考虑之外了。在这一级被裁掉意味着这个决定需要由上一级权力机构做出。奥克兰的预算过程有众多层级的审查和上报。理论上讲,如果一个部门领导与分析员持有一点不同意见,他可以上报预算官员,然后是财政主管、市政执行官、直至议会。上报的层级如此之多,我们会想象只要这个部门领导够坚持,他就可以在每一层级上博取一点有利的妥协,那么最终结果可能和分析员原先的建议大不相同。但这从未发生过。要理解上报过程,有一点很重要,那就是这其中存在一个很强的固有倾向,表现为监管者不愿意否定其下属的决定。他们知道如果大多数时候层级较低的部分得不到尊重,那么整个审查过程会被破坏,整个系统也会被潮水般的上诉所淹没。财政主管和市政执行官仍然会保留进一步削减预算的权力,偶尔也会批准一些已被否决的请求。结果就是,绝大部分分析员的决定会被保留至最后,但部门的上诉也并非毫无希望。

- **控制工具:市政执行官对预算的审查**

在对奥克兰的研究期间,由于最近新任命了一位市政执行官,我们很幸运地目睹了这座城市的行政转型。人们也许会认为像奥克兰这样一个老城市应该各项秩序井井有条,角色分配确定无疑,预算系统也已有所建树。但是大量证据表明,对于预算决议的定位是随着市政执行官角色的转换而转换的。

在改革过程中,奥克兰于1931年设定了市政执行官形式的政府。同时投票通过了城市宪章,设立了独立的委员会,独立的审计员,并大体上创造了一个松散的政府环境。当时的市长并不喜欢一本正经地公事公办,因此市政执行官可以相对自由地设定自己的角色。在前一任管理下,预算主要是由财政主管者处理的。他是"预算先生",他把预算上报给议会,他与部门谈判,而且大量的决定都是由他做出的。因此当前任执政官将预算提交议会时,他的正式提议通常都会被否决。议会是各个委员会和部门上诉的一个渠道,它也的确在预算中做出了变更。然而新的市政官与议会下属的预算委员会密切协作,以争取他们的支持。因此在预算报告提交整个议会讨论之前,对于执政官的预算建议没有提出任何反对意见。

新的市政官做出预算决定时是基于其对市政工作的通盘考虑的。由于他力图将城市的行政工作集权化,因此,他利用预算来考察部门领导是否真的着手于他们之前告知他的项目。这给他提供了大量的信息,并不在于上报信息的直接形式,而在于其作用促使他进一步征询各种项目的进展情况。

市政官执政风格的另一个因素表现为他试图做到预算行为的完全保密。他不希望预算分析员将自己的考虑告诉各个部门。在与部门领导进行审查的程序中,他会询问他们的运行情况,但不会告诉他们自己想要削减的项目。这样他就可以保证提交至议会的预算书里原原本本都是他的意思。

市政执行官不仅依赖预算提案。另外他还会要求预算分析员准备一册数据附录供议会考虑,其中包含对人事方案、加班方案、旅游方案的详细分析。他常用一种简单的三步式程序来考察预算。第一步,他会查看收入估计是否与他自己的预期一样悲观;第二步,他会要求将他无能为力的固定支出(譬如在城市模式下固有的工资增长)从预算中扣除;第三步,用他自己的话说,就是"什么都看,不管鸡毛蒜皮还是芝麻绿豆"。

虽然这位市政官宣称他不想纠缠于细节,但他仍然这么做了,因为运用预算进行控制的能力存在于细节之中。当报告交到他手里时,做出决定需要考虑的问题都已经核定下来了。但部门提交的原稿仍在,市政官仍然会逐页翻看并挑出特殊的项目。他的审查不可能有大刀阔斧的举动——譬如这儿增加10%,那儿裁减5%。他会按照自己的偏好进行字斟句酌的删改。

对市政官来说事无巨细。他不会只关注庞大或是巨额的项目。对他来说,一个项目只要还可有所作为,就是重要的,而资金大小只是衡量的一个方面罢了。举个例子,市政官曾经做了很多努力来削减对市长—议会的拨款,以此减少了一笔印制名片和其他琐碎成本的开支。他这么做主要不是为了资金而是为了证明经济筹划的重要性。

他的主要原则是对于上年拿得比别人多的部门,今年就要稍稍吝啬一点。一次,预算分析员将某个部门提交的预算削减至去年的水平。当报告呈到市政官手里时，他感觉预算数目还是过于庞大，仍需删减，因为这个部门去年得到的预算份额已经远远超出可得资源的一般水平。

市政官还遵循的一条辅助性原则就是他不会将资源分配给那些对已得资源已经应接不暇的部门。市政官的特权就是他能够决定一个部门实际上可以支配多少资金。不断复杂的预算行为从短期来看本质上是为了保持基本预算不变。但守住防线并不总意味着保持去年的支出水平不变，尤其是支出水平可能已经过高的时候。

毫无疑问，市政官的审查比略带盲目的预算与财政削减显示了对项目更高的关注度。但是，由于信息不足、时间限制、以及大量对细枝末节的删减，很难探询对于某个部门具体开支的削减会带来什么影响。市政官并不希望把预算工作仅局限在一"削"了之。他希望能够重新分配预算，但常常会感到手头缺乏足够有效的信息，因此他不断强调对部门运行的细节研究。然而，缺乏熟练的工作人员常常使得这一研究无法进行。因此，市政官的大多数工作就是将信息不足的项目裁掉。

由于市政官也仅是一个人，在预算审查过程中，很多事情都是一掠而过。无论如何，我们都不能说基本预算已经被深入核查过。但只要能吸引足够的注意力，基础预算及其附加部分中有很多项目都会被复查到。预算官员会圈点出做决定所需要的某些条件；资金数目则会将注意力吸引到其他一些内容上。吸引力的一个更为重要的来源是市政官在管理市政府时的自身经验。他对于什么应该花钱以及部门应该干什么的判断会在查看预算时表现出来。同样，他对于什么是合理项目的看法也会有所表露。譬如他审查警察局的预算时，对于民防的偏好会导致此项工作中穿制服人员的减少。社会心理学中的术语——对暗示的选择性感知——大概可以解释市政官在预算审查过程中的这种行为。

出于对控制力的追求，市政官坚持在其提交议会的报告中不要提及部门申请。他想要预算完全体现他的意思，而不要同时展示部门申请以免引起纷争。对于市政官来说，预算报告的形式几乎和其内容一样重要。

他把很大一部分精力用在了准备应对市议会上，尤其是对议会附属的预算委员会所作的预算陈述上。市政官本质上是在为预算委员会就财政政策问题"把门"，陈述他认为重要的议题。与预算委员会的会议对与会者双方都有好处。对于市政官来说，他想要确定什么能为议会所接受，而同时对议会来说，他们也更加确信市政官正在有效地管理整个城市，他们不必太过担心。如果预算委员会与市政官相处得当，那么它会成为通向议会的一个有力的杠杆。

市政官知道市议员没有时间关注整个预算，但他们会有所谓的"宠物项目",这些项目是市政官必须注意的。在原先的工作过程中,市政官从一个前议员那里知道了这样一点:"一旦给了议员们一个目标物,那么预算其他部分就畅通无阻了。"因此,市政官会对此类项目的预算总额提出简要的建议,让预算委员会的人在这一总额内进行分配。

议员们通常排斥削减城市雇员数量的做法,为了对付这种排斥感,市政官会下不少工夫准备分析报告,表明这些雇员中很大一部分并不住在本市,因此也就不是选民。他对预算委员会的另一条策略是与其他城市作对比,例如,圣地亚哥、萨克拉曼多(美国加州首府)、圣何塞,表明奥克兰状况不佳,服务水平低,支出水平高。

现在,我们明了了,虽然市政执行官会声称预算已无更多资源可分,他不会在此浪费太多时间,但他的实际行动却恰恰相反。他是做出预算决定的关键人物。在预算和财政人员审查各个部门上报的预算并列出决定问题的关键之后,市政官仍然会重新检查整个预算,并做出大部分决定。他引导着议会的思维,他觉得预算应是他意志的体现,并利用它来影响整个市政机构。

其他城市是否与奥克兰相似

奥克兰预算有四大特点:收入行为、执政官主导、议会默许和部门"乌托邦"式的请求。收入行为来自于财政限制——平衡预算的要求、贫乏的财政收入、支出的不可控性。执政官具有主导性是因为他负有平衡预算的责任,而且只有他能靠职员的协助来完成工作。同样,市议会的结构决定了它只能默许。议员们并非是全职的,他们缺乏工作人员的协助和专业预算知识。在无党派限制的普选中,他们没有特定的选民或政治支持。面对高度复杂的预算,他们只能认可执政官的建议。最后,部门的"乌托邦"式申请出于他们的一个认识,即无论他们申请多少,得到的只是现有的那么一点,顶多比去年稍好一点。这是奥克兰和克雷辛所举的那三个城市唯一一点重要的不同。克雷辛发现在匹兹堡、克利夫兰、底特律,部门都是遵照市长的指示来编制预算报告。

其他三个方面的相似性极高。与奥克兰一样,这些城市的预算为收入所限。三个城市的市长在预算中的权威无人能挑战。他们做出大部分主要决定也是最终决定。无论是部门还是议会都不会提出质疑。

这些特点究竟是城市预算的共性,还是匹兹堡、克利夫兰、底特律、奥克兰这些城市独有的?不,这不是它们独有的。尽管它们之间在面积、地理位置、政府形式等方面有着很大不同,但它们的预算行为都与奥克兰这个范例有着惊人的相似。

城市收入匮乏是普遍问题。如表6.1所示，从1960年末至1970年初，支出始终超过收入。虽然不是全部，但美国大部分城市都处于赤字中。

表6.1　　　　　　　　　　　城市支出高于收入　　　　　　　　（单位：百万美元）

年份	1970～1971	1969～1970	1968～1969	1967～1968	1966～1967
收入	37 367	32 704	29 673	26 521	24 096
支出	39 061	34 173	30 451	27 007	24 375
赤字	1 694	1 469	778	486	279

资料来源：U. S. Bureau of the Census, Governments Division, *City Government Finances*, 1970—1971 (Washington, D. C.：U. S. Government Printing Office, 1971)。

其他财政限制——对平衡预算的要求和支出的不可控性——似乎普遍存在。[11]而结果正如安东(Anton)在其对伊利诺斯州三个城市的调查研究中得出的，与奥克兰范例中的情况十分相似。

收入估计在理论上为下一财年的支出设定了上限。在每一个城市，机构领导不断被市政官、职员或是财政委员会主席提醒要根据预期可得的收入来安排支出。这通常意味着为额外项目筹集的收入和对现有财政项目的扩充极为有限，即便有也是已预见的，因此部门领导在现有拨款基础上不可能再要求更多了。每个城市预算的第一步就是决定有多少资金是可得的，而不是有多少需要支出。结果是当地官员对预算的认识仅限于"我们去年做了什么"或"我们目前在做什么"。[12]

我们预期中的这些偏离存在于制度本身的特性中，以及官方权力的分配中。行政主导和财政限制出现得一样频繁。托马斯·W.克雷斯巴赫(Thomas W. Kressbach)在对密歇根州51个市政府的研究中指出，该州80%的市政官表示对预算事务有着绝对的责任和相应的权力。[13]在莉莲·罗斯(Lillian Ross)对纽约州的预算编制报告也可发现同样的论调。[14]其主题之一就是市长在何种程度上对预算承担个人责任。

虽然议会的默许通常与行政主导结合在一起，但是一些文献展示了某种偏差。在对爱荷华州以议会—市长模式主导的大城市的调查中，赖特(Wright)发现有时议会会质疑市长的建议，并且会对某些具体项目深入调查。[15]这种行为模式在某些变数缺乏时会发生，而这些变数正是促成奥克兰市议会默许行为的关键力量。回忆一下，奥克兰市议员是在无党派限制的选举中竞选出的。因为他们无须代表或是取利于某个特殊利益集团，所以他们也就没有干涉预算规划的动机。他们完全服务于自己的利益，协助市政官控制支出、推迟即将到来的税收增长。如果党派限制在竞选中存在，事情就会完全不同。议员会受到来自选民的压力，对市长的提议就需要考虑采取自卫还是拥护的姿态。赖特认为"政党派系影响了市政预算……派系之争越严重,就越有可能质疑市政官的提议甚至引起政策争议"。[16]一旦有党派参与进来,无论多么隐蔽,党派就一定会各自计划和各自许诺。在有党派选举的情况下,就必然会有对议员候选人的党派归属和党派认可,市长对预算的判断和看法也就必然受到限制。议会会更为深入地了解预算建议,它会举办听证会供部门领导做出陈述,它会要求市政官提交的预算报告中附上部门的报告原件。

安东描述了首席执政官的权力被削弱而议会的角色更为活跃时的一些细节。强势的部门大行其道,而相对弱势的部门则被推到一边去。他讲到某个警察局如何通过动员公众舆论以及对一些议员施加压力得到了预算的增长,而其他部门却一无所得。警察局能够得到这部分增长,不是因为它比其他部门更急需这笔资金,而是因为它的社会地位具有战略优势。安东是这样说的:

这里有一点十分重要,就是在议会缺乏详细的信息,以及各个部门没有强势的集中控制的情况下,各个部门都相对自由地对议会施加压力以寻求其财政状况的改进。很明显,在这样一个体系内,优势存在于较强的一方。[17]

还有一点可以说明这一问题,那就是派系之争(以及它所造成的政治变动)的确会造成影响,那就是资源配置。在奥克兰资源的分配既不是随意的也不是独裁的。市议会就好比汽车的备用车轮,不能真正发挥作用。在约翰·克雷辛看来,议会是默许的:

因为市长的预算报告复杂而繁琐,而且议会又人手不足……对预算平衡的要求意味着某个支出项目的改变,这也意味着其他项目的改变,以及行政单位或议案的改变。也就是说,预算(议会)的一个改变会引起一连串的改变,而议会既无足够的时间又无充裕的人手来考虑这个问题。[18]

大多数情况下,议员担任着兼职立法者的角色。人员的高流动性和低分工性使他们难以得到专业知识,从而在预算的迷宫中找到出口。在这样的条件下,他们很难对市长的预算建议提出质疑,更不要说自己做出关键的决定了。

虽然城市规模大小、政府形式、社会经济情况各有不同,但一系列的限制条件是它们共有的,使得它们的预算模式大同小异。预算平衡的要求,以及快速增长的支出需求,还有几乎一个模子的软弱的议会,产生了如出一辙的预算程序。虽然有一些小小的差异,但大多数城市的预算与奥克兰可谓如出一辙。

在20世纪80年代初,这种平衡曾经是合理的。奥克兰大幅削减支出并把主要精力投入到经济发展上(目前看来还算成功),但是现在已经时过

第 6 章 贫穷与确定性:美国城市预算

161

境迁。

城市预算的重要特征就是预算必须是平衡的。这表明收入控制支出。由于州政府控制着城市的税收，剩下毫无弹性的收入来源，城市发现提高收入的速度不及通货膨胀。城市收入主要依靠财产税，但这项收入很少变化，任何风吹草动都会被业主发现，这样一来如果提高税率，城市会面临沉重的政治负担。市政官员的选择少之又少，因为支出只能来源于政治上可行的或是宪法允许的税率范围。没人会考虑其他的资源分配方式，因为资源如此匮乏，根本无资源可分。除非城市可以负担一笔很大的资本预算，否则预算行为只是服务于控制官僚行为或协助税收政策。在此，不是运用预算过程来掌控特定的目的，即决定城市发展的新方向；而是编制预算在很大程度上成了一项维持活动。它的主要目的就是通过确保管理者在可接受的范围内执行过去的政策，将支出控制在合法的范围内。

紧缩的收入限制是城市预算的典型表现，它在联邦政府层面产生了深远的影响。用博弈论里的术语来说，现在联邦政府的预算正从联邦政府层面的非零合博弈转变为美国城市层面的零合博弈。一个城市机构预算的巨大增长会对其他机构可能的增长带来明显的不利影响，因为预算这块蛋糕的大小已经固定了。当收入增长时，会变得十分有利，预算的增长很可能通过议会决定。如果这个增长出乎部门领导、市长和议会的意料，市政预算过程很可能会演化为一场混战。

但是在联邦水平上，财政紧缩却一点都不紧迫。一个部门、机构或项目的预算增长丝毫不会排除其他部门的预算增长。与城市拮据的税基相反，国家的支出可以来源于多种多样且富有弹性的收入。除了一些特别大的部门遇到偶然情况，没有部门会感到它们在损害他人利益来获取自己的利益。

与他们在联邦政府中的同行相比，市政执行官对于详细的支出有着更大的控制权，因为他们管辖的区域较小，对日常事务驾轻就熟，其潜在竞争者要花招的余地也越来越小。但是虽然市政官对细节有着高度的控制权，他没有左右外部力量的能力，因此他不能决定自己的仕途有多久。税收水平、雇员收入以及城市的需求，都是他无法控制的外部力量的产物。与此相反，在联邦政府水平上更大的预算、更多的参与者、强大的立法机关为整个系统带来更多的灵活性。当联邦执政官觉得他可以有所作为但难以控制局面时，地方执政官也许会怀疑自己强有力的控制是否真的值得。[19]

城市服务的提供同样受到它在联邦体系中级别较低的影响。譬如城市想要避开相应的收入限制并扩大部门收入来源，就需要加入一些项目，这样就有可能与其他一些私人或是政府主体分担成本，也就可以享受预算上的一些优先权。官员们会为城市安排这样那样项目的原因就是这可以提供一部分收入。当分担成本的时刻来临,收入限制就会被解释为"受益者分担"原则,这样一来,私人开发商和商会成了最有可能分担开支的人。因此城镇发展的结果在很大程度上不是城市官员一种有意识的选择,而是他们对于所有可能增加收入的行为都来者不拒导致的。[20]

面对下一年的财政预算,城市官员不仅可以预见到下年能得到多少财政资源,需要提供多少公共服务,还可以预见到想要拥有足够的资源来满足这些需要是痴人说梦。城市预算总是结合着两大特性:贫穷和可预见性。结果,预算呈现了一种控制倾向,成为一种量入为出的收入行为模式。

在过去10年城市预算状况有没有改变呢?如果有,那么对预算过程的影响是怎么样的?一个对于城市财政现有文献的研究表明,贫穷和可预见性的总体状况在美国并没有改观。更确切地说,这两种趋势反而变得更为显著。对于财政紧缩和新的行为限制的两种主要反应可以被确定。危机当前,城市一方面通过削减开支采取被动防范措施,一方面通过兴办企业采取主动出击策略。在我们继续考察城市大致是如何对付资源匮乏之前,我们来简要地看一些具体例子。

政府对于环境变化的反应[21]

财政压力改变了许多城市管理财政时采取的策略。政府对于财政窘迫的反应一个是被动防范,节衣缩食;另一个是主动进攻,广开财源,或者开源与节流兼而有之。

被动防范:紧缩开支

在对城市财政的全面研究中,克拉克(Clark)和费格森(Ferguson)总结美国大多数城市最严重的问题只有一个,它可以被称为"削减管理或削减支出的调整或财政压力预算"。对税收的普遍反对使得20年代70年代中后期成了"财政保守主义"的天下。[22]

- **先进的管理工具**

为了缩减预算或是控制其增长的速度,在20世纪70年代城市经常使用一些先进的管理工具,包括计划项目预算体系(PPBS)、目标管理(MBO)以及零基预算(ZBB)。效率导向的技术性手段将有望对非政治性预算过程大有好处,可以帮助城市走出财政预算的泥潭。

传统预算的缺陷源于两个先天不足,一个是各个账户每年的支出增长,另一个是对于项目的优势和结果缺乏系统的考虑。零基预算这种管理技术完全依照新项目的标准,通过对所有上报活动和支出进行严格深入的审查,确定实际的数字,暴露了原有的缺陷。

在1978年对205位预算主管的调查中发现,35位主管正在或曾经使用过零基预算工具。在170位没有使用过零基预算工具的主管中,有超过一半的人打算将其运用到自己的城市中。城市首席执政官通常是零基预算最大的幕后支持者。对于执政官来说,零基预算最大的好处就是它会为预算增减给部门项目带来的影响提供一大批确实的数据。部门领导对零基预算通常热情不足,因为更多的信息意味着执政官有了更大的潜在权力。但是最终零基预算没能进入考虑,这是因为它倾向于重置整个权力结构,而非由于其原先设想的以合理方式削减预算的能力。

- **零基预算的一个案例研究:特拉华州的威灵顿**

特拉华州的威灵顿(Wilmington, Delaware)是一个有8万人口,每天往返的工作人流为6万人的城市。它在1975年首次使用了零基预算。对于原先线性预算方式的抱怨已屡见不鲜:预算过程对于政府服务的性质和水平提供的信息不足;现有的资金水平已经被设定了;没有任何步骤考虑政府对社会提供的服务是否是公平交易;也没有机制来衡量资金水平变动带来的影响。这种行政失灵被财政问题进一步激化,而这些财政问题困扰着许多城市:收入来源的增长乏力、刚性的工会工资协议、新政府服务的需求、对税收增长的排斥,以及占去了一半可用资金的相对固定的开销(例如,养老金、还本付息、保险金和公立学校补助金)。

市长托马斯·C.梅伦尼(Thomas C. Maloney)在1973年当选上台,很快就在财政控制方面声誉卓著。与他的前任16%的年预算增长相比,梅伦尼成功地将四年中城市的运营预算增长控制在18.9%。[24]在了解到零基预算在私人部门中的成功运用之后,市长和他的领导班子对零基预算产生了极大的兴趣。通过多方咨询,包括与得克萨斯州加兰市(这是为数不多的最早使用零基预算的公共部门之一)的官员们的讨论,威灵顿最终决定使用这一预算方法。

零基预算提供了一种方法来检验和评估整个组织的运作,通过:

将所有申报的活动(以及支出)按照其相关内容划分为大小便于管理的单元,分别对它们进行细致深入的调查,最终在不考虑资金限制的前提下将它们按轻重缓急排序。然后将会对照这个排序选择支出水平,如果资金不足以覆盖整个列表,那么优先性最低的项目就会被放弃,直至整个预算表累计的资金水平与实际可得的资金水平完全吻合。最后的优先排序表,在与可得资金轧平以后,成为最终预算。[25]

在威灵顿,九位从城市各办公室调来的预算分析员组成团队提供技术支持。在进一步培训之后,每位预算分析员都被派到一个部门中去协助评定服务水平和成本水平。部门则将这部分连同其他信息一起反馈上去,并为市长提供一份初步的排序表。这部分审查程序从对城市财政状况的初步评定开始,并主要由部门听证会组成。除了听证会,市长的工作组还会对部门报告进行很多技术性审查(例如,检查预算的完整性、透明度和计算准确性)。

零基预算最重要也是最与众不同的一步就是对优先性的正式排序。在驳回34件"重要"的政府服务之后,市长的工作组将剩下的162件部门上报的服务内容重新排列好。最终完成的排序表会上报给市长,他不会做什么太大的变动。通过这种机制,城市决定将优先程度较低的总数为120万美元的部门预算请求驳回。优先排序表完成后,预算结果会提交给威灵顿市议会。但是议会选择的余地并不大,想要重新排序以容纳一些附加的需要将十分困难。在议会通过最终预算之前,行政部门和立法部门会有大量的辩论和讨论。

从积极的方面来看,零基预算提供了:(1)政府所提供的服务的所有细节证据;(2)政府提供服务的优先列表;(3)更多的管理人员参与到预算过程中。最主要的缺陷则为整个过程所需的时间、精力和文字工作大大增加。120万美元的削减在总数为3 480万美元的预算中只占5%,这像是一个重要的劳动力仅养育一只老鼠。这不是零基预算,而是以95%为基数的预算。但是,还是要肯定的是,零基预算的确激发起了对于预算工作的努力。

- **对于缩减预算的一个案例研究:泰德县**[26]

泰德县(Dade County)是另一个通过管理技术削减开支的公共部门的例子。它没有从私人部门那里借鉴计划项目预算体系或是零基预算的管理程序,而是改进了自身对预算削减的方式。

该县使用了效果分析表,也就是人们所说的"削减表"来实现财政紧缩。做出削减是部门主管的首要责任。[27]部门主管要列出具体的削减项目、节省的资金、对服务水平导致的变化,并努力预期社会的反应。县长在预算办公室的协助下审查每个部门的预算,"在服务需求和可得资金之间权衡",并选择那些"最大化存款和最小化服务水平及社会反响"的建议。[28]可以看到,在削减过程中重点是重视服务提供和关注外部市民的反应。泰德县的管理创新将预算从原来的线性管理转变为注重单位成本,服务提供和政策效果。参与者并不看好这种方式的效率。而县长则更看好部门度量政策效果的能力而非他们明确目标和方向的能力。

削减过程带来了不同的行为后果:(1)由于支出削减迫在眉睫,行政指令总是在强调要提高效率;(2)由于削减是在当前年度的支出水平上做出的,因此存在花掉当前水平的倾向;(3)原先预算分析员的角色是敌对的或者是防守方,而新的体系总想要把这一角色重新分配给部门领导。于是部门领导之间的角色也发生分化,一部分变成预算局管理团队的成员,另一部分则成为分管领导的下属。[29]

二十世纪七八十年代不断增长的财政压力使得政府选择了财政紧缩。正如威灵顿和泰德郡的例子表明的,无论运用何种方法,它都能帮助削减开支。我们也要看到,如果没有有限的收入来约束总体开支,那么获取行动信息的动力(如果有的话)也就要小得多了。

主动出击:"广开财源"

刺激收入增长是紧缩财政的另一选择。财产税曾是许多城市的"中流砥柱",但由于对提高税率的抗拒,财产税不再是收入的可靠来源。在第二次世界大战之后收入开始多样化,但直到现在才真正开始。城市开始寻找各种方式来扩大收入。

- 收入多元化

销售税和所得税的确对弥补不再流行的财产税起了一些作用。在过去10年中,销售税的征收增加了25%。[30]现在销售税在城市整个税收收入中的比例超过1/4。所得税是地方第三大税源,虽然它仅在11个州被授权征收。而且对于这些州的城市,所得税业非常重要。在六个大城市中所得税提供了超过税收总数60%的收入。[31]

到处都在要求削减税收,城市只得在财产税、销售税和所得税之外继续寻求增加收入的方式。征收服务费是一个新流行的方式。这些费用作为收入的来源,在过去十年几乎翻了三倍。对1983年调查的500个城市中72%的财政官员来说,增加或是实行服务费成为了最常用的增加收入的手段。[32]

地方政府最近发现投资集合是一个增加收入的好方法。地方政府投资集合(LGIPs)是地方政府自发性的组织,它将临时性的游资集中起来用于投资目的。地方政府投资集合使得城市能够在二十世纪七八十年代高利率的情况下取得资金。由于资金流不平衡,地方政府通常动用近期不会用到的资金。这笔资金被投资到相当于货币市场的公共部门中。[33] 在 1972 年，有 11 个州运用了投资集合工具，而这个数字在 1984 年增加到了 18 个。1977 年地方政府在利息方面收入为 50 亿美元，而在 1982 年这个数字跃升到了 137 亿美元。[34] 这些投资集合为地方政府赢得的收益远远超过那些没有采用集合方式投资的政府。[35]

- **经济发展**

除了以上这些多元化收入的手段，那些具有远见的政府还着手促进经济的发展。许多市长都将创造一个富有经济吸引力的环境作为首要任务。在发展城镇的驱动下到处遍布着创业投资的气息。为了寻求经济的发展，这批信奉创新主义的市长寻求公共部门以及私人部门的支持。

- **公共支持**

在 20 世纪 70 年代以及 80 年代早期，处于竞争基础上的政府间援助对于地方政府争取资金能力的提高有很大好处。地方政府在 80 年代早期可以申请 500 多个援助项目。[36] 为了更接近资金来源，许多城市都会在华盛顿开设办事处或是雇用顾问来代表他们。华盛顿的国家市政发展中心就是这样一个代表各个城市权益的、有着重要地位的非营利性组织。这个机构创建于 1960 年，当时只有很少的客户，而到 1980 年已有约 50 名客户。总的来说，目前有大约 100 个城市在华盛顿有着各种各样的代表机构。[37] 地方政府有着各种各样的目的，他们寻求"联邦援助、影响立法结果的机会、理解提议的法规对自身有何作用或是仅对联邦政府造成一定的影响"。[38] 地方代表机构发现能够争取到最多援助的方法是关注联邦资金分配的模式。

- **底特律：卓越的筹款能力**

1974 年，底特律的新任市长，科尔曼·A. 扬（Coleman A. Young）在获取资金方面能力卓著。底特律对汽车工业依赖性极高，由于来自外国的竞争和周期性的衰退，底特律的经济状况十分低迷。下面这组统计数据提供了扬市长遭遇的挑战，可见一斑：

在他当选以后的一年中，这位市长面临 4 000 万美元的预算赤字；1976 年，这一赤字增长到 1 亿美元。国际能源危机对底特律的重创远远超过美国其他城市，使得 136 000 名工人跨入领取失业救济的队伍。成年工人的失业率达到 25%，而城市青年的失业率则为 60%。[39]

扬的做法具有新一代"创业型"领导的典型特征，他渐渐认为收入的"来源不是一成不变的，而是政府领导需要帮助创造的"。[40]

有着强烈政治敏锐性的扬成功地保证了州政府和联邦政府对底特律的双重补助。他从州政府获得法律保证,确保"鼓励工业、商业、贸易组织在城市中的发展,并欢迎新公司在此落户"。[41]而在联邦政府那里,扬与卡特政府也保持着密切联系,他成功地在联邦机构里设置了一个"迷你底特律木马"(Detroit made mini-machine)来关注城市的利益。[42]随着底特律驻华盛顿办事处的代表在美国住房和城市发展部(HUD)获得一个重要的任命,底特律对政府补助的申请就更不可能被尘封塔底了。

　　在卡特政府中美国住房和城市发展部以两种方式为经济援助提供资金:社区发展补助方案(CDBG)和都市发展资助方案(UDAG)。1980财年,底特律得到了社区发展补助方案超过6 000万美元的建设资金以及都市发展资助方案(一种更为严格的要求私人投资的补助)。至少4 100万美元的资金。[43]为了获取进一步的支持,扬还与一批法律公司签订合同,通过其游说政府官员来影响获取补助需要的法律条件。例如,他曾说服众议院领袖罗伯特·C.伯德(Robert C. Byrd)相信反周期补助(是指将资金投入那些失业率水平超过国家平均线的城市)具有种种优点。还有,某些就业培训综合法案(CETA)的工资条款都是针对底特律的利益特别制定的。[44]对底特律的联邦补助总数巨大,其中大部分都被制定用于经济发展。1980年,一个分析家估计"总体来说联邦和州政府的资金——其中一些密歇根州政府对底特律的补助也追根溯源到华盛顿——在今年拨入底特律的总数达到6.2亿美元"。[45]同时还有一部分为数不少的私人投资。

- **加利福尼亚州的里士满:私人投资的范例**

　　加利福尼亚州的里士满拥有79 000人口,坐落于延伸至旧金山海湾的半岛上。它着手开始经济发展的计划始于20世纪70年代中期。通过管理里士满再发展机构来促进经济,蓝斯·伯瑞斯(Lance Burris)体现了这个城市的某种信条,即政府对经济发展的介入既应是首位的也应是有限的。

　　它应该是首位的,因为政府具有制定以社会为基础的经济发展战略所需的全局观和政策工具;但它应该是有限的,因为在市场经济中,政府应该去引导和协调经济行为,而不是直接执行战略的各个方面。只有在无计可施时政府才应直接参与经济活动。[46]

　　里士满的经济发展战略是根据对该市优势(包括其深厚的工业基础和大量可开发的土地)和劣势(包括其作为工业品倾销市场的恶劣形象)的评价做出的。地方官员决定平衡当地住房供给,多元化其经济基础,并改善城市形象。

　　为振兴房市,里士满再发展机构在加利福尼亚州首次发行了SB-99债券。这一免税市政债券受到了私人不动产抵押借款保险的支持,提供给买房者预付定金5％的筹资额度和低于市场水平2％~3％的利率。这一激励吸引了中等收入人群搬到"过渡地段",也刺激了邻近的商业设施很快跟上。在经济上里士满高度依赖于雪佛龙(Chevron)综合炼油厂,这个厂每年缴纳的税收占整个城市税收的42％。由于石油工业的不稳定性,里士满急需多元化其经济基础。公共项目上报并得到了批准,其中包括社会保障支付中心和邮件集散中心项目。发展的势头仍在继续,城市又着手于三个新项目,包括私人投资的地区性零售、办公、居住综合楼,商业中心建设,以及国际性的船舶港口工程。随着大部分工程已经开展或竣工,里士满热火朝天地开展着复兴运动,将人员和他们的资金带到这里。

伯瑞斯作为经济管理者,回顾了里士满对经济发展所作的努力:

里士满,作为一个中型城市,不得不对地方资源创新地使用杠杆工具,对其补充公共和私人混合资金,并积极地为这些资金展开竞争。它做得非常成功,首先是建造自己的住房以争取地方上的支持和认可,然后组织城市管理小组,谋求地方财政机构和舆论的支持。[47]

里士满市政当局把自己看成一个高风险的企业。伯瑞斯认为,要想更好地利用自身资源,城市应该把自己看成"物质上、经济上、人才上的一个资源整合体,而不是一成不变地提供固定服务的各个部门"。[48]

以上的话也同样可以成为对其"邻居"奥克兰的总结,只是这里忽略了种族冲突的问题,包括在经济发展方面的不断斗争。虽然如此,但有一点很清楚,财政紧缩对两个城市的服务既施加了严格的限制,又促使它们打破陈规寻求新的收入。

收入预算:从20世纪70年代中期到80年代中期

认识到稀缺各有其不同,艾伦·希克对稀缺的状况做了分类:缓和的稀缺是指"政府有着足够的资源可以继续已有的项目和切实兑现新项目承诺的情况";慢性的稀缺,是常规情况下预算的状态,指"在公共资源与完成服务的成本同步增长的情况下有足够的资金继续正在进行的工作";急性的稀缺是指可得资源无法满足不断增长的项目成本;最后一个,总体的稀缺是指可得资源极度不足,甚至无法满足法定的公共期望。[49]

由于支出很难控制,收入又缺乏弹性,而预算还必须平衡,城市总是在遭受预算的贫穷。稀缺——政府取得的有限收入相对于公众和机构的无穷欲望来说——是一种地方病。在过去10年中,城市的困境一直在变得更糟。他们开始遭遇"急性的"稀缺,即可得资源无法满足项目成本增长的情况。

财政紧张:稀缺的问题

城市分析员已经对于他们称之为城市财政紧张的问题投入了大量的关注。财政紧张来自于城市税收、负债、支出与潜在经济资源之间的矛盾。[50]或者更具体地说,财政紧缩可以用支出加负债与收入的比率或是与可税财产价值的比率来衡量。[51]财政紧缩可能产生于一个膨胀的政府,或是一个萎缩的税基,或是兼而有之。

- 支出

1960～1975年间政府雇员人数的增加导致了城市成本负担的加重。1960年市政府大约雇用了170万人。在15年里工资单上的人数跃升到了250万,增长了49%(相比之下,全国总就业率仅增长32%)。[52]

在同一时期,城市运行成本也在增加。城市生活的众多问题——富人向郊区的迁移、失业、年久失修的房屋等——在此时都加剧了可税资源的流失,并造成了对一些城市扩大公共服务的压力。内城房屋的朽坏带来更多防火设施的需求。犯罪频发也要求更多的警察保护。这些支出以及其他一些日常和资本开支使得市政府在1975年需要支付1960年的3.5倍的账单(而GNP在同期只翻了一番)。[53]

除了减少的人口和就业,私人部门产业的日趋老化以及公共部门的日益膨胀,对于支出增长还有着众多的解释。这些解释说到:"(1)地方预算过程缺乏对节省开支技术转变的激励;(2)由于市政单位的政治权力,当选的地方官员很难拒绝他们对于工资和额外福利的要求;(3)当地产出属劳动密集型产品,因此产出质量与劳动投入数量紧密相关,这限制了生产力的发展。"[54]

城市如何支付不断膨胀的政府?1960～1975年间税收以及政府间的补助都提高了,但这块额外的收入仍然不能满足猛增的工资单和日常的费用。于是城市转而以借债度日。在1960～1975年间,未偿债务翻了三倍,从232亿美元变为688亿美元。[55]

于是长期债务成了城市巨大的负担。市政债券的本金必须向投资者偿还。因此这些5～13年不等的债务偿还占去了很大一部分市政预算。

- 收入

城市的任务就是为支付节节上升的维持公共服务和债务偿还的开支筹集资金。收入可以来自地方税基,也可以来自非当地资源,最明显的就是政府间转移收入。但是这些收入来源如果没有企业行为,将会很快枯竭。

人口流失和工业衰退通常与城市收入的减少密切相关。当利润和收入由于城市商业落后的竞争力和人口流失而降低时,政府可利用的私人部门资源的潜在来源会减少。但是这些私人部门的特性在于它们只是潜在的城市财政资源,而税收结构是将资源转化为收入的关键,所以必须重新研究。

财产税在历史上对于城市曾是最为重要的收入的"自有资源"。在20世纪60年代,财产税提供了市政收入的50%～60%。在70年代,这一比例降到了大约40%,但仍在城市收入中占很大的份额。[56]人口流失不会马上降低财产价值并降低财产税的收入。事实上,事情很可能向相反的方向发展:"衰退"的城市中财产反而可能增值。举一个例子,丹佛(美国科罗拉多州首府)正是如此。在1971～1976年间,人口减少了6%,而丹佛市的财产市值竟增加了79%。[57]一些社会经济学或人口统计学方面的原因弥补了人口流失的负面影响,反而提高了城市的收入水平。

城市居民反抗税收和相关的州府对地方政府课税所设的限制给许多城市带来了更多的收入限制。1974年财政开始向着更为保守的趋势发展,虽然抗税被广为接受的正式开端是在1978年加利福尼亚州提出的《第13号议案》(Proposition 13)。[58]

不管用什么衡量工具——占GNP的比率、公共部门的雇员情况、税收负担——美国政府在过去30年里急速膨胀(参见表6.2)。[59]而地方政府在三级政府中膨胀度是最低的(在支出增长和对GNP的比率上名列第三,在雇员增长上名列第二)。还有,公众普遍认为地方政府在公共资金使用方面浪费度最低。[60]虽然被认为过失最低,在70年代地方政府仍然被选中进行税收削减。39个州(从1970年起的25个州)颁布了对地方政府税收和支出权限的各种形式的限制条款。这类立法在很多情况下都是对公众要求减税的压力的回应。

对州政府下设的不近人情的各种限制有很多解释。在哈罗德·乌尔曼(Harold Wolman)提出的"体系论"中,政府是一个竭力在其内部和外部环境之间求得平衡的组织。外部环境由服务接受者(始终在施加压力以保持或改进政府服务水平)和纳税人(总是在选举时期对决策者设置限制)组成。他说,这两种不同来源的压力的存在影响了政策的制定。

表 6.2　根据政府级别对 1949 年和 1980 年公共部门增长所进行的评估

评估指标	联邦、州、地方政府总计 1949年	联邦、州、地方政府总计 1980年	联邦政府 1949年	联邦政府 1980年	州、地方政府总计 1949年	州、地方政府总计 1980年	州政府 1949年	州政府 1980年	地方政府* 1949年	地方政府* 1980年
当前支出（十亿美元）	59.3	869	41.3	602	18.0	267.0	8.9	148.2	9.1	118.8
年平均变动	44.0%		43.8%		44.6%		50.5%		38.9%	
固定支出（十亿美元，1967年基准）	83.1	352.1	57.8	243.8	25.3	108.3	12.5	60.2	12.8	48.1
年平均变动	10.4%		10.4%		10.6%		12.3%		8.9%	
占 GNP 的比率	22.9	33.0	16.0	22.9	6.9	10.1	3.4	5.6	3.5	4.5
年平均变动	1.4%		1.4%		1.5%		2.1%		0.9%	
雇员数量（百万）	6.3	16.3	2.1	2.9	4.2	13.4	1.0	3.8	3.2	9.6
年平均变动	5.1%		1.2%		7.1%		9.0%		6.5%	

*地方政府包括市、自治县、镇、校区以及特区。

资料来源：Advisory Commission on Intergovernmental Relations, *Significant Features of Fiscal Federalism* (Washington, D. C. : U. S. Government Printing Office, 1981) and U. S. Census data.[61]

由于表达公众偏好的组织体制和制度体制的差异，公众的角色产生了分化，一个是作为服务的接受者，一个是作为资源的提供者。在其他条件相同时，这种分化使得政府倾向于在更高水平上达到支出和收入的平衡，而如果由同一批公众同时做出支出和收入的选择，情况会更好⋯⋯在美国大部分州，一些地方财政行为（譬如提高税率）通过特别表决要求得到公众赞成，这被看成是纠正这些制度不平衡的补救。同样，最近由州和地方政府采取的财政限制也可以被看成是这一类措施。[62]

在乌尔曼看来，法律限制是对倾向于更高支出的政治偏向的补救。

对于为何设置这些限制，一个更具体的观点认为在真实收入增长和真实税收负担之间的差异是非常重要的："从 1957～1967 年间，"罗曼多 (Raimondo) 告诉我们，"真实的可支配收入增长了 50%，真实税收负担增长了 51%。一旦真实税负的增长超过了真实收入，抗议就会与日俱增。从 1967～1977 年间，真实可支配收入增长了 32%，真实税负增长了 38%。"[63] 根据这一解释，就预算而言，一旦感觉到财政紧缩后，市民们就会令人懊恼地关注公共部门。财产税是地方政府的主要税基，因此也备受关注。中低收入家庭，尤其是房屋业主，明显对他们家庭收入中被财产税占去的比例感到不悦。罗曼多总结说，"现在对于财产税的行政干预，例如，不统一的估算做法和税收豁免导致的税基腐蚀，更加剧了这一税收素有的不公平之名。"[64] 虽然财产税在地方收入中所占份额持续下降，但对财产税的影响范围和行政做法的不满导致了对税收改革甚至政府改革的呼声一浪高过一浪。

政府间转移支出也影响着城市收入。1957～1969 年间，对地方的联邦补助从 3 亿美元增加到 22 亿美元。联邦对州和地方政府的补助增长了五倍，而州对地方政府的补助则上升了三倍。[65]"在 1962 年，税收每筹得 1 美元，"斯蒂芬妮·贝克(Stephanie Becker)观察到，"地方政府就会从华盛顿得到 3 美分；在 1978 年，这一数字达到了 1.18 美元的高位。"[66] 1981 年之前对城市的政府间转移收入在某些地方甚至达到了市政收入的一半。[67] 但是这一形势在里根政府时期已经逆转，至 1982 年对地方征收的 1 美元联邦补助只有 13 美分。在 70 年代后期政府间转移收入的绝大部分来自于州政府（1977 财年为 59%）而不是联邦政府（37%）。[68]

并非到处都能得到联邦补助。在 1970～1971 财年，有 21% 的美国城市没有得到过联邦或州政府补助。[69] 对于那些在六七十年代得到政府间转移补助的城市，对财产税的依赖程度降低了，但对其他级别政府援助的依赖程度上升了。在里根政府时期，当联邦补助被削减时，这些城市就陷入了困境。

对地方政府税收的"抗税"和相关的州府限制都加剧了大多数城市的财政紧缩。在 1981 年联邦补助被削减以前，政府间转移收入为一些"自己占有"资源的收入流失提供了补偿。收入减少与支出增加相结合，造成了财政压力。

通货膨胀与衰退

国家经济趋势是如何影响预算状况的？克拉克和费格森回顾了所有能找到的关于国家经济周期、衰退、通货膨胀对城市财政影响的研究文献。他们认为总体经济衰退的有害影响被人们过度夸大了：

通货膨胀和衰退在财政上是棘手的，但城市总体上来说比私人公司和联邦政府承受得要少一些。当这种全国性的衰退成为众矢之的时，其影响很难与包括政府雇员、纳税人和其他方面的地方政府行为区分开来。一些城市深受通货膨胀之苦，因为它们的收入增长低于支出增长的速度。但另一些城市却从通货膨胀中受益，而且最大的一个支出项目——人员工资——是地方政府决定的。20 世纪 70 年代早期财产价值增长得与大多数支出水平一样快，这否定了传统的财产税收入缺乏弹性的观点。在衰退期，财产税的好处就是几乎不会降低，而销售和其他方面的收入就不是这样了。然而研究表明，到目前为止，这种降低的程度并不明显。[70]

困难时期无助于城市发展，但城市究竟损失了多少还存在争议。

可预见性

城市的决策力受到以下混合影响的限制:(1)税收厌恶——人们对减少支出的倾向已经非常明显;(2)州政府下达的限制——对税收的法律限制;(3)联邦补助的增长——这一补助通常附有资金去向的明确指令。随着更进一步的财政紧缩,预算制定者被迫只关注基本的公共服务。联邦补助给了地方更加有限的自治权,并使预算更易预见,因为政策问题和资金水平是由其他级别政府决定的。结果,一些预算分析员甚至认为地方是"玩具政府":"地方上越来越依赖于上一级政府资金来解决基本政策问题、资源配置,甚至是公共品和服务的提供"。[71] 如果真是如此,将会非常不幸。但是,这确实大大缩小了决定的余地。

城市的相对贫穷与其表面上的稳定有很大关系。一方面被要求平衡预算,另一方面又无法快速提高收入,它们会有许多难题,但决定现在或者不远的未来它们处在哪里并不是其中的问题之一。它们明确了解过去的收入和支出,并且可以预期在未来一两年情况仍将如此。当这些预期落空时,当城市的开支急剧上升而收入下降或者不能保持同步时,它们就被归为贫穷和前途不明的一类,并且开始具有所谓的发展中国家的某些行为特征——这些国家被我们划分为"贫穷和前途不明"。

注 释

1. Stanley M. Wolfson, "Economic Characteristics and Trends in Municipal Finance," *The Municipal Year Book* (Washington, D. C.: International City Management Association, 1973), pp. 91—106.

2. John p. Crecine, Governmental Problem Solving: *A Computer Simulation of Municipal Budgeting* (Chicago: Rand McNally, 1969).

3. Ibid., pp. 32—39. 179—84.

4. Ibid., p. 38.

5. Ibid., p. 39.

6. Ibid.

7. Ibid., pp. 167—168.

8. 这个讨论最初的版本出现在 A. J. Meltsner and A. Wildavsky, "Leave City Budgeting Alone! A Survey, Case Study, and Recommendations for Reform," Financing the Metropolis (vol 4: *Urban Affairs Annual Review*, ed. J. p. Crecine (Beverly Hills, Calif.: Sage, 1970). 经出版商 Publications, Inc 同意后再版。

9. 了解对于收入问题的详细分析,参见 Arnold J. Meltsner, *The Politics of City Revenue* (Berkeley: University of California Press, 1971), pp. 311—358.

10. 观察标准由加利福尼亚大学伯克利分校政治科学学院公共管理专业研究生 Ken Platt 汇编。

11. Thomas J. Anton, *Budgeting in Three Illinois Cities* (Urbana, Ill.: Institute of Government and Public Affairs, University of Illinois Press, 1964), p. 18.

12. Ibid., p. 8.

13. Thomas J. Kressbach, *The Michigan City Manager in Budgetary Proceedings* (Ann Arbor: The Michigan Municipal League, 1962), p. 4.

14. Lillian Rose, "$1,031.961.754.73," *The New Yorker* 28(12 July 1947):27—36.

15. Deil S. Wright, "The Dynamics of Building-Large Council Manager Cities," (paper prepared for Department of Political Science, Institute for Research in Social Science, University of North Carolina, 1969).

16. Ibid., p. 25.

17. Anton, *Budgeting in Three Illinois Cities*, p. 17.

18. Crecine, *Governmental Problem Solving*, p. 39.

19. Paul Peterson, *City Limis* (Chicago: University of Chicago Press, 1981).

20. Frank Levy, Arnold Meltsner, and Aaron Wildavsky, *Urban Outcomes* (Berkeley and Los Angeles: University of California Press, 1974).

21. 第Ⅱ和第Ⅲ两部分与加利福尼亚大学伯克利分校政治科学学院的研究助理 Elizabeth Norville 合著。

22. Terry Nichols Clark and Lorna C. Ferguson, *City Money: Money: Political Processes, Fiscal Strain, and Retrenchment* (New York: Columbia University Press, 1983), p. 245.

23. Perry Moore, "Zero—Based Budgeting in American Cities," *Public Administration Review* (June/July 1980), pp. 253—257.

24. David W. Singleton, Bruce A. Smith, and James R. Cleaveland, "Zero—Based Budgeting in Wilmington, Delaware," *Government Finance* (August 1976), pp. 20—29.

25. Ibid., p. 20.

26. Jerry McCaffery, "Revenue Budgeting: Dade County Tries a Decremental Approach," *Public Administration Review* (special issue), vol. 41(January 1981):179—189.

27. 这一过程是"恶性循环"的,因为每个部门必须"以本年当前预算为基准,由明确下一年的服务水平开始,确定七个不同工作层面的运作"(ibid., p. 181)。以此为基准,通货膨胀会自动降低服务水平。另外,部门必须以今年支出水平的5%、15%、25%的比例削减支出。

28. Ibid., p. 180.

29. Ibid., p. 186.

30. 1973年,4 462个行政辖区征收销售税,而1984年这个数字为6 000。Stephanie

Becker, "Local Finance: A Bootstraps Operation," *Intergovernmental Perspectives* (Spring 1984, p. 19。

31. Ibid., pp. 19—20.

32. Ibid., pp. 20—21.

33. James E. Kirk, "Local Governments Increase Financial Clout Through Investment Pools,"*Regional Focus*, 16 January 1981, p. 4.

34. Becker, "Local Finance,"p. 21.

35. Kirk, "Local Governments Increase Financial Clout,"p. 4.

36. Clark and Ferguson, *City Money*, p. 228.

37. "For State and Local Governments, Washington is the Place to Be," *National Journal*, 6 September 1980, p. 1487.

38. Ibid., p. 1485.

39. Tom Gorton, "Detroit Reborn," *Planning*(July 1980), p. 19.

40. Becker, "Local Finance,"p. 18.

41. Ibid., p. 19.

42. "Detroit Struggles to Find a New Economic Life," *Fortune*, 22 April 1980, p. 78.

43. Ibid., p. 80.

44. Ibid.

45. Ibid.

46. Lance Burris, "Richmond, California: A Case Study in Economic Development,"*Urban Land*(May 1980), p. 9.

47. Ibid., p. 16.

48. Ibid.

49. Allen Schick, "Budgets, Plans and Scarcity," (Paper prepared for National Association for Public Administration, 1969), p. 12.

50. Charles F. Stamm and James M. Howell, "Urban Fiscal Problems: A Comparative Analysis of 66 U.S. Cities," Taxing and Spending (Fall 1980), pp. 42—58.

51. Clark and Ferguson, City Money, p. 43. 其他一些衡量紧缩的方式仅关注私人或公共部门,譬如财政紧缩单独被决定为城市经济基础。进入市政债券市场也被作为财政紧缩的一个衡量标准。公共部门与私人部门的比率似乎是城市财政健康程度最有说服力的一个衡量器。

52. Stamm and Howell, "Urban Fiscal Problems,"p. 42.

53. Ibid.

54. Henry J. Raimondo, "State Limitations on Local Taxing and Spending: Theory and Practice," *Public Budgeting and Finance* 3 (Autumn 1983): 33—42.

55. Stamm and Howell, "Urban Fiscal Problems,"p. 42.

56. Becker, "Local Finance,"p. 18.

57. Clark and Ferguson, *City Money*, p. 346.

58. Terry Nichols Clark, "The Political Cultures of Government Growth and Retrenchment: Lessons from American Cities," Research Report No. 126 (1982).

59. 公共部门增长：支出美元数额——1949年为593亿美元,1980年为8 690亿美元；占GNP的比例——1949年为23.0%,1980年为33.1%；公共部门雇员人数——1949年为620万,1980年为1 620万；或是中等收入家庭的税收负担——1953年为11.8%,1980年为22.7%(Raimondo,"State Limitation on Local Taxing and Spending,"p.33)。

60. 大量调查表明,美国市民认为他们的地方政府比联邦或州政府的工作做得更好,也更勤俭节约。当被问到"你认为哪一级政府对其预算浪费的比例最大——联邦政府、州政府和市级政府?"答案的比例分别是62%、12%、5%(Clark and Ferguson, *City Money*, p. 378)。

61. Table from Raimondo, "State Limitations on Local Taxing and Spending," p. 35.

62. Harold Wolman, "Understanding Local Government Responses to Fiscal Pressure: A Cross National Analysis," *Journal of Public Policy* 3, no. 3 (1983): 245—264.

63. Raimondo, "State Limitation on Local Taxing and Spending," pp. 33—34.

64. Ibid., p. 34.

65. G. Ross Stephens, "State Centralization and the Erosion of Local Autonomy," *The Journal of Politics* 36 (1974), p. 68.

66. Becker, "Local Finance," p. 23.

67. Clark and Ferguson, *City Money*, p. 227.

68. 大多数联邦补助要经手州政府。在大约40%的联邦对州的拨款中,有14%的高速公路拨款和66%的司法公正拨款会分至地方(Clark and Ferguson, City Money, p. 379)。

69. Ibid., p. 230.

70. Ibid., pp. 90—91.

71. Stephens, "State Centralization and the Erosion of Local Autonomy," p. 74.

第 7 章

政治结构的影响：美国各州

如果我们使用的变量——财富与确定性——以不同的比例混合会发生什么？毕竟有些政府会比最贫穷的政府富有一些，而有些政府会比最富的政府贫穷一些。美国州政府对我们的目的来说非常理想，因为有些看上去正如我们模型中的富国（像在美国联邦政府中），而其他一些则更像贫穷但有确定性的城市。但同时，几乎所有的州都有某些共同的政府体制——立法、执政以及与建立在市政或联邦水平上的政党有着极大的不同。因此，我们想要知道当我们改变政治党派、官方权力和专业知识等因素时，对于现实中财富与可预见性的混合体会造成怎样的影响。而分析州政府使我们可以研究一个新的变量——政治结构。

三级立法机构——国会、州立法机构、市议会——专业知识水平各有不同。这会影响此类机构所扮演的角色或是它扮演这一角色的方式吗？首席执行官在预算事务上的官方权威各不相同。总统与国会分享权力；州长有分项否决权，赋予了他们废除某些年度立法的决定权；市长通常在市政范围享有主导地位，伴之以弱势和恭顺的议会。这些官方权力上的不同如何影响首席执行官的行为，以及利益相关者对他们的反应？

同样，支出部门也在预见性不尽相同的情况下运行。在联邦层面，他们每年的得失数目巨大。而在城市水平上，资金额度和取得的可能性都要小得多。在各个州中情况则是不确定的。一些州情况更像联邦政府，而另一些州则体现出一些市政特征。那么资金金额和得失的几率是如何影响部门行为的呢？

州政府预算当然要比市政预算大得多，但同样比联邦预算要小得多。与市级政府一样，州政府同样不能发行货币，贷款能力也极为有限。他们为筹得支出必须从居民和联邦政府那里争取资源。州政府预算过程同时有着联邦和地方预算的特征,但从整体上来说,与其中任何一个都不完全一样。

我们将要考察三个基本问题:

(1)财政问题:资源限制是什么?

(2)战略问题:权力掌握在谁手中以及他们是如何利用权力达成目标的?

(3)计算问题:如何使预算便于管理?

财政问题

在联邦水平上资源问题不及州和地方政府来得紧迫。收入虽然是有限的,但相比那些预算资源需要在项目和机构间竞争的地方来说已经相当不错了。在城市级别上,这一问题尤为尖锐。在那里预算必须平衡,收入具有刚性,而支出增长迅速。面对极为有限的资源,预算成了走形式的收入行为。问题已经不是该如何使用支出,而是到哪里找到支付账单的资金。州政府处在中间,其运行条件使得两种情况都有可能。为了理解州政府的预算问题,我们需要同时考察支出和收入限制条件中的各种变化。

州政府支出与市政支出有两个共同点:甚至在服务水平毫无变化的情况下它们也会机械性地增长,而且许多支出名目是年度拨款过程无法控制的。州政府预算中有四个最大的项目——教育、福利、卫生、高速公路——经常(虽然不是一直)由于其受众(学生、福利受益者、驾驶员等)的增加而一年比一年花费得多,而地方政府被迫将更多的开支转嫁到州政府。[1] 服务成本(工资和价格)不断上升,(似乎)从不下降。正如老肯尼斯·霍华德(S. Kenneth Howard)所说,"事实上,每年州府提交的预算都是这个州历史上最高的。"[2]

预算官员控制支出的能力很有限。希克解释了原因,"事实上,每一个州都有一套方案来设定州府对学区、福利机构以及其他方面的补助水平。与这些无法削减的支出一起的还有一些已有项目和机构的固定需求。"[3] 安东告诉我们,执政官的机动性十分有限,这也是因为"交错的州政府财政记账系统的复杂性。宪法的限制……与财政义务不一致的条款……还有更糟糕的,普通基金、专用基金、循环基金、借贷基金、信用基金、联邦基金以及地方基金组成的错综复杂的迷宫",这一切都使得执政官愈发糊涂。[4] 举一个

179

例子,伊利诺斯州除普通用途资金外有大约40个专用基金;康涅狄格州有100个;怀俄明州有168个。拥有如此之多的基金,人们怎么可能知道情况到底如何,有多少被支出了,有多少将得到收入? 安东总结道,"对于那些想要为财政公平而战的州长来说,在这样的环境下想要设置战场都困难,更不要说得到最终的胜利了。"[5]

指定用途的税款和联邦补助加剧了这种复杂性,并对利益相关者的判断力设置了更多的干扰障碍。希克的结论被广泛接受,"州预算官员遇到的最大的难题就是预算中只有极小的一部分是在有效的支出控制下的……一些预算官员估算过大概有90%的预算都逃过了严格的审查。"[6] 弗雷德里克·莫夏尔(Frederick Mosher)认为最主要的原因在于"州政府预算中的大部分是强制执行的……在大多数州支出中的大部分都没有纳入预算过程,而这纳入的一小部分占去不到1/4的州政府财政"。[7] 例如,在阿拉巴马州:

州政府对于联邦补助的高度依赖,大量指定用途的收入,以及在普通资金预算之外约90%的支出,都导致了州长控制力的最小化。另外,这个州有着可以找到的最为支离破碎的政治结构。这里可以找到超过200个不同的行政单位形式——部门、机构、理事会、委员会,其中大多数在很大程度上是依靠政府预算外资金运行的。[8]

阿拉巴马州州长的官方预算权力很难给人以安慰,而这在其他地方也明显如此。

与城市一样,大部分州政府在宪法对平衡预算的要求下运行,因此收入极具重要性。由于没有货币发行能力,负债筹资又受到很多限制,州政府支出是收入约束型的。

然而政府的征税能力远远要比城市强。虽然联邦宪法不允许州政府对州际贸易和国际贸易征税,但它们可以征收其他任何一种它们认为需要的税收。因此,大多数州在长久以来征收特许权税和使用税之外又设置了所得税和销售税。全部50个州都征收销售税和总体收入税,44个州征收个人所得税,46个州征收公司所得税。[9] 与财产税不同,所得税和销售税都富有弹性。它们对经济变化反应敏锐,当经济增长时,它们也按一定比例增长(当然视其税率而定)。当城市努力满足当前支出时,州政府却可能产生某些盈余。虽然目前在经常账户的盈余并不大,但在为退休金设置的信用基金账户及相似的账户里的盈余可能十分巨大。

各州之间收入与支出的关系有所不同,但在文件里它们被一视同仁。这基于一个假设,即州政府处在一个与市政水平相似的持续的财政危机中。例如,在1964年刊登的一篇文章中,希克声明,"表面意义上的平衡预算现在成了州政府常有的状态。取之不尽的盈余和固定不变的税率早在几年前（也许是永远）就消失了。"[10]奥斯丁·蓝尼（Austin Ranney）的看法也已被广为接受："大多数州政府……现在都在面临对更多更好的学校、高速公路、福利、娱乐设施等迅猛增长的需求——但同样面临着极度匮乏的收入来源。"[11]

这些结论已被作为解释州政府预算过程的基础前提。由于支出增长而收入跟不上步伐，州长最主要的担心在于收入来源，而不是如何决定分配。因此，他总是被描述成埋头苦干于控制支出增长和设置新的收入来源的形象。此类文字对于那些经常账户有盈余的州来说就不适用了。

我们所获信息的较为严重的局限不是因为委托机制的错误而是因为极大的疏忽。关于州政府预算决定如何做出的研究是少之又少。托马斯·安东的《伊利诺斯州政府支出的政治》（*The Politics of State Expenditure in Illinois*）是唯一一本专著性的研究成果，描述了利益相关者及其目标、活动环境、附加的限制和机会以及他们为完成任务所采取的深思熟虑和行动策略。还有其他一些关于个别州政府预算的研究，但他们都没有安东这部著作深入、全面。

总之，这种财政分析产生了两种类型的预算综合症。一个症状是收入比支出增长得快，盈余不断累积，比起削减支出要求和为经常性支出寻找资金来说，预算官员更为忧心忡忡的是决定是否要花掉多余的资金——如果是的话，要怎么花、花到哪里。另一个症状是支出超过收入，资金所剩无几，预算官员难有发挥余地。预算过程更多是围绕着收入而非支出展开。预算官员需要担忧的是控制支出的增长和满足经常性项目的收入。这种类型与市政模型不谋而合，我们称之为"收入型预算"。与财富一样，预见性是影响预算过程最重要的环境变量。当预算官员无法预计收入支出流时，就很可能出现一种重复的预算模式。

描述了三种预算类型之后，我要进一步观察在现实中情况是怎样的。当支出大于收入时，在州长试图控制支出并将大部分精力投入到寻求新的收入的情况下，收入型预算就应运而生了。

托马斯·费林（Thomas Flinn）对明尼苏达州州长弗里曼（Freeman）在20世纪50年代后期所作的预算决策描述细致入微、明察秋毫。[12]弗里曼的当选是基于其政治纲领，他许诺要扩大州政府的服务项目，他竭尽全力想要遵守这个许诺，但最终还是失败了。他发现自己不是在处理支出决定，而是试图扩大收入来满足经常性预算的开支。在刚坐进州长办公室的时候他就发现，"如果想要将服务水平保持不变，他必须找到新的收入来源……而如果他想扩大州府服务……他就必须找到一大笔新的税收收入。"[13]因为增加课税在政治上行不通,所以弗里曼唯一可以采取的行动就是指示他的助手重新审查部门提交的申请,并砍掉所有对现行项目不太重要的细枝末节。

当他的助手正忙于给部门的申请表"减肥"的时候,弗里曼将全部时间和精力都投入到开发新的收入资源上了——即在法律上可以通过,同时又不会引起大批公众反对的税收增长。虽然在众多令人眼花缭乱的"招数"之后预算得到了平衡,但他不得不放弃大部分当初许诺的服务扩大。

在60年代早期,安东对伊利诺斯州州长克纳(Kerner)的描述与这个故事异曲同工。当克纳当选时,州府有着1 200万美元的计划赤字。作为州长的克纳第一步就是要平衡预算。对于资源如何分配根本没有什么决定好下,因为压根儿没有闲散资金。所以克纳面临的问题不是把州政府的资金往哪里花,而是到哪里去寻找资源来支撑现有的支出。用安东的话来说,就是"州长最大的担忧不是预算的内容,而是如何找到额外收入的问题"。[14] 收入主管是这样形容收到部门报告时的情形的,"我看了一下它们,然后告诉州长这个数字太大了,我们不可能筹到这么多钱。然后我们就一起坐下来'大开杀戒'。"[15]

与此同时,为增加州府收入所做的另外一些努力就是加强税收征管、争取更多的联邦补助、提高税率。克纳最终与弗里曼大致一样收场,预算基本平衡,但没有增加任何大型项目。预算仍然唯收入马首是瞻。

预算官员仍然在努力解决收入不足的问题,但最近又有一个新的变量被加入到这个预算方程式中,即高度的不确定性。自从70年代中期若干因素的结合限制了预算官员的选择余地,并对州政府财政管理制造了一个充满不确定性的环境。在里根(Reagan)执政下抗税及联邦补助的削减限制了州政府潜在的收入来源。对那些绝对收入水平还称得上富有的州来说,财政约束和不确定性相结合,为它们带来了不断重复的预算模式。

加利福尼亚州

在加利福尼亚州《第13号议案》中,限制财产税的公民表决的通过,是对政府课税和对支出设立法规或宪法限制的全国性运动的一个缩影。娜奥米·卡登(Naomi Caiden)和杰夫里·切普曼(Jeffrey Chapman)说明了抗税和其他收入约束现象对预算过程的影响。[16] 1978年6月加利福尼亚州选民对《第13号议案》的通过削减了超过一半的财产税,将州和地方政府的财政资源减少至极限。在之后的两年中,巨额的政府盈余为州府安上了"安全气囊",并多次用来"保释"地方政府。但在1981年政府盈余告罄,联邦支援被削减,全国性的衰退连同抗税的影响严重损害了州政府的财政地位。结果原先井然有序的预算流程被打乱,造就了现在的预算模式——"为了达到预算平衡形式,必须求助于权宜之计——一次性特别税收和支出措施——为持续的财政能力提供非持续性税基"。[17]因此,在20世纪80年代州政府行政和立法部门对偿付能力拮据的反应陷入了一股机会主义的风潮之中。对于预算危机没人采取系统性的措施,"每一个财政年度人们都使出浑身解数使最后的数字持平,预算就在这样一个绝望的游戏中周而复始"。[18]

密歇根州

我们很难将抗税作为对预算过程的一个单独影响因素从其他在全国(参见表7.1)普通使用的因素中区分出来。

表7.1　　　国家调查,* 1979年通过的对税收和支出限制的削减

● 财产税削减		
阿肯色州	马萨诸塞州	俄亥俄州
佛罗里达州	明尼苏达州	俄勒冈州
爱达荷州	密苏里州	南达科塔州
爱荷华州	蒙大拿州	田纳西州
堪萨斯州	内华达州	犹他州
肯塔基州	新墨西哥州	华盛顿州
马里兰州	北达科塔州	威斯康星州
		怀俄明州
● 所得税削减		
亚利桑那州	明尼苏达州	俄克拉荷马州
科罗拉多州	密西比州	俄勒冈州
特拉华州	蒙大拿州	罗得岛州
印第安纳州	新墨西哥州	佛蒙特州
爱荷华州	纽约州	弗吉尼亚州
堪萨斯州	北卡罗来纳州	威斯康星州

续表

● 销售税削减		
堪萨斯州	明尼苏达州	田纳西州
肯塔基州	密西西比州	弗吉尼亚州
缅因州	内华达州	华盛顿州
马里兰州	纽约州	西弗吉尼亚州
密歇根州	南达科塔州	威斯康星州
● 支出限制		
佛罗里达州	内布拉斯加州	南卡罗来纳州
马萨诸塞州	俄勒冈州	犹他州
蒙大拿州	罗得岛州	
● 财产估价限制		
亚利桑那州	爱荷华州	马里兰州
		俄勒冈州

注：* 调查由全国州政府立法会议和美国公共雇员联盟组织，华盛顿特区，1979年6月。

资料来源：R. Kemp, *Coping with Proposition* 13(Lexington, Mass.：D. C. Heath, 1980), p.9。

收入削减与其他因素相结合制造了财政困难。但最近在密歇根州发生的事件表明，会导致重复预算模式的预算问题非常有可能与市民抗税因素区分开来。在1972～1982年间，密歇根州举行了许多次投票表决，旨在以宪法形式强制执行税收削减或限制。几乎所有的提案都以巨大差距被否决，只有一个例外。这个例外就是1978年的黑德理修正案（Headlee Amendment）。它并非直接限制税收收入。哈维·E. 布瑞泽（Harvey E. Brazer）将密歇根州周期性的财政问题归咎于该州互相结合的特有的经济情况和过去的预算决议。密歇根州的经济特征是制造业就业集中、人员收入过高以及在就业和收入方面广泛的波动。城市义务大大超过政府可用资金的时期正好与全国性衰退期相重合。人们常说"一旦国家打喷嚏，密歇根就要得感冒了"。还真的被这套老生常谈言中了：在1971年、1975年、1980年和1982年3月的全国经济衰退期间，密歇根州的失业率超过全国平均水平的60%。一旦经济活动放慢速度，州政府收入就下降。在1947年和1972年程度不同的衰退中，与之同步产生或随之而来的是财政危机。正如布瑞泽所说：

在每一个例子中，总是在表现出极大的不情愿和求助于各种会计"花招"之后，立法机构无奈地屈服于支付账单和履行义务的现实，将税收提高到能完成任务为止。一旦从衰退中恢复过来，政府提高的收入足够支付快速增长的支出，直到下一轮经济减速或衰退来临，导致新的收入不足并带来新的财政危机。于是另一轮税收增长会使得财政扩张继续进行。[19]

从1972年以来,这种为避免宪法禁止的赤字而采取的措施发生了改变。面对收入不足,预算过程中的利益相关者更愿意选择削减开支的办法。现在他们会装作尝试其他措施,然后让别人看到他们不得不接受这种不可避免的命运。

密歇根州的预算就是这样达到平衡的。州长宣布对1980年、1981年、1982年财政收入的估算会分别超出实际或计划(1982年)收到的数目33 300万美元(7.3%),59 100万美元(12%)、62 800万美元(12.6%)。在1980年和1982年,以及稍逊一等的1981年,立法机构正是基于这一估计或是相似的估计来决定拨款。这些拨款会试图尽量接近州长建议的安排……但很快人们发现经济没能达到计划的增长,收入不足估计的数字,于是州长在得到立法机构下属拨款委员会的同意后,不得不"被迫"削减支出、雇员(从1980~1982年下降了10%)和项目。[20]

在收入不足时期,密歇根州的预算程序仅是在重复已往的劳动。要在官方预算的基础上预知实际的收入和支出是非常困难的。并且随着该州的经济波动,短期的预测非常困难。与那些被确认为重复预算行为原型的贫穷国家不同,密歇根州可以称得上是富有的。就其从州内居民身上得到的总体收入来讲,密歇根州在全国排名第七。加利福尼亚州同样也是一个富有的州。但富有仅推迟了"灾难日"的降临,并不会永远这样。

当收入增长超过支出产生盈余时,注意力从收入转移到支出上,从控制支出——削减部门要求——到项目扩张上。过去预算程序都是在考虑如何将"一个胖胖的预算塞进剪裁得很苗条的西服中",而现在则是考虑如何让"瘦瘦的预算增肥以适合大块头的衣服"。

在1971年和1974年,新墨西哥州试图采取零基预算。这场改革是打算帮助预算官员减少重复和过时的项目,它是在人们预期会有1亿美元的盈余,约占当前一般基金预算30%时进行的。改革的拥护者很快发现,"由于该州财政前景过于乐观,很难有激励来削减预算或是删去边缘性的项目。因此,打算削减重复项目和减少预算的机制在收入增长时期显得如此不协调"。[21]

面对盈余,改革者决定放弃零基的要求并代之以70%的基数。这意味着机构只需为不超过去年拨款的30%提供证明材料。但还不仅如此,在准备1974年预算的时候,各个机构只被要求核实其扩充的项目。上一年的拨款成为固定不变的基数,而且不需通过常规的审查过程。

尽管如此,仍然有上紧发条的余地,但"大多数预算决定的范围在当前拨款的110%~120%之间"。[22]部门无需再保护其已有的资源,而是开始期望为自己争取更多的支出权力。如同拉菲尔(LaFaver)所说,"若干年税收的加速增长很难激起人们对目前支出水平进行批评分析的兴趣。"[23]

詹姆斯·罗伯特(James Robert)对内华达州预算过程的研究中得到的结论与我们预期的财富和不确定性对预算的影响不谋而合。[24]在加利福尼亚州和密歇根州,不太稳定的经济状况、对税收的抵制、对联邦政府补助的削减及各种因素的组合使得对资金流很难预期,也很难对未来有所计划。在整个70年代,州政府拥有巨额的盈余,预算额也在不断增加,虽然在财政状况和预算行为之间的因果联系非常微弱。"对收入的估计总是比现实中低很多,州政府的支出也经常比预计少很多。"[25]这种"预算盈余"一部分是由于计划的安排,一部分是由于预算官员的主观倾向。在内华达州,人们先是提出一个支出水平,稍稍比预期的收入低一些,然后在支出上加一个储备金来平衡方程,这样预算就"平衡"了。这部分未指定用途的储备金,或者称为"预算盈余"与非正式的存款一起保护政府不受未来"不测风云"的影响。这种想法(有时被证明是对的,有时是错的)认为州政府财政具有脆弱性,这使得预算官员大体上是保守的和风险厌恶的。

如何处理这些盈余呢？在70年代大部分时间,选民和政府满足于在两年期的财政年度的末尾把留存的现金盈余花在资本建设和不会影响到未来财政资源的一次性支出项目上。但是在加利福尼亚《第13号议案》激起的觉醒意识中,内华达州的公众开始把这笔盈余看成是过度课税的证据。在1978年选民们通过了《6号质询案》,这是一项限制州政府课税权力的宪法修正案。因为一项原本由请愿书提出的修正案必须在连续的两次普选中得到通过,所以新上任的州长李斯特(List)认为制订一份减税计划应是他的责任。内华达州普通资金的盈余在一定程度上缓冲了李斯特税收改革的影响。

在1981年的全国性经济衰退中,内华达州的经济状况恶化,导致了州政府的财政困难。适度的支出削减使得这个州仍然具有偿债能力,但是余地不大。这一时期的明显标记就是反复计算预算,在其中所需资金要被不断地重新计划以适应瞬息万变的环境。

在1983~1985两年期的中段,经济危机逐渐平息。普通资金账户中的收入又一次超过了计划。罗伯特搜集的证据表明,当州政府又一次回到高盈余状态时,预算又要转向渐进主义方向了。罗伯特认为内华达州"将继续增加预算数额,并且会重复实行对州政府有着强烈影响的经济衰退时期的预算方式"。[26]内华达州是一个相当富有的州。当财富与不确定性共存时,渐进预算就会变成重复预算。

我们得出了结论,令那些赤字州的州长(以及城市)和预算审查员忧心忡忡的问题是有多少预算申请可以被削减,有多少额外的资金可以被发掘来支付不可避免的成本增长。而对于那些"盈余州"的州长和预算审查员来说,问题是他们应该如何处理这些盈余,哪里需要更多的资金。既然我们已经描述了州政府预算官员们必须做出的选择,那么接下来我们要进一步考察他们在做出这些选择时采取的策略和计算。

策略问题

对于大多数州政府决策暗箱的窥视……也许会揭示出这样一个体系,在这个体系中工作部门的领导孜孜不倦地要求更多的资金,行政和/或立法审查员孜孜不倦地削减部门的请求,州长始终如一地在增长的支出水平下寻求预算的平衡,立法机构始终如一地与州长就收入频繁展开争论而同时又批准日益庞大的拨款数额。[27]

在所有三个级别的政府中都可以找到存钱者和花钱者之间普遍的角色分化。理所当然,州政府的各个部门都试图保护自己已得的资源并想要多分一杯羹。预算办公室作为监督者,不时删减和整理着千头万绪的部门申请,以便州长在不增加税收的情况下做到收支平衡。另外,它还需要作为州长和部门之间的沟通桥梁,时时提醒人们注意支出优先项目和收入的种种限制。

但相似之处也就到此为止了。州政府的立法机构与城市议会和国会截然不同;州长的角色与市长和总统也有着天壤之别。

人们普遍认为"州长是美国州政府的政治权力中心人物"。[28]他不仅执掌着令人瞩目和德高望重的职位,还享受着某些非同一般的权力。大多数州(除了密西西比州、南卡罗来纳州和得克萨斯州)[29]都有行政预算,这"将州长放到了州政府预算的制高点,它使得州长拥有正式的权力去审查部门预算,提议某个支出计划,以及利用行政机构来控制支出"。[30]所有的州长(除了北卡罗来纳州)都有否决立法提案的权力,以及除了七个州以外的所有州长都有对拨款提案的分项否决权。[31]分项否决权赋予了州长否决某个具体项目而无需否决整个拨款议案的权力。这是一个强有力的工具,但也是有着负面作用的工具,因为它允许州长按照自己的喜好在拨款通过后改变预算。甚至连总统都没有这个权力。这项否决权强大的政治权力得到了事实基础的支持,即提出的否决很少会被驳回。马尔科姆·朱维尔(Malcolm Jewell)告诉我们,"尽管宪法中有各式各样针对驳回否决权的条款,尽管立法者对政党有各种各样的控制,然而州长提出的否决极少被驳回。"[32]支出部门必须确保州长同意他们的支出请求;如果不同意,通过这些请求的可能性就几乎为零。正如佐治亚州一位部门领导所说的,"我最先做的一件事(要赢得对我们部门预算的支持)就是找州长谈话,因为我知道预算要想通过,他的作用举足轻重。他告诉我他会留意让我们通过的"。[33][前任州长吉米·卡特(Jimmy Carter)发现,作为总统他对于支出的增或减几乎无能为力,控制程度远比当州长时低多了。]说服立法结构下拨超出州长允许范围的资金并不会有所帮助,因为一旦州长使用了分项否决权,这些决定就会无效。在一项对部门申报的总体研究中,沙坎斯基(Sharkansky)发现"州长的支持对于单个部门在立法中的胜利起着至关重要的作用"。[34]

虽然州长看起来无所不至,但大多数州宪法造就了极为支离破碎的权力结构。常常出现的情况是,州长必须与独立当选的官员一起分享权力。埃蒙特·雷德福(Emmette Redford)阐释了州长职位的这一侧面:

州长的行政角色也许……被过分高估了。他必须与其他依照宪法选出的官员一起分享州政府的大约4/5的权力:州府秘书、州大法官、财务官,每一个都可以被认为是现有或潜在的竞争者。所以通常州长任命其他主要部门和机构领导的权力会受到限制或是根本不存在,同时他罢免部门领导的权力也常常受到挑战。尤其在近几年,不断创立独立州属机构、理事会、委员会,它们有自己单独的财政收支权力……限制了州长的监督职权。[35]

有限的任期为州长的权力设置了额外的限制。[36]州长在办公室里仅有一个任期的时间,根本不足以详细了解整个预算,也无法决定他们应该以何种方式引导预算以及说服行政部门和立法机构采纳他们的建议。由于人们预计他们不会留任,所以他们很自然地被立法机构、支出部门,甚至他们自己的预算班子忽略。因此他们要想说服立法机构设置新的税收或他们的部门限制支出的增长,简直是举步维艰。

在近几年,一个很强的趋势就是除去大多数任期上的限制。1982年1月,只有四个州设置了四年期的限制,而没有州设置两年期限制。在46个设置四年期限的州中,有18个州对连任选举没有任何限制,24个州允许连任两届,而4个州不允许再选。所有4个设置两年任期的州对再选没有任何限制。[37]

现在我们来考虑州长的地位。他们的当选经常是基于一个竞选演说,许诺拓展州政府的服务范围和避免税收费用的增加。但是这两个目标显而易见是互相矛盾而无法同时达成的。通过它们运行管理的具体情况和他们自身的目标,最终州长们会偏向其中的某一个方面。

最为重要的一个变量就是财政情况。当支出的增长速度超过收入时,州长们就会像市长们一样成为平衡预算的追随者,而预算也会变成收入行为的一种方式。用安东的话来说:

出现的紧急情况……会迫使他们将大部分注意力集中到收入上,而收入必须增长以跟上现有项目的支出……州长们也许会被认为是"资金提供者"或"预算平衡者";只有很少的情况下他们被看成是在州政府支出事务中的"决策者"。[38]

当收入增长超过支出时,州长的局限和机会立即截然不同。他们一下子有了更多的选择。他们可能成为现状的守护者,支持选择低税收的理由;也可能加入到那些推崇扩大州政府服务的队伍中去。[39]

州长的成功依赖于他们所采取的行动,他们正式授权的权力,他们行政职权的结构和立法机构中政党的组成方式。他们选择的财政政策是最重要的变量,它决定着他们要将赋予的权力利用到何种程度以及他们相对于立法机构和行政机关的地位。

沙坎斯基发现,"由于握有官方特权,州长在删减部门请求的时候似乎处在一个更安全的位置。"[40] 比较保守的州长们会发现达成目标变得容易了,因为他们手中的否决权帮他们一锤定音。他们不需要去说服别人按照他们的想法去做,一旦预算与他们的支出目标不符,他们只需要轻轻松松地往那里一坐,把预算请求拿过来三下两下改成他们的"尺码"。由于在拨款前后州长们都有权改动预算,他们对待默许的各个部门和不拘小节的立法机构可谓是游刃有余。但也正是他们拥有分项否决权的事实诱使预算委员会成员将一些预料会被削减的预算内容拼凑进来。

继任的州长们想要增加支出不能被确保无虞,因为这依赖于立法机构的同意。州长们仅能依赖个人的权力,因为他们没有拨款的权限。立法机构若受到勉强,很有可能会拿州长的预算开刀,令他无立足之地。[41] 因此政党制度体系的本质对于这种情况是至关重要的。如果州长所在的党派控制了立法机构并且党派秩序严明,那么州长成功的几率也会高得多。

一个松散的行政体系结构,加上许多由选举出的官员领导或独立委员会控制的部门,会极大地削弱州长的地位。沙坎斯基已经表明:

相反,那些为数不少的另外选出的行政长官会以牺牲州长为代价来造福自己的部门……一个州里如果有许多这样的独立当选的官员,那么其部门提交的申请报告就很有可能得到立法机构的批准,而州长的建议则很有可能被立法机构修改。[42]

除非州长能与这些官员达成合作,否则他们极有可能越过他而和立法机构达成协议。这样一来,一份精心准备的将支出匹配可得收入的预算报告也就很有可能归于流产。

人们普遍认为,市长或市政执行官在城市预算背景中是主导角色。而在联邦水平,权力被行政和立法机构瓜分。但是很难有类似的字句来形容美国各州政府。[43]在州长任期没有限制的州里,在有少数独立当选的行政长官执掌支出性部门的州里,以及在立法机构要么是市议会形式的,要么被州长所在党派控制的州里,州长的主导权可以像市长或市政执行官一样强大。[44]在20世纪60年代后期,似乎这些条件在佐治亚州都得到了满足。"桑德斯(Saunders)州长,"汤布尔(Turnbull)说道,"已经完全控制了局面……他所建议的支出项目一次都没失手过。"[45]当这些条件不满足时,立法机构会更为独立;而利益相关者之间的关系也会开始显现出某些联邦政府模型下的特征。

州政府第三个独有的特点就是资源分配的决定是由立法委员会做出的,而不是由行政机构做出。举一个例子,在南卡罗来纳州,预算报告由州政府预算与控制理事会准备。其成员包括州长、参议院财政委员会主席和州政府财政局局长。格林汉姆(Graham)认为在这种情况下州长发挥的作用不大,"也许就算没有州长,南卡罗来纳州也会运行得井然有序"。[46]

权力的平衡和角色的分化变化极快。重心一会儿从州长转移到立法机构,一会儿又转移回来,依据的无非是人物个性,还有政治和经济条件。一个顽固并且野心勃勃的州长会榨干手中被赋予的最后一点权力。一个立法机构如果反对州长的提议,那也很容易成功地使增加支出或税收的努力无功而返。

但在所有因素中,财政条件决定着谁是中流砥柱。盈余会提升一个州长的重要性,因为他赢得了主动权。举一个例子,如果他不打算支出,那么立法机构也对他无可奈何。如果预算勉强平衡或是存在赤字,那么州长就毫无行动的动力,因为他的选择乏善可陈。赤字的出现意味着州长必须通过提高税收或削减开支来平衡预算,而这两样没有一个能取悦社会大众和立法机构。

我们曾多次提到立法机构,现在我们需要对它作更进一步的探讨。正如州长一样,州政府立法机构扮演的角色并不始终如一。它的行为千变万化,从条件反射般同意州长的建议到反向支持更高的支出水平和监督力度。在一项对19个州592个机构的调查中,沙坎斯基发现,"立法机构的最终拨款……数字在低于州长建议的8%到高于其建议的19%间不等。"[47]为了理解这种在总体水平上不连贯的行为模式,我们必须考察其机构特性以及州政府立法机构与预算过程中其他利益相关者的相对地位。

虽然各个州立法机构之间的差异巨大,但它们还是有某些共同点。[48]与市议会一样,它们大多是兼职机构,并且不会向其成员支付足够高的工资使他们专职从事立法工作。在1982年只有4个州在这方面支出了25 000美元或更多(纽约州为30 804美元,是其中最多的),还有7个州每年的总数也不过是20 000美元。有8个州支付了15 000～20 000美元，另外8个州为10 000～15 000美元，而其他31个州每年支付的数字还不到10 000美元，工资仅为最低水平线的每工作日5美元。[49]为了理解这个问题有多严重，让我们想象一下美国众议院的新闻发言人靠卖保险单度日。这虽然看起来无比荒唐，但恰恰确切说明了许多州政府立法机构人员遭受的压力——包括委员会主席、发言人和政党领袖们。

这些政府官员中很少有人能全职处理他们份内的立法工作，也缺乏协助性的工作人员，通常使得他们无法对每天面对的各种各样错综复杂的法案产生客观独立的看法。乔治·A.贝尔（George A. Bell，州政府议会的研究室主任）对他们遇到的难题形容得非常好：

在很多州，立法环节只会持续30天、60天或90天的时间；很少会有超过六个月的。在一半的州里常规立法环节两年才有一次。即使在这个环节中立法者也不会将所有的时间精力都投入到立法工作中；他回家后还需要处理他的事业或专业工作，事实上他一周在职位上的时间只有3天。在他对立法事务投入的相对较少的时间里，预算还只是他必须注意的成百上千的问题中的一个而已。[50]

汤布尔谈到佐治亚州的官员们时确认了这样的观点："很难期望立法者到这里待上40天，然后就能控制一年里剩下日子的预算。他们很难得到充分的信息……州立法机关的成员们的时间也严重不足，他们不可能在40天的时间里成为预算专家。"[51]

再一次与国会相比，州政府立法机构更像是城市议会，不得不忍受着较低的声誉以及由此导致的二流的人才。沙坎斯基指出，"没有严格的资格审查体系，州政府立法机构不可能在其成员中发掘出任何财政专家。当税收和支出委员会不再为它们的成员们提供钻研业务的机会和职位时，他们很可能对行政机构的建议产生高度的依赖性。"[52]

如果立法机构不想只是复制或粘贴州长的预算建议，专业知识是至关重要的一步。专业知识来自于对预算、已往的决定、机构的声誉、基本服务的成本等的熟悉程度。没有这些知识，就没人能对预算建议理清头绪。众议院拨款委员会的成员和他们在州政府中的同行之间的不同就是前者会花数年在这项工作上。工作晋级体系迫使他们成为专家。长期的工作和能力出众的工作人员帮助他们完成目标，而州政府预算立法者却两样都没有。

时间是限制预算立法者机动性的另一个因素。一轮面面俱到的预算审查需要花费很多时间。然而大部分州政府预算立法者只有数周时间来对州长提议做出表决。正如安东所说：

由于受到宪法或习惯的限制，在有限的时间内要处理主要的拨款，相对立法机构来说没有什么选择的余地,只能赞成州长提出的支出计划……因此,无论是在预算周二被提交上来紧接着周五就得到了通过的肯塔基州,还是在立法机构一般只需要两天就可以通过预算的纽约州,或是在从来没有听说过任何拨款提案被驳回的伊利诺斯州,州政府支出决议过程中的立法机构的参与实际上是不存在的。[53]

这段话解释了为什么州政府立法机构有时与城市议会的表现如出一辙,即原封不动地采纳州长的预算提议。

近来被观察家和利益群体广泛关注到的一个趋势是立法机构在预算过程中的复苏。[54]"立法机构的枝干,"科克(Kerker)说道,"逐渐枝繁叶茂起来,并且越来越不准备乖乖接受行政预算安排或是优先顺序的安排。"[55]萨德·贝勒(Thad Beyle)的看法是,"整个预算控制领域都成了州长和立法机构间冲突的多发地。州政府立法机构在预算策划工作中越来越锐意进取,尤其在发放联邦补助专款和审查分支行政机构活动方面。"[56]这种进取心有一部分是因为对于立法活动、补偿和预算讨论时间的约束取消。尤为重要的变化是立法工作团队的成长和专业化、做出财政对立法影响的陈述的要求,以及专业化分工的立法预算分析和审计单位的产生。立法机构在审查和控制联邦资金的过程中表现得额外活跃,这给行政和立法两大分支之间制造了不少紧张气氛。在所有立法机构中有超过3/4的机构有审查联邦对州政府部门补助的规定。[57]

有两个警告必须要注意。第一点,虽然立法机构的现代改革已经广为传播,州政府立法机构仍然夹在市议会和国会之间上下不得,这是由于薪金、专业知识、合约期、审查时间和人员水平方面的原因。当我们观察到州政府立法者是兼职、地位低、薪水低,没有足够的人员支持,这一切也就不足为奇了。庞德(Pound)说,"所有的州政府立法人员都声称坚决维护他们在州政府预算中的角色,但这种立法角色在预算制定和考虑的过程中仍然各有不同,从立法机构只审查和减少行政部门支出建议的马里兰州,到预算过程由立法机构完全主导的阿肯色州、科罗拉多州、新墨西哥州和得克萨斯州,不一而足。"[58]第二点,虽然一些立法机构在现实中对预算的规划更为强势,尤其是在质询州长的预算建议时,是具体的变数仍然存在。对于州长在预算事务中的重要性(如果不是主导性的话)达成的共识是毋庸置疑的。

由于州政府提供的公共品和服务(教育、高速公路、卫生保健、福利以及文化娱乐设施)是特别针对该州人文地理情况制定的,并且已载入州政府宪法,所以立法者既有扮演支出拥护者的动机,也有扮演预算削减者的动机,要视情况而定。因此,汤布尔观察到,"州议会……更倾向于削减支出,并确实威胁要这么做。但这种愿望比他们想要缓和选民对服务需求的愿望来显得微不足道。"[59]沙坎斯基的发现支持了这一观点,"激烈的党派竞争和大量的选民参与往往会导致对高支出的偏好。因此在这种高度参与和竞争的情况下,锐意进取的部门必须得到州长和立法机构的绝对支持。"[60]尽管如此,我们还是需要解释为什么有时立法机构表现得像部门支出请求的支持者,与州长的意见相左;而有时它又行使着监督者的角色,进一步削减州长的预算申请。

计算问题

州立法机构历来都倾向于超出而不是削减州长的预算建议。[61]事实上,在某些州这种行为模式如此深入人心,人们甚至不得不采取措施来限制立法机构的这种做法。目前,在马里兰州、纽约州和西弗吉尼亚州,立法机构也许已经在减少而不是增加建议的拨款数了(除了它自身的和司法部门的预算)。在内布拉斯加州,要想增加州长的预算建议,需要 2/3 的多数票;而要想驳回或减少预算建议,只需要多数票通过就可以了。[62]

但是在很多州,过度拨款得到允许,而且经常出现。[63]这是为什么呢?首先,州长(而不是立法机构)承担着平衡预算的最终责任。为达到这个目的,他会按照预期行使项目否决权。因此,立法者就可以放心大胆地采纳其他支出建议(以此满足选民的要求)而不必分担提高税率的责任。由于他们不需要在增加税收的成本和扩大服务的收益之间权衡,所以只要看到一点点好处,立法者也会毫不犹豫地迈上支出之路。在安东看来,伊利诺斯州的立法者们"不愿意冒犯立法界的同行,关注州政府活动的需要,以及关注着那些必需的州政府活动的本质或可能必要的或受青睐的可替代活动……事实上,他们把所有的拨款提案都看成是'好事',并据此来投票"。[64]当收入超过支出时,这种支出动机就更强烈了。[65]对于立法者来说,他们可以振振有辞地声称他们的决定是因为"我们有了足够的资金"。

对于立法机构来说,监督者角色的要求更为苛刻。削减开支的举动不受欢迎,所以立法机构需要有很强的权限作为支持。为了经受住各个部门以及它们所服务的选民施加的压力,立法者在削减开支时最忌漫不经心。他们不能冒险来一个"一时兴起"。为了干好这份工作,他们必须对"臃肿"、"多余"、"效率不足"这类字眼拿出确凿的证据。有选择的削减要求对预算流程非常熟悉。对于任何立法者,尤其是那些兼职的,如果没有一个无所不知的智囊团协助,想要完成这项工作是非常困难的。虽然近几年人们逐渐开始意识到人员方面的缺乏,虽然一些州也在采取步骤提供更多的员工,但大多数州政府立法工作人员仍然缺乏像国会成员身边那样的专业助手。[66]

然而,就算立法机构有能力扮演好监督者的角色,它也常常选择不去扮演。举例来说,加利福尼亚州拥有所有州政府里最享有声誉的立法机构之一,另外,还有着一套最为老练的工作班子。1941年该州立法机构设立了在立法审计员指导下的立法财政分析部门。这个部门的分析员,在立法委员会的监督和指导下,被指示在为立法机构下属的各个委员会准备预算建议时,要以勤俭节约而不是大手大脚的态度来处理收入和支出。[67]分析员们被建议在审查手上的材料时有自己的立场,并以"支持某某"或"反对某某"的方式编写预算建议报告。他们被期望用来引起立法机构对任何新建议支出项目的警觉。有些情况下行政部门没能遵照立法机构所表达出来的意图行事,这时分析员们就需要报告这些情况。

但是我们仍然发现,立法机构一贯要比州长原先的建议拨出更多的款项。很明显,我们不能将这种慷慨解释为立法机构无法削减预算,更合适的说法应该是它没有这么做而已。

虽然在不同州的立法机构之间干预预算过程的能力有大有小,但干预本身以及它的类型要视州长采取的行动路线而定。一个保守的州长将目标放在把成本控制在可能的最低水平上,这也许会刺激立法机构支持那些在苛刻预算下吃尽苦头的人们,成为他们热心的保护者。于是就导致了过度拨款。一个慷慨的州长渴望扩大现有服务并引入新的服务项目,这也许会刺激立法机构扮演监督者的角色。立法者隐约会感到税收增长的危险,于是会试图阻止或至少将其最小化。

这一"支出—节约"交替的角色可以说是预算程式里的常量之一。没有一个体系能长久地维持下去,除非这两种机制都在运行。大多数时候,在联邦政府和地方政府中同一类利益相关者扮演着同一种角色。但州长和立法机构始终在监督者和拥护者的身份之间游荡,所以与上述相似的这种稳定的劳动力分工不会在州政府中出现。也许正是分项否决权造就了立法上的不负责任。

有一件事是确定的,支出部门最终会名副其实。然而在州政府层面上他们会支持什么以及他们会得到多少,会随着情况产生变化。尽管三级政府中部门追求的目标都具有相似性,但是他们的具体行为还是会有很大的不同。

影响预算决策的范围大小决定着部门行为。这种决策余地在联邦层面是最大的,在城市水平是最小的,而州政府介于两者之间。在联邦政府中,相对数目较大的部门预算要视每年的变化而定,而它们的绝对数目值得人们越演越烈的竞争。因此，各个机关有足够动机来使用一系列复杂的运算操作和策略，向着保证部门公众支持以及得到自身部门、预算管理办公室以及众议院和参议院拨款委员会有利安排的目标努力。

在城市水平上，有两项因素增加了机构的确定性并因此简化了其预算策略：(1)这些机构支出的本质使得它很难被削减（70%～80%的预算用来支付工资）；(2)许多服务项目的资金来源于指定用途的税款和州政府补贴，因此在行政权力的控制内无法降低。于是这些部门所面临的保护预算的行为就很简单。他们不需要像联邦政府部门那样从各种各样的利益相关者那里寻求支持和许诺。由于他们知道最终决定不会基于自己的这些申请做出，因为根本没有多余的资金可以分配，于是他们开始天马行空、信口开河，把自己理想中认为应该得到的东西都纳入到预算申请中，就好像资源是无限的一样。如果这些部门真的想要扩大预算，恐怕需要寻求城市之外的资源了。因此，增加预算的一个通用策略就是确认并采纳一个州政府或联邦政府感兴趣并有能力支付的项目。

州政府水平上决策的范围几乎与城市一样受到局限。强制性开支、指定用途的资金，还有政治结构（指独立当选的官员）全都试图保护机构的预算。对于州政府机构来说，最大的问题不是如何保护他们的预算基数不被削减，而是如何扩大预算。

在那些收入无法满足当前支出的州里，情况与市政府状况十分相似。各个机构很大程度上需要依靠联邦政府的支援。但在那些确实存在盈余的州里，对于机构来说意味着有可能从内部资源中分一杯羹。不同的条件导致不同的行为模式。由于"有利可图"，州政府机构纷纷提出"乌托邦式"的请求，结果反而一无所获，最终很可能连去年的预算水平都达不到。如果各个机构依照以往的轨迹而行，上级就不会对其太过严厉，以至于把预算改得"体无完肤"；而如果他们选择另一条道路，结果很可能是铩羽而回。

因此，机构首先会朝着赢得州长支持的方向去努力。在大多数州（尤其是那些立法机构比较弱势的州），立法机构会在其优先名单上列第二位。在那里可以寻求的利益不多。正如汤布尔所说：

美国的国会习惯于对联邦预算中的变化采取报复，这样的例子大大超出于它的同行——佐治亚州的立法机关对州政府预算……佐治亚州的部门不能随心所欲地——或者说是轻而易举地——像联邦政府那样习惯性地沉浸在对他们项目的立法支持中。[68]

当预算决定是基于部门请求做出时，人们必须寻求一套规范的机制来得到最为有利的决定。第一条基本规则就是"多多请求吧"；第二条基本规则就是"但也不要太多了，要适中并合理，不要造成不加节制的印象"；第三条就是"要坚持不懈"。沙坎斯基发现,"那些对于当前预算无所求或是不要求比当前预算有所增加的部门,通常都会得到州长和立法机构较好的对待,而那些寻求预算大幅增长的部门的申请则会遭到最无情的'删减'。当然,策略可行的首要条件是要具有相当可观的预算增长。"[69]

相比其他级别的政府,坚持不懈在州政府中具有特殊的重要性,因为州长通常倾向于删去新的项目以及超过上年预算的明显增长。由于被迫维持预算平衡,州长必须砍掉一部分部门预算,以免在一年的中间就已经囊空如洗。如果他不这么做,立法机构也会这样做。但是关键在于,一旦州长和立法机构弄出数量可观的预算盈余来,说不定这些提出要求的机构就会分到一杯羹。

结　论

州政府预算最为突出的特点就是变化多端。各类利益相关者在不同的财政状况下粉墨登场,角色千变万化。州长作为一个独立的个人,比州政府中其他任何人都拥有更多的权力,但他只有在立法机构和下属部门认可的情况下才会表现为主导人物。

决定利益相关者行为最重要的一个变量就是收入是否充足。由于州政府预算必须平衡,大部分支出又无法控制,所以当收入的增长较支出缓慢时,预算规划就成为收入行为的一种形式。州长会投身于寻找资金来支付州政府服务不断增长的成本。支出性部门在州政府内部将会无所得也无所失;因此,他们采取的任何策略都将针对州政府以外的资源。立法机构虽然会拥护支出的增长,但还是会同州长一起陷入一场无休无止的关于收入的争论中。当资金流入比流出快时,选择也就变得多姿多彩起来。州长和立法机构将会寻求经济的增长以创造易得的收入,还是寻求政治的支持来跨越增长税收面临的抵制?这在很大程度上要看他们自己的判断,即他们的不足之处到底在于政治支持还是经济生产力。在政府如何利用预算过程中的冲突来应对变化的研究中,我们发现,集中力量减少弱点是其中一个永恒不变的主题。

注　释

1. 进行趋势分析参见 Stanley M. Wolfson, "Economic Characteristics and Trends

in Municipal Finances," in *The Municipal Year Book*, 1973 (Washington, D.C.: International City Management Association, 1973), pp. 95—97。

2. S. Kenneth Howard, "State Budgeting," *The Book of the States*, 1980—1981 23 (Lexington, Ky.: Council of State Governments, 1980), p. 199.

3. Allen Schick, "Control Patterns in State Budget Execution," *Public Administration Review* 24 (June 1964): 104.

4. Thomas J. Anton, "Roles and Symbols in the Determination of State Expenditures," *Policy Analysis in Political Science*, ed. Ira Sharkansky (Chicago: Markham, 1970), p. 213.

5. Ibid., p. 214.

6. Schick, "Control Patterns," p. 104. Schick cites *Controlling Federal Expenditures* (New York: Tax Foundation Incorporated, 1964), and *Earmarked State Funds* (NewYork: Tax Foundation Incorporated, 1955).

7. Frederick C. Mosher, "Limitations and Problems of PPBS in the States," *Public Administration Review* 29 (March/April 1969): 165.

8. Joseph C. Pilegge, Jr., *Taxing and Spending: Alabama's Budget in Transition* (Alabama: University of Alabama Press. 1978), p. 78.

9. *The Book of the States*, 1980—1981 23 (Lexington, Ky.: Council of State Governments, 1980): 344—345.

10. Schick, "Control Patterns," p. 103.

11. Austin Ranney, "Parties in State Politics," *Politics in the American States: A Comparative Analysis*, ed. Herbert Jacob and Kenneth W. Vines (Boston: Little, Brown, 1965), p. 91.

12. Thomas Flinn, "Governor Freeman and the Minnesota Budget," ICP Case Series No. 60 (Alabama: University of Alabama Press, 1961).

13. Ibid., p. 6.

14. Thomas J. Anton, *The Politics of State Expenditure in Illinois* (Urbana: University of Illinois Press, 1966), p. 121.

15. Ibid., p. 121.

16. Naomi Caiden and Jeffrey Chapman, "Constraint and Uncertainty: Budegting in California," *Public Budgeting and Finance* 2, no. 4 (Winter 1982): 111—129.

17. Ibid., p. 118.

18. Ibid.

19. Harvey E. Brazer, "Anatomy of a Fiscal Crisis: The Michigan Case," *Public Budgeting and Finance* 2, no. 4 (Winter 1982): 130—142.

20. Ibid., p. 140.

21. John D. LaFaver, "Zero-Based Budgeting in New Mexico," *State Government* 42, no. 2 (Spring 1974): 109.

22. Ibid., p. 111.

23. Ibid., p. 112.

24. James S. Roberts, "Rich and Uncertain: Budgeting in Nevada" (paper delivered at the Annual Conference of Western Political Science Association, Sacramento, California, April 1984), p. 2.

25. Ibid.

26. Ibid., p. 19.

27. Anton, "Roles and Symbols," pp. 216—217.

28. Thomas Dye, *Politics in States and Communities* (Englewood Cliffs, N. J.: Prentice-Hall, 1969), p. 147.

29. 详见表格"State Budgetary Practices" and "Elements of State Financial Organization,"*The Book of the States*,1972—1973, pp. 162—170。

30. Allen Schick, *Budget Innovation in the States* (Washington, D. C.: Brookings Institute, 1971), p. 177.

31. 详见表格"Legislative Procedure: Executive Veto,"*The Book of the Sates*,1972—1973, pp. 72—73。

32. Malcolm E. Jewell, "State Decision Making: The Governor Revisited," *American Governmental Institutions*, ed. Nelson Polsby and Aaron Wildavsky (Chicago: Rand McNally, 1968), p. 549.

33. Augustus B. Turnbull, III, "Politics in the Budgetary Process: The Case of Georgia" (Ph. D. diss., University of Georgia, 1967), p. 153—154.

34. Ira Sharkansky, "Agency Requests, Gubernatorial Support and Budget Success in State Legislatures,"*American Political Science Review* 62 (December 1968): 1224 and Arlene Theuer Shadoan,*Preparation, Review, and Execution of the State Operating Budget* (Lexington, Ky.: Bureau of Business Research, University of Kentucky, 1963),p. 46.

35. Emmette S. Redford , et al. ,*Politics and Government in the United States*,ed. Alan F. Westin (New Your: Harcourt, Brace, 1965), p. 881, and Albert L. Sturm, "Structural Factors in Management Analysis,"*Management Analysis for State Budget Offices*,ed. James W. Martin (Lexington, Ky.: MASBO, Council of State Governments, 1969), pp. 7—16.

36. 要了解州长的权力和地位在这一方面的影响,详见 Joseph A. Schlesinger, "The Politics of the Executive," *Politics in the American States*, ed. Herbert Jacob and Kenneth Vines (Boston: Little, Brown, 1971), pp. 228—232。

37. *The Book of the States*,1982—1983 24 (Lexington, Ky.: Council of State Governments, 1982), p. 151.

38. Anton, "Roles and Symbols," p. 215.

39. Big Turnabout for the States—Now the Money Is Rolling In, U. S. *News and*

World Report, 18 June 1973, pp. 22—23.

40. Sharkansky, "Agency Requests," p. 1231.

41. Ibid.

42. Ibid

43. Ibid. pp. 1225—1226.

44. S. Kenneth Howard, *Changing State Budgeting* (Lexington, Ky.: Counciol of State Governments, 1973), pp. 268—279. For a similar conclusion, see Ira Sharkansky, *The Politics of Taxing and Spending* (Indianapolis: Bobbs Merrill, 1969), p. 111.

45. William O. Smith, *Atlanta Journal-Atlanta Constitution*, 6 February 1966, p. 117. Quoted in Turnbull, *Politics in the Budgetary Process*, p. 259.

46. Cole Blease Graham, Jr., "Budgetary Change in South Carolina, 1945—1970" (Ph. D. diss., University of South Carolina, 1971), p. 66.

47. Sharkansky, "Agency Requests," p. 1224.

48. Ibid.

49. *The Book of the States*, 1982—1983, pp. 192—193.

50. George A. Bell, "Executive-Legislative Relationships in Budgeting," *Whatever Happened to State Budgeting*, ed. Kenneth Howard and Gloria A. Grizzle (Lexington, Ky.: Council of State Governments, 1972), p. 143.

51. Turnbull, *Politics in the Budgetary Process*, p. 287.

52. Sharkansky, *The Politics of Taxing and Spending*, p. 91.

53. Anton, "Roles and Symbols," pp. 215—216. Original studies to which Anton refers are Douglas Kane, "Our Steamrollered Assembly," *The Courier Journal Magazine*, 20 February 1966; Frederick C. Mosher, "The Executive Budget Empire State Style," *Public Administration Review* 12 (1952): 73—84; and Thomas J. Anton, *The Politics of State Expenditure in Illinois*, pp. 147—177.

54. William Pound, "The State Legislatures," *The Book of the States*, 1982—1983 24 (Lexington; Ky.: Council of State Governments, 1982); National Conference of State Legislatures, *State of the Legislatures: A Summary of Legislative Improvement and Policy Initiatives* (Denver: NCSL, 1978); and Robert Guhde and Husain Mustafa, "Partisan Politics and Legislative Gubernatorial Competition in Budgeting," *State and Local Government Review* 13 (September 1981): 124—127. See also Pilegge, *Taxing and Spending: Alabama's Budget in Transition*. For legislative fiscal staffs in seven states, see Alan p. Balutis and Daron K. Butler, eds., *The Political Pursestrings: The Role of the Legislature in the Budgetary Process* (New York: Wiley & Sons, 1975); Bruce I. Oppenheimer, "How Legislatures Shape Policy and Budgets," *Legislative Studies Quarterly* 8, no. 4 (November 1983). For useful case studies of individual states, see Caiden and Chapman, "Constraint and Uncertainty"; Ronald J. Hrebenar, "Patterns of Decision Making in Washington State Budgeting," *State and Local Govern-*

ment Review 8, no. 3 (September 1976): 66—73; Robert Guhde and Husain Mustafa, "Budge Making in Ohio: A Test of the Process Model," *The Western Political Quarterly* 34, no. 4 (December 1981); 578—592; Brazer, "Anatomy of a Fiscal Crisis"; and Paul T. Veillette, "Reflections on State Budgeting," *Public Budgeting and Finance* 1, no. 3 (Autumn 1981): 62—68.

55. Robert p. Kerker, "State Budgeting,"*The Book of the States*, 1982—1983, p. 273.

56. Thad L. Beyle, "The Governors and the Executive Branch, 1980—1981,"*The Book of the States*,1982—1983 , p. 143.

57. Pound, "The State Legislatures," p. 82 and James E. Skok, "Federal Funds and State Legislatures: Executive-Legislative Conflict in State Government,"*Public Administration Review* 40 (November/December 1980):561—567. 斯考克低估了这些正式条款的重要性并认为至少具有代表性的立法机构不会实施太多控制。但是在1981年，也就是斯考克完成他的文章后一年，"几乎一半的州政府立法机构颁布了法令来增强他们对联邦资金的透析并对联邦补助的管理和支出实施控制"(Pound, "The State Legislatures,"p. 184)。

58. Pound, "The State Legislatures,"pp. 184—185.

59. Turnbull,*Politics in the Budgetary Process*, p. 301.

60. Sharkansky, "Agency Requests,"p. 1223.

61. Arthur E. Buck, *The Budget in Governments of Today*(New York: Macmillan, 1934). Also see Schick,*Budget Innovation* and Frederick C. Mosher, "The Executive Budget: Empire State Style,"*Public Administration Review* 12 (1952): 73—84.

62. *The Book of the States*, 1980—1981, pp. 202—205, Table "State Budgetary Practices".

63. Anton,*The Politics of State Expenditure in Illinois*.

64. Ibid. , p. 174.

65. See, for example, D. Jay Doubleday,*Legislative Review of the Budget in California* (Berkeley: Institute of Governmental Studies, University of California Press, 1967), p. 127.

66. See the reports by Kenneth Bragg and Freeman Holmer, "Recent Developments in the Theory and Practice of State Budgeting,"*Western Political Quarterly* 14 (supplement, 1961).

67. Doubleday, *Legislative Review of the Budget in California*, p. 55.

68. Turnbull,*Politics in the Budgetary Process*, p. 216.

69. Sharkansky, "Agency Requests,"p. 1231. For a similar conclusion reached in a case study of two state agencies, see Rufus p. Browning, "Innovative and Noninnovative Decision Processes in Government Budgeting,"*Policy Analysis in Political Science*, ed. Ira Sharkansky, pp. 304—334.

第三部分

冲　突

第8章

策略和计算

预算编制者如何着手获得他们想要的东西并计算出应该做什么？哪些策略放之四海而皆准，哪些又根据环境而变化？什么说明策略使用的频率？预算环境——财富、预测制度、文化——中的差异如何影响所使用的策略类型以及发展的速度？关于预算计算也可以提出相似的问题。为什么富国简化计算的模式中存在集中？为什么在拥有较少可以自由处置的信息的穷国中，计算比在富国中更复杂？而又是为什么最近几年穷国彼此之间开始出现差异，而承受不同寻常的不确定性折磨的富国却开始像它们的穷亲戚了？

策 略

已有之事，后必再有；已行之事，后必再行。日光之下，并无新事。

——传道书(Ecclesiastes)1∶9

传道书中的话代表了经验的声音。在相似的环境和条件下，人们将会以相似的方式行动。全世界的预算策略根本的一致性来自于预算在程序功能上的相同。到处都是那些要求得到更多的人和另一些向他们表明他们得不到的人。如果没有任何改变，以至于过去能够准确地反映将来，那么就没有必要试图松开紧握命运的手。人们不会希望做得更好，也不害怕会做得更差；一种寂静主义的宿命论将会在地球上扎根。但是有利的前景激励人们采取策略以改善他们的处境（不然他们可能就处于这个处境）。策略把支出者和节约者相互冲突的利益与他们相信可以以有利于他们的方式操控的环境的特征联系在一起。假定人们想为自己做得更好而不是更糟，策略就表明人们如何为了完成他们认为值得的事情而行动的模式。此外，行动的一致性一定产生于他们共同的价值观、信仰和文化，以及环境施加给他们需求中的规律性。

一些策略源于预算的复杂性。例如，当遇到突然要减少支出的要求时，中央控制机构常常是一律删减。他们这样做是因为这种方法见效快，而且在无数的项目中——如果不这样做，那些项目就得等候选择性对待——他们的知识不足以做出一个经过充分考虑的判断。对支出部门来说，他们喜欢"骆驼的鼻子"，在这种策略下，大型项目可以从看起来很小的开端开始。他们知道计算的复杂性会把注意力转向增长。因为大型项目最难开始，所以支出者既不会在旧项目的类别下放入新项目，也不会以太微不足道而无法引起注意的数额开始。

其他策略基于预算过程中角色的分离。例如，虚报是支出机构向委托人表明他们如何为了他们的利益而斗争，如何给守卫者提供一个开始进行删减的数字，如何给双方都保留一定范围的误差的一种方法。虚报不是只有申请者才做的事情，而是在与守卫者共享的一般的体制中他们暗示的一部分。每一个演员都得到一个体面而且展示其角色的机会。

指导预算过程的正式规则也创造战略上的机会。通常通过密切关注容易缩减开销要求的地方，守卫者可能选择把一个部门删减到它上一年的实际支出数额。部门在接近财年年底时加快开销速度的、众所周知的习惯的出现，就是因为不允许它们结转资金。既然已经形成了花钱的激励，守卫者抗议对年底约束的理性适应毫无用处——虽然不合逻辑，但却不能不说。

各种类型策略使用的频率以及它们与合意行为的偏离程度随财富和可预测性而变化。策略在贫穷且确定的单位中使用的最少也最稳健。人人都知道有多少可以使用，而且它通常没有大到值得为之烦扰，因为成功的机会如此之小。策略在不确定性最严重的地方使用的最多。不断使用策略变成了准则，因为支出机构（不能确定它们拥有什么）发现财政守卫者总是为了维持生存而改变分配。人人都改变基础以与时间保持一致。因为正式预算毫无意义，拨款更像一张狩猎许可证而不是真正的猎杀，所以较少有注意力投给它；于是，存在着不断夸大的概算并紧接着进行严厉和不规律削减的趋势。在美国各城市，虽然贫困但却确定的财政环境中策略发生得最少。不值得这样做，而且得到它的前景也不明朗。因为量入为出而且花销已经接近宪法允许的限度了，所以选择的余地很小。而且，大多数城市的规模因素也意味着资金的有限增加通常只是杯水车薪。

策略不是到处都有的，而是有条件的；它们依赖于时间、地点和环境。一些策略被用于某些环境却不用于其他环境。例如，依赖性的策略，譬如那些围绕援助的出资者和接受者的策略，依赖于特定条件而存在。例如，一位来自美国联邦政府的战略家无论做什么事情，都不会先试图通过一个国际资助者得到一项委托事项来增加他的美元供给。但是，在穷国采用的恰恰就是这个策略，因为接受外汇对财政部一定有很高的优先权。他们经常提出要平衡本国货币，而不是失去他们需要用来从国外购买商品的资金。即使一个国家很富有，它的从属单位也可能多少有些穷，这诱使它们去利用这些联邦机构为那些以小搏大的人创造机会。美国城市可能只因为联邦资金到位才开展项目；这听起来可能是愚蠢的，但是只有资金被假定可以使用，城市才有动力去回应联邦的优先配给。当许多拥有不同目标的联邦机构给同一个地方分配资金时，一种令人兴奋的局面出现了。通常一个以增长为导向的机构倾向于把资金投给那些最能利用它们的地方——这种考虑导致把资金投到已经有相当资金的地方。另一个联邦机构可能关心的是与贫穷搏斗或者把对平等的考虑引进政府的分配中。它会以需要为基础配给资金，但这可能被某些税收努力措施改变。因此，各州对一个团体的贫困和另一个团体的富有而感兴趣，而它们通常通过对同一套策略的不同运作来达到此目的。

弥补性收入——拒绝分配已被预算批准的资金——到处可见，但是在穷国是以最明显的形式出现的。每一个国家都为了像季节性分配一类的事情建立了一个组织以平衡资金流。但是，穷国把根据它们最近的财政和政治发展情况重新考虑预算分配的数额变成了一种正常且平常的实践。正是多重不确定性和贫穷把它们引向了频繁改变的道路。

由范围广泛的贫穷和到处弥漫的不确定性产生的重复预算编制综合症给穷国的策略性行动不同的指示。重复预算编制增加了策略使用的频率并导致了对常规资源配置过程的偏离。因为不能指望得到预算正式分配的资金，机构们寻找特定用途的资金和比它们在富国对应的部门有更大程度上独立性的地位。低收入国家的机构有动力去避免而不是使用政府预算过程。它们寻找（而且常常可以获得）来源于财政部之外的资金供给。注意力被更少地放在正式预算包含的内容上，而更多地放在那些一年中实际传达着支出权的连续的再分配上。当然，区别不是绝对的，而是一定程度上的。到处可见项目的重新安排。但是在穷国，重做预算是生存的一种（可能是唯一的）方法。它不是一种偶尔修改预算的方法，而是分配财政资源的常规方法。重新安排项目，而不是预先安排项目，是他们大部分时间里所做的事情。大量的独立预算经办人的存在对资源配置的领导组织、财政部和政治官员意味着什么？

在重复预算编制下,与历史上的渐进预算程序相比,财政部既可能更强大也可能更弱小(虽然在不同的方面)。它对于在它的权限之内的机构更强大了,因为它们必须为了支出审批不断地来财政部。它的存在对于机构来说会越来越重要,这不仅是因为未来利益,而且是因为不断失去既得利益的危险。财政部变得更弱小是因为在它控制之下的国家资源的比重更低了——这一部分永远处在失去的危险之中。审批的能力比它付酬的能力更大。机构可能遵守财政的命令,因为它们怕激怒它,但是它们又试图进行明显的欺骗,因为它们是如此贫穷和不确定。如果财政能够保证将来的资金,那么机构可能会有积极性跟进。双方的不安全感必然相互加强;因为没有一方可以在履行其义务上获得好处,它们在作出或遵守合理的支出承诺上看不到一点可取之处。因此,它们虚报并进行更大比例删减,结果增加了预算体系的不稳定性。

政治官员无论怎样任命,自身都陷入产生重复预算编制的贫穷和不确定性的综合症之中。它的不稳定性是不确定性的一个主要原因。部长换得越快,在职者与他的继任者之间政策的距离就越大;要求适应新人的重新规划项目的努力越大,正式预算就越没有意义。每件事都在一个特别的基础上完成。不仅是增加部分,连预算基础也得受制于重新的审查。对当前信息的需求量大幅增加,而供给量却相应减少,因为所打算改变的范围和大小太难估计。政治官员可能颁布新的法令,但那是对寻找资源和人才来完成那些想法的远远的呼喊。它们可能开始,但不可能维持足够长的时间直到完成。

然而,随着 20 世纪 70 年代慢慢过去,新的事物出现在预算范围内:相对富裕的国家开始从事重复预算编制。支出预算可能在一年中重做几次,而不是保持一整年。与包括在正式预算中的资金将按指令支出的信号不同,参与者开始认识到,即使是在预算通过后,他们也必须为保留他们分配到的资金而战。发生了什么?

发生了许多事情。内外部力量的共同作用破坏了通过财富提供应对困难的缓冲机制。内部支出机制的运转不是作为一种缓和外部困难产生结果的反作用,而是它们共同作为一种正反馈,相互恶化彼此的趋势。另一方面,政府也受到在相反方向上不能同时最大化的原理的支配。20 世纪 30 年代经济萧条的教训被解释为个体面对巨大的个人不安全。因此,各种手段被引进以保护他们不会在收入上有严重的减少。个人被给予各种利益,无论经济中发生了什么。但是当政府自身遭遇困难而它们已经最大限度地借款时,却不能求助于任何人来保持财政稳定。

超出一个人的财富,甚至大手大脚地花钱,实际上比任何人想象的都容易。人们需要时间来保证,来积聚支出的能力。但是在这些达到之后,支出和借款可以很容易地超过收入。

起初经济增长会放慢,有时还会下降。一段时间以后,即使更高的所得税和充足的新收入来源,像增值税(本质上是一种在生产的不同阶段征收的销售税)也会用尽。像以前贫穷有新手进入国际贸易领域出口钢铁和建造轮船一样,经济前景对曾经的富者变得不确定。于是,它们的时间范围极大地缩短了,因为它们的经济预测超过几周或者最多几个月的范围就被证明是错误的。

转向内部问题,包含了养老金、收入转移支付、医疗保健、失业补偿等的那些最大的项目被保护免于下降。而且,它们还含有与生活成本相联系的自动稳定器,当经济(以及由其带来的收入)下降时它们就会上升。结果,支出比收入增长得快,政府要设立经济驱动,而容易被删减的项目严重受损;然而,最大的支出者仍然不会受损,导致更新的和收回已被批准支出(或补偿性征税)的努力。在开始于20世纪70年代早期,并由国际油价巨幅上涨的灾难性后果加强的短短10年时间里,这些仍然富裕的国家变成穷国无力预算的模仿者。

动荡时代的预算编制

虽然常常试图把自己所处的时代说得与他人所处的时代不同,但是西方世界在20世纪80年代的财政危机在某些方面确实与以前发生的任何一次都有所不同。公共支出的水平大大高于以往。除了要求更多的收入和更广泛的支出控制,收入和支出任务的巨大规模不仅在量上而且在质上均有所不同。预算过程中,参与者之间的关系难以改变,因为他们中的许多人密切相关。不仅税收很高,降低税收(或者防止它们增长得更高)的压力巨大,而且在极度封闭的政策环境中,税收动辄相互冲突——此处增加将会导致彼处收益的下降。在税收信奉者中,这种现象被称为财政自残。例如,强制征收某种形式的国家销售税很好,但通过抑制消费,这种税可能抑制经济活动;这会增加失业,而失业反过来又减少从所得和工资税中获得的收入。当工资协议与福利利益联系起来时——通过在政府和工会间签订关于收入政策的协议——改变其中任意一方的难度增加了。

政府自身角色的改变和扩展是一个,而且也可能是唯一主要影响政策变化的力量。政府不再局限于它传统的角色——国防、公正和其他一些狭义的被广泛赞同的服务提供者——政府的范围扩展了。它帮助管理经济，重新分配收入，提供社会福利以及在其他一些方面影响居民的行为。而且政府提供的机会越多，外部利益就越有动力给它们的收入来源施压。

到20世纪70年代末80年代初，大多数西方国家的预算编制变得如此岌岌可危，以至于它一年中要做几次，因为没有一个预算可以持续超过几个月。在其项目与许多指标挂钩的国家，部门看着预算自动变得无效。它们在一部电梯上，而它只朝一个方向运行——向上。资源配置变成了资源增置。中央预算单位不得不寻找资金为价格变动、更高的利率、解决工资和所有其他的事情融资。当预算局取缔时，没有保护的资金就得承受骚乱的冲击。项目只能持续很短的时间（例如，通过优先、每月一次的委派以及对雇用和旅行的冻结），这并不必然是因为这些策略是合意的，而是因为它们在短期内节省了资金。当然，这些项目的受益者会反对。他们想要移进受保护的类别，或者通过由特定用途税提供资金而完全移出预算。结果，它使用策略的空间减少了，而且随着其占国民产出的比例增加，中央预算单位迫于环境要努力频繁地阻止预算下降。

但是反复的预算编制只是一个开始。因为预算对这一年来说没有真正固定下来，所以支出部门会相应地采取行动。因为害怕它们的资金会被拿走，部门在整个一年中而不仅只在开始时都得保持立法压力。预算因此变成了协议的起点而不是承诺。不仅会有更多的政府资金申请者，而且他们还会更频繁地和比以往更加坚决地提出要求。非预算期和预算期没有了区别，中央预算单位导致了混乱的局面。

支出部门也经历着困难。紧跟着每一个过去的承诺，委托人都要求增加额外的利益。对其选民而言，部门无力满足新的要求就意味着失败。部门可以作出回应，但只有通过把它们的问题转嫁给中央预算局。为了使它们的地位不被动摇，部门通过全套的现代策略——权利、贷款和担保，以及非预算部门——寻找资金。

为了努力适应新的状况，政府官员被迫采取他们不能控制结果的行动。更高的税收不仅降低政府的声望，产生更高的物价（反映在生活成本上），而且政府利益的引导也会导致支出的增长。通货膨胀被用作一种主要的政策工具。政府不能直接做的事情——降低其债务的成本，减少工资上升的真实价值，以及重新分配收入——它都一直依靠它对应急办法的透彻理解设法间接地去做。

早期的状况帮助缓解大政府对经济的影响。增加的支出由早些年不断积累的生产力和经济增长支持。另外，在20世纪60年代和70年代的大部分时间里，真实支出有从国防向社会福利的明显转移。由于社会保险基金有盈余，所以获利可以随着工资税很小的上升而明显增加。当通货膨胀发生时，人们被不断地推到更高的所得税类别，国家不用提高税收就能得到人们提供的更多的资金。由于个人收入上升1%，累进所得税的收入大约上升1.6%，所以通货膨胀对政府来说是一件好事。在所有其他策略都失败的地方，政府可以借款为那些起初与国民产出相比很小的赤字提供资金。

所有一切都变了。巨大的赤字被广泛地认为是持续通货膨胀的一个来源。只有当增长出现时，靠增长来为政府提供资金才有可能。作为国内支出的一项转移，国防支出已经用尽；确实，国防支出预期会上升。社会保险资金正变得空虚。更少的人为了支撑一个永远增长的受益者群体而工作，这不仅是对清偿能力的一个潜在威胁，也是一个迫在眉睫的问题。

大政府产生更大的压力。每一个新项目都产生围绕特定利益组织起来的集团。更多的人对政治家提出要求。必须作出决定来满足他们和应付优先政策的后果。政治家发现自己比以前更忙了，但却拥有更少的空间来使用策略。

外部的混乱和内部的无条理彻底改变了时间范围：时间被缩短了。在过去的好日子里，政治家可以今天演奏支出的曲子，明天（或者更好地，在其他某个人必须还款的遥远的未来）给演奏者付款。这些日子政策一出台，它们的结果跟随得如此之快，以至于付款的日子不能被推迟。长期消失了；中期似乎超出了控制；短期——以月或者办公的政治期间来衡量——就是全部。不可否认的事实发生了：政治家不再能把他们政策的后果传给他们的继任者。"剪刀"危机——支出比收入上升得快——在西方创造了结构性预算断层，这是一种关于不能减少的需求和不能征集到足够多的可以满足他们的收入供给之间内在的断层。[1] 我们已经看到了预算的未来，而它就在这里。

支出限制的出现

不只是在美国，在整个西方世界，控制公共支出的极大的努力都在进行之中。没有一个地方成功。随着美国国防支出的上升和公众权利的自动上升，美国和英国（虽然从历史的和相对的标准看是相当的）最近的支出削减不能改变基本趋势。政府作为国民产出的一部分仍在增长。面对相似的问题——如何使收入与支出一致——不同的西方国家采用了非常相似的策略。

在对限制政府支出的努力的最综合的研究中,丹尼尔·塔斯克斯(Daniel Tarschys)报告说:"许多国家的政府现在似乎在摸索一些人为的标准以取代保持收入和支出相等的被放弃的理想。"[2] 这种想法是通过"把很强的约束施加给所有涉及到的人"来"使政府组织自身承担预算紧张的义务"。[3] 国与国之间控制的类型各不相同,这取决于国家的脆弱性和传统。一个很难在国际市场上贷到款的国家可能会努力限制贷款总量。当通货膨胀严重时,做出的努力是限制赤字规模。例如,在瑞典,现在的预算政策规定,中央政府的赤字应该降到与国家对外账户平衡的水平。引自塔斯克斯的著作中的表 8.1 说明了包含在支出限制中的目的范围。

表 8.1　　　　　　　　　　　　中期预算目标

国家	时间范围	目标
美国	1981~1984	通过删减支出达到联邦预算平衡;改进 1985 财年联邦赤字占 GDP 比率低于 20 世纪 70 年代的平均水平的目标
日本	1979/80~1984/5	公共部门赤字从 1978 年占 GDP 的 11.25% 降至 3.3%,这意味着排除了为公共消费融资的"特殊债券"
德国	1981~1985	联邦赤字从 340 亿马克降至 175 亿马克
法国	1976~1980	中央政府赤字从 1975 年占 GDP 的 3% 降至 0.3%,没有现期目标
英国	1980/1~1984/5	公共部门借款需求(PSBP)从占 GDP 的 5.7% 降至 2%;现金方面的总支出增长率固定在 37%,这意味着从 1982 年、1983 年占 GDP 的 45% 降至 41%
意大利	1981~1983	公共部门借款需求冻结在 1980 年的水平
加拿大	1981/2~1985/6	通过政府支出从占 GDP 约 20.5% 降至 19%(不包括与 GDP 一同增长的债务支出);把联邦赤字从 1978~1979 年占 GDP 的 5.3% 的顶峰降至 1.9%
澳大利亚	1975/6 往前	总目标是减少中央政府赤字,缩小公共部门规模
奥地利	1978~1981	通过限制支出把中央政府赤字降至占 GDP 的 2.5%
比利时	1979~1982	政府借款降至占 GDP 的 5%,流动性支出零增长(不包括失业福利和债务利息)
丹麦	1980~1993	中期行动项目;总目标是减少中央政府赤字,限制公共支出的增长,以实现外部平衡
芬兰	1976~1982	公共消费量的增长限制在每年 1% 的水平,低于 GDP 年平均增长速度;税负稳定
荷兰	1978~1982	通过限制支出把公共部门赤字从 5.25% 降至占 GDP 结构标准的 4%~4.5%
挪威	1982~1985	"长期项目"包含公共支出增长和稳定总体税收水平
葡萄牙	1981~1984	稳定或减少中央政府赤字
西班牙	1979 往前	控制公共部门赤字,减少当前支出
瑞典	1980~1990	减少中央政府赤字与实现外部活期存款平衡相一致
瑞士	1980~1983	通过限制支出增长到 1984 年实现联邦政府预算平衡

资料来源:OECD,CPE/WPI(82). From Tarschys,"*Curbing Public Expenditures*"。

另一个无所不在的策略包含试图通过改变指数编制的规则来利用通货膨胀。把政府支出和价格指数（区别于工资）联系在一起增加了支出，而编制税收分类指数减少未来的税收收入。为了减少赤字，对税收和支出都不指数化是可取的。政府确定性的增加——期望以不变的购买力转移支付报酬的个体的不确定性增加为其代价。显然，没有方法能同时增加政府、经济实体和居民之中的确定感。政策制定者试图通过像把能源价格从生活成本指数中剔除（如丹麦和瑞典），或者从食品价格指数中删除政府补助（例如，爱尔兰）之类的策略解除政府的困难。谁能说某些机构的项目需要额外的资助，因为它们是劳动密集型的，或者另一些机构需要更多资助，因为它们是技术密集的呢？尽管政府依据公平或效率可以给予这种或那种由通货膨胀产生的增长以补偿，但对每一件事情指数化只会重申困难。

支出限制的第三个主要趋势是为了能够同时全部考虑它们而把完全不同的支出项目打包在一起。

这种欧洲所称的"打包"，或者美国被称为"调和"，是一种为了有利于删减而改变激励模式的努力。在预算事件通常的过程中，每一个项目或者关于它的修改都被分开考虑。因为一大堆原因，删减的激励通常很低。单独考虑的话，节省的量通常太小而对减少赤字的影响不大。受益者和他们在支出部门的同盟者比对每一个项目的修改只付一丁点儿的纳税人更多地感觉到削减的影响。因此，比起削减开支，公共部门的官员受到更强的支出增加的压力。所有相关者一起增加他们喜欢的追加支出更容易，这样不会疏远其他那些可能损害他们目标的人，这比进行一场凶残的和不确定的关于谁会得到多少的斗争更容易。

然而，把提议的削减汇集成一揽子方案，附以它由投票决定增加或减少的限制性条款，激励转移到削减支出一方。一方面，总量可以积累到足够大而值得政治上和项目上的牺牲。另一方面，受益者发现把注意力集中到他们"很小的"10亿美元或20亿美元的削减上更加困难，正如里根总统1981年的整合打包所证明的。而且信息负担从只需讨论大规模支出削减的宏观优点的攻击者转移到坚持讨论削减众多复杂项目的一部分的微观缺点的防御者。

打包策略主要有两个困难。一个是免除社会福利支出授权的趋势。这种免除的结果或者是以内在的，而且似乎是自动的增长淹没提出的削减，或者是从中拿走太多以至于剩余部分的削减尤其严峻。因此，为打包付出的政治成本看起来比利益还大，这既因为产生的抗议，也因为包含的总量太小而不能做到很好。

这种打包策略有耐人寻味的负效应。如果花多少钱比花在什么上重要,那么政府可能努力和支出部门讨价还价,提供更大的支出自主权以换取支出保持在限额之内;这似乎发生在欧洲。加拿大和新西兰率先使用了交替换位——机构和项目可以重新分配任何在总数之下节省下来的部分。如果削减是支出打包唯一可能的结果,那么机构和项目将会失去参与这一过程的动力。[4]

20世纪60年代的支出改革关注的是改进预算计算过程,而不是限制总支出。在过去的10年里,财政混乱产生了一种不同的预算策略,它开始对总支出施加限制。例如,从1979年开始,自由和保守的加拿大内阁尝试把支出保持在前一年的总数加上这一年国民产出的增长率之内。一个部门或项目超过这个微小比率的增长意味着给其他部门或项目的更少。[5] 在美国,一个相似的策略产生了平衡预算的宪法修正案。[6] 如果修改被采用,或者国会自己确立了一个强制性的支出上限,那么支出的增长会被保持在经济增长的速度——去年支出时的国民产出的增长率。在英国强制实行的"现金限制"的运作方式相同,不仅部门必须保持在这些限制之内而不管价格不利的变化,而且提前两年设计支出的公共支出调查也建立在同样的约束之上。到目前为止,这些实验只发生在市场力量比其他地方都强大的、使用英语的民主国家。到目前为止,这些限制还没有被检验——无论是在预算紧张的年头,还是在有更高收入的好时光。但是,无论20世纪80年代是否宣告了一个资源受限的年代,如果公共部门保持比私人部门更快的增长,那么对政府增长施加上限的运动都必然会再现。

没人能说这些措施是否会成功或者在多大程度上成功。过去的历史反对它们。拯救这个时代的可能是经济活动的复苏。至少对更喜欢把政府支出保持在国民产出的一个高比例上的国家(绝大多数)是如此。但是,我们也知道支出不可能无限制地保持比收入更快的增长,将会发生改变,因为一定会改变。这些改变会是什么?塔斯克斯总结了一个持续进行的争论:

在许多经济合作与发展组织(OECD)国家,消费者价格指数化的收益的真实价值相比没有指数化的工资有所上升。同时,因为高涨的失业、退休年龄提前和保险项目的其他扩展,许多收入维持项目的成本都有相当大的增加。这在各种国家支持系统的建设上产生了许多问题。经常提到的一点是,在稳定的物质增长看不到尽头的时候,作出的自由养老金保证在经济停滞的时期能否得到支持。另一个疑问是,人们是否不应该区分"微观风险"与"宏观风险"。第一类包括这些不确定但却可预见的、由保险系统针对其提供理性技术进行风险分担的事件;另一方面,后一个概念代表可能没有通过集体的再分配进行补偿的风险,因为人人受损,譬如在贸易方面的战争和改变。如果我们社会保险体系的保险项目被限定在"微观风险"保险,那么大量存款的可能会发生。[7]

"谁将承受改变的成本,不同类别的居民还是政府自身?"这个问题以不断增加的力度和频率重现了。

有人控制支出吗

在财富和可预测性上排名靠前的四个国家的政治结构完全不相像。这个相对性排名提供了一个观察政治结构(在一个合理的民主国家类型的范围内)对预算行为会产生怎样不同影响的机会。策略性活动一定会受政治机构如何运行的影响。谈论策略是谈论权力的另一种方式。因为在决定如何增加预算基础或防止它们被删减时,支出部门必须要做关于在这些项目上谁在它们的权限范围内有多大权力的估计。对"应该去哪里尝试,哪里有什么可以得到的"问题的回答就是在说许多有关机构权力的事情。

一个世纪或者更早以前,想向政府索要东西的人就去强势部门,这些部门有人手,有专家最了解的支出的需求,政府在这些问题上经验丰富。虽然这些部门不总是可以得偿所愿,但是资金很少被强加于它们。因为它们要承担实施的责任,它们不想要的项目被假定为不必要。中央控制机构要在不产生其他需求的前提下满足所有它们提出的需求会有相当多的麻烦,多到直到支出的那一天。而且因为中央对总量比对次一级的分配更感兴趣,所以部门一般最常说的是它们得到的钱实际上将用在哪里。对负责部门的正面攻击可能会奏效,但这一策略不大可能与努力最小化的准则一致。

然而,除非中央控制机构批准。和一个部门或者通过一个部门工作通常被证明是徒劳的,它们总是关心现在的决定对未来的财政影响,总是对可能给其他地方增加支出创造先例的行为感兴趣。作为总量的主人、税率的管家、经济的经理(总是声称具有最广阔的视野并居于指挥的高度),财政部通常被认为是或者是接近最有威信的行政机关。或许它们吸引了最有才华的人,或许他们身处财政部门而注定富有才华,财政部的人可能都感觉优越。而且他们偶尔也表现出优越。如果他们花几年的时间处理特定的项目却没有他们自己发挥的余地,这将令人吃惊。他们长期与支出部门打交道的经历不仅创造了敌对的可能性,而且创造了合作的机会。他们和其他与之互惠的部门有良好的联系。他们拥有的不仅是有威望的部长,其生存对政府来说,比内阁成员的日常工作更重要。所以他们更能对内施加有力的影响,对外抵制压力。

在美国有相对较弱的中央控制机构,其财政部的权力相比英国、法国和日本而言更值得欣赏。事实上,美国没有财政部。税收、经济管理和货币供给由财政部、经济顾问委员会和联邦储备局共同组成的一种不稳定的组合体掌握。管理与预算局的领导人不能像他的机构是真正对这些决定负责的那样,以同样的保证宣称支出必须被保持在某个水平。管理与预算局也没有最终的发言权。国会能够并且的确不顾它的决定的事实也在很大程度上削弱了它。在其他国家,行政部门作出决定后财政部被否决的机会很小。财政人员可能通过事先慷慨的默许预期必然发生的事。他们可能被迫对政党、总理或总统作出最后一分钟的改变。但是,大部分情况下,他们可以在其行政部门内随心所欲,而且在预算脱离那个水平之后,他们也能完全自行其是,因为议会不会改变它。立法行为导致某支出变化的个别例子是通过展示那些想从银行之外渗入该体系的人必定多么有技巧来证明该规则的例外。

这就是它的方式。但是不会再这样了。这不是财政部和预算管理局同时被击败的问题,而是数十年来它们同意的项目最终削弱了部门对支出的控制,并因此削弱了那些依赖于部门权力的人的影响。

求助于部门仍然值得,但是它们的重要性已经被年度拨款过程以外支出对策的使用降低了。占预算的比例从15%直到40%多的国防和一般性政府支出仍依赖于年度拨款。但是,工业化民主国家中大量的预算是由必须支付的债务利息和不能通过拨款过程改变(或很难改变)的权利组成的。再说,另一方面,一个人可以一整年都麻烦管理社会保险支付的机构,但对于由法律规定的受益人的支付而言没有多大影响。对管理贷款、贷款担保和税收优惠的小单位也是如此。还不包括经常不出现在正式预算中的非预算企业。然而在1950年或1955年以前,控制部门是控制支出的关键,那种关系不再主导大部分预算。

虽然这个题目很少被研究,但是这些对预算策略的非拨款支出对策意义重大。考虑一种实际上在20世纪70年代以前未受注意的现象——指数化支出以应对通货膨胀。通过使对个人的支付随价格水平上升而上升,似乎人们的手尚未触及,支出上巨大的变化就发生了。通过年度拨款,经常阻碍削减支出增长率的各种努力的自动改变得到了控制。

支出方面的重要问题目前关注的是法律对权利的赋予。有多少人将会被覆盖?以什么速度覆盖?趋势是当受益人通过扩大法案受益面寻求支持,覆盖面扩大,速率提高。随着受影响的居民数量的增加,协议的范围扩展到超出官员控制的范围。实际上,在欧洲的社会民主国家中,权利对可以自由支配的收入的影响是如此之大,以至于劳动力管理协议扩展到包括对工资解决方案授权的结果。

对人们的感受而言,甚至围绕拨款过程的授权也可能太严格了。政府可以继续活动,或者通过给予税收优惠、补助贷款,或通过建立专门的(有时称为半国营的)公司把活动完全转移出预算,来引诱或强迫其他人执行。不用说,偏爱这些活动的人可以以最少的麻烦和检查找到最高的支出水平。跳出预算之外,或者置身其中而不作说明,或者不管经济兴衰承诺规定的总额,都是使它们被支出者接受的策略。

但这当然不是针对财政部和管理与预算局的中央控制者。位于拨款过程的边缘确实可以避免每年一次的、为这个或那个支出项目进行的斗争。但是有这么大比例的支出不在中央预算局的控制之中,管理剩余部分的任务变得更艰巨和更没有效率了。而且,就中央预算局对宏观经济的专业化管理而言,它也变得更难了。在接近其税收增长限制的支出约束下(除了美国和日本),它们只剩下调整货币供给这种太难理解、有时也威力太大的武器,而其自身又受制于世界经济中其他地方的发展。

现在放下制度的相似性来说谈它们的区别。每一个富国都有一个与众不同的、在其他国家不会出现的预算制度。首先看日本,它在议会之外只有一个政党正式参与预算编制。自民党(LDP)参与设定预算编制的限制范围,而它的国会议员参加的大量的独立委员会积极地涉入瓜分最后一小部分的"复活谈判"。自民党的影响可能会在其农村选民的水稻补助的异常增加中被发现,也可能会在分散于其支持者所在的各个地方的小型公共工程项目中被发现。这仅仅是因为其作为执政党的优越地位,但是自民党能做什么也是有限制的。一般而言,它关注的是税率提高的政治后果。自民党不能只给它的朋友付酬,部分是因为它是如此不同,以至于有许多利益包含在里面,部分是因为它要负责维持对日本是如此重要的社会和谐。当它实际上试图编制预算时,它最突出的弱点多次显露。这要求的不是只有一般的仁慈表现,而是对小至最后1日元、一个办事处和一个活动的所有领域中优先考虑的集合。在解释这种失败时,不应该过分强调该党缺乏必要的专业人士,因为它可能已经得到了它所需要的。该党在预算编制上失败是因为它内部的稳定性受到了作出无数特定选择时产生争议的威胁。

当然,在某种意义上,英国和法国的政党确实也编制预算。执政党组成执行部门,它服从并执行预算。毫无疑问,英国和法国国会以外的政党组织偶然也有意见,而且我们知道政党会议稍后通过对优先权配置有影响的解决方案。但是这种场合很少且间隔时间很长,也没有一个对政党积极参与预算活动的正式规定。我们假定在美国的政党平台上也可以找到某个证据,显示对预算有某些间接影响。但是"会议"政党每四年只存在几天,而且还要受到国家委员会政党和国会政党的竞争,而它们每一个都有各自的偏好,且内部也存在无序性。当政党缺少纪律时,它们不能制定或执行预算;当国会中的政党有纪律时,像在英国和法国的情况一样,它们就可以把它们的权威转达给被称为内阁的领导委员会。

如果我们把对四个富国的比较扩展到包括西欧的民主政府,加入澳大利亚、新西兰和冰岛,我们马上就会看到政党的力量和支出的增长率之间有类似的相互联系。分离的政府(通常不包括美国)比那些由单一政党统治的政府支出得更多。然而,假定政党的力量与政府的规模无关。正如我在第12章关于"为什么政府会增长"中所言,规模与组成执政党的文化的支出倾向有关。强大的政党不大可能抵制支出,但如果真有此倾向,它们能够推进它。

我们这些富国每一个都有政党。单独看它们,不可能分离党派行为本身的影响。为了做到这一点,我们必须看美国沿着政党路线组织起来的城市和没有这样做的城市之间的差别。在那里我们发现政党激励而不是削弱了议会。党派行为扩大了备选政策的范围,加强了与行政部门讨价还价的潜力。在行政部门,有党派基础的获选官员胜过被任命的管理者。党派行为与更高的支出也有微弱的正相关,尤其是在社会服务上,也许是因为政党有助于使更穷的人流动起来。[8] 这种联系很弱的一个原因是城市面对着限制它们借款能力的强有力的法律约束。中央政府在执行再分配政策时的处境更佳。[9]

众所周知,美国的内阁是衰退的。如果美国的内阁已经衰退了,那么日本的内阁则是从来不存在。至少从第二次世界大战时起,日本的内阁就没有作为一个主体在编制预算的决定中发挥过作用。财政部(主要地)和自民党(部分地)设定了基本的轮廓。进一步的谈判在部长个人与财政部或者部长、其委托人和自民党之间发生。大部分情况下,在其到达内阁之前,平衡标准被用来解决争端。而且,由于预算问题主要是关于削减而非增加的,所以内阁,像自民党一样,很难找到。

在总统制的时代以前,法国内阁作为一个主体对预算编制的发言权比现在多。在英国,可能要送给内阁解决的争端在法国却通过连续"仲裁"解决。准确地认识到自己被搁在一边,法国的部长们的确努力想参与总体限制的制定。他们的失败主要是因为财政部坚持认为在项目选择上积极的参与必须在设定的上限内进行。这样支出者发现,他们受到了附加的一系列控制的支配,而不是赢得了新的自由。

如果我们问,这些预算过程在何处处理申诉,一国的内阁可能位于更为突出的调解地位。在日本,部门在"复活谈判"中提请自民党和财政部裁决。在法国,部门依次诉诸财政部、总理和总统。在英国,部长们通过内阁的共同机制相互诉诸裁决。现在的真实情况是,大多数争论在部门与财政部之间双边谈判的行政事务层面解决。仍然存在的分歧可能在与财政秘书长或财政大臣的会议中解决。下一步是把剩余的部分交给内阁委员会,并最终交给内阁。从一个严格的英式角度看这个过程,观察家可能马上想知道,当财政部是如此强大,而首相有强有力的发言权时,还有多少事情需要共同决定。然而,英国内阁的确是作为一个制定共同决定的主体在运转。其他三个国家中没有一个与之相近。从预算目的来看,英国的内阁模式只适用于英国。

政党政治要么扼杀议会,要么有助于它。在存在强大的多数党内阁的模式下,党派行为扼杀它,因为政党治下的行政部门控制的议会不会反对它自己的领导人。联合政府可能提供给议会新委员更多的自由,但是除非多数党如此脆弱,以至于少数党的选票必不可少,否则政党纪律会继续盛行。在分权的情况下,党派行为有助于它,因为它给独立选出的议会一个有组织的基础以及至少是一些项目的推进。议会中的政党与行政部门中的政党形成了制衡。支付全职服务、积聚专业人士和通过专业化获得知识的法定能力的重要性虽然在美国各州和城市中最明显,但是在英国、法国和日本却表现得相反。那里的议员可能在他们的议院中进行批判,但是如果他们想要权力,就必须去其他地方。

真实的情况似乎是,在内阁模式中,无论有无一个强有力的内阁,议会都是无能的。实际上,可能在范围广泛的活动中,独立于行政部门行使权力的议会在当代世界中已经变成稀有物了。在大、中规模的国家中,只有美国国会可以宣称具有那种特征。日本国会成员在预算上的表现不像是作为议会的成员或者国会中政党的拥护者,而是依靠他们与国会以外政党的联系。在任一可能的情况下,下议院的成员对支出几乎都没有影响;他们确实拥有的大部分影响是因为其归属于多数党。一个专门负责支出的委员会的出现仍不能改变这种局面,因为它不能增加支出,也没有能力减少它。在法国,众议员或者参议员可以在他们国会以外的国家公仆或市长职位上交易,在行政部门预算做出前争取利益。说服政府答应一个或另一个项目的行动过程是如此复杂,以至于努力很少而且几乎没有一个成功。那么美国国会如何能保持强大,又是为什么现在在它的预算权威受到攻击呢?

一般性的答案仍然重要,但不足以解释全部。联邦制和缺乏政党纪律给每一位国会议员一个独立的支持基础并阻止其从属于一个议会领导的行政委员会。仍然有相对条件存在的地方(我们马上会想到菲律宾),但那里议会对拨款的权力是无效的。典型地，这些议会每年票决出比国民收入所能允许的政府支出更多的拨款，这样就把实际分配权有效地转移给了愿意单独承担说"不"责任的行政部门。国会在其议会拨款委员会的领导下曾通过维持其监护人的角色保留了它的权力。通过依赖行政部门扮演申请者的角色，国会通过选择性削减坚持了自己的权利，这也使行政首脑与国会中的重要人物联系起来。从那以后，国会的行为更像一个倡导者而非监护人。当没有一个主要机构参与者愿意保护财政部时，发生了什么？很简单，支出作为 GDP 的一部分保持绝对上涨。当没有人愿意执行一项任务时，它就无法完成。

全世界的议会都在遭受庞大规模和潜在无逻辑带来的痛苦；结果它们做事时遇到了拖延。国会通过内部分工和专业化来缓解这些问题，通过广泛接受的互惠规则将各部分整合在一起（在其中成员规矩地按他们的委员会和附属委员会的建议行事）。通过把获得知识和集中偏好的问题变得可以管理，国会迅速完成了自己的活动并与事件保持同步。

但是时代（而且制度和它们一起）变化了。随着国会想要更高的支出，监护人的角色降低了等级。随着 1974 年预算改革法案的出台，附加在拨款委员会之上的预算委员会接管了监护人的角色，但却无力扮演它。拨款小组委员会受到激励提高它们的出价，以在最后得到更多。预算过程被弄得更加复杂，由此产生了进一步的拖延。而且预算委员会为了生存不得不适应支出的需求。国会仍然重要，因为它仍然是税收收入和支出的一个独立来源，但是它无力控制共同决定以使收入与支出更为接近。

美国州政府中分项否决权的存在允许立法部门参与申请而不是控制，只剩下执政者承担痛苦的和不受欢迎的平衡预算以适应预期收入的责任。行政部门在国会系统中控制预算，正因为如此，国会选择了对无休无止的申请进行最小抵制的方法。软弱无能不会产生责任感。

英国因其内阁，日本因其政党，而美国通过其国会而不同。法国如何不同呢？它有唯一的总统和议会双重体制。为了理解这种组合对法国意味着什么，我们必须站在行政参与预算过程的立场上观察形势。日本首相的问题很少，因为他不经常试图涉入预算过程中。通常他的优先权被限定在对外事务上。他的工作是平息有麻烦的海域，而不是在国内海岸上掀起波澜。当然，在他有选择部长的权限内，他可以间接影响主要部长的优先权，虽然他的部长自身也受到强大的行政机构的限制。英国首相做得更多，他们帮助决定财政大臣对支出申请作出让步的问题，虽然首相也受到满足大臣财政管理需要的限制。首相一般不会给一个支出要被削减的部门任命一个强势部长，但国防部除外，因为削减支出仍然可能为部长赢得声望。首相也可以按有利于他的方式给内阁委员会安排任务。因为他的职位要求他在内阁中不能失势,但是他也不能过于频繁地提出指导。对部长们特权的侵害尽管可能是在一个有限的基础上,也会产生持续的不和谐,除非得到内阁中更广泛的舆论支持。然而,我观察到撒切尔夫人的政府在限制支出方面不是非常成功。美国总统提供了最集中的权力中心,只因为其操控的是一个高度不完整的政治体系。他的办公室产生具有财政含义的一系列政策优先权。正是这种不完整使得他的优先权如此必要,然而也削弱了他对行政机构和立法部门的掌控。总统对内可以接触行政机构,对外可以接触立法部门,但是他的竞争者也可以。

法国模式介于中间。对支出部门和中央控制机构谈判的行政参与在法国比在日本或英国多,但比在美国少。法国部长们有他们自己的内阁,包括行政机构之外的人——他们更容易处理部门内部的冲突,因为彼此更加独立,而且他们的差异比在日本或英国需要更多的仲裁。虽然在法国对行政机构的行政参与比在美国少,但是法国更能从整体上把政府与外部压力隔离。内森·利特斯(Nathan Leites)关于法国国会的名作《没有窗的房子》(*The House Without Window*)所引起的想象可以很好或者更好地代表法国的预算过程。

在第一版中,我注意到"战略上相互影响的基本模式比政权如何组织更依赖于贫穷和不确定性的程度。穷国的策略比起它们彼此间的差异与富国的差异更大……那就是为什么无论这些政治结构对其他目的多么重要,我都没有详述它们在一国与另一国的差异。"那是我的错。但它对于那些如此贫穷以至于其人民几乎不能维持生活的国家来说,仍然是真实的。然而,除了最低程度的经济水平之外,有可以创造不同情况的可替代的选择。各级政府限制自身官僚支出并使一般性公共支出的增长低于经济增长速度的能力十分重要,这使得资源有利于增加社会财富。不是政府的形式,无论社会主义还是资本主义,而是它的相对规模更为重要。如果不是这样,那么所有出生贫穷的人今天仍是一样贫穷,但事实并非如此。

在结束关于预算相对权力的话题前,必须要提的是,如果政府作为一个整体不能控制支出,那么每个机构起的作用则更小。把政策结果引入这个关于预算过程的讨论中就是向这个题目泼了一盆冷水;它使人冷静的效果引导我们再次回到当代预算的构成上。如果超过一半是以权利的形式存在的而且大量的支出(贷款担保、税收优惠等)都发生在预算之外,那么正式预算对学生和预算编制人员来说必然变得更无趣。而且如果政府由这些支出控制驱动而不是指导它们,那么我们的注意力就应该集中在政府作为一个整体在控制支出上的无能为力或无动于衷,而不是集中在其体制的各个部分上。

计　算

　　根据所使用计算的复杂程度对预算过程类型进行的排名将会表明其对贫穷且确定者最简单,贫穷且不确定者最复杂,而富裕且确定者则介于两者之间。美国的城市就是证明确定性和贫穷产生的极端渐进主义的例子。它们的州宪法规定平衡预算;收入很难增加;对服务的需求接近所允许的支出限制。当收入情况好时,城市预算通常由众多点点滴滴的增加组成;当收入情况不好时,又由相似比例的削减组成。这些增量越大,它们就变得越重要,但是通常它们保持在以上一年为基础的一定比率的范围内。城市的预算编制者需要对前一年支出进行准确核算并对下一年税收收益进行估算。只要过去可以很好地指导未来,他们就能相当好地进行这两种计算。当某人主要谈论增加或者减少一个特定机构的一些职位时,结果更容易确定,但同时仅仅是精确地测算却更不重要了。

　　富裕且确定的国家一般编制增量预算。然而,它们机会的范围和它们应对困难的潜能比美国城市大。它们汲取资源的能力是相当大的,仅受限于可用的财富和居民的反对。支出能力也是如此。对于富国,增量在绝对量上和百分比上都比城市大。然而,比增量规模更重要的是它开始的基础的稳定性。大多数机构大部分时间可以指望得到与它们以前拥有的(或多或少)相似的东西。过去几年里签署的协议不会被频繁地或者轻易地取消。每个人都可以指望它们。年复一年被视为理所当然的事情远远超出公开讨论的事情。那样——基础的稳定性——给予渐进主义运用的空间。编制增量预算的国家可以集中于它们将要做的事,如果它们得到的比上一年少一点(或在某种程度上更多)。特定机构的特定项目在某一年可能经历更大的变动,但是绝大多数项目和绝大多数机构将会像以前一样继续进行。这就是为什么中央控制机构和政治行政部门可以集中关注几个与过去有较大不同的项目的原因。

　　富裕但却不确定的政治体制面临另外的复杂情况。假定此时它们的不确定性在政治领域。这些国家拥有技术工人和良好的信息,但是缺少政治团结。预算仍然有意义,但是经常拖延而且在部门变化后一定会重新协商。机构通常在财年开始后很久还在按老的预算工作,如果最近的政治变动产生了一位想要变革的部长,那么它们就被迫要再次开始。其基础要么太确定,由于政府的刚性而不能预期到改变;要么太不确定,因为一个政府签署的协议另一个政府不太可能遵守。他们能做什么?他们规避政治不确定性的最好方法是尽可能多地把过去视为正确。一旦他们意外发现了某一个工具,例如,法兰西第四共和国的服务投票,他们就会遵照执行。

然而,假设富国的不确定性不是来自政治不稳定,而是来自政治偏好。他们期望的单个项目放在一起超出了他们的支付能力。对这种困境的最佳描述是个人理性与集体理性之间的不一致。这些政府不是一开始就不稳定,它们通过承担在困难时期不能取消的支出行动而使自己变得不稳定。

所有计算中最复杂的是对贫穷且不确定的国家的计算。不像美国城市中的情况,这里的贫穷远远超出了缺钱的范围。不像法兰西第四共和国那样的政体,贫穷和不确定国家的不确定因素超出了政治领域。任何一个财政年度在收入、支出、外国援助、通货膨胀,甚至是政治领导方面可能都与另一个年度相当不同。预算缺少预测价值,所以它们不能稳定地对一个长达一年的时期进行预期。很难确定谁为了什么目的花了多少钱;很难估计可能的收入;预测是冒险的。贫穷且不确定的国家比富国要在更短的时间内以更少的信息做出涉及数量比例更大的决定。所以它们推迟决定,缩短时间跨度,要不然就在一整年里重复它们的计算。

我所说过的话不应该被理解为富国的预算编制者面对的问题简单。它们不简单。它们在某些绝对的规模上被认为是非常复杂的,因为它们包括无数的项目,其中每一个都有不同的技术成分、政治关系和对其他项目的不确定影响。而且,政府现在支出每十年都比上一个十年的比例高,这必然增加它们必须考虑比较的范围和大小。但是,富国的政府没有使用不断增加复杂性的计算模式,而是以非凡的行动简化它们的生活。它们趋向渐进主义,而不是远离它;它们接受了它,而不是认为它无价值而拒绝它。

渐进主义的制度化

如果对计算的支持,如我所言,是对政府资源配置超乎寻常的复杂性的回答,那么计算问题在近几十年来应该变得更严重了,因为政府支出翻倍增加。而事实确实如此。随着政府承担这么多新项目而且在旧项目的类别下做这么多工作,我们应该预期到对计算的支持的强调更多而不是更少。更多而不是更少的总预算被认为是理所当然的,更小而不是更大比例的改变受制于严格的检查。这就是已经发生的事实。

渐进主义在富国正在变得制度化。可获得信息的四个国家中的三个——英国、法国和日本——不仅在实行渐进主义,而且已经把它加入其编制年度预算的正式机制。可以说,这不是秘密的渐进主义,正如在美国。(在那里它被采用,但没有被称赞,理由是一定有一些东西更好,但此时还不清楚到底是什么。)毋宁说它是一个带有报复性的渐进主义,被设计用来反对渐进主义计算的程序所加强。法国从1965年起使用服务投票,在其中所有过去的支出都被视为一项持续的义务。最高法院只对增加投票,或者偶尔也对从过去的总量中删除投票。更重要的是,财政部视过去的承诺不可违背,就好像它们也有自己的生命。从1965~1974年间,英国用对现存政策成本的五年期推算取代了传统的估算。这个程序使用了监管它的官方委员会的名字——公共支出调查委员会(PESC),这个程序使得以前暗藏于小项目中的巨额未来支出更难潜藏。正如多数人类机制一样,在优点中包含着缺点,公共支出调查委员会也相应地使得清理旧项目变得更为困难。当财政部发现公共支出调查委员会在严重的通货膨胀时期不顾价格水平而对部门保证资金时,它就会回到"现金限制",在这种限制下,部门必须承担成本的增加。

渐进主义在哪里也没有在日本实践得好。日本人总能看到增量,无论是自上而下,自下而上,还是从侧面。对于初始值,财政部会在去年的基础上设定一个125％的上限。上一年度预算的1/4看起来似乎很大,如果不是因为过去的支出没有受到挑战,且每个部门都期望能得到一个达到一半或者更多量的内在增长。因为在编制其非常重要的预算草案时,财政加入了"自然增长"(生活成本和必需的项目)和"半自然增长"(那些并非法律或者价格增长所需,但每一个敏感的人都知道必需增加的部分)。如果提出是否一个部门在获得增量上应该优于其他部门的问题,那么就采用平衡标准(baransū),使得类似的项目和部门必然得到同样比例的将要给付的部分。在此之前,财政部控制着自身重要项目的讨论,几乎不需要考虑提出预算草案。而且,对于执行日本对年度预算的切除术来说,这只是一个开始。因为关注有未调节的不满,财政部拿出总量的一定比例,使那些感觉自己在原过程中被遗漏者可以参与"复活"谈判。在这种快速的边际递减中,它自身在增量中再取增量,财政部给工资和政策调整支出一律分配了比例,使得当政党首要官员和财政部长坐下来进行最终的决定时,他们没有过多背负很艰难的抉择。

很明显,英国、法国和日本的中央预算控制机构已经大部分放弃或者撤离了对预算提案的详细审查。它们似乎不再急切地把预算用作在政府其余部分设置优先权的工具。发生了什么？如果有的话，它们得到了什么回报？财政部整理旧的支出权力为的是保留它们对经济管理的权威。它们试图限制在单个支出项目构成上的冲突为的是提高它们对支出的总控制权。但是它们失败了。

随着支出的增加，支出者也变得更强大了。他们因为过去的胜利而兴奋，以对国家尊严或者社会公正的渴望为给养，具有对那些否认公民生活必需品的人表示愤怒的正义感，他们推着他们以前的控制者走。例如，受到日本自民党或者其他国家支出部门的部长——譬如在20世纪50年代那些声称要联合起来对付英国财政部财政大臣的人——的威胁，中央控制机构不得不重新考虑它们的作用。同时他们也深受经济思想上凯恩斯革命的影响。除了美国，其管理与预算局与财政部或者经济顾问委员会不是同一个组织，那些控制支出的人都是一个较大的包括经济管理任务的工具的一部分。减轻计算的负担不仅意味着限制他们为预算考虑增量的工作，而且也意味着把支出视为经济管理的一部分，最主要的重点和利益在总支出而不是特定项目上。一种含蓄的交易被采用：财政部通过放松其对详细的财政审查的管理（总之被政府不断扩大的规模弄得越来越难）来换取对总量的控制，帮助经济管理。

关注点从支出组成到总量利益的转移缓解了一些担心，但又产生了其他担心。在支出部门和其财政控制者之间，关于谁在特定政策路线方面拥有专长的争论很少发生。但是现在中央控制机构开始担心它们是否走得太远了，即除了那些握有斧子进行劈砍的人，现在是否有人关心该国的公共政策，因为他们就是做这份工作的人，现在是否有人关心该国的公共政策，中央预算局发现它们给出了"金币"却没有得到"交换物"，实际上失去了对总量和组成它们的项目的控制；所以他们说这种交易出了问题。在被塔斯克斯称为"衰退的十年"的20世纪70年代及以后，财政部试图收回它们20世纪60年代给出的部分，但没有成功。到目前为止，它们成功地增加了冲突却没有降低预算。

不是预算过程突然变成非渐进，而是由于中央控制者不能阻止这些支出量比支持它们的收入增长得更快，预算过程变得更加如此了。面对经济困难和支出上涨，全世界的工业化民主国家都在寻找克服收入和支出之间不断增大的距离的办法。新的支出优先权被禁止了，努力降低支出的增长速度。结果，可考虑的替代物的范围更窄了，项目内部关系模式的分化也是如此。因此，政策过程更具渐进性。例如，对养老金的支付可能边际递增或收益的指数化延续几个月到一年。但是，长期来看没有事情是激进的。渐进主义控制了预算，即使当预算不受控制时。那么，在支出比收入上升得更快的情况下,他们应该如何应对变化呢?

注 释

1. Daniel Tarschys,"The Scissors Crisis in Public Finance," *Policy Sciences* 15 (1983):205—224.

2. Daniel Tarschys,"Cubing Public Expenditure: A Survey of Current Trends"(paper prepared for the Joint Activity on Public Mangement Improvement of the OECD Technical Co-Operation Service, Apirl 1982).

3. Ibid. ,p. 12.

4. Aaron Wildavsky, "From Chaos Comes Opportunity: The Movement toward Spending Limit in American and Ganadian Budgeting,"*Canadian Public Administration* 26, no. 2 (Summer 1983):163—181.

5. Ibid.

6. Aaron Wildavsky, *How to Limit Government Spending* (Berkeley:University of California Press, 1980), and Aaron Wildavsky, "Equality, Spending Limits, and the Growth of Government,"ed. C. Lowell Harriss,*Control of Federal Spending*, Proceedings of the Academy of Political Science, vol. 35, no. 4 (1985): 59—71.

7. Tarschys, "Cubing Public Expenditure,"pp. 62—63.

8. Terry Nichols Clark and Lorna C. Ferguson,*City Money: Political Processes, Fiscal Strain, and Retrenchment* (New York: Columbia University Press, 1983).

9. Paul Peterson, *City Limit* (Chicago: University of Chicago Press, 1981).

第9章

应对变化

每个政府都有其自己的方式来应对变化。政府官方的考虑和战略创建了一种公认的政治模式。作为此种政治模式中不可避免的一部分，预算过程也做出了其自身的某些贡献。那个"某些"便是本章的主题。

为一整年做出一个可被接受的预算是一个巨大的成就。这是因为，如果政府的参与者和受影响的社会利益群体不接受他们所负担的份额，那么他们将不仅每年一次而且始终与资源分配作斗争，并因此破坏政府的稳定。的确，年度预算是关于政府作用争论的首要反映之一。无法在预算问题上达成一致意见表明政府缺乏一种共同的理念。但是预算不仅是它所属政府实体的一种产物，而且从某种程度上说，它也决定了政府实体的力量。预算程序可能加重人们带到谈判桌上的矛盾，或者可能减轻这些矛盾。预算被提出的方式、被强调或者被忽视的各种事情、做决定的次序、参与机构的数量及权威，这些全部都可能影响到矛盾的数量和性质。无论一个人觉得一个特殊系统中的矛盾是太多还是太少，或者甚至矛盾是否与错误的事情有关，他不可避免地明了预算也是处理矛盾的一个机制。

令任何人都不吃惊的是，这个过程紧紧地与其试图表示的政治力量相关。预算是政治活动的子系统，受政治系统支配。如果在一个系统，政治以一种方式运行，预算以另一种方式运行，即才真是奇怪；这可能意味着实际资源分配正在别的方面进行。考虑到国家计划仅是装饰门面的情况，一个国家的政治力量通过更多的捆绑机制使得它们被感知。或者，就像一些贫穷的国家一样，看看预算文件如何由于直到该年的条件发生变化，政治家才能表达出他们真实的偏好而缺乏预言性价值。然而，政治的支配性并不意味着它是包含全部的。政治系统与预算系统之间的完全一致可能能够补偿或加强更大政治系统的缺陷。至今仍没有人能够说出政治系统与预算系统之间的相互作用(仅说预算是政治活动的一部分,虽然比主张政治活动是预算的一部分要好,但是还不能完全回答这个问题)。让我们从考虑预算如何反映解决政治问题的方式着手,以及在下一节,它如何缓和或控制形成冲突的机制。

计算与矛盾

　　计算可能是矛盾的容器或者平衡者。[1] 如果预算编制者被要求重新对每一年度每一个较大支出的必要性进行辩论——就像零基预算所提倡的和项目预算所暗示的那样——其可能会用过去的仇恨火上浇油以煽动燃烧的火焰。只有贫穷的国家接近此类事务:不是因为他们希望这样做,而是因为他们不确定的财政状况不断使他们回到以前承担的责任上,代替了偏好的新责任。由于过去的争论是现在矛盾的一部分,他们的预算包括了一些预期价值。如果他们感到他们正在事倍功半,那只不过是现实。没有一个富有的国家会这么做。他们把过去的承诺当作一个给定的历史基础,让他们自己让步于一个相对狭窄的增长范围,并且偶尔也会减少。在这些增量方面的潜在矛盾是有限的,这是因为决策的范围已经被减少了。

　　预算活动是连续的、有顺序的,而且是专业性的。即使预算可以解决每一年度的每一个问题,它也不是必需的。因为预算活动有规律地重现,在一些相同的一般问题上可能制定重复的措施。参与者们知道他们可以持续多年做出一连串的努力,并且能够把一些事情留给以后。也不需要把一个时间段内的待办事项全部马上处理掉。由于预算是专业性的,一些参与者(局、部门、中央控制机构、执行机构、立法机构、各党派等)可能在这个方面有分歧。参与者间意见不合的数量及强度一定少于问题被马上全部处理的那种情况。通过使选择更加容易处理,通过我们汇总这些对预算的辅助手段,矛盾也减少了。[2]

　　如果有必要处理每一事件对其他事件的影响,或者去衡量一个领域的利益对另外一个领域利益的实际价值,那么参与者可能会处于持续地争吵当中。贫穷国家实施项目预算的一个原因是,如果预算被执行,它可能由于在主要的政策选择中要求同步和明确而增加矛盾。在公认项目上的争论被认为是资金数量上的分歧。这些分歧虽然重要,但却不可能像对基本价值的挑战那样引起同样的感受。

为什么尽管他们遭受持续的批评,预算编制者还是坚持这些计算辅助手段? 如果他们不这样做会发生什么? 富国和穷国的经验都有指导意义。

编制预算就是讨价还价。参与者通常有不同的政策偏好,并且经常不分享关于其他行动步骤带来的可能影响的事实前提——除了在一个方面。那些富国存在着关于资金流量的确定性。从相对较高的可靠性可以知道,收入将像期望的那样到来,而预算支出将流向那些尽职尽责的官方指定的用款人。然而,由于在政策价值上存在分歧,有必要通过讨价还价来解决。因此,衡量预算成功的一个基本标准是,当预算按设想的和公布的方式实施时,预算就能完成。

预算也应该致力于增加对公共政策的认识。如果存在一种致力于正确的解决方案与解决遗留问题的连续过程的机制,明智的政策更容易产生。相似的情况是,如果过去的协定能够被保留,那么一个产生协定的过程很有可能产生,同时该系统将着手减少那些不能被解决的事情。在这两个过程中,可能出现两类普遍的错误:极端的僵化(保留所有过去的知识或者在财政上把自己禁锢在过去)和极端的不稳定(拒绝一切过去的解决方案和过去的协定)。在预算系统中,什么是我们所关心的,第一种错误在于没有留出任何的财政灵活性以解决未知的需求,而第二种错误引起从头再造一个协议结构的问题。

就像习惯是对生物体而言那样,基数是对预算系统而言的。一个预算基数是过去解决方案惯例化的保留。依靠去年的协定(无论是以美国的非正式的基数准则形式,还是法国的服务投票形式)是具有极大经济性的重要资源,尤其是时间和良好的人际关系。如果年年重复检查全部或大部分过去的协定,这些资源将被严重削弱。除了要考虑过去的协定,预算系统也必须拥有能够产生新决策的决策结构。预算过程通过使各个层级相互关联,执行着这个功能。

所有四个系统都有像粗的过滤器一样的机制;较低层级上达成的协定通常是为了支持系统剩下的部分。下一个层级面临的仅是低层级上无法解决的决策问题(或者因为用款人拒绝接受削减的限制,或者因为两党都意识到这个问题太有争议)。这样,系统仍然保持"成功"并解决数量正在减少的"失败"。潜在的超负荷被具有典型意义地避免了,这是因为那些处于低层级的参与者意识到他们必须自己解决大多数争端。不仅如此,负责削减的高层官员通常对其下级持续说"不",避免过量的申请到达他的层次。

决策的核心在哪里——是"政治高层"还是"政治低层"? 对预算基数的

赞同推动了实际的决策制定下放到低层。相连的行政层级越依赖于渐进主义，可供选择的支出的真正决策越将会发生在政治低层。只有分歧——不同于去年增量的增量——被上交。

渐进主义可能不仅导致不确定性的降低，而且可能使不确定性的负担从一个组织或层级转移到另外一个组织或层级（例如，在另外一个层级的开支减少一个层级的不确定性）。对于许多参与者来说，对预算基数增量的关注降低了在预算过程中的不确定性。但是如果一个较高层级的参与者要求一个较低层级的参与者把其项目限定在它增加的增量内，那么较高层级的参与者仅把最终决策的部分责任转移到较低层级的参与者那里。

英国通常不试图这么做，至少在短期如此。就像财政部的政策"通过讨价还价来削减计划"证明的那样，不是完全没有证据，英国预算制定者的高度信任感使得参与者能够分享他们的问题，而不是把问题完全转移到其他层级。相反，由于法国的预算过程更加受矛盾折磨，法国的预算制定者致力于更加不确定的策略，而不是其他的三个系统。预算部门对开支部门的策略是采取攻击方式；在审核的开始，预算提案被狠狠地批评并且许多削减计划被提出来。这种策略使得开支部门处于防守地位，并且重新背负提供项目价值证据的负担。

把不确定性转移给预算部门的一个典型的部门策略是削减重要项目领域的经费……；削减将在该年度的某个时候被归还，并且预算部门将被迫寻找资源去这么做。但是这种行为是有风险的。关于在较高层级上采取的行为的不确定性鼓励了低层级上的讨价还价，这是因为如果在"低层级"上意见不合，就很难说较高层级的参与者可能做什么。

没有人能够说这些机制——为了减少资源分配中的矛盾——持续缺少与其他机制相处的经验。不论好坏，预算过程能够被证明是有适应性的机制。

只要国家继续制定没有意义的年度预算，由那些努力维持这个预算计划的人强加的计算势必增加矛盾冲突。既然预算是一个表面现象而且不能完全被忽视，那么开支机构和他们的相关利益集团被刺激去要求比他们希望得到的更多；为了避免他们在公众眼里是吝啬的，财政部门愿意把他们想要的给他们——名义上的。当财政部门收回那些他们仅是看起来要给的东西时，在一般性对计划的意见不合上又增加了不守信用的指责，而且用钱的利益机构会感到失望。每当预算在年度期间被重新协商，就增加了意见不合的可能性。变化的速度越快，并且与以前的开支模式的距离越远，矛盾就会越突出。在正式的预算中每一个参与者的信心越小，并且他能够参与到别人将做的事情或履行他自己的承诺的能力越小，就越有必要由基于在极端计算上的决策来弥补这些不确定性：中央控制机构削减更多资金以补偿过度的浪费，并且用钱的利益部门通过更加浪费来适应深度的削减。没有共识的计算实际上加大了相反观点之间的距离，而不是越来越减少矛盾。

穷国的预算制定者可能利用增量的方式，然而他们缺少预算进程的稳定基础。富国的预算制定者可以利用不同的方式，但是他们更倾向于采用一种更加增量化的方法。虽然这些限制预算过程矛盾的计算看起来缺少一种使人接受的基本原理，但是它们的盛行、富有说服力地证明了很多国家的人们对相似的问题采用相似的解决方式。如果他们采用不同的方式，那是因为金融环境的动荡而不是因为对不同方式的偏好。那么，帮助那些引起所有情况的计算的辅助工具是什么呢？我们如何把握是什么促使它为他们工作呢？如果工作中的基本机制使问题减少到更加容易处理的范围，而这些剩余的问题能够在不同的时间由不同的部门重复地处理，那么让我们问问是否一些富国做了更多这类事情，而其他国家做的更少呢？

问题解决的类型

对预算形成具有重大影响的相对自治的中央机构数量越多，潜在的分工就越细，因此参与减少冲突的机会就越大。仅列出预算分工的层级（参见表9.1）就表明到目前为止美国拥有的层级数量最多，法国层级的数量也多，而英国和日本最少。尽管表面上具有相似性，但这些国家真正有共同点的仅是拥护和监管开支部门和中央控制机构的制度。然后不同点开始出现。在强势部门制定规则时，美国各局和法国的部门比在日本和英国的类似部门更有自主权。可能在美国总统是否应该从管理与预算局分离出来的问题上有一些不同意见，但我已经把他们分离开来，因为总统和他的职员确实行使了重要的申诉途径的作用，即使管理与预算局可能首先按照他的指示行事。甚至更大的争议是法国把总理和总统都分离开来；每一个人都能采取主动并且每个人都能处理申诉。日本是这样一个国家，即党组织直接参与预算制定。美国单独有一个强有力的立法机构，包括参众两院、两院内的委员会，以及大会委员会，这个立法机构调和了它们之间的分歧。

表 9.1　　　　　　　　　　　　　处理矛盾的三种方式

预算决策的层级			
美国(高)	法国(中)	英国(低)	日本(低)
局	分支机构	部门	省
部门	各部门	财政部	财政部
管理与预算局：	财政部	内阁	政党
总统	总理		
	总统		
众议院预算委员会			
众议院拨款小组委员会			
众议院议员			
参议院预算委员会			
参议院拨款委员会			
参议院			
参议院大会委员会			
具有支配性地位的预算模式			
法律仲裁	法律仲裁	人际间互相信任	比例上的均衡
人际间互相信任			
比例上的均衡			
校友情结			
低	高	中	高

在我们开始分析这四个富国预算过程中决策层级数量上分歧的影响之前,我们必须知道一些关于每个国家那些不同层级之间关系的事情。通过什么样的模式——法律、人际、比例——来调整他们的关系呢？每个层级的相对力量如何影响他们将做的事情以及如何影响其他层级呢？什么样的社会纽带把他们连结在一起或把他们分开呢？

我们将讨论的模式——信任、仲裁、均衡——在所有这四个富国中都某种程度地存在着。既然正式的规则永远都不能涵盖所有情况,那么在预算的参与者中就必须存在一定程度的信任以解决所有问题;除非所有的争议都能在最低的层级被解决(因此剥夺了较高机构的发言权),那么就必须存在一些方式把分歧上诉至仲裁机构。政策的连贯性与机构的稳定性要求用相似的方式对待类似的事件,并且部门不再持续受制于收入的巨大且突然的波动。

什么样的模式在哪些国家最流行呢？在这里我们有点小麻烦。信任在英国是流行的模式。那些是内行的高级公务员通过接受与其他人真诚相处的共识而调整关系。参与者们的确有不同的角色和部门忠诚,而且每个人都认可这一点;然而他们互相交换重要信息,并且依赖于彼此的承诺。

在法国,信任要比仲裁逊色。面对面的关系被贬低了。[3] 每个机构都把其自己的观点逐步递交到更高层级去仲裁,而且,要么是由于筋疲力尽,要么是由于预算周期的时间流逝,他们才接受最终的结果。

在日本,协调是通过均衡达到的。英国是通过在高层的公务员间不断地纸上探讨和讨价还价达到的,而法国是通过地区法院达到的。虽然日本人确实表现出信任和鼓励申诉,他们还是强调比例性,即对部门和摊派增量中的相似行为所做的均衡性考虑。不仅是才增加的预算草案要均衡,而且"复兴"谈判也包含了一个重要的比例因素。这是一种被设计好的系统,保证所有人能够得到一些东西而且没有人会全部失去。

美国怎么样呢?其拥有一切。虽然美国在参与者之间表现出的信任比英国要少,但是比法国要多。美国人强调仲裁的程度比法国小,但比日本要大得多。日本对均衡的热爱程度超过了美国,但是美国的预算也并不是不强调公平的分配。美国拥有的某些东西对于理解其预算过程的本质不是没有意义的。因为美国缺少一种所有其他富国都拥有的东西——在最高层级上公务员之间社会凝聚力的紧密联系。

法国和日本是极端的例证,两个国家的财政控制者都是从上层中产阶级的背景中产生,攻读少数有名望的学校,并在合适的年龄被战略性地安排在政府周围。英国正处于过渡的状态中。牛津和剑桥仍然在高层公务员中有一定的代表性,但是比前些年要少。如果把如伊顿与哈罗一样的公立学校加到"牛津派",对于高层公务员来说,"校友情结"就被忠诚所代替。在财政部,各部门和内阁办公室之间存在广泛的水平活动。确实,财政部的人更有可能领导部门,而不是部门的人反过来领导财政部。不论这种趋势是代表财政部帝国主义或仅是冒险的精神,公务员仍然要比以前投入到更多不同的部门工作,并且要服务于许多更高层的委员会。法国公务员名望圈中的成员也经常大量地在政府内阁服务;然而,一个部门和机构的人员很少给其他部门和机构服务。日本也是这种情况,一个人的任职生涯通常在一个部门度过。英国公务员通过学习如何从一些部门的观点看世界所得到的均衡感在日本也同样存在,只要把作为准则的均衡广泛国际化。然而,法国、英国和日本很少有垂直系统的流动性,从较低层级的公务员到较高层级的公务员,并且几乎没有任何横向的流动性,即从外部进入。其公务员系统在高层相对封闭,而且实际上不受外界的影响。

在所有这些层面,美国都不同。无论从哪个地方看都存在流动性。然而,如果还是一种常见的社会背景——在一个作为整体的政府,或在一些像州和财政部那样的中坚部门里,那么就不再会有流动性。在他们相会于华盛顿之前,高层公务员或他们在政治职位上的直接上级不可能了解彼此。[4]

他们的关系是通过在政策的各个领域相互交流的需要而形成的。政府和利益集团之间的流动很好地证明了美国政府机制的开放性。在日本、法国和英国，较高层的公务员和利益集团一起担任职务是惯例，包括那些在政府中有某些经验的人。商人和贸易协会很少会进入政府内部，除非作为执政党或政党联盟的一部分。在美国交易更加公平。政府人员经常加入利益集团，这些利益集团反过来把他们的人员送到政府任职。看起来美国通过一整套不同的事情来弥补它所缺少的东西。决策层级的巨大数量是其解决冲突方式的主要部分。

法国和美国拥有许多预算层级；但是他们根本的政府哲学几乎是截然相反的。美国的类型是分散注意力的；美国混淆（并且希望扩散）了矛盾。法国人放弃了设防；法国控制（并且希望控制）矛盾。一个是把矛盾吸收到政府中，另一个是利用政府去压制矛盾；一个在每个层级上驱散矛盾的力量，另一个从上层镇压矛盾。

法国政府最大的作用是作为一个抵御那些阶段性威胁到它的洪峰的堡垒。美国政府就像一些小河的网络系统，因此如果个别小河泛滥了，并不会增加其他小河的压力，因为它们把矛盾的沉积物带到不同的河岸。法国预算过程的层级就像一连串越来越高的防波堤，每一个防波堤阻挡了一部分压力直到洪水退走或护岸坍塌。美国的预算过程更像是一系列水闸和分散的沟渠，通过连续减少逐渐降低压力的水平，如果那样做失败的话，可以把压力转移到不同渠道。护岸是越来越小且越来越微弱，但是数量巨大，因此没有一个是对系统的表现不可或缺的。互相交叉和重叠的网络是美国预算过程的特性。同样的事情在执行和立法部门中被连续提炼加工。像法国政府一样，法国的预算是始终贯彻一种发展道路的；预算在执行部门内部上下进行而不会到最高法院或在执行部门内水平进行。法国的预算过程只在层级间得到加强，因此如果最高层级倒塌了，整个系统将会崩溃。在每个层级内部，美国的过程也是冗余的；系统自身可能混乱，但不可能崩溃。

法国拥有并需要比日本或英国更多的预算决策层级。它不可能依靠政府和社会的协调性，并因此必须加强它。总统不能不支持总理，因为如果不这样做政府就不够强大。许多程序上的限制——公务员表决、总盈余、对最高法院辩论的限制——推动预算过程直至得出结论。甚至对法国政治粗略的认识表明，政治分裂和不稳定的历史与随之发生的政府不确定性促使产生正式机制，以保证年度预算被制定出来。由于社会组织不稳定，为了保证外部的社会力量和内部的政治力量都不能使预算过程僵化或者使政府机构固定下来，戴高乐派的改革规定了一个合法社团。法国的解决方法是用非正式的政治社团代替正式的国家机构。

英国利用了较少的预算决策层级,因为它仅有较少的矛盾。他们假设在政府和社会之间存在更加紧密的协调性。在较高层级的公务员中强烈的人际间相互信任的关系通过社会纽带和共同的经历得到加强,至少在社会的较高层级上反映了基本的社会凝聚力。预算关系到很多人,这些人都包含在面对面的关系中。人们知道大量有关其他人和有关每个人带到预算活动中的政策偏好与组织忠诚的事情。他们对外部发展的认识是否等同于对内部事件的极好掌握值得怀疑。他们假设协调一致,但是他们可能犯错。英国的网络在内部稳定而且对外部封闭起来。现在通过一些专门委员会有了一个通往国会的道路,但是这种"机会之窗"仍然很小。

日本的模式是避免冲突;无论看起来矛盾有多么少,他们都试图使它们变得更少。通过共同的社会约束和少量决策层级间的均衡模式降低了内部矛盾发生的可能性。执政党本身是完全不同的政党联盟,它对外部开放。任何大的利益都不会被完全忽略掉;几乎所有人都能可靠地保留他们所拥有的,并且即将得到相似比例的东西。当降低开支而不是增加开支的时刻到来时,均衡的模式还有很多待改进的地方。

然而,无论他们之间存在的是什么样的不同,所有这三个国家的个人关系网都足够小,以使个别的参与者能够理解他们。这种理解在美国是没有的。这种缺失有助于理解为什么美国的预算是那么难以理解。

在规模和复杂性上,美国的社会与政府之间错综复杂的关系远远超出任何个人参与者的认知能力,即使这种关系与外部接近并且在内部很稳定,而这种情况是肯定不会出现的。它的规模,涉及的大量因素,权力结构的分散,美国与其他三个国家中任何一个的共同点都要比这三个国家之间拥有的共同点少。把这些元素放在一起并不是没有价值的工作。相关的个性经常会互换它们的身份和它们的关系。正如我们所观察到的,这就是为什么美国使用所有其他富国盛行的模式的原因。如果的确将存在一种产生预算的体系,那么这就是为什么个人关系和法律关系对连接系统中的大量组成部分都是有必要的原因。日本和英国的人们需要了解彼此,从而在高层公务员中建立起协调关系,但是在美国,人们必须通过政策路线建立一个逐步解决问题所必需的最低的连贯性。日本和英国的信任有助于参与者执行那些被假设已经存在的国家意志;在美国,信心是基本的,所以参与者能够互相依赖去发现那个意志。法国用于弥补政治社团缺失的法律关系,在流行大潮中为美国提供了更加稳定的活动场所。

正如我们所期望的,美国模式的多样性与其政治文化的多样性是相互匹配的。虽然比其他地方要弱,行政部门中的等级制度仍然多少有点力量。只有总统被证明拥有提出完整预算的能力。如果没有总统的参与,在预算问题上大的讨价还价就不可能出现。然而,总统的权力以及相应的等级原则衰落了。自从剥夺了官僚体系的垄断,政策的专业发展起来。当渐进变化的困难性加大时,权利的增长就使得支出的压力更难以忍受。虽然市场压力比其他方面更加强大,但是它们仍然处于防守状态。而且正是那些致力于更大的条件平等的地位逐渐上升的宗派组织把它们置于这种状态。联合起来的宗派挑战——扩大政府的范围以重新分配资源而否认它的权威,这两者都是基于平等——使得等级制度的支持者开始考虑他们所做的事情是否都正确。

法国、英国和日本具有相似的特权,其公民的参政权受阶段性政府更替的制约。大多数时间即在选举的中间,他们依靠的是与主要的有组织的利益集团进行磋商以及他们对公共选择的直觉。他们可以在国家中以惊人的速度和完整性来完成项目,因为政府是中央集权且封闭的。较少的选择与较少的决策层级是相匹配的。执行都太过容易。但是垄断相应地可能很少去衡量那些选择,并且更容易弄错对他们的反应。他们可以充分定价,但是这些价格可能是错误的。

预算矛盾的序言

迄今为止,预算已经从政府和社会中独立出来。预算和矛盾结合的舞台已经被搭建起来,但是婚礼还没有举行。

预算程序影响矛盾的范围取决于解决矛盾有多么必要:与预算过程相联系的经济、社会和政治系统所产生的矛盾的范围和强度是什么样的?那些绝对富裕并且增长相对更快的国家在开支上可能比他们较穷且衰退中的邻居产生更少的矛盾。虽然我们的衡量标准比较弱,但是对待在不同社会里产生社会矛盾的倾向,不同的问题上很少有异议,而有些人比其他人制造更多意见不和的机会。同样的情况可能出现在操作它们的政治机构和精英分子中。政治可能制造出奇怪的"同床者",但是即使在同样一张床上,有些人生活在一起比其他人更加快乐或更加舒适。

预算如何促进(或减损)生活在一起的能力?当他们富有时,预算缩小了斗争要素之间的距离,但在他们贫穷时加大了他们的距离。政治结构如何影响预算增加或减少矛盾的方法呢?这个问题只有富国才能回答。贫穷使过程化为乌有;穷国之间的预算比与任何一个富国的预算更加相像。当富国的增长速度更慢一些并且当穷国变得更富有一些时,前者产生更多冲突而后者产生较少的冲突。在一个有名的章节中,托尔斯泰(Tolstoy)曾经说,幸福的家庭都是相似的,不幸的家庭各有各的不幸。如果他说富国的预算都相同,而穷国的预算因贫穷程度的不同而不同,那么他可能完全错了。正好相反。在预算过程中,穷国不得不彼此相似;只有富国有能力彼此不同。因此,让我们从这四个富国支出的紧要矛盾入手。

如果能知道公共支出的需求怎样与国家供给支出的能力相符,以及与政府消除矛盾的能力相比,每一个国家有多少冲突,当然很好。因为如果通过比较,需求较小而且资源很多,那么在资源分配上就不会有很多冲突。而且如果一个社会产生相对较少的社会矛盾,那么需要政府机制来处理矛盾的必要性就越少。虽然以一种漫不经心的方式说出这个论断很容易,但却很难有说服力地去分析它们。其浓缩了有关需求与提供资金支持及合法与效率的古老困境,涉及的是公民和政府之间以及相反的政治势力之间的关系。因此,我们不应该吃惊我们没有很大的进步,而且我们必须做好准备去接受许多妥协以向前进。现在,当准备好利用马马虎虎的方法时,我将从组成预算目标所需环境中最重要部分的那些因素出发,简略描绘出法国、英国、日本和美国之间的相对不同点。

富国的财富、税收和政治

一个国家财富的绝对水平或"储备"是衡量政府潜在可利用的那些资源的一个经济指标。[5] 穷国的大部分公民几乎不能保证日常生活,而且很少有钱能留给政府。对于富国来说,连同私营部门的潜在财富,收入的调动在经济上是可行的。我们可以从表9.2中看出,在绝对财富方面美国仍然是这四个富国中最富有的国家,但与其他三个国家的差额比10年前要小。

然而,财富的绝对水平不能完整描绘出所有可利用的资源。同等重要的(或许更重要的)是这部分财富随时间变化的变化率。现在大多数宏观经济计划都集中于试图改进这些经济增长率。这四个国家的经济增长戏剧性地与现有的财富水平不同。日本(参见表9.3)在1972年人均生产最低,却拥有迄今为止最高的经济增长率。在那时,美国的财富是日本的两倍多,但其经济增长率仅是日本的1/4。英国不幸地保持了一致性,其增长率最低而且财富是倒数第二;法国就比较幸运,拥有一个良性增长率和一个坚实的经济基础（不及美国，位于第二位）。美国仍然是最富有的国家，但是不再像10年前那样在绝对财富上超出其他三个国家。[6] 另一个重要的变化是在人均生产方面，日本不再占据最低的位置。自1972,年以来，日本在绝对财富方面已经超过英国。法国仍然保持第二位，但已经非常接近美国的边缘。

增长的相对水平在20世纪70年代比20世纪60年代更加没有区别：日本仍然拥有迄今为止最快的增长率，英国最低，法国和美国处于中间水平。但重要的是要注意20世纪70年代比之前GNP的平均年度增长率低多少。日本的增长率比之前的一半还少，而且其他三个国家也不像之前增长得那样快（虽然自增长率不再下降之后，它们的变化一直在变小），这在很大程度上归因于20世纪70年代后半期困扰经济合作与发展组织国家的经济衰退。

表 9.2　　　　　美国仍然是最富有的国家，但富裕程度不大　　　　单位：美元

	人均国内生产总值	
	1971*	1981**
美国	4 850	8 117
法国	2 920	7 392
英国	2 150	4 382
日本	1 910	5 585

资料来源：OECD, *Economic Surveys*：*Japan* 1972（Paris：OECD, 1983），and OECD, *Main Economic Indicators*（Paris：OECD, 1983）。

表 9.3　　　　日本在经济增长上超过其他国家，但所有国家的增长减慢　　　单位：%

	实际 GNP 的平均年度增长	
	1965～1970*	1971～1980**
日本	12.1	4.8
法国	5.8	3.1
美国	3.3	2.8
英国	2.1	1.4

资料来源：OECD, *Economic Surveys*：*Japan* 1972．（Paris：OECD, 1983），and *Economic Outlook*, no. 33（Paris：OECD, July 1983），p. 25。

那么以预算术语来说，这两种经济指标的相对重要性如何？这取决于相对征税效应。如果预算增长的百分比比 GNP（不管收入分配）增长的百分比小，那么我们可以期望预算增长的政治后果是最低限度的。原因是自

实际财富增长超过开支的增长以来,政府实际上比以前用了更小份额的国民生产总值。最终结果将是相对税负的减少。此外,按照绝对价值计算私营部门的财富将会增长,而且收入及其购买力将会上升。虽然按照绝对价值计算,政府仍然将增加其行为,一般的公民(除非税收转移不利于他们)应该都会觉得他们的经济状况将比前些年好。预算增长的方式可以最佳地表示为无痛的知觉——政府正在做更多没有太多成本的对人们有益的事,且没有超出他们过去的支付。

我们可以把无痛预算增长与比 GNP 增长要大的税收增长相对比。同样,财政有必要依靠现有的财富水平。借贷可能一段时间内起作用,而且通货膨胀的程度也是可以接受的,但是最终税率不得不提高以满足额外的开支或者消费率将不得不下降。不管怎样,这不太可能成为政治上的普遍现象。另一方面,GNP 上的一个增长会自动带来额外的收入,即使没有一个更高的税率。

经济增长与税负变化之间的反比关系在 1970 年之前描绘出这四个国家状态的特征,而在之后就没有那么明显。在 1955~1969 年期间,当经济增长率很高时,税负几乎保持不变;当增长率较低时,税负增加了(参见表 9.4)。日本和法国的中央政府不需要用现有的财富水平给其增长的支出提供资金;英国和美国就需要。随着经济的快速增长,就有可能不需要像以前那样拿走那么多的公民收入来扩大预算。例如,日本的税负从 1955 年占 GNP 的 16.5%下降到 1969 年的 15.6%。有人可能假设政府开支实际下降了;事实并非如此。事实上,在 20 世纪 60 年代期间,中央政府的开支平均每年比上一年攀升 16 个百分点,大规模的预算扩张比被平均 12.1%的 GNP 增长所补偿的部分还要大。1960 年日本的人均 GNP 只有 462 美元,通过设法增加现有财富水平上的税收仅能够实现非常小的预算扩张。

表 9.4　　　　高经济增长率使税率下降,低经济增长率使税率上升　　　单位:%

	税率 (1954~1955 年)	税率 (1968~1969 年)	增长率 (1965~1970 年)	税收变化的百分比 (1955~1969 年)
日本	16.5	15.6	12.1	−0.9
法国	21.8	22.5	5.8	+0.7
美国	21.9	25.2	3.3	+3.3
英国	25.5	30.1	2.1	+4.6

资料来源:OECD,*Economic Surveys:Japan 1972*.(Paris:OECD,1983)。

由于从 20 世纪 50 年代中期到 60 年代末法国的经济增长相当大,法国只经历了轻微的税收增加，私营部门实际财富增长几乎不怎么引人注意。尽管保持着稳定的增长率，但美国的税负增加了 3.3 个百分点。它在财富增长和现有财富水平之外增加了政府开支。20 世纪 60 年代初，美国拥有足够多的财富可以实行一系列可能的举措而不至于太过痛苦；美国的人均 GNP 比其对手法国要多出 2 000 美元，这显然是更好的目标。

20 世纪 60 年代，英国呈现出一幅悲观景象——缓慢的增长率和相对低的人均 GNP。开支预算任何大的提高都几乎无一例外地需要增加税收，由于人均财富相对较低，这是一个困难的工作。税负占 GNP 的比例从 1955 年的 25.5% 上升到 1969 年的 30.1%。因此，英国在所有这四个国家中境况是最差的，既没有日本和法国的高增长率，也没有美国大量的现有财富。

然而，20 世纪 70 年代间，较高的增长率引起较低的税率增加的情况发生了变化。事实上，这种关系已经反过来了。一个国家的增长率越高，税率的增长也越大（参见表 9.5）。例如，日本和法国从 1971~1980 年期间拥有最高的增长率，同时在那期间税率增加也最大。然而，尽管税率急剧增加，日本仍然拥有最低的税负。与此同时，法国不但税率有较大提高，而且在四个国家中税负是最高的。但是，类似的情况比我们所看到的更多，进一步的分析将说明这一点。

表 9.5　　　　高增长率不再使税率下降，低增长率使税率保持不变　　　　单位：%

	税率 1971 年	税率 1980 年	增长率 1971~1980 年	税率变化的百分比 1971~1980 年
日本	20.2	26.1	4.8	＋5.9
法国	35.1	42.6	3.1	＋7.5
美国	28.8	30.7	2.8	＋1.9
英国	35.2	36.1	1.4	＋0.9

资料来源：OECD, *Economic Surveys：Japan 1983*,(Paris：OECD, 1983), p.60, and OECD, *Revenue Statistics of OECD Member Countries 1965—1982*,(Paris：OECD, 1983), p.68。

美国和英国的增长率较低，在 20 世纪 70 年代期间几乎没有提高其税率，这可能是因为他们已经提取了所能提取的国家财富的上限以供政府使用；由于经济增长缓慢，他们不敢对人民征收更多的税。例如，我们看到英国和法国在 1971 年的税率相同，都是 35%；然而法国的平均增长率是英国的 2 倍，到 1980 年它能够把税率提高到 42.6%，而英国的税率几乎保持不变在 36%。

日本和法国本来可以依靠相对较高的增长率来自动增加政府税收，为什么他们决定通过提高政府在国家财富中的比例来增加税收？日本和法国的税率提高幅度比英国和美国大的一个理由可以追溯到1973年和1979年的石油危机。法国和日本受石油危机影响更大,因为它们不能像英国和美国那样依靠国内生产的石油。因此,法国和日本的生产者不得不为进口石油支付更高的价格,由此提高了成本且降低了企业利润。在日本和法国,企业所得税要比工资税高,而且自从石油危机之后的萧条引起企业利润的下降,政府税收也跟着下降了,由此迫使政府寻求更高的所得税。显然生活比单一要素的命题要复杂得多。我们如何解决20世纪60年代和70年代的不同经历呢?

这两个时期仍然有一个共同点:低增长率使税率保持下降。不但政府可以征税的项目越来越少,而且现有财富带来的相反的政治和经济作用阻止了税率的持续提高。那些经济高速增长的国家的情况是不断变化的。它们可以利用这个增长来维持或降低税率,同时仍然增加税收,或者由于经济增长使很多政策可行,它们可能提高税率。像我们之前看到的那样,财富增加选择。那么,为什么它们选择更高的所得税呢?

这次讨论中忽视的一方面是公共支出。当经济繁荣时,额外的税收保证了进一步的开支。当增长缓慢下来,这种选择要么带来非常大的赤字,要么就是税率提高。既然过去的增长已经提高了个人收入,那么较高的税率能够而且已被实行了。十多年的历史已经证明了这一点。

为了增加我们的理解,现在我将介绍两种新方法,这两种方法可以追溯到25年前。实得工资指数(如表9.6所示)是一个衡量25年间实得工资增加多少的百分比。实得工资增加的越小,我们可以假设政府拿走的税收越大,因此我们将认为税率的提高也越大。英国在实得工资方面的增加最低,相关时期内税率的增加也最大。日本在25年间人均实得工资增长了2倍多,这对其公民财富增加的要求也最低。

表9.6　　　实得收入:税率增加可见性指数的另一种衡量方法

	人均实得收入的百分比变化(1951~1976年)
日本	200
法国	147
美国	51
英国	48

资料来源:Richard Rose and Guy Peters, *Can Government Go Bankrupt*? (New York:Basic Books, 1978)。

痛苦指数(参见表9.7)试图提供另外一种衡量政府通过经济增长而不是提高税率来增加税收程度的方法。痛苦指数越高,失业率和通货膨胀率越高,意味着经济可能不增长而且实际可支配收入的增长率下降。该指数所显示的情况应当符合增长率和税负显示的情况。

美国1961年的增长率最低,痛苦指数也最大,这表明如果政府想要取得新税收,就不得不对现有财富征税而不是对经济增长带来的财富征税。换言之,美国人将比其他国家的人更加感到增税带来的痛苦,给他们的生活增加了"痛苦"。最近,除了高失业率和高通货膨胀率,美国保持税负增长水平较低的程度越来越小。日本的痛苦指数较低,它能够显著地提高税率。法国也提高了税率,这看起来与痛苦指数所显示的情况相矛盾,因为法国的痛苦指数与英国的相同。我注意到,只有社会主义的密特朗(Mitterrand)政府开始降低所得税税率。

表9.7 痛苦指数:通货膨胀率和失业率反映国家经济增长和接受税负增加的能力

年份	美国	日本	法国	英国
1961	7.7	8.8	3.8	4.9
1970	10.8	6.0	8.4	8.8
1978	13.1	5.7	14.3	13.8
1979	17.3	5.7	17.0	18.5
1980	20.6	10.0	20.2	24.4
1981	17.8	7.1	20.9	21.9
1982	15.7	5.1	20.5	20.3

资料来源:U. S. Department of Commerce, *International Economic Indicators* (Washington, D. C.: U. S. Government Printing Office, 1983), pp. 43 and 63。

征税的方法也影响相关政策结果。如表9.8所示,不同国家有不同的税收结构。对于我们的目标,重要的是一些税对纳税人比对其他人更"显著"。总的来说,个人所得税、遗产税、赠与所得税和净财富税、财产税和员工的社会保障金对个人纳税者来说比公司税、消费税、关税和私营雇主的社会保障金更为明显。如果我们重新安排表9.8来反映这个区别,我们将得到(如表9.9所示)一个反映各国更明显的税收结构的表。[7]

表9.8　　　　　　　税收组成在四个国家各有不同
(1980年占政府税收的百分比)　　　　　　单位:%

	美国	英国	法国	日本
个人所得税	37	30	13	24
企业所得税	10	8	5	17
财产税	10	12	4	8
消费税和关税	17	29	30	17
社会保障金	26	17	43	29
其他	—	4	5	5
总计	100	100	100	100

资料来源:OECD, *Economic Surveys*: *Japan 1983* (Paris: OECD, 1983), p. 60, Table 21。

表 9.9　　　1980年美国和英国比法国和日本有更多显著类型的税收　　　单位：%

	显著的	非显著的
法国	30.7	69.3
日本	46.6	53.4
英国	49.1	50.9
美国	58.0	42.0

资料来源：OECD, *Economic Surveys*: *Japan* 1983 (Paris: OECD, 1983), p.60。

日本和法国主要从那些对个人纳税者和选举人来说不那么明显的税源中获取税收。美国和英国的税收大多数来源于更加明显的税种。那些绝对税收水平最高和税负提高（见表9.4和表9.5所示）的国家使得这些税收的提高对一般民众十分显著。通过把财富（既包括绝对增长率又包括相对增长率）和税收数（总量和类型）放在一起，我们应该能够得出一个有关每个国家在开支过程中必须面临政策的更为精确的概念。

1980年的相关情况与1961年的情况相同。法国和日本比美国和英国的显著税收少，但是差距不像以前那么大。首先，美国提高了显著税收的独立性，英国减少了其显著税收，这就使美国代替英国成为显著税收比例最大的国家。日本的变化最大，1961年只有1/3的税收来自于显著类型的税种，到1980年提高到几乎一半的税收都是显著的。法国也提高了其对显著税收的依赖性，虽然变化没有像日本那么大。日本和法国税收结构的变化表明，政府强加的税收负担的巨大提高是通过对纳税人征收显著税的方法达到的。

如图9.1，财富—增长率轴，根据它们相对的经济增长率和财富水平来表示这四个国家。财富轴被用在富国内；按绝对标准来说，所有国家都是富裕的。理想的位置用＊号表示，最不想达到的位置用o表示。四个国家中有三个至少在一个轴上达到一个相对理想的位置。除此以外，增长率轴上一个好位置表明这个国家也将在另一个轴上有一个好位置——高财富。因此，预计在未来5年里，日本的人均财富将超过英国。我们也能预计英国在提高政府预算份额方面的困难最大。同样我们也能预计美国将有一些麻烦，这是因为由财富水平提供资金比由增长提供资金困难得多。这两个国家的情况由于其拥有很多税收和一个容易显著的税收结构而更加恶化。

值得注意的是，处于较好位置的日本和法国在过去的20年里都是一党执政（分别是自由民主党和戴高乐主义以及社会主义党）。或许一个不通过提高税收水平就无法提高政府服务的党将丧失权力。对服务的需求严重依赖他们花费了什么。价格相对高的国家——譬如美国和英国——令人讨厌

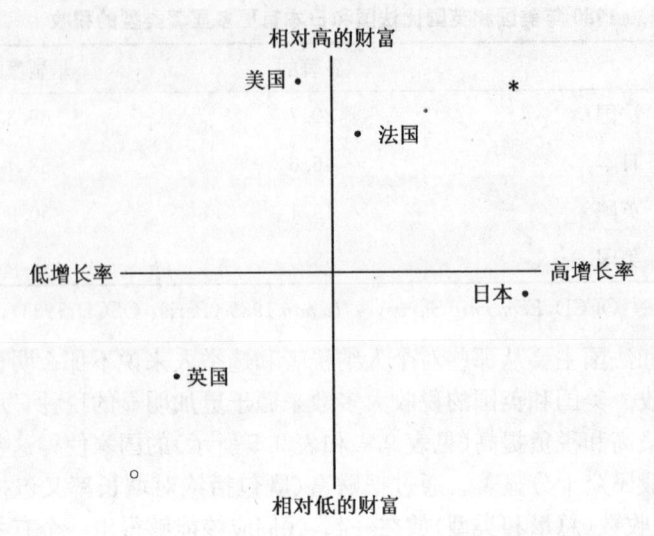

```
                    相对高的财富
           美国 •      │       *
                      │ • 法国
                      │
   低增长率 ──────────┼────────── 高增长率
                      │     日本 •
                      │
             • 英国    │
                      │
                   o  │
                    相对低的财富
```

*：理想位置。
o：最差位置。

图 9.1　财富—增长率轴（1981 年）

的党（民主党和劳动党）被选举拉下马。对当前的目的而言，直接的目标和简单假设的质量，被省略的变量，以及对因果关系方向的怀疑，都不是直接的兴趣所在。为支出的政治问题提供粗略的有关财富和税收的衡量标准就足够了。

　　对于支持政府公共开支的能力来说，这些国家有多么富裕呢？我们关心的是根据这四个国家之间互相比较排列出名次，而不是根据任何绝对值。由于预算的缘故，我们很难说是否人均 GNP 是最好的衡量标准，或者是否增长率决定正常利润。所以我采用两种衡量标准，并且没有使用任何更好的理论原理，给他们赋予相同的权重从而得到 20 世纪 60 年代的财富指数（参见图 9.2）。在图的两侧边缘我设置为相对人均财富，美国最高，法国其次，英国和日本最低。在图的顶端，我指定其为相对人均增长率，日本毫无疑问是第一，法国其次，美国相对较低，英国最低。任意指定各个等级——3 为高，2 为中，1 为低——按照财富—增长率指数，美国为 5 分，法国为 4.5 分（因为其增长率比美国高很多），日本为 4 分，英国为 3 分。[8]20 世纪 70 年代发生了什么？

　　图 9.3 总结了 20 世纪 70 年代这些国家发生的财富和增长率的变化。或许位置变化最令人震惊的是英国，由于持续的低增长率和较低的财富，英国已经移到其可能达到的最差位置。日本由于高增长率和逐渐增多的财富，位置上升了。法国和美国占据了基本相同的位置。在财富—增长率指

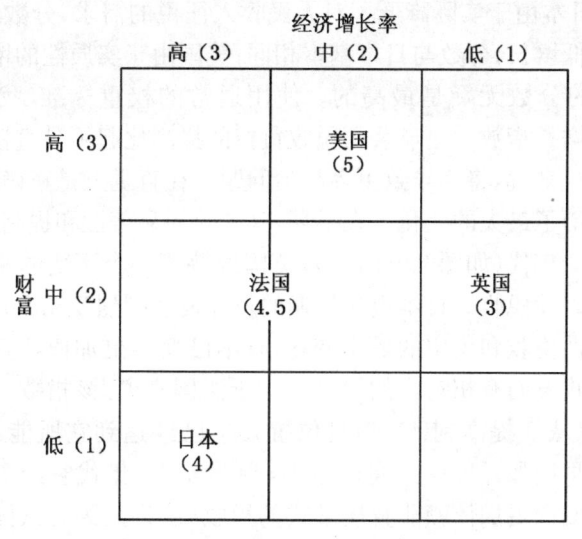

图 9.2　20 世纪 60 年代的财富—增长率指数

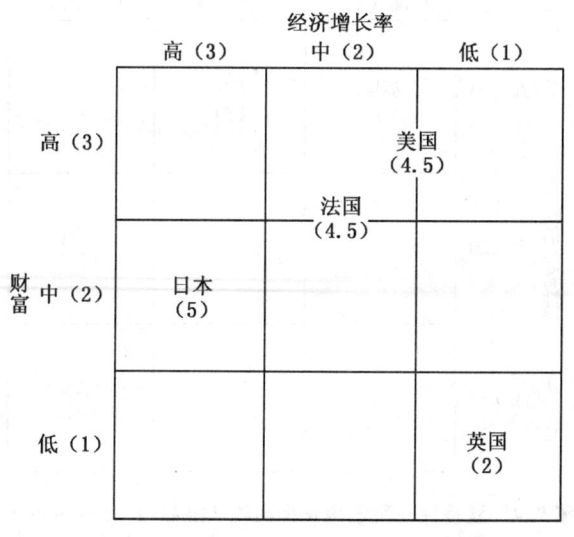

图 9.3　20 世纪 70 年代的财富—增长率指数

数上相对位置的不同造成了什么样的政治机遇和困难呢？

让我们设置一个指数（如图 9.4 和图 9.5 所示），该指数突出了从人们取得的税收来源引起的政治问题。左侧是税收的显著性（如前面提到过的分类）。考虑到两个时期，美国和英国的分数最高，法国和日本的分数稍微低一些。顶端是每个国家税收总量的增加或减少。1955～1969 年间（如图

9.4所示),日本由于实际降低了对人民收入征税的需求,分数最低;法国由于税收的较低增长,分数与日本基本相同;美国由于实质性的增长处于中间位置;英国的分数无疑是最高的。使用通常的权重标准,我们得到显著性——税收增长指数。更显著的税收负担的提高比起不易直接体察到的税收现状的减少来说,将会导致更多政治问题。在直觉上是正确的。

英国经历了最大的变化。在早期,其税收的显著性和提高幅度都最大;在20世纪70年代(如图9.5所示),英国维持了一个不变的税率而且不再有最多的显著性税收。日本也从早期的位置发生剧烈变动。日本不再拥有最少的显著性税收和税率的最小变化,日本已变得更加依赖直接形式的税收并且在税收方面有相对大的提高。对于法国来说,该指数上的分数并没有变化太多(从3提高到4),但是位置几乎已经达到它所能达到的地方。法国不再像早期那样税率提高得最小,20世纪70年代它经历了最大的税率增长并且变得更加依赖非直接形式的税收(或许是因为法国纳税人对个人所得税增长的顺从程度低)。美国的位置仅发生了很小的变化。

	高(3)	中(2)	低(1)
高(3)	英国(6)	美国(5)	
中(2)			法国(3)
低(1)			日本(2)

税收的显著性

图9.4　显著性—税收增长指数税率提高(1955~1969年)

感谢日本和法国所得税的大幅增长,这两个国家在1971~1980年间得到的分数与1955~1969年间得到的分数非常不同。英国的变化最大。在早些时候,其税收的显著性和提高幅度都最大。在最后10年,英国维持了一个不变的税率,并且与其他三个国家相比不再是显著性税收最多的国家。

设置这两个指数的目的是得到一个比率——财富—增长率指数比上显著性—税收增长指数——与一个国家的财富和对财富征税的需求相关。我

```
                 高(3)    中(2)    低(1)

         高(3)                     美国
                                  (4.5)

 税
 收
 的   中(2)            日本      英国
 显                    (4)      (3)
 著
 性

         低(1)    法国
                  (4)
```

图 9.5 显著性—税收增长指数税率提高(1971~1980 年)

们把这个比率命名为开支支持比率(SOS)(参见图 9.6)。像日本和法国那样,一个高的开支支持比率表明可用的资源远远超过需求;像英国的比率为1/2那样,一个低的开支支持比率表明需求远远超过支持它的能力。美国的比率为1,这表明美国的需求和可用资源刚好匹配。

	财富—增长率指数	(20世纪60年代)		税收增长指数的显著性
英国	3	3/6	(0.50)	6
美国	5	5/5	(1.00)	5
法国	4.5	4.5/3	(1.66)	3
日本	4	4/2	(2.00)	2

	财富—增长率指数	(20世纪70年代)		税收增长指数的显著性
英国	2	2/3	(0.66)	3
美国	4.5	4.5/4.5	(1.00)	4.5
法国	4.5	4.5/4	(1.13)	4
日本	5	5/4	(1.25)	4

图 9.6 开支支持比率

开支支持比率旨在为富裕国家面临的预算问题提供一种计算方法。在给定时期内该比率越高，这些问题越简单。然后，开支支持比率应当帮助确定预算过程的一些结构特点，尤其是增量和比例的程度。我的假设是开支支持比率越高，各国预算过程的增量越少、比例越高。原理很简单：在一个较低的政治成本下，可用的资金越多，比过去的增量就越大；涵盖的范围越广，分享这个增量就越公平。

这四个国家的比率排名在 20 世纪 70 年代没有变化，但相对位置值得注意。美国像刻度上的一个锚，其比率为 1，可用资源仍然刚好满足需求。日本和法国对资源的需求比以前更多，而英国不再试图像以前那样从有限资源中汲取那么多。

没有人，至少是几乎所有的创始人都不希望他们创造的指数和比率被认为是不合逻辑的。虽然组成指数的各个维度与真实世界的数据和观察有关，名次之间的差距至少是十分相近的；只有当像我一样对总体比较感兴趣时，给其赋予相等的价值才会合理。

社会、政治和矛盾

为了理解预算过程在处理矛盾中所起到的作用，我们需要注意每个社会有可能产生多少矛盾，以及政府机构控制局面的能力有多好。这些都是高要求，且现有的知识很难达到目标。然而，与企业的精神保持一致，我至少能试图在估计比较等级时不对已经为人所知的东西做假。

我最初的兴趣在于估计每个国家内部社会矛盾的潜在可能性。在最简单的层面上——也很难再提高一层——矛盾被认为是社会多样性和这些差异所表现出的政治强度的产物。人们之间的相似度（例如，种族、宗教、等级和地区）越高，他们沿着区分他们的区别分化得越少，矛盾产生的可能性也越小。迄今为止，美国在各个方面都是差异性最大的国家，例如，种族、宗教和地理差异。法国仍然存在某些宗教差异，日本和英国两国的差异性比较正常。当我指出英国的差异性最小，美国和日本在处理重大问题上做得相当好，以及法国有时处于混乱边缘时，我是非常主观的。这些国家中没有一个逃脱城市骚乱的不时爆发。因此，出于不同的理由，美国和法国在差异性——强度指数（如图 9.7 所示）上得到的分数最高，日本次之，英国的差异性和利用该差异性的倾向的组合分数最少。

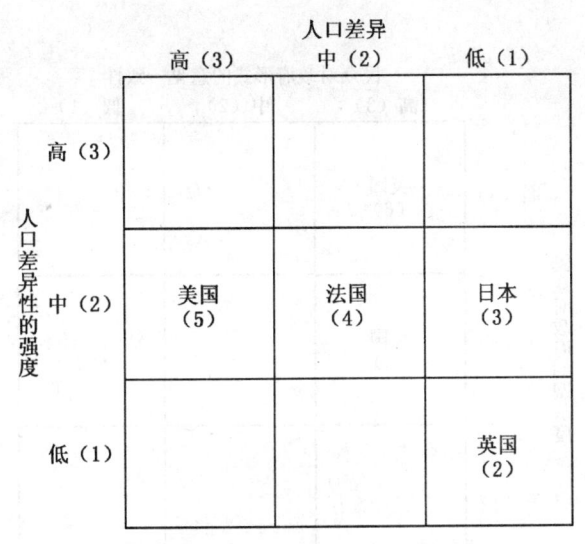

```
                    人口差异
          高(3)    中(2)    低(1)
    高(3) ┌──────┬──────┬──────┐
          │      │      │      │
人         │      │      │      │
口    中(2)├──────┼──────┼──────┤
差         │ 美国 │ 法国 │ 日本 │
异         │ (5)  │ (4)  │ (3)  │
性         │      │      │      │
的    低(1)├──────┼──────┼──────┤
强         │      │      │ 英国 │
度         │      │      │ (2)  │
          └──────┴──────┴──────┘
```

图9.7 矛盾的潜力：差异性—强度指数

政府控制矛盾的能力不仅取决于它们不得不处理多少矛盾，而且取决于它们的力量有多强大。反过来，这个力量又取决于民众顺从政府判断的意愿有多大，以及对政府形式的意见一致性有多少。一种持续受到攻击的政权制度——由于它的民众不同意特定的政策，更糟糕的是持续质疑政府的形式——很可能产生的矛盾与它所能解决的问题一样多或者更多。我们应该如何看待民众在政府形式问题上的一致意见呢？简单的方法看来是那些挑战政府甚至民主进程形式的政党的存在。按照这个标准，我们发现英国和美国民众的意见一致性很高。没有任何一个竞争者能够对抗处于优势地位的宪法安排。另一方面，日本和法国民众的一致性较低，这是因为存在相当规模的政党反对处于主流地位的政府形式。

至于民众对政府的服从程度，有必要认识到，没有人会完全同意政府所做的每一件事情，或者不会偶尔抗议一下。问题是政府通常从其民众那里受到的压力是较大还是较小。我的排序仅是通过书本和有关这些国家发生事件的报道所进行的判断。总体来说，英国的民众对其政府的服从程度较高。这并不意味着他们更喜欢他们的政府或者更加同意政府的决定，而只是他们不愿意挑战政府。民众喜欢他们的政府，或仅感觉到无力改变它的政策，他们可能都会服从。法国、日本和美国的位次居中，这是因为大多数的政府决定能够比较容易地被接受，但是至少仍然对其中一些决定存在持续的抵制。为了找到一种更好的方式，结合排序位置，我们发现（如图9.8所示）法国和日本体现出最低的一致性——顺从度指数，英国最高，美国稍微低一些。

民众对政府形式的意见一致性

	高（3）	中（2）	低（1）
高（3）	英国（6）		
中（2）	美国（5）		法国、日本（3）
低（1）			

民众对政府的服从度

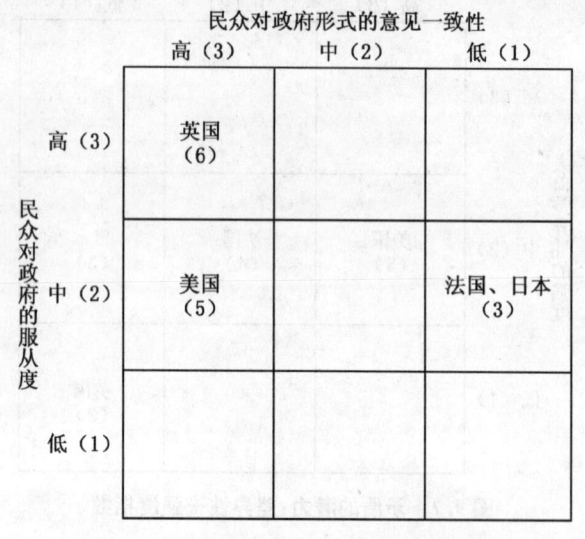

图9.8　协调矛盾的潜力：共识—差异指数

我的目标在于国家产生矛盾的倾向与政府控制矛盾的能力之间存在的一些比较关系。因此，我把差异性——强度指数和共识——差异指数结合起来并产生矛盾控制度比率（COC）。当控制度在上面而矛盾在下面，这表示（如表9.10所示）英国能够控制的矛盾比其产生的矛盾更多，日本和美国刚好持平，而法国处于赤字境地。

表9.10	矛盾控制度比率	
英国	6/2	3.00
日本	3/3	1.00
美国	5/5	1.00
法国	3/4	0.75

这样做的目的是让我们比较这些国家相对的经济地位和其政治形式。开支支持比率展现了一方面，矛盾控制度比率展现了另一方面。剩下的工作（如图9.9所示）是将经济排名和政治排名并列起来得到一个有关这些国家面临的预算问题的大致概念。要记住，我们关心的是大致排名情况，把矛盾控制比率指数放在左边，开支支持比率指数放在底部，范围都是从最高到最低。那些在对角线左面的国家拥有政治优势而缺乏经济优势，而那些在对角线右面的国家情况正好相反。

英国能够通过政府控制矛盾的额外能力来弥补其开支支持度不高的问

图9.9 预算矛盾的背景

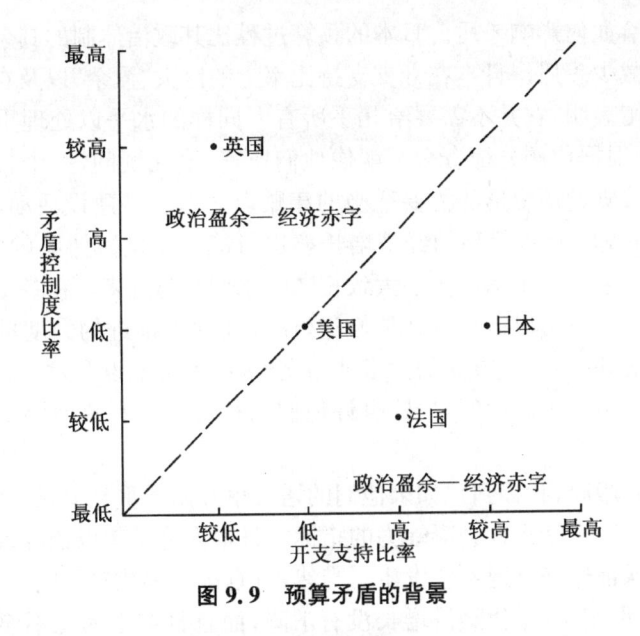

题。它的情况是对称的,但是不稳定;如果对政府无能适应需求的不满情绪渗透到更为宽广的政治系统,或者对政府顺从或公众意见的一致性以任何一种重大的方式衰退,那么国家将面临比以前其习惯的更大的动荡。日本的开支支持能力超出对人们征税的需求,它不需要从其政治组织那里得到帮助,而能得到比其所需的更多。然而,如果由于增长率下降导致开支支持能力下降,它在控制矛盾方面的均衡将会变得脆弱。法国在控制矛盾方面需要很多帮助;它从一种可被接受的政治结构中获取帮助。然而,经济麻烦很少得到政治安慰。美国在对支出的需求和供给方面以及矛盾的制造和容纳方面表现出不同寻常的均衡。其精心打造的均衡对支持者和批评者来说都仍然是一个谜。是否真的是上帝照顾傻瓜、醉汉和美国人,可以讨论一下。通过把预算活动与政治联系起来,我将设法表明美国的均衡是有一个合理理由的,就像法国、英国和日本面对矛盾冲突时有着特别的方式一样。

预算与政治

早些时候我曾试图再现四个国家政府预算制定的形式,在此我试着给出其预算过程之外产生和解决矛盾的倾向的理由;仍然能够解释预算与政治相处融洽如何影响矛盾。日本的预算过程比其政治体制的其余部分更显著地适合减少矛盾。日本在开支支持比率上的巨大"盈余"以及在矛盾控制度上的均衡表明，它并不需要给几乎所有人同样的水平以处理重新出现的谈判，甚至根据比例分配资金。就像他们所言，毫无疑问，一个长期的和多样化的多数党的历史形势需要适当的津贴以分散公共建设活动，以此解决跨政党的问题。日本超高的经济增长率也可能表明削减津贴的一点理由，但是不足以要求各个部门按照大致相同的比例参与进来。在各个部门中都存在的一些项目可以被更有力地推进，而其他项目推进的力度可以稍微小一点。然而，除了农业方面的大米补贴之外，这种情况没有发生。也许日本人比其他人更加了解他们自己，也许他们的社会协定和政治协定比其表面看起来脆弱得多。

在第一版时，我提到，"如果他们的增长率开始严重衰退，那么如何制定预算将成为一个衡量社会凝聚力的指标。日本人将希望以牺牲政治生存能力为代价保证经济衰退不会发生。当然，所有这些都纯粹是假设"。现在我们知道20世纪70年代经济增长没有下降，而且日本也因此不愿为降低开支付出政治成本。当然，当经济增长缓慢下来时，日本政治家无能为力或者不情愿削减开支，这表明他们是相当谨慎的。日本的政治家不愿意冒险。

英国在克服其开支支持比率上的巨大赤字方面明确需要帮助，而且为了这个目的甚至可以利用矛盾控制度比率上更大的盈余。它试图通过阻止对开支的需求和通过提高经济增长率的下列措施来改善它的处境：各个部门可以被区别对待，每个部门得到明显不同的份额，增长常常与巨大的衰退伴随在一起。这就需要强有力的集中控制。而且因此我们看到财政部被赋予更强大的权威。它制定总量的权力由于其独占了对宏观经济的预测而得到提高，这意味着对可被允许的总量的辩论就是对财政部数据的辩论了。通过回到"现金限制"，财政部制造了一些错误；现在超出被批准的水平之上的价格变动必须从部门内部出来。各种遏制地方政府开支权力的举措再次确定了通过重新确认中央原则来应对逆境的等级制度的倾向。主要的倾向很清楚：在试图对付开支支持比率上赤字产生的问题时，英国的开支过程促进了政府的中央集权。

迄今为止，美国仍然保持了均衡的状态。其开支支持比率和矛盾控制度比率都是1。美国政治系统的组成部分可能一开始看起来很分散，但实际上是一个更大系统的组成部分，这个系统里的各个元素是相互制约的。不过这种情况很勉强。通过在相反的方向移动子系统，预算过程有助于维持典型的美国式均衡。总统通过管理与预算局提供一个在其他地方没有的中央集权的要素；预算是总统把他自己的意志强加于政府行为的最好机会。

另一方面，通过参众两院预算委员会和各种各样管辖实体或（立法）委员会的参众两院拨款委员会，美国国会过程使决策分散开来。因此，作为一个整体，预算子系统甚至比政治体制更加分散。结果是如果总统控制了拨款，或者如果在国会中有一个专门处理拨款事务的委员会，小冲突的数量可能会减少。就像经典凯恩斯学派的学者对20世纪80年代早期衰退的反应那样，结果可能比任何单一元素作用更为不同，但这是一个明显成功的反应。当然，它也导致了非常大的赤字。但是故事仍然没有展开。

法国在开支支持方面有着巨大的盈余，但是在控制矛盾方面存在巨大的赤字。然而法国问题的解决展现了一种类型：不是在源头上改良或转移矛盾，而是支持政府的权威。而且法国的预算过程恰到好处——既不多也不少。没有人被要求感觉更好或者否认他的理由；每个人在仲裁时间结束且政府强加其意志之前，都有好几个机会。而且几个世纪的中央集权统治也展现出它的力量。通过机构收集那些苦日子的回忆，法国对20世纪70年代出现的机会反应过度了。法国可能更加能够承受第三或第四共和国的"奢侈"，但是它仍然还记得那些"苦日子"。法国的政治精英们没有冒险。也许他们知道一些我们不知道的事情。当然密特朗总统的社会主义政府为了提高体制的稳定所采取的削减税收和开支的措施显示出相当的谨慎。总之，预算过程为政治模式增加了什么？正如图9.10展现的，我的答案是预算过程比以前做得更多了。它们进一步承载了国家政治模式的主要倾向。英国的预算过程甚至比其整个政府更加中央集权；美国的预算过程更加分散；法国筑起更为强大的堡垒；日本力争取得更大的和谐。

预算子系统与其政治系统过于保持一致。预算过程推动其余政治过程按相同的方向进行，只不过比较困难。这里我们得出预算作为一个政治过程的重要性——它比国王还要高贵。

如果预算过程强化了它们在政府环境中的力量，那么预算改革必须符合同样的法律。预算不是政治系统中的阿基米德杠杆（Archimedean lever）；它无法做办不到的事情。预算程序可以改进，但是无法实质性改变政治程序。就像我反复提到的，预算仍然是更大的政治系统中的一个子系统。政治系统统治了预算子系统，而不是相反。接下来，那些希望对预算过程作巨大变革的人唯恐他们的愿望被证明是有缺陷的，他们就必须首先改变那个更大的政治系统，而预算对这个政治系统的反应是最大的。例如，那些提议通过反复与预算相对抗使日本的良好关系变得不那么和谐的人，必须首先重新构建政党体制以允许和承受这些矛盾。

只是因为问题很明显——被提议的改革是基于谁的利益？——并不意味着问题不应被询问和回答。一个有关改革的严肃提案绝不能仅是提高政

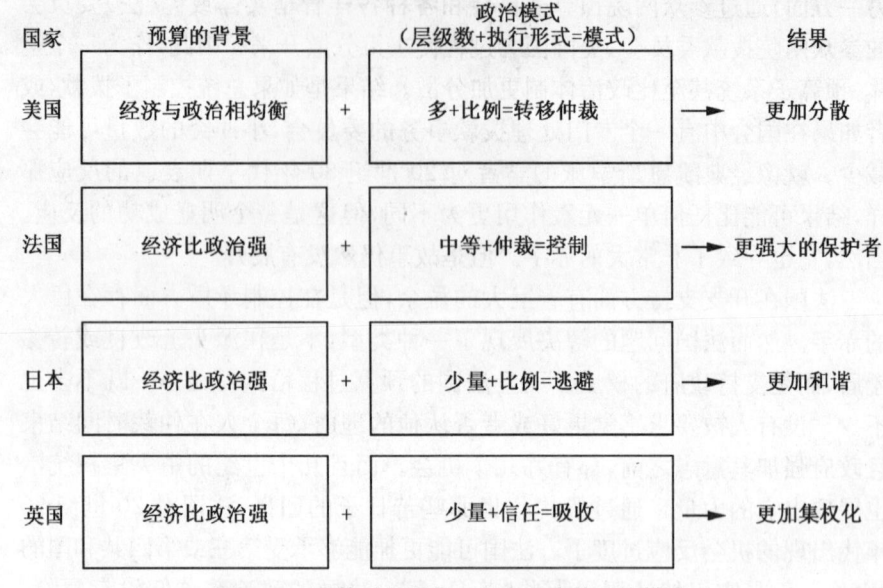

国家	预算的背景		政治模式 （层级数+执行形式=模式）		结果
美国	经济与政治相均衡	+	多+比例=转移仲裁	→	更加分散
法国	经济比政治强	+	中等+仲裁=控制	→	更强大的保护者
日本	经济比政治强	+	少量+比例=逃避	→	更加和谐
英国	经济比政治强	+	少量+信任=吸收	→	更加集权化

图 9.10 预算过程强化了每个政府的政治模式

府运营效率的技术手段，而必须总是影响那些得到政府给予的人和那些负责最终事务的人。由于对社会和政府的兴趣受预算变化的影响，编写潜在失败者和成功者的名单构成了唯一合理的预想。指出如何克服预期的反对不是一个外生变量，而是改革内在的一部分。没人想要的好主意产生糟糕的分析。偏离需求的改革注定要失败。

预算计算以两种重要的方式影响改革：改革指定的操作可以实质性地被执行吗？对于矛盾他们能做些什么？在争取预算上的权力方面没有多少要点，仅是为了找出某人偏爱的改革要求，或引起意想不到的或不受欢迎的后果。由于计算与矛盾结合在一起，参与者们计算事情的方法不可能不同。分析基数而不是增量更加明显地影响矛盾的范围和结果。处于政治赤字中的政府将寻求经济盈余，而不是在遏制矛盾的能力上进一步借债。

虽然这些民主政府的模式各有不同，但是其制定预算的方式基本相同——以名义货币计价的收支项目。很多人都尝试过其他形式，例如项目预算，仅是为了回到他们的老路。既然生活兴衰变迁，为什么传统的预算模式仍能持续下去？

注 释

1. 在书写本节时，我受益于 Jonathan Bender and Richard Meisinger 的贡献，他们都是我的学生。

2. C. E. Lindblom, "Decision Making in Taxation and Expenditure"(paper prepared for Conference on Public Finances: Needs, Sources, and Utilization, National Bureau of Economic Research, New York City, April 1959).

3. 从法国的其他文章中得到例证,参见 Michele Crozier, *The Bureaucratic Phenomenon*(Chicago: University of Chicago Press 1964)。

4. Hugh Heclo, *A Government of Strangers: Executive Politics in Washington* (Washington, D. C.: Brooklings Institution, 1977).

5. 第一版我受益于 Aiden Vining 的研究,第二版我受益于 James Hearn,当时他们都是国家政策研究院的学生。虽然从技术上说,人均 GNP 要比财富(储备)是更好的衡量收入(流量)的方法,但是这两种方法非常接近而且人均 GNP 方法的利用很普遍,我们没有理由不遵循惯例。

6. 利用国内生产总值(GDP)来代替国民生产总值(GNP)是因为法国和英国直到 1981 年才报告 GNP 数据。然而,利用 GDP 不会改变使用 GNP 后的排列顺序,而且比较全部都在同样的标准上进行。

7. 1980 年四个国家的税收来源和 1961 年的差不多。仅在个人所得税和财产税的相对重要性(或独立性)上有少量变化。这些专门税种间的少量变化可以在表格中以"显著"和"非显著"的分类更好地表示出来。

8. 这可能存在对分类量表并不合适的争议。然而,由于增长率数据(日本的增长率是英国的 6 倍)比财富日期(美国的财富仅是日本的 2 倍)的范围更广,实际上,利用最主要的衡量标准(即原始数据)使增长率比财富的比重更大。让我们举个例子。假设有两个国家,其人均 GNP 分别为 5 000 美元和 1 000 美元,且年增长率分别为 2% 和 10%。如果我们简单地把那些数据相乘(例如,5 000 美元×2%和 1 000 美元×10%),每个国家将得到相同的分数——10 000。这可能过于简单了。事实上,不富裕的国家仍然需要很多年才能达到富裕国家的水平。我们的过程是一次对这个现象进行标准化的尝试。

第 10 章

竞争的模式,或为什么传统预算仍然持续

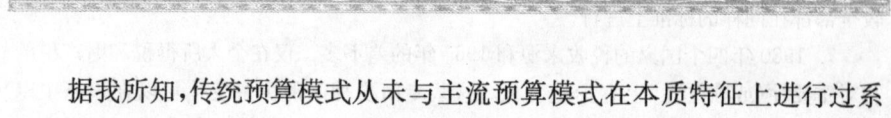

据我所知,传统预算模式从未与主流预算模式在本质特征上进行过系统的比较。[1] 为此,在多种情况下,我们可以更好地观察何种预算过程的特征适合各种不同的目的。

从预算演化之初到预算改革的形成,分项预算已被视作反动复古甚至是演化之初的幼体而饱受声讨。预算,其批评者宣称,已改变了性质,是逆流而动的落后的例子,而不是进步。综观 19 世纪,传统的年度现金预算被视为愚笨的预算模式而遭受谴责,因为其线性与项目不匹配;它是非理性的,因为它注重投入而不注重产出;它是没有远见的,因为它只考虑某一年而非长远地考虑多年;它是零乱的,因为它仅作为一项准则因经常变动而被审查;它是保守的,因为这些变化通常都是细微的。然而,尽管有如此多的缺点,真实的且有质疑的,传统预算实际上依然在各地盛行,无论在实践中还是理论上,为什么呢?

如果它能有如此的魅力,一贯的答案是官僚组织的惯性。政府内部的保守主义势力反对变革。大概相同的解释也适合过去和现在的所有情况。这如何解释为什么像英国这样的国家近年来远离了传统预算却又返回去了呢? 很难相信制度惯性存在于所有国家达一个世纪。随着时间的流逝,传统分项预算什么都没有发生过吗?

分项预算是历史的产物,而不是逻辑的产物。它不是随着进化而创建。它的过程和作用表明它随着时间的流逝而自然成长,而不是一时的定义假设。因此,我不应期盼追寻它们是始终如一的或是补充性的。

控制公共资金和公共权威的责任存在于预算的早期作用之中。可预测

性和计划——懂得随着时间的推移在什么方面支出——是不会落后的。从一开始,支出与收入相关联就是十分重要的。在我们的日常生活中,我们引入了宏观经济管理,旨在缓解通货膨胀和失业。支出随时调整变化以适应经济。及时的资金需求可被用作加强效益或者政策效率的杠杆。谁支付给风笛手报酬,谁就可以享受美妙的曲调。这里我们拥有的:预算应该保持连续性(为了计划),应该适时改变(为了政策评估),应该具备灵活性(为了经济),以及具备刚性(为了限制支出)。

这些差异和(某种程度)遭受反对的意图包含着一个对预算长期不满的线索。显然没有任何预算模式能够同时保持持续性和变革、刚性和灵活性。那些关注某一个或其他目的人应当发现预算不尽如人意之处,这毫不奇怪。或者,随着目的的变化,批评应该持续下去。真正的惊奇是传统预算在20世纪内不会被任何著名的预算竞争模式取代。

如果传统的预算方法确实存在缺点,这一点是毋庸置疑的,那么为什么到现在还没有新的且它还没有被取代呢?或许我们可以从抱怨的声音中找到线索。找出传统预算方法在实现大多数预算目的时的不尽如人意的地方,以及找到它优于其他预算方法的地方。

如果一种预算形式在某个方面得分很高的话,那么通常在另一个方面很可能会得分很低。制订计划作为一个预算目的,要求的是预见性,而经济管理要求的是可逆性。因此,在预算方法上不存在能够实现这两种目的的理想化的预算模式。这样就会存在一个问题:我们要选择那个在某个方面表现出色,而在其他方面表现很糟的预算方法呢?还是我们要选择那种能够满足各方面要求,但每个方面表现都不出色的预算方法呢?

公共部门的预算应该要确保其可解释性,即可用于说明问题的能力。通过公布政府的各项开销,反对者可以提出问题,或进行批评。在此,预算表述的清晰性至关重要,它要把政府开销与各项活动,以及负责的各个官员都联系在一起。作为预算的一个目的,与可解释性紧密联系的就是控制:那些经过授权或批准的资金是否用在了指定的活动上?控制(或者是其反义词,失控)可以从几个方面进行理解:对于限制内的开销,这是约定好的,还是人为希望的?一项预算对一个评论家来说可能是"失控"的,因为他"希望"的是不同的结果,而从字面意思来看,只有当预算的限制是约定好的并且超出的时候,才是缺乏"控制"的。

预算是用于实现高效的一种机制,即无论做什么都要以最小的成本完成,或者在给定开销的情况下获得最大的产出;预算也是实现有效性的一种机制,即实现公共政策的既定成效,例如,改善儿童的医疗保健,或者是减少犯罪。

在现代,预算的制订已经成了经济管理和计划制订的一种工具。随着凯恩斯经济学的出现，政府需要不断调整开支比例，以便在经济发展缓慢的时候增加就业，或者在价格被认为上涨过快的时候减少通货膨胀。在此（不考虑税收政策），短期内增加或者减少政府开支的能力具有极为重要的意义。尽管如此，预算对于计划制订的帮助，预见性（不是可变性）是很重要的。这里的本质是要在长时间内能够维持一定的行为方式。

众所周知，预算制订不仅是一种经济工具，也是一种政治工具。因为无法实施的决策要被废除，这样一来，寻求实施决策的支持，就变得与做出正确的选择一样重要。所以，判断需要做什么与做出选择具有同样的重要性。因此，预算制订对于争议和计算所产生的影响，即预算在制订和支持决策时所起的作用，必须考虑在内。

传统预算是每年进行的（一年年重复进行），而且是渐进的（与前一年的差距很少）。其计算是以现金为基础的（即名义货币）。其内容以分项形式体现（例如，人员或者维持费用）。尽管人们已经建立并尝试了与传统预算这些特征不同的其他可供选择的预算模式，并也试用过，但是就我所知，还没有哪个备选方案是成功的。尽管传统预算有很多明显和确定无疑的缺点，为什么其他备选的预算模式还是无法取代它呢？随着我们考察每种预算过程必须达成的标准，这个问题的答案将会逐渐出现。

衡量单位：现金或数量

预算不仅可以根据现金来制订，也可以根据数量来制订。如果不承诺在下一年或者下面几年会支付多少现金的话，取而代之，可以承诺开展一些实际工作或者提供一些服务。为什么人们会想要根据数量（或根据与购买力相当的货币）来制订预算呢？一个原因可能就是这有助于计划的制订：如果各公共机构可以不通过货币变量来计算，而是根据货币实际购买的东西来计算，即活动的量，他们就可以在预算实行之前制订计划。事实上，如果为了帮助确保在长时间上的连续性，某人会想要在现在这个时间制订本来应该在未来的某个时间制订的决策，这时，在稳定的基础上，以成果为单位进行的预测是最好的方法，而这里的成果单位指的是正在实施的行为或者是同等水平上提供的服务。

只要购买力维持不变，基于现金的预算和基于数量的预算会维持各自的特征而不会有什么区别。但是金钱的价值是上下波动的（在现在的时代，这就是通货膨胀），公共预算必须吸收额外的数量，以便供给指定数量的活动。因为预算者必须提供所有需要的东西，这时他们就失去了对金钱的控制。很明显，当价格出现大规模且意料之外的变化时，根据货币制定的预算的大小会随之有剧烈的波动，而这时，没有政府会承认其已经失去了对预算的控制。因此，这种基于数量的预算形式可以实现稳定的环境，而环境的稳定性正是这种预算主要的前提。尽管在这样的体系中，预算数量的不确定性减少了，但并不是所有的因素在同样时间内都会保持稳定。谁在当时会从稳定中受益呢？而谁会承担变化所带来的成本呢？

基于数量的预算，其成本是由私有部门和中央控制部门支付的。首先，基于数量的预算是公共部门侵蚀私有部门所实现的一项成果。这种预算的效果，保护公共部门不受通货膨胀的影响，使他们能够在新的变动产生之前，获得原有的服务。而预算项目和货币价格之间的差距，需要由实际资源来进行弥补，而这部分资源必然是以税收或借款的形式来自于私有部门。这就意味着基于数量的预算对于公共部门来说，是一种抵御通货膨胀的转嫁方法。

在政府内部，各机构的支出是作为一个整体存在的。中央预算办公室承担了超额开支带来的冲击，而且承受了预算失控（即与预期相比，预算增加过快且增加的地方不同）时各界所给予的谴责。在英国，基于数量的预算的名称为"公共开支调查"（Public Expenditure Survey），但财政部面对每年严峻的通货膨胀，对此做出的最终反应是设定现金的限制，也就是人们所知道的传统现金预算。当然，对于各部门的现金限制中，有一部分现金数量是用来应对价格变化的，但是财政部预测的预算与其希望的预算之间并不一定是一样的。重点是那些产生开销的部门不得不去弥补那部分因为通货膨胀而产生的赤字。在基于数量的预算体系中，财政部会自动处理产生的赤字问题，但是现实与之相反，各个部门必须请求财政部出面解决这个问题，而且它们的请求可能会被否决。这样一来，由于货币的不稳定而产生的成本，就会由地方的部门来支付，而不是中央控制部门。

通货膨胀不仅是政府部门需要极力避免的一个弊端，还是当代公共政策的一个重要工具。税收很难增加，同时人们的实际利益也不可能减少。但是，相似的结果可以通过通货膨胀来实现，使人们发现自己被人为地提高了纳税等级，而在累进所得税制度下，政府税收的增加大约是价格水平增长的 1~1.5 倍。因为通货膨胀也会减少购买力，所以薪资的增加（这是不能通过直接与政府争辩来获得的）可能会在表面数量不变的情况下被间接地抵消掉（而且国家的实际债务负担也会因此而减轻）。预算形式对通货膨胀的敏感程度是需要考虑的关键。

结果就是基于数量的预算方法在对抗通货膨胀中起的是反作用，因为该预算方法适用于价格上涨的情况,因此就不会鼓励采取措施对抗通货膨胀了。基于数量的预算可以维持公共部门的就业率,其代价是从私有部门夺取资源,因此很可能会降低私有部门的就业率。基于数量的预算是如何成为政策性通货膨胀的起因的呢?要理解这个问题,需要各部门对自己正在做的事情有一个更好的理解,因为在整个预算期内,预测的是各部门都会做同样的事情。但是基于数量的预算方法作为一种对各部门责任的说明,其表现是很不尽如人意的。一方面,在价格变化的情况下,资金的数量是有保证的,因此就没有什么必要去满足局外人的需要。另一方面,给予数量的预算使人们对于内部事务(如何去做希望做的事情)更感兴趣,而不去寻求外部的建议(是否有更好的事情可以做)。[2]

时间间隔:几个月、一年、多年

多年期的预算方法很早就被提出了,其对资源的分配从长期的角度出发,被看作是加强理性选择的一次创新。一年期的预算方法,一直以来受到争论,被认为导致了目光短浅,因为它只考虑了次年的开支;被认为导致了过度开销,因为在未来几年中的大量开支被隐藏了;被认为是一种保守主义的做法,因为即便是预算增加,也不会看到一个更宽广的未来;还被认为是一种狭隘主义的做法,因为各个项目被孤立看待,没有比较它们未来的成本,而未来成本在考虑时要结合预期的收入。将预算的时间间隔延长为3年或5年也有争议,认为这样一来就使预算的长期计划性取代了其短期反应性,而同时预算所具有的对于资金的控制也会变成应付了事。另外,一般到了预算年底,会出现增加开支来用光本年度预算的现象,而如果将预算的年度延长,则会降低这种现象出现的频率。

可以肯定的是,有很多方面的决定要依赖于预算计划持续的时间长度。如果一个国家采用多年期预算计划,那么预算应该采用现金方式还是采用数量的计算方式,这个表面上看来比较神秘的问题就会变得很重要。预算周期的时间越长,通货膨胀会变得越严重。如果价格变化带来的影响可以由预算计划自发进行调整,那么预算计划内的活动数量是可以确定的。如果通货膨胀带来的影响必须要由政府部门承担的话,他们实际的活动数量就会减少。货币形式的跨年度预算计划变相减少了公共部门的预算额,增大了私有部门的实际预算。在对预算的时间跨度进行讨论的背后,实际的争论点是对公共部门和私有部门所承担的预算份额进行讨论,哪个部门将被要求承担更多通货膨胀的影响?哪个部门的预算会被允许侵犯到另一个部门?

政府中也有人提出类似有关承担通货膨胀份额的提议,主张在某几个部门实行多年度预算,而在其他部门实行一年期预算。这就引发了一个问题,哪些部门应该任其承担这种短期货币价值变动带来的损失,而又有哪些部门应该受到保护。与其他的一些方案类似,多年度预算也不是一种公正的方法,它对相关利益的分配是随偏好不同而有所区别的。

当然,多年度预算也具有其自身的优势。多年度预算对未来的支出做出进一步必要的预测。陈旧得难以置信的策略(类似骆驼的鼻子)——开始时以很少的预算支出来掩饰以后将会出现的更大的支出——在实施中会更加困难。而且,根据英国的经验,预算项目"难以进入"多年预算中,往往也预示了该项目会"难以产出"。因为一旦某项开支进入了多年度预算计划中,它很可能将一直存在,原因是它已经成了互相关联的预算提案中的一部分,如果要终止它,可能会付出很高的代价。但是当政府部门被要求对预算做出尽可能正确的预测时,部分对他们有利的因素是预算的稳定性,即不会因为一时的需求因素而面临预算的突然减少。因此,对一年预算的控制,换来的是要在多年期间里对预算实行限制。如果要号召缩减预算来应对出现的特殊问题,那么从英国的经验来看,对未来年度进行预算缩减(这经常是不确定的)很容易换来的是维持当前的所有重要开支。未来的政治领袖们也不太可能会为了遥远的将来而放弃对现在的影响力。另外,由于预算涉及的时间更长久,价格的影响更加突出,在动荡的世界里,为了满足给定数量的服务项目,政府就要提供大量的支出。[3]

大幅减少某些项目的开支来增加其他项目的预算,即便这种做法是恰当的,但由于政府不断地承诺所带来的固有压力,在单一预算年度里能够做到的事情非常有限。对3~5年期间做预算安排(假设价格变动率不变,5年内每年的变化都是5%,算在一起的话,将带来1/3的预算变动),实际上是在更程序化的情况下实现预算的更大变动。这样的情况是存在的,但是尽管如此,其他的因素,物价、特权、政治家,很少情况下是平等存在的。尽管英国实行的是5年的预算计划,但是对物价和生产的预测,每次也几乎不会超过5个月。但维持年度预算出现问题的时候,一年内可能会对预算进行多次修改,因此,如果增长预算时间的话,只不过是增加不确定性而已。

正如罗伯特·哈特曼(Robert Hartman)的观点,"不存在绝对正确的一种方法来制定长期预算策略"。[4] 正如没有人知道私有经济会运行得如何,也没有人会知道具有较多目标的预算数额会产生什么样的后果。政治上和经济上也没有对预算目标达成一致,即预算目标水平的制定是否应该参照充分就业（或是怎样的"充分就业"下）、物价稳定，或预算平衡。无论是通过预测经济发展趋势来制定政府的预算目标，从而实现该预测；或者是事先确定经济应该如何发展，然后制订预算来促进经济朝某个方向发展，这两种做法明显都是不合理的。

无疑，假设存在经济波动和资源稀缺，预测未来的预期能力非常有限。能够对变化的经济形势及时做出反应的预算（如果预算的主要目的是如此的话）才是最好的预算，因此，预算的时间跨度不应该以年计，而应该以月计，以周计。娜奥米·凯登和我称这样的预算为重复预算法，以此来强调在年内预算可以被多次修改或重新制定。[5] 由于政府财政部门经常不知道国库中有多少资金，或者不知道他们应该花费多少，因此他们会拖延预算决策时间，直到最后一刻。重复预算法对提议的开支并不是非常可靠的指导方法，而是对政府部门的一种提议，"如果可以的话就拿去用"。当经济和政治形势发生变化（这是经常发生的），预算计划就可以重新制订。这样一来，适应性实现最大化，但是预测性达到最小化。同时矛盾也会增加，因为同样的决策每年都要重复制定几次。各部门互相之间会相处得更加谨慎，因为不知道下次什么时候他们会成为预算竞争对手。预算控制会减弱，一方面是因为经常性的预算变动使审计程序很难执行，另一方面是因为政府部门希望通过回避对预算的控制部分来恢复预算的预测功能。因此，他们扰乱自己所负责的活动（可以减少承担的责任）并且积极给自己寻求有指定用途的资金（可以以此降低控制）。前一种方式或者是不必要的（如果有独立资金存在的话），又或者是不可能的（因为没有连续性），而后一种方式则难以实行，因为预算中的资金与现实中发生的支出之间的关系不大。大幅度缩减预算的时间跨度会严重破坏预算的效率、有效性，增加矛盾性和计算的不准确性。

如果希望预算能够像经济管理一样做出及时响应，那么预算时间就越短越好。然后，就会存在短时期预算和很短时期的预算。根据设计来不断变化开支是一个方面，但是还有一个方面，就是必须要不断调整来应对不可预料的事情。

计算：渐进或者综合

正如年度预算以现金来计算，是与传统预算过程的整合；而预算基数也一样,预期绝大多数的开支都是持续的。通常来说,在任何一个时期的现有基数上,只考虑少量的增加或减少。如果将这样的预算行为描述为渐进模式的话,那么对这种传统预算来说主要的一种替代模式,就是强调综合性的计算模式;这种类型的预算模式,在当代主要是计划项目预算(PPB),以及零基预算(ZBB)。

我们可以把计划项目预算看成是一种具体的横向综合模式,即通过比较各种备选的开支方案组合,来决定选择哪一个方案能够将项目目标更好地实现。相反,可以把零基预算看作是明显的纵向综合模式:在考虑所有政府活动和目标时,将它们作为独立的实体看待,每年的开支方案都以零为基。简单来说,计划项目预算比较项目计划,而零基预算比较备选的资金方案。

计划项目预算的优点在于强调对政策的分析来增加有效性。对项目进行评估,需求发现,并对备选方案进行假设评估,以此来实现最好的结果。但不幸的是,在错误的发现和错误的修正方面,计划项目预算方法中存在两者之间的矛盾。因为基本上无法使政策变得更好,因此就会最小化项目的执行预期。但是为什么一项有助于政策改进的计划会由于政策执行无效而被结束掉呢?答案是因为计划项目预算的政策合理性与其组织上的不合理性相矛盾。

如果需要对错误进行更改,那么它必须是相对容易更正的。[6] 但是在计划项目预算方法下做起来就很困难。计划项目预算中的"系统"所具有的特点是各个部分被高度区分开来,同时又具有紧密的联系。项目预算的基本原理就在于这种关联性:把相似的项目归在一起。项目体系要求各个分项之间划分清晰而且没有重叠,以此来代替那种模糊的关联,即一个体系下只有一套项目计划。因此,一个要素或体系上的变动会带动相同系统中每一个要素的变动。并不是只要改变相关的几个单位或重要控制单位就可以了,虽然这样可以使变动变得可行,但是各个因素是绑在一起的,因此可以做的选择是都要变动或者保持不变。

考虑是否买领带或买手帕,人们可能会认为这是一个简单的问题。但是,假设组织性的原则要求我们要把衣橱整个作为一个单位,即当里面的一个物品变动的时候,所有的东西都必须重新整理。在这样的情况下,我们去变动里面任何一样东西的可能性就会非常小。这样,相关的要素之间关系越密切,区别越明显,出现错误的几率就越大(因为可以灵活变动的空间很小),而且可以对错误进行纠正的可能性也越小(因为随着变化的出现,任何一个要素的重新修正,势必会带来其他要素的修正)。由于会被卡在改进(改变所有)和放弃(什么都不改变)之间,因此对错误进行纠正就没有价值了。

项目预算增加而非降低了修正错误的成本。官僚机构最大的问题在于它的死板。随着事件的发生，有组织性地进行干预的对象就是政府的下属机关，他们根据非经常性分项预算对人力、物力和公共设施进行调配。从政府下属部门的利益出发来看，预算项目在某种程度上是有协商余地的。一些项目预算可以增加，而另一些项目预算可以减少，这样可以保持政府的预算平衡，或者如果有必要的话，在财政不尽如人意的时候对预算进行调整，而不会造成问题的出现。准确来说，由于分项预算的分类（人员、预算维持性、拨款量）与项目之间没有直接的联系，因此很容易发生变动。资金是以最终目标为导向的，而根据项目来制订预算计划就很难在不放弃整个组织结构的前提下终止目标，因为正是组织为目标提供了资金。最好使用非项目预算的分类方法，譬如正规的预算分类，这样可以保证从不同的方面分析得出观点，避免将一种暂时问题看成是长期存在的情况，造成资金浪费。

项目之间竞争的焦点在于，由于假定一系列政策目标小到可以互相包含，同时又大到足以产生重叠，因此就存在选择性（如交易中的行话交易）。计划项目预算的情况就与此不同，倾向于制订少量目标，而目标下所有的资源都有合理的配置；或者制订很多目标，而每个都有自己的资源配置，不需要竞争。[7] 参与者应当懂得如何博弈。

尽管对计划项目预算有这么多反对的意见，该预算方法还存在一个更大的缺点：计划项目预算在操作中没有对总体开支进行限制。目前很明显的是，计划项目预算这种方法建立的基础类似于经济学的市场理论，即竞争有利于选出最有效的预算方案。竞争市场上，对预算的计算能够有非常出色的表现。而且竞争的存在为做出正确的选择（最有效率的预算方案）提供了动力。但是，由于不存在对总体开支的限制，会出现对某个项目的预算较多，而对另一个项目的预算较少的情况。尽管如此，参与计划项目预算的人对这方面不会有太大的兴趣。在这里，机会成本的原则，即一笔开支的价值等于你为了得到它而放弃的价值，并没有得到应用。而且也没有用到经济学原理，因为经济学原理是以交换为基础的，而如果东西的价值不再等于任何为得到它而放弃的价值的话，交换就不能被用来估算等量价值。即便再努力证明，结果仍然是不会有任何损失，所以没有参与者有理由停止进一步的游说。相反，如果相关人员不得不在对资源有明确限制的条件下进行，那么项目预算可能会起作用。

比较理想的信息体系是零基预算，它是与历史无关的。过去的预算方法在此受到了明确的否定，主要反映在预算基数上（一般预算中是对资金的数量和种类的预期）。不存在昨天的信息；没有东西是一开始就理所当然存在的;每个时期的每个决定,都要有透彻详细的审查。这样的结果,就造成了预算的计算变得难以控制。如果说一种预算过程与历史无关的话,那么结论就是它增加了错误的来源,同时又减少了改正错误的机会;如果历史被遗弃的话,那就没有可以建立的东西了。过去的争执变成了现在的矛盾。无论是计算还是矛盾的数量,都呈指数增长;前者使选择变得更糟,而后者对修正错误造成了阻碍。随着独立变量数量的增加,对未来的控制能力会降低(因为假设过去对未来是没有约束的)。疑虑随着矛盾在增长,与此同时,承认错误并对错误进行修正的意愿也在降低。抛弃历史的做法有点像抛弃记忆,虽然可以获得一时的方便,但问题始终存在。

没有什么地方是真正实施零基预算的。每个地方的基数都在变大,最终计算时是基数的 80%～90%,这就回到了传统预算方法。更糟糕的是,零基预算不能够表述出大多数活动进展顺利的主要原因,即无法支持其他活动开展。因此预算彻底重新编制,支出的调整也远离了其他活动和目的之间的联系。这毫无意义。[8] 这也就解释了为什么零基预算的使用率会降低。但为什么零基预算还会被人们不断提及呢?因为尽管是一种幻想,但是零基预算给人提供了希望,即希望可以摆脱过去所带来的限制,实现自由。因此,人们时不时地对这种愿望表示赞同,同时又不得不承认它的无效性。

只有一些穷国才比较接近零基预算的要求,并不是因为它们希望这么做,而是因为它们不稳定的财政状况不断迫使它们回头去完成以前做出的承诺。由于过去的争论是现有矛盾的一部分,因此它们的预算缺乏预测的价值;预算中陈述的事实,基本不可能发生。放弃历史的这种做法,是极度不稳定所造成的一种严重后果,而所有那些正在经历这种遭遇的人都虔诚地希望能够逃离这种情况,因此不应该把抛弃历史看作是正常的行为。

良好的组织形式应该致力于发现并改正其自身的错误。因错误而产生的代价越高,这里的代价并不仅指金钱,还包括人员、项目和特权,那么实际去做一些事情来纠正它的几率就越低。因此,在设计组织形式的时候,应该使错误易于发现而且可以被修正,也就是说,修正错误的代价低且可行。

零基预期和计划项目预算有一个共同点,就是强调目标对象的有效性。项目预算寻求在不同的项目中把较大的目标和较小的目标联系在一起,而零基预算承诺的是在单一项目中做同样的事。这些预算方法中所显示的方针,正是它们区别于其他方法的地方,而且这些方针的产生是由于这两种预算方法都非常注重对目标的排序。尽管如此,关注目标只是其中的一个方面;另一个方面是这两方法在制订预算时都建立了不同于其他方法的分类体系。当然,如果有人希望今天的目标就是昨天的目标,不希望预算的目标对象有所改变的话,那么很好的一个方法就是围绕这些目标来制订预算计划。但是如果有人希望目标是可以灵活变动的（就是人们有时说的从经验中学习），那么就要求在改变目标时，财政支持的收回不会破坏组织。

　　计划项目预算和零基预算是当前流行的理性预算中两个典型的例子，这里的原因实质上是与对目标进行排序无异的。通过调查报告来有效表述预算结果的这种形式，即发现目标，下令实施，做出最有价值的选择，已经被误解为是一种社会质疑其有效性的程序。本着资源配置的目的，这本身也是预算计划的本质，对目标进行排序而不考虑资源的做法是不合理的。这里的问题不应该是"你想要什么"，因为这就像没有任何限制一样，而应该是"考虑到你能够得到的，你想要什么"。毕竟，对于一个有 10 亿美元预算的政府部门来说，并不仅是可以多做些什么，而是其可能会希望做点什么不一样的事情。资源影响目标，反之亦然。而且预算计划不能够将理性告诉我们不能分开的东西分开来。

　　从经济管理的目的来看，综合性计算强调的是效率（零基预算）和有效性（计划项目预算），这留给人们很多向往的空间。综合性的实现是很费时间的，而它的缺点就是很难对一些进展很快的事件做出响应。强调某种方法内在价值的做法（例如，"这个很有效（无效），或者那个效率很高（很低）"），由于外部原因经济发展状况无法实施时，往往会取得适得其反的效果。在这样的情况下，当一种方法的优点在检验中被发现是另一种方法的缺点时，人们不可避免地会寻求协作的方式。

拨款或者财政预算

　　传统预算依靠的是传统的预算实施方法——审批、拨款、支出，然后再由外部审查机构进行审查。但是在很多国家，传统预算事实上并不是公共开支的主要形式。有将近一半或者更多的花销不是通过预算拨款这种主要形式进行的，而是通过被称为财政预算的方式进行的，因为这样就可以绕过拨款审批这一过程，有助于通过财政部直接对外进行资金支付。

　　从我们当前所关注的目标来看，有两种财政预算的形式构成了传统预算拨款之外的预算形式，它们是税收优惠和授权。减税这种方式的对象主要是住宅所有权、大学学费或者医疗开支，当这种形式的财政让步获得批准时，就等同于预算开支，只是资金的来源有所不同而已。从某种程度上来讲，这是一种在成为预算之前避免计入预算计划的方法。人们接不接受这种观点,是个人评判的问题。例如,政府实行累进所得税,这真的是财政体系的一部分吗?或者只是因为要弥补数不清的例外而自称的累进税收?政府当局经常把预算制订过程称为资源的配置。这真的是预算制订过程吗?或者该程序只是为了便于提供税收优惠、低息贷款等其他方案?从行动和叙述上看,实际执行过程构成了真实的预算体系。例外的情况也是规则中的一部分。因为只有不到一半的预算是通过拨款程序实施的,因此例外的情况超出了规则的约束。尽管如此,如果说例外的情况也是规则的一部分的话,那么税收优惠这种做法让人更容易了解真实的情况。这种情况下,政府没有流失财政收入,相反,只是通过合理手段将某些原本被看作是进项的私人活动排除在外。这里的公正性是没有人质疑的——人们只是在一个自由的社会里,根据自己的喜好来处置自己的收入。除非所有的开支都是合理的,不然会受到那些税收和预算改革者们的反对,反对利用规则条款将资金的流失合理化。

在法规得到修正,或者对总开支设置限额进行限制以前,授权这种方式还会作为政府职能的一部分,可以通过财政部直接立案汇款。如果要我给预算制订最后的结果下一个定义的话,那就是与物价挂钩的授权(indexed entitlements)。在此,预算制订将不再是在资源有限的情况下对资源进行配置,而只是对一个又一个授权方案的补充而已,而这些授权方案则是出于对价格波动的防范。

很显然,财政预算在控制项目成本方面给了我们很大的期望,因为这都取决于对一些变量的设定,譬如在前一年设定的收入水平、执行率、人口变动和行政管理力度。因为大量的个别情况和无数的资金供给决定着授权,法律控制有可能,但却很困难。如果根据指导性原则,在对申请进行审核时只要合理就不会被否决,那么包括不合理支出申请在内的支出成本将会增加。如果遵循相反的规则——没有不合理者,既使部分合理者会受损——成本就会下降。[9] 考虑到这些反预算的特征,为什么通常会诉诸财政预算呢?原因是财政预算在应对各种矛盾、计算方法和经济管理方面有其自身的价值。很多授权和税收优惠开支在不同时间里实行,而政府做出这些决定时通常并没有全面了解其他的开支方案。虽然看上去没有人为的干预因素,但这里显示了政府对授权和税收优惠的优先考虑,这也是实际存在的情况。至少在一段时间内矛盾有所减少,因为原来出现的对某个团体提供的预算多而对其他团体提供的预算少的矛盾,表面上看来不明显了。资源有限这个事实最终还是要考虑的,但是由于预算资金不是通过拨款直接花费的,所以只有一部分资源而不是全部资源被考虑在内。同样,预算的计算方法是有规定的,由财政预算提供具体数据,这样就默许了一大部分预算开支的实行。当然,这最终必然会引发对于流失资金的评估,而这主要是因为有一大部分资金通过较隐晦的方式支出了。

从经济管理的目的来看,财政预算的职能很复杂。因为它在稳定预算方面有很大的作用,因此经常被称为自动稳定器。情况发生变动的时候,人们相信不值得每次都为此做出新的决策。例如,失业救济金方面,授权这种方式可以使预算随着问题的大小而自动调节。但是问题在于并不是所有的授权预算都可以如此(例如,儿童救助金的增加就与经济发展情况无关),而且这种由授权机制产生的灵活运作所造成的损失,随着时间的推移可能是很严重的。

但是,财政预算有一个优于拨款预算的重要优点——及时性。财政预算下政策的变化能够迅速地从开支的变化中显现出来。为了能够在预算中考虑到对经济的管理,在拨款预算制订过程之前就要考虑到及时性等一些因素,否则到最后进行重要变动时将造成混乱。所以资金的调用必须提前通过表决并准备好。在美国,预算的变动从最初审查到管理和预算部门,再到一月份的总统预算,到接下来夏天和秋天的国会通过,再到冬天和来年春天进行支出,整个过程需要 18~24 个月。这就不能称之为控制了,只能算是遥控。

"开支微调"这种方法试图通过少量调整财政支出来实现提高或降低经济增长速度的目的,这一方法并不是任何情况下都适用的。增加开支的努力很可能换来在短期内的开支减少,主要是由于这种方法需要扩大实施范围才能奏效。同样,短期减少开支的努力很可能会造成开支的增加,主要是由于存在解雇费、违反合同的罚款等因素。即便人们一直在努力使财政开支能更快对变化做出反应,但税收和授权的反应速度更快,因此显得更具吸引力。

所有的预算方法都与经济管理相矛盾,这并不奇怪;如果要改变其中一个来适应另一个的要求的话,不管是预算还是经济管理,都不能增加其对未来的预测功能。

结构预算差额法

在荷兰,政府实行了一种结构预算差额法。由于对凯恩斯政策稳定经济的方法存在不满,同时短期财政微调的方法也不起作用,因此荷兰政府希望在公共开支增长和国民经济总量之间建立一种长期的联系,从而使对经济的管理可以较少地依靠突然增加或减少税收和开支的方法,而将更多的精力放在控制公共开支方面。荷兰人对这种控制机制特别感兴趣,原因是在他们这种联合政府的体制下,很难就缩减财政开支达成一致。因此,财政开支不是与实际经济增长挂钩,而是与预期的经济增长挂钩,同时如果开支发生变化的话,只有预先指定好的差额可供使用。[10]

毫无疑问,这种结构性增长率与实际增长率之间存在差异,这种差异可大可小。而且从作为基数的年份开始就存在差异,所以这也是存在争议的地方。正如人们会想到的,在对预算的计算用现金还是用服务的数量上一直存在争议,而随着通货膨胀的加剧,会促使使用现金来计算。另外,保守党派会利用结构预算差额法来缩减开支,而社会党人则会利用该机制增加开支;因而这种差额就成了用于计算需要增加多少必要税收的一种工具。无论怎么看,似乎如果预算机制有利于某些目的实现的话,就必然会损害到另一些目标的达成。

为什么继续使用传统预算方法

对传统预算的每一个批评无疑都是正确的。这种预算方法是渐进的而不是综合性的;它拆分了各种决策的制定,通常是一部分一部分做出决策;它严重依赖历史数据,看以前而不是看未来;它对预算目标的实现漠不关心。那么为什么传统预算还会一直使用了那么长的时间呢?我的答案是:传统预算方法的缺点正是它的优势所在。

传统预算的计算简单,正是由于它在计算时没有进行综合考虑。历史数据提供了坚实的基础,使一种情况可以静止地被看待。现在的情况以过去为基础作考虑,这是可知的,因而不用考虑未知的未来。在进行选择时会遇到矛盾,而将这些选择进行细分,就可以避免同时面对所有的难题。预算制订者或许会有目标,但是预算本身只是围绕活动或职能将资源组织在一起,包括人员、维持费用等。人们可以在改变目标的同时不去改变预算的组织形式。传统预算不要求对政策进行分析,但是也不禁止去分析政策。因为在对待政策方面,它是不确定的,它与各种政策都是兼容的,而所有的这些政策都可以被转变为各个分项。在一个时期里,除了与一些比较极端的方案相比,一年一度的预算没有什么特别的优势(例如,两年预算可能一样或更好)。一年内多次进行预算制订有助于对经济的调控,但是同时也会带来部门的混乱、计算的无序以及加剧矛盾。多年度预算加强了计划的制订,但是会降低可调整性、可说明性,甚至可能会带来价格的波动。根据服务数量制订预算,以及授权这种预算方式,同样可以提高政府的计划性和效率,但是代价是丧失对预算的控制以及预算的有效性。预算制订变成了消费。传统预算之所以能够延续下去,因为它比现代的一些预算方法,譬如零基预算和计划项目预算更简单、更容易、更可控和更灵活。

这里还有最后一个标准没有提到,那就是适应性,因为这是其内在多样性所固有的。一种预算程序应该在各种情况下都可以表现良好,发挥作用。在出现意料之外的情况时,也应该发挥作用,譬如财政赤字和财政结余、通货膨胀和通货紧缩、经济增长和经济停滞。预算是政府的内部契约,表示的是一种理解;预算还是政府对外发出的信号,告知人们政府很可能会做些什么,以便使他们可以适应。所以预算无论在哪个季节都应该有良好的表现(尽管不需要做到出色)。传统预算并不是在每个评判标准方面都表现得很成功,但在任何一个标准上都没有表现出完全的失败,而这正是它能够经受时间考验的原因。

同样毫无疑问的是,传统预算的优点也是它的缺点;没有哪个政策对实现所有目标来说都是有利的。尽管预算的制订参考了以前的情况,但是可能预算制订时并没有足够长的历史数据来让人明白现在的预算是怎样(或为什么)制订的。拿今年的情况与去年相比的意义不大,因为过去可能是一个错误,而未来可能是一个更大的错误。如果总体存在误差的话,那么进行快速计算还不如不算。渐进的计算方式可能会带来灾难,而快速的计算方式则可能造成毁灭。简单可能会成为一种不经大脑的做法。政策的不确定性可能会恶化,变成对项目缺乏关注。传统预算的长期存在是因为还没有出现另外一种预算方式,这种预算方式具有传统预算的优点,同时又没有传统预算的缺点。

人们可能会问,为什么要找出排第二或者第三的预算方法呢?为什么不能将各种预算方法的长处结合在一起,特别是选择那些可以在各种条件下起作用的长处呢?为什么不能在多年度预算的某项计划中用数量来计算,并且采用授权的方式,同时在每年预算的某项计划中采用零基预算的现金计算方法呢?其实问题的本身就是答案:在一个时期,只能够存在一种预算方法。也就是说,为实现不同的目标而选择不同的预算方法是不可取的。因此,需要选择有效性最差的,或者是选择对各种情况均有广泛适用性的方法,就很有必要了。

对预算的学生们来说,仍然会碰到一个截然相反的结论:实际调查显示,许多不同的预算方法目前是实际存在的。有一些预算项目是一年期的,而另外一些项目是多年期的;有些项目是有现金限制的,而有些是开放式的,甚至是与物价指数挂钩的。调查显示,有些预算是渐进的,而其他的一些项目(其中有一些重复的操作)采用的则是零基预算。在表面统一的背后,事实上是存在分歧的。

我们怎样在这些已经自我证明的事实面前做出选择呢(一个时期只能有一种预算方法,以及可以同时存在很多方法)？当这些方法应用在相同范围内时,这两种选择均不正确。尽管如此,我仍然相信这两种选择在不同的应用范围内都是正确的。关键的区别在于立法部门表决通过预算时的财政形式和思考预算的不同方法之间的区别。在很长的时期里对财政开支进行分析是可能的,可以根据预算项目和其他许多方法来进行分析,并不要求呈现的形式与拨款预算相同。就我们所了解到的,坚持形势和功能的区别是必需的,而且有充分的理由来支持这种做法。所有这些可以总结为:提出拨款的形式越中立,预算计划、方向、组织结构等就越容易将出现的变化直接转化为预期的预算数量,而不需要将已有的分类转变为另外一种固有的形式,而这种固有的形式一直被认为阻碍了未来变化。

传统预算虽然在一些方面有不足之处,但是它不会经常被授权或被多年度计算所取代。换言之,财政预算反映了各种强烈的社会力量。这种力量形成的不是对开支的控制机制,而是增加开支的机制。哪里需要开销,哪里就存在方法来实现它。

在20世纪70年代中期,西方国家的经济增长出现下降,这时政府开支增加了。各个国家都从预算比重和国民生产中缩减国防开支。但是社会福利保障方面的开支,特别是转移支付,增长速度远远超过收入的增长,即便经济增长恢复到了较高的水平,也没有改变。这种"交叉性危机"在西欧国家和日本不断加剧,而到了80年代中期,美国的贷款利率增长速度也远远超过了收入的增长。因此,我曾经认为这是一种理论上可能但现实中不存在的现象,即财富和不确定性共存导致重复预算的出现,但这种现象现实中已经得到了明确的证明。所以一些长期被掩盖的问题不断浮出水面:相对富足和有竞争力的政府是不是可以控制所有的开支呢？经济增长能否与持续的预算失衡相协调呢？是否有一些与政府组织内部有关的事情造成了它们无可置疑的优势的衰落呢？

在一些世界上较穷的地区,发生的情况是不同的,这里的问题是外部条件和内部推动,哪个对预算行为的影响更大。原来被归为贫穷国家的地区也是在不断变化的,像朝鲜和巴西这种以前很穷的国家,现在已经发展到了中等水平,而其他一些地区没有变化,一些地区甚至变得更穷。自然资源占有的多少不能够解释这里的差异。在20世纪80年代中期,一些由于石油资源丰富而突然暴富的国家,如尼日利亚和委内瑞拉(一个新群体),发现它们遇到了新的预算难题,它们该怎样建立并维持对财政开支的控制。考虑正规的预算机制并不困难，但是它们对一些技术性的预算机制逐渐丧失了兴趣，因为看到这种技术性的预算机制在发达国家都失败了，所以不太可能在它们这种以前很穷的国家获得成功。这些国家的非正式关系网已经深入到国家的制度中，正规的预算机制是否必须依靠或在一定程度上依靠这种非正式关系网的支持才能进入一个国家的机构生活？

如果所有人都非常希望做某事，那么你就要想到会有某个人在某个地方来做这件事。在讨论这些预算形式的区别时，我们没有看到这些预算程序的共同之处，而更为重要的地方是：对于评判预算方法的非正式却比较有力的标准（平衡、综合性、年度计算），不存在一致的看法，而过去一个世纪的财政开支控制都是以此为基础的。预算行为后面隐含的政治文化在影响力方面起了变化，而在社会环境的变化过程中，行为也变化了。

注　释

本章内容是对"A Budget for All Seasons: Why the Traditional Budget Lasts"这篇文章的修改版。*The Public Administration Review*, no. 6 (November/December 1978): 501—509。

1. 但是，作为开始，详见 Allen Schick, "The Road to PPB: The Stages of Budget Reform," *Public Administration Review* (December 1966): 243—258。

2. Hugh Heclo and Aaron Wildavsky, *The Private Government of Public Money: Community and Policy Inside British Political Administration*, 2nd ed. (London: Macmillan, 1981).

3. Ibid.

4. Robert A. Hartman, "Multiyear Budget Planning," *Setting National Priorities: The 1979 Budget*, ed. Joseph A. Pechman (Washington, D. C.: Brookings Institute, 1978), p. 312.

5. Naomi Caiden and Aaron Wildavsky, *Planning and Budgeting in Poor Countries* (New York: Wiley & Sons, 1974).

6. 本段以及接下来的八段话，出自 Aaron Wildavsky, "Policy Analysis is What Information Systems are Not," *New York Affairs* 4, no. 2 (Spring 1977).

7. Jeanne Nienaber and Aaron Wildavsky, *The Budgeting and Evaluation of Federal Recreation Programs, or Money Doesn't Grow on Trees* (New York: Basic Books, 1973).

8. Thomas H. Hammond and Jack H. Knott, *A Zero-Based Look at Zero-Base Budgeting* (New Brunswick, N. J.: Transaction, 1979).

9. 对于这些原则重要性的讨论参见 Aaron Wildavsky, *Speaking Truth to Power: The Art and Craft of Pollicy Analysis* (Boston: Little, Brown, 1979).

10. J. Diamond, "The New Orthodoxy in Budgetary Planning: A Critical Review of Dutch Experience," *Public Finance* 32, no. 1 (1977): 56—57.

第四部分

文 化

第 11 章

文化背景下的预算

文化理论预示了预算行为的中心倾向取决于预算行为的真实社会背景。我们想知道，主要的政治文化相互间的联系究竟有多么强烈？不同文化的交融究竟能够对预算结果造成多大的影响？

支出和税收是政体的一种功能

文化不会独立存在，它们仅凭自身而延续是不够的。市场需要一些基本规则——契约条款——才有共同协商的基础；等级制度需要一些基本规则——一种控制体系——才能够建构其上；党派需要不公平的市场和不平等的阶级制度——才能抨击批判。具有南北两极才能称为一块磁铁，同样，一个完整的政权通常也是由两个（至少）以上的部分构成的。

等级制度和党派相结合形成了当代的社会民主。党派为了获得更多的公平权利，部分放弃了对特权的敌意；统治阶级为了强化公众一致性的舆论，部分放弃了原本的不公平。即便市场仍然处于附属地位，党派对于重新分配收入的渴望同统治阶级对于形成一个团体的支持相结合增强了政府的作用。因此，公共部门总会比私人部门成长更加迅速，而高的税率水平总会伴随着更高水平的社会支出。

19世纪30年代杰克逊总统在位期间，美国的市场和党派在那个不寻常的时代里同权力结合了起来。杰克逊的支持者认为对于机会平等的追求将会带来收入平等的结果。倘若私人财富被视为不平等之源,那么这种必然关系就不再成立了。然而,杰克逊和他的支持者相信中央政府才是不公平的最主要源泉。(但别忘了,在那之前不久,他们的先辈就向遥远的乔治三世国王发动了战争。)因而,市场和党派团体组织起来,共同对抗中央统治,极力主张低支出和低税收政策。由于我没看到类似的案例,我将其称为是混合性的"美国自由主义"。

等级制度下的文化,其顶端和底部的分隔可能会不断被拉大,权利的差异会更加明显。在统治集团之下的人逐渐失去了他们在社会制度中的地位,成为宿命论者。预算是为他们做的,而不是由他们做的。自主权利的丧失导致他们成为宿命论者。在这个集权统治的政权里,税收是严格征收的,而支出也在严格控制之下。

在集权统治之下,虽然专制君主挥霍无度,但统治者总是尽可能少地在那些宿命论者身上花钱,因而国内支出仍然不断下降。(然而,为了保卫他们的阶级统治,军费开支却在增加。)在民主社会里,税收和支出增加是由于等级制度成员要增加财政收入,同时其他相对应的社会成员则要求收入的重新分配。在美国自由主义政权下,市场仅要求一个很小的公共部门,而党派也在尽力降低政府统治的强制性力量,因而收入和支出都很低。[1]

当强大的竞争者将他们的对手赶出市场之后,只有很少的人还能留在其中。其他的人只能保有自己之前的储存而不再有任何自主的动机,最终成为宿命论者。按照现在的通俗叫法,我将这种市场和宿命论的结合称为权力主义。国家指导所有主要的活动,同时允许有一些有一定独立性的权力中心。权利主义政权为了留住资本家,同时不希望对自己的市民使用强权,因而对于支出和税收的欲望并不是那么强烈。他们的政府预算并不像单一的统治阶级执政时那么大,因为他们没有必要管制整个社会。正如20世纪30年代的德国纳粹时期,虽然税收不重,但是国家的支出却相当的大。

竞争性政府是民主社会中一种常见的结合,俗称"政府体制",它是等级制度和市场的结合。它至少承认了经济增长和保持市场秩序的需要,反对一种大平均的局面。我们知道等级制度偏好大型的政府,市场偏好小型的政府,然而它们在这种结合中折中而偏好一种中型的税收和支出。

主要的政治文化的组合构成了 9 种政权组织形式(参见图 11.1)的基本要素。当 3~4 种主要的政治文化组合的时候会有什么发生呢?

有一种文化组合会比单纯的等级制度或仅存在于市场或者是两者并存更加复杂。它不像等级制度或是等级制度与市场的组合那样可以在历史的长河里经常出现,但它却主宰了当今的西方民主社会。我提到的那种文化

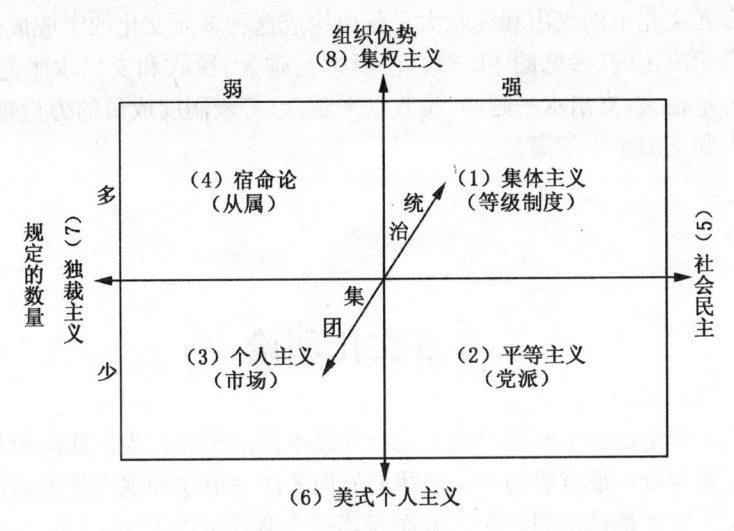

图 11.1 政治文化的 9 种模型和相对的政体

组合就是由等级制度、市场和党派共存的局面,虽然其中的力量并不一定是完全均衡的。在这种多元文化之中,这三种形式的文化的结合并不容易。

这样一种组合可以通过很多方式来实现:如果市场竞争和社会等级制度已经存在,那么必然会出现市场规范的松弛。在诸如批判和提出所有可能的选择权,包括拒绝合约的权利都不能得到满足的情况下,和约条款的自由是无法得到保障的。市场希望商业活动可以不受外部强权控制,而党派可以起到政治评论家的作用,满足市场的愿望,因而在这种默许的情形之下,党派应运而生了。

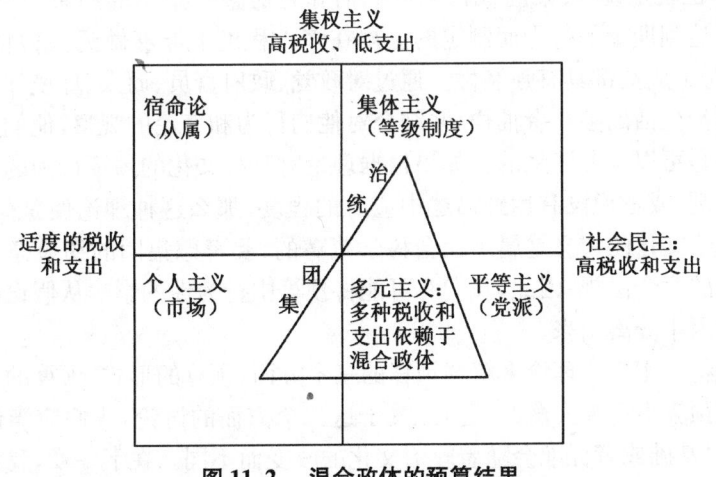

图 11.2 混合政体的预算结果

多元文化下的支出和税收大小是由构成这种多元文化的组成成分的相对力量所决定的(参见图 11.2)。市场力量越大,税收和支出水平越低;党派的力量越大,支出水平越高,税收水平越低;等级制度成员的力量越大,财政收入和支出水平越高。

考察文化理论

文化理论认为不同的政治文化会导致不同的预算行为。如何检验这种观点正确与否?最重要的一点是我们如何才能知道这种观点是否错误以及在多大程度上是错误的。为了全面表述这个理论,我应当将不同的政治文化组合从各种各样的国家里分离出来,并且将它们与不同的支出类型挂钩。这些不同的支出类型都是从平常的记录文献中提取出来的,我提到的文化都是以那些涉及到的国家读物和社评为基础的。为了提出一个假设,经验主义的方法就可以奏效;但是要验证它的正确与否,那么就有很多工作要做了。这里我只希望论证出一点,那就是从原则上说,我们完全有能力发展出文化类型的指示剂,这样就可以用大多数人都可以接受的可信度来给它们分门别类。当然,格罗斯(Gross)和雷纳(Raynor)已经撰写了一本专门关于这方面的书籍。[2]

玛丽·道格拉斯(Mary Douglas)认为文化的分析范围就是集团的力量界限,[3] 也就是说,决策的执行程度如何和它对整个集团的约束力如何,以及为了达到期望的行为而制定的法规在多大程度上能够做到:(1)种类多;(2)对每个成员都具有强制性。通过对政党、政府官员、商人、环境保护者及其他政治生活的参与者抽样,并结合对他们行为和言论的观察,他们所依附的文化是可以被弄清楚的。如果根据理论对某种文化的预算行为的预测并没有实现,或者说没有达到描述中应有的程度,那么这种理论便是失败的。由于对于文化的定义是属于社会科学范畴的,要考虑集团的约束条件以及集团内的命令法规,因此,我们有可能将预算中行为性的影响从假设的文化性的原因中分离出来。

我将使用文化理论来解释预算的三个方面:预算的形式、预算的基础以及处理预算平衡和失衡的倾向。关于这三个方面的讨论,我们应当记住预算形式、基础或者标准会随着政治文化的改变而不同。在下一章,我将运用文化理论来解决一个重要的问题:为什么事实上在目前所有的国家里,政府都在不断地成长壮大呢?

预算的形式

19世纪的政府管理者第一次构想并且成立专门机构起草和执行线性预算。作为财政上的一个重大创新,在今天线性项目预算依然是运用最为广泛的一种支出预算方式。在列表的最后有数量的汇总,并且在列表中包含专门的项目来解释计划支出的目的。

目前关于分项预算法最主要的批评是所列举的项目表达的是诸如策划执行、维修保养和人事方面等机构性需要,而不是这些支出本应达到的更为广泛的意图。然而,这种批评却会将等级制度和市场相互混淆起来。分项预算法是等级制度的杰作,预算中的列表越多,等级制度和市场之间的差别就越大,就越能反映在官僚政治中劳动分工的不同,也就是体制所极力想保持的角色和地位。

19世纪60年代和70年代,计划项目预算和零基预算反映了不同的社会秩序。舍弃了官方为实现其广泛意图的列表,项目预算方式采用了更加便于竞争的一种形式。所有可供选择项目的成本和收益都被列举出来,并且非常理想化,它们的收益也列于其中,这无疑是最为有效率的一种安排。任何资源的组合都是可以接受的,因而资源的搭配并不重要,重要的是效率。资源失去其本质属性,仅有一种近乎工具的价值,那就是收益率。事实上,这就是被一直公然宣称的理论基础,强调预算应当是以体现市场过程的经济模型为基础的。一个自由竞争主义社会的政治主张是强调市场体制,而这种项目预算形式则是其理论基础的一部分。

类似地,如果社会在一个自愿的基础上形成,那么它们便会拒绝分项预算法,认为它是等级制度的产物;它们也会厌恶项目预算法,因为那样必然会在竞争中出现胜利者和失败者,从而加剧不平等的局面。对于党派体制而言,最理想的预算形式莫过于以零为基础的方式。首先,它不会采用让渡的方式,似乎预算就是昨天开始的一样,这一点非常适合于打击当前的社会关系。从概念上说,延续时间已久的许多社会意识的产物应当被清除干净,没有被继承人,没有继承先人手上的财富以获得未来高贵卓越的人,没有社会的条条框框。党派认为每年都应该是一个崭新的开始,这种想法对于希望能够废弃已经建立的社会秩序的党派而言,的确是再合适不过了。诚然,零基预算形式产生于很少的一些团体，并且它似乎强调的只是一些结果而已，它看上去只关心生产关系。但是它忽视了交易成本，因而变得很不经济。不考虑先前的情况，以零基预算产生了更多的冲突，甚至需要执行它不能完成的计算。因此，很多团体和政府没有使用这种预算形式，而它为了打倒当道的特权也会时不时出现。正如党派所宣称的，废除预算的主体等同于削弱这种政体。

预算主体是一种社会制度的表现

　　如果预算反映并支持了一种社会秩序，那么我认为，它的边界应当是能够保障那种秩序。这就是预算主体的意义，这也是预算最重要的一部分，是被保护而不是被检查的，因此其权威可以不被挑战。在这个主体之中的内容，除了少量的加减之外，都是被保护的；而在这个主体之外的内容则随时都有被违犯的可能。因而，预算主体的稳定性决定了社会政治基石的稳定性，对预算主体的彻底性攻击等同于社会的革命。体制最基本的优先权，即谁应当由于何种原因缴纳多少税，将会被完全颠覆。因此，政府试图运用自己的特权去投资，以作为收入和支出的来源。违犯预算的行为等同于打破社会重新分配的合约的界限。

　　当代政府的预算边界包括三个方面：与经济规模一致的国家规模、收入和支出的平衡以及收入来源和支出项目的划分。因为这种区分支出项目的界限是比较清晰的，我们就从它开始分析。

　　从本质上讲，基础是社会认同的一种表现。如果仅只这些，不多也不少，那么预算预先就可以决定了。上一年的预算，作为对这种基础的一种近似，同这一年的预算可能是相同的。资源的配置以可自由支配的收入和支出为基础，有可能花钱，也有可能不花钱，这些都由环境所决定。我们应当给这种极其松弛的状态（正如在机构文献中所提到的资源相对于当前需求过剩）以相对应的评级，这些渐进的上升与下降是普通预算争论中所涉及到的问题。

　　然而，还有一种混合型的体制，其中一部分人没有可随意支配的收入，因而在这种体制下的预算不是按照调动和配置资源这一通常的思路来进行的。在宿命论者的体制中，规则是由他们制定但却不是为他们而制定的。正如没有一个社会边界让他们来维持一样，收入和支出也没有自己的位置和科目。他们的文化是宿命论的,人们只拿送来的东西;他们的文化是没有时间概念的,岁月之间没有一个显著的分界线,没有过去,没有将来,而只有现在;没有储蓄,没有对明天的期望。做预算需要周期性地将收入和支出联系起来或是将它们分成各个组成的部分,而这些却消失了。因此,我无法描述这些并不存在的预算过程,我只能描述那些为宿命论者做预算的权力主义和集权主义体制。

由于宿命论者没有真正的预算,我们继续讨论市场体制下的竞争性预算。它没有固定的形式,所有的事项都是可行的。预算基础在每一次讨价还价般的比较之后都会做出相应的改动。整个预算的总量不会变动太大,但是组成它们的一个个项目的变化却是非常大的。项目之间相互竞争,胜利者能够吸引到更多的可支配资源。预算的过程具有非常大的弹性;只有很少一部分具有一般意义的支出类别,它们之间的相互转换是非常容易安排的;新的组合不断地被创造、被舍弃。在市场体制下的预算过程如同开过山车一样,开得稳稳的话就可以享受快乐,掉下去的话就会相当糟糕了。

在这里我们可能要向罗伯特·弗罗斯特(Robert Frost)道歉,界限形成好的预算,但缺乏内部规则的话则不能做到这一点。劳动分工将一部分人的地位抬高到其他人之上,专业化说明一部分人比别的人要懂得更多。党派同意将他们认为好的(即平均主义)与他们认为坏的(即等级制度或者市场体制的预算)加以区分,除此之外他们不能接受任何形式的差别。无论预算基础是在整体上还是在具体的科目上形成的,党派都会加以反对,因为它保全了已有的社会秩序。

等级制度是预算基础的出发点。社会中不同力量的相互作用建立了一个被定义为社会结构的主体。于是应当要有同这种在等级制度下的组织相对应的一个名单来决定支出的优先权。除了一些非常细微且不会影响这种构成等级制度生活复杂的地位序列关系的修饰和补充之外,整个预算基础是受到支持的。然而,等级制度却因此陷入泥潭。如果这种制度刚性是为了保护每一个科目的话,那么它将可能导致整个预算过程的僵化。经济会缺乏适应性而走下坡路,矛盾冲突也会不断积累,预算过程丧失活力。从文化理论分析的逻辑上看,这表明同样的刚性也在折磨等级制度的政治体制,因为预算主体是依附于其上的。

市场体制非常看重自主和竞争。它们的理想状态是,每一个单元主体都对自己的预算负责。失败是没有效率的表现,并且将会因资源被竞争者获得而受到惩罚。成功则意味着在当时的效率标准度量下,整体运转很好,它们的奖励则是可以利用它们的所得来建设新的壮大了的企业。

同其他文化相比,市场体制的成员会更希望经济的发展,这样它们便可以相互竞争以获得利益；党派文化的成员则希望达到平均分配，即便这种方式同其他任何一种方式相比都会使得每一个人的收入最低。党派的政治文化对预算的承诺（即目前我们说的预先审查）更加感兴趣，等级制度则更加关心一种事后的说法（即事后审计），来确认一下规则是否被执行了。与等级制度不同的是，市场体制的预算过程更加灵活，但是它们对于生产效率的需求却非常严格。其永恒的问题是："你最近为我做过什么？"在党派坚持强调为了公平而做的预先审核、等级制度为了维护合法性而坚持强调事后审计的时候，市场体制则永远在监察自己的生产效率。

赤字是在预算中还是在社会中

除了冰岛有出人意料的盈余之外，是不是在每一个西方国家都会出现持续的预算赤字呢？法国的社会党政府正在努力减少支持自己选举的集团的支出，同时称这种行为的主要意图是减少税收。英国保守党政府在为了保持社会和健康服务的背景之下，试图通过立法来削弱地方政府提高财产税的特权，从而减少保守党希望加强的决策制定的非中心化特征。美国民主党虽然长期否认预算平衡的优点，但在总统选举中仍将达到预算平衡作为自己的中心论题。一个支持其政党对不平衡预算长达数十年批评的民主党总统，现在将赤字提高到前所未有的水平。

由英国劳动党统治的市政会议有权提高那些没有选举力量的商人的税率，里根总统相对于增加税收更偏好减少支出，国际经济力量紧紧抓住密特朗的社会党政府可行的选择。结合国内外的环境，在每一个实例中我们就能够从这些表面上的异常里得到自己的判断。但是这些都无法帮助我们解释导致这些预算异常的总体趋势：长久的预算失衡、政府规模的壮大和政府试图减少支出所做工作的无效性。

除了美国和冰岛（后者更接近一点），没有西方国家通过一个几乎平衡的预算来积累财富。预算平衡并不是它们迫切想达到的事情，因而它们没有实现这一点并不令人感到惊讶。相反，预算失衡却在管理经济运行中或者是重新分配收入中被当作是一件积极的事情来看待。尽管如此，当前还有一种普遍认同的看法，那就是有些国家的赤字规模是不明智的，因为它们难以再获得借款，同时它们的债务利息也在以一个固定的数量不断增长。赤字规模如此之大、增长速度如此之快，而且事实上每个人都认为这并不是他们应有状态的时候,为什么不组织起来共同想出一种补救办法呢?何况我们也知道这种"良方"无非就是增加税收和减少支出,并且每个人也都知道这种"良方"的主要成分无非就是诸如收入所得税、国防和社会福利等,解决问题的困难并不在于我们不知道方法。因此在是否需要追求预算平衡的问题上还涉及到其他方面的利害关系。

政府规模是一个问题。政府的规模究竟控制在多大预算才会平衡。平衡仅是一种关系,它自己并不能决定相对于社会的其他方面而言,政府究竟是应当变得更大一些还是更小一些。有人可能会问,通过增加税收或者降低开支的方式,预算会不会得到更好的平衡?增加财政收入会扩大政府的规模,而减少支出会缩小它的规模。在这种利害关系之下的平衡,则是公共部门和私人部门之间的平衡。

公平是一个问题。如果税收上升的话,我们如何分配这部分增加的税务负担呢?富人还是穷人?这个地区还是那个地区?如果支出被削减的话,谁又将能够感受这种减少的痛苦呢?在这里,国防项目同国内项目之间会发生竞争,并且在一般意义上也会和享受救济金的权利发生竞争。这个问题的答案将同时说明,一个政府希望采取怎样的国际策略和国内政策。

效率是个问题。增加税收是一码事,而如何收上来则是另外一码事。事实上,所有的政府都竭尽全力削减开支,但是在最近的一段时间里,却没有出现成功的案例。西方政府不仅制定预算政策的水平不够,而且执行预算政策的能力也越来越成为问题。

现在我们知道对于赤字的讨论实际上包括:规模(政府的角色和规模的程度)、公平(谁应当付出,谁应当受益)和效率(政府是否应当管理,政府管理的权限是多少)。我们需要怎样的社会和政府,这便是由预算赤字失衡引出的更大的问题,从这里,我们也可以看到预算失衡这个问题的内涵有多么广泛。

为什么我们不能达到预算平衡?通过将预算与政治体制相联系的办法,我希望能够更好地理解一个问题,那就是如何才能使收入和支出在大体上相适合呢?

预算平衡是体制的一种功能

米考伯原则(Micawber principle)表明,收入和支出的水平无关紧要,而实际有影响的是它们之间的关系。这一点对于预算而言非常重要。所以,支出和收入在每一种体制中的相互关系如何是一个非常重要的问题。哪一种体制会出现赤字?哪一种体制会出现平衡?哪一种体制的支出比它们的收入更多?哪一种体制的收入比它们的支出更多?哪一种更有可能出现何种类型的困难——收入太低,还是支出太高,还是没有能力去改变这两个问题中的任何一个?[4]

政府依据所能掌握的资源管理支出水平的方式十分有限,下面列举了所有的可能情况:

(1)政府不能控制支出和收入。
(2)政府能够控制支出但是不能控制收入。
(3)政府能够控制收入但是不能控制支出。
(4)政府能够控制支出和收入。

当然,这些逻辑上的可能性并不是非此即彼的关系,政府可以掌控一点也可以掌控很多。但是这种非此即彼的关系有一点非常重要的意义,那就是它勾画出各种可能的极端状况。政府可能有两种选择:如果它们有足够的余地可以管理开支大小的话,它们就只采取一种方式;或者若它们有一个范围可以选择支配其资源,它们就会做出不同的选择。如果政府可以控制两者的话,它们也能控制两者的重叠部分。政府能够凭借同时混合收入和支出的增加或减少来改变平衡或者失衡的规模。

有5种策略将收入和支出联系起来,从而它们可以保持在一个恰当的距离(hailing distance)。

策略1:什么都不做。
策略2:减少开支。
策略3:增加收入。
策略4:增加收入并且增加开支。
策略5:减少收入并且减少开支。

我们的假设是,从政府管理收入和支出的能力中产生的5种可能的策略是与文化息息相关的。如果用政治上的形式转述一下的话,这意味着收入和支出之间的关系随着体制的改变而改变。在最开始的例子中提到的宿命论者不会随着收入或者支出的改变而改变:生活已经超过了他们的控制范围。

为了理解市场体制中竞争性自由主义的预算是怎样的,我们必须比较一下私人部门和公共部门的预算。私人部门里,每一个成员都同其他人相互竞争以获得货物、荣誉和追随者,围绕资源的竞争增加了支出。如果投资能够获得成果的话,那它就有能力支付先前的投入;如果无利可图的话,其他的竞争者就会接替它的位置。然而，从政府的层面上看，政府没有动机制定法律去规范那些直接让某些企业家受益的支出活动。国家仍然保持着贫穷，只有那些在私人部门里的富人才有资源来炫耀。当市场体制尽可能减少出于公共目的的花费时，它们就会对税收更加憎恨。因此，那里会出现低水平的赤字。

政体：宿命论 宿命论者不能管理支出或收入 策略：（1）什么都不做 平衡：通过征税使支出等于收入	政体：等级制度 能管理收入，但不能管理支出 策略：（3）收入最大化 平衡：在高水平上支出略超过收入
政体：市场 能在低水平上管理支出和收入 策略：（5）支出和收入最小化 平衡：赤字在低水平上发生变化	政体：党派 能管理支出，但不能管理收入 策略：（2）在高支出水平和低收入水平上重新分配资源 平衡：高支出大大超过低收入

图 11.3　政治体制下的预算策略

　　被我们称为平等主义集团的党派则尽量降低个人的消费。财富被视为一种不公平的标志，是一种诱惑而使人放弃节制的东西。通过对财富的评判，它们也暗示性地批评了其一直反对的自由主义者，它们的财富也永远无法同自由主义者相比。它们在体制内部没有权力，成员收入上的需要也不能得到满足。因为资本积累是不公平的根源，所以这种方式不被它们采纳。无论社会上有多少财富，都会被很快重新分配掉。这种体制避开了市场体制中私人部门过度的消费以及等级制度下公共部门的铺张浪费。预算的失衡伴随着低水平的收入和高水平的支出重新分配。

　　等级制度完全有能力增加自己的收入。团体的投资通过强制储蓄的方式使得之前的合同在将来变得有利可图。像其他的规定一样，税收是从上至下严格分配和征收的，但是，支出相对来说就比较难控制。等级制度中的每一个角色都有自己指定的职能，其中包括必须要有的排场。新的限制排场的规定将会使当时显赫的人物非常不安，因而制订起来很困难，同时也非常难以被接受。等级制度聚敛钱财的能力比它减少开支的能力强很多，因此，它的预算失衡会出现这样一种情况：高水平的财政收入，但是更高水平的政府支出。

细心的读者可能会发现,可行的预算策略之一——策略(4):增加收入并且增加支出——在任意4种政体之一中并没有相应的策略特征。尽管从来没有发生过,那么这种策略可不可以称其为逻辑上的可能性呢？但是我们并不这么认为。之前将其遗漏的原因是,迄今为止,我们仅考虑了一些基本的体制(如果你愿意,可以称为原色),但是却没有考虑由它们形成的混合型的体制。例如,在一个由等级制度和党派形成的体制中,希望达到平等的动力增强了,因而导致了更多的收入在国家范围内被重新分配。因此,在民主社会里,税收和支出都达到了最高的水平,因而是同策略(4)对应的。

所有的西方国家都奉行多元化的民主。用我们的话说,它们包括了3种政治文化的基本元素；它们的元素构成并不相同,并且也正是由于混合型体制的特点各异,造成了它们预算失衡具体情况的不同。美国的等级制度比以前弱小,而更强大的市场元素同新兴的平均主义相结合,并且借助增加的社会权利(由于党派的贡献)和降低的税率(市场特性的产物)的力量,从而达到了赤字的状态。在瑞典和荷兰,等级制度和相应的政治文化力量非常强,市场的力量很弱,我们发现在那里是高税收和更高水平的支出相结合的情况。在德国、英国、法国和日本,市场力量更强,党派成员更加弱小,而等级制度仍然占据统治地位,政府支出水平虽然依旧很高,但趋势是在减少的,因而赤字也不是非常大。撒切尔首相和里根总统都公开宣布坚持市场化的关系,但是他们还是有所不同的。撒切尔首相同时也是强大的等级制度的一员,对于宏观整体和微观个体之间的平衡也非常重视；然而,里根总统受等级制度的限制则很少,因此能够以更加简单的方式来限制政府的目标。

那么,从这里的分析出发,我们能够对未来的预算失衡做出什么样的预测呢？我们首先不得不弄清楚未来政治文化中相互制约的力量是什么。这个问题则相当于是在问我们世界上社会变迁的根源和过程是什么,关于这方面我没有专门的研究,我更多的是一种类似于"如果"和"好像",并且,当……时候"的理论：如果或当世界上出现了政治文化的各种组合时,赤字(很少会是盈余)会同它们有联系。

预算平衡依赖于社会的平衡,这至少是从亚里士多德时代起就流行的说法。我们的预算如何,取决于我们是怎样的群体。生活在西方国家的我们不会经历不平衡的预算,除非我们偏好会产生不平衡的政治体制。如果我们以前有预算平衡而现在却无法做到的话,那不是魔术师的法术造成的(一会儿看得见它,一会儿看不见它),而是因为我们生活方式中的平衡状态已经发生了变化。当自由主义逐渐变弱而平均主义逐渐变强时,规范预算行为的标准发生了变化,从之前保持很低的支出水平以达到预算均衡变成依靠更高的支出水平以达到预算失衡。我们如何去做预算以及我们如何去生活,是相同问题的不同方面而已。

我从一个不同的角度提出了关于预算平衡和预算失衡的问题:什么样的人民,采用什么样的生活方式,以什么样的价值观为导向,如何立法去规范社会和政治活动,将会导致平衡或是失衡呢?何种政治体制的组合会导致产生平衡或是失衡的税收和支出呢?因此,预算理论中的焦点从国家资源的多少转移到国家选择何种方式来使用它们已有的资源。

预算规则的变化

为了有利于持续增加支出的行为,指导预算行为的规则应该有所改变。在18世纪和19世纪,为了达到如今需要低水平的支出才能实现的预算平衡,平衡、年度性和广泛性的标准浮出水面,而这些也严重阻碍了支出水平稳定持续地增加。从政府成长的观点出发,支持一个失衡的、分散的(也就是允许从更多的途径来支出)和同权利一样具有持续性的预算,而不希望像普通的专用拨款那样经常会被详细的检查。

如今,我们越来越少听到关于预算规则的评论了。在当前的共识之下,这个标准显得非常不合时宜,它已经退居幕后。当根据这些标准建立起来的预期目标均达到时,这些标准就一个个地都被削弱了。而正是这些非正规的标准提出了一种共识,这种共识预测了预算控制,更加确切地说,这种共识预测了预算的缺位。

自第二次世界大战以来,几乎所有的地方都抛弃了这种预算平衡的规则。社会舆论深深受凯恩斯主义经济理论的影响,认为支出可以维持经济平稳,偶尔出现对预算平衡标准的考虑,也会由于社会舆论太过盛行而被淹没。凯恩斯主义经济理论称,支出是经济稳定的主要政策之一。在经济繁荣的时候应该多储蓄,而在经济不景气的时候应该多支出。然而,在政治过程中,支出政策走样了。在编制预算的过程中,看上去就像地球引力不存在一样[5],上去的东西下不来。

预算失去全面性引起的关注就更少了。当今,政策制定者天才般的构想发明了许多过去没有的支出渠道(例如,贷款抵押、税收优惠和预算外的企业),而且这些发明创造也将现在的预算弄得七零八落。西方国家传统的预算过程是估计—授权—拨用—执行,我很怀疑现在是否能有 1/3 的资金是按照这个过程来进行的。无论在过程中控制进程的力量有多微弱,人们却总是认为它仍然太过强大。在如今的西方各国,许多力量相互协作以便避开这种控制。

政府没有像竞争性的预算原则规定的那样出于特殊的目的而直接花费自己的收入,而是将钱留在纳税人的手上,允许他们做政府同意的事情。政府通过税收方面的规定,可以适当扣减用于购买房产的抵押贷款利息,也可以适当降低建造于特殊地方的工厂成本。这些"税收优惠"或者是"税式支出"(它们作为正常支出的一种替代形式)虽然可以估计,但却不是预算的正式组成部分,也不包括在总支出或赤字总额中。因而,那部分本来属于政府的收入没有出现在预算中。

政府的担保贷款也是如此。政府可以直接贷款,也可以采取用自己的银行存款作为担保的形式,从而担保贷款的支付。在过去的 20 年里,政府做了大量的担保贷款(仅美国就有5 000亿美元),而这些只有在出现违约情况的时候,政府才不得不去支付,因而,一般情况下也是不会出现在预算中的。市场利率和更低的担保利率之差乘以授信的总量是一笔不小的数目。当潜在的借款者地位改变时,一部分人挤出另一部分人,市场利率会受到影响而可能升高。对此感兴趣的人可以有幸找到关于预算的文件附录,里面会提到直接贷款和担保贷款的范围。

另外一个绕过全面性的途径则是各种各样所谓的"权利"、"后门财政"和"强制性项目"。法令法规不需要特别的拨给程序,而直接授权给那些符合诸如失业赔偿、儿童救济等的人们支出的权利。预算中的支出仅被视为是估计的费用,除了发生法令法规修订的情况,一般这种支出在拨给程序之中是不被检查的。政府通过累加对外的支付量的办法,来追溯该年度自己的支出总额。

贷款、担保贷款和税务性支出在预算范围之外,"权利"(通常被纳入收入转移项目中)虽然在预算范围之内,但在年度预算过程中却不受控制,因而我们几乎无法达到预算的全面性。此外,近年来出现了很多"预算外"或者称为是"半国有"的公司,它们大多进入到诸如住房之类的领域而不让该领域落入私人之手。预算中可能会提到它们的工作,但是它们的支出却不被列举也不会被计算在预算之中。当我们把所有这些手段综合在一起来看时,绕开预算全面性的行为就如同开闸的洪水一般。

从 16 世纪到 19 世纪,全面性的标准是逐步建立起来的。改革者不但没有配合当时公共部门和私人部门收入途径的多样性,而且还希望通过一个简单的预算工具来确定政府所有的支出渠道。到 19 世纪末,这个标准已经建立成熟，大多数国家都拥有一个全面的预算，涵盖几乎所有机构的支出。但是近年来虽然一些集团仍然肯定预算需要全面性，但几乎很难再找到一个真正全面的预算了。许多政府资金通过收入转移从国家流向个人，通过国家赠与流向地方政府，也有一部分通过非预算实体对外支出。强调预算全面性的方针一度保障了由税收收入支持的一个小型的自给自足的公共部门；但现在的事实却是许多政府的支付直接流向了个人和政府之外的团体，同时这种支出又是依靠借款来融资的。我们不再指望政府预算能够提供一种金融度量标准来衡量对于公共金融资源的使用情况。

从19世纪末到20世纪60年代，主要避开全面性的方法是专款专用（在英国称为抵押基金）、为发展项目单独设立基金和为了特殊目的设立享受财政部资金支持的账户。通常资本预算、投资预算、非正常支出和正常预算支出之间在意图上的区别往往会令人感到迷惑混淆。然而，把这些其他的预算加入到正常的预算中后，专业的读者便会清楚地了解到是谁出于何种目的花费了多少开支。由于有转移支付、政府保障的信用安排、向私人团体以及包括国有、半国有和国营的各种不纳入预算的政府企业的存在，任何对于政府成本的估价都注定是不可信和不完全的。而这些导致了预算中的一场隐蔽而不可名状的革命。

以前的说法是：你控制了政府当局，你就控制了支出。但现在政府商品和劳务的支出在工业民主国家里仅占到总支出的15%～30%。我们不得不认为，很大部分的开支已不再包含于传统的预算标准之内了。政府的很多支出不是为了直接去做些什么，而是用来影响人们的行为。因为许多支出是由接受付款和贷款的个人以及地方政府来行使的，所以传统的通过建立一个政府预算体系来控制支出的行为现在已经不再有效了。[6]

艾伦·希克说道，公共部门在努力控制私人部门时，已经迷失了自我。

非预算开支的增长产生了……"控制的悖论"……公共部门的支出从发生在政府之内转化为发生在政府之外，这就产生了预算外开支。这种转化仅是由于政府希望尽量加强对经济、收入分配、投资政策和商品劳务的控制。这个悖论就是试图控制私人部门的努力却使得政府交出了许多对公共部门的控制权。[7]

由于同时向相反的方向去扩张是很难的，因此在预算全面性标准被忽视的同时，对支出的控制力也在不断被削弱。政府希望改变支出水平来缓和经济的波动，重新分配收入，改善家庭的经济状况，但是这些同它们控制部门的行为是不可能完全兼容的。政府越希望影响人们的行为，它似乎就越难以管理好自己内部的事情。这种政府与个人之间的新型关系虽然有很多优点，但是对于支出的控制却不在其列。

退一步说，即便鼓励一种全面性的标准，也没有一个能够很好诠释这种标准的预算体系，其中会计制度就是一个难题。有些资金若以一种方式借入的话则完全出现在预算中；若以另一种方式借入的话则部分出现在预算当中；若以第三种方式借入的话，则完全不出现在预算中。非传统的资源包括担保贷款、税收优惠和权利，非传统的支出包括政府性企业的支出。由于没有一个转化因子，因而要将它们同当局的预算很好地结合起来是不可能的（也是不情愿的）。

在预算的全面性和平衡被削弱的时候，年度性的标准似乎仍然在我们身边。然而每一年发生的事情都让我们觉得不能理解。收入和支出司空见惯的不确定性造成预算总要重复进行，总要不断被修订。试想6个月的经济预测在6个星期之后就会过时，那么中期调整再加上小规模支出的预算就使得一个年度性的预算变成早就过时的文物。更具有讽刺意味的是，20世纪50年代电子数据系统开始作为控制预算的工具，几乎所有的人都非常满意它带来的成果，但政府当局却很难凭借它来估计预算的规模，只能用它来记录预算的内容而已。[8]

失去了全面性，就会削弱控制力。若中央预算当局不清楚支出了多少，也就没有根据评价该支出水平是否过高。人们对于做好一件事情的欲望没有让自己看上去很好的欲望强烈。财政官员的业绩是用赤字失衡的情况来衡量的，因而他们更倾向于将诸如担保贷款之类的账户（除了少量的违约）移走，而不让它们出现在预算中。他们也会用某年较低的开支水平来换取将来更大量的支出授权。在没有一种规则涵盖所有支出形式的情况下，松散的会计制度取代了对支出的控制。

19世纪以来，一个年度预算已经等同于可靠的财政预测。那个规则认为年度预算不仅是希望达到的，也是能够达到的，预算将会持续一年的时间。确定性激发了部门机构同中央控制当局合作的热情。虽然没有明确被提出，但是它们之间有很好的默契，即财政部承诺预算中提到的支付，而部门也严格执行财政部的要求，并且希望能够保持分配到的份额。

一旦那条潜在的规则被打破，许多不好的后果也接踵而至。因为财政部不能保持之前分给部门的份额，所以部门加强了其政治上的行动来满足自己先前的要求，并且试图永远维持下去。如果预算此时给出的信号是"可以就来拿"的话，那么当初的安排便是极不明智的，这会导致决策的推迟并增加不确定性。部门寻找这种难以忍受的不确定性，意在竭力摆脱更多要求之前的约束限制（削减来临之前，会留下更多的要求）。因而，最初规定作为部门预期的规则现在已经变得不再可靠了。

部门拒绝接受具有相当不确定性的拨款程序，试图通过直接从国库提款(或者称为"后门支出",或者称为权利性支出)的形式来摆脱不确定性的影响,它们也有可能去申请贷款或者担保贷款,还有可能利用政府内部通过"特殊目的的税收"组建非预算机构。部门也可能会强加一些规则于私人部门,让那些私人部门来承担一部分成本(譬如医疗服务、环境治理等),用于这些活动的资金是可以从预算中剔除的。

中央财政当局能够掌握的资金不可避免地在不断枯竭,在支出总额中所占的比例也在不断缩小,财政部越来越没有能力计算到底支出的规模是多大(因为它不能直接控制担保贷款、权利等),于是财政部试图在它目前能够控制的机构中植入更加严格的体制,而这更加速了部门和项目对限制的回避。

让我们再回顾一下说过的内容:年度性的标准支持了预算的可预测性,而可预测性的降低则减弱了财政当局保持全面性的能力。税收优惠、特别基金等得到了更多的使用来绕过财政收入,很多前面提到的途径也用来规避拨款程序,因而不同的支出之间已经失去了可比性。没有人清楚同直接贷款、担保贷款或者是许多其他类型的支出途径相比,专用拨款到底还有多少价值。

由于没有关于税收和支出的普遍协定,预算体系用来将内部反抗控制在可接受范围内的限制被打破了。各处的支出对于别处都没有影响,互相的依赖性消失了,因而预算控制弱化为可自由参与的行为。

许多支出是发生在政府之外的,因此政府不再能够通过控制部门来控制支出;部门感兴趣的支出不受年度检查或者中央监督的限制,因此政府不能够再通过控制支出来控制部门了。所有参与者也不再清楚政府的控制力是不是大家需要的、是不是可行的。似乎某种标准的权威减弱之后,其他标准也会遭受同样的命运。

有一种积极的关系存在于传统的预算之间,各个标准之间是相辅相成的。一种被削弱之后,其他的也会跟着被削弱。如果可预测性降低,那些提倡支出的人们就会去回避拨款程序。他们发明的新型金融形式搅乱了单一会计制度的理念。并且,当全面性标准衰退时,支出的可预测性也随之相应降低。总之,是预算的全面性使得其具有被准确预测的可能,是可以被准确计算的预算允许了资金在收入和支出项目间的转移。

用社会关系的形式来重新阐述一遍以上内容,即老式的标准将预算参与主体放在一条船上。它们的行动互相依赖,如果一个项目或者部门得到更多,其他项目或部门得到的就更少。他们控制自己的项目,一部分原因是还可能有其他的支出项目会批给他们,并且他们若按照规定限制自己的支出欲望,他们就会被纳入预算之中并且保持在那里。然而,大部分情况下支出是受到控制的,如同它不得不存在于如此复杂的系统当中,它不是通过批准实现的,而是通过阻止其需求根源实现的。一旦每项申请都大大增加,那么支出程序就会变得毫无标准,每一个参与主体都只为自己考虑,没有哪个中央控制者不可能熟悉各个部门对自身事务的处理。

然而,把政府控制支出能力的丧失描述为没有标准,导致我们关注在预算关系中被忽视的一些事情,而不去关心我们观察到和希望解释的控制所造成的后果。如果预算标准已被改变,(与当前的术语一致)那么它们变成了什么样的形式呢?如果有"新老交替",那么下一个新标准会是什么呢?

每年都要授权和拨付资金对于支出而言是一种障碍,为什么不能有一个五年期甚至是无期限的授权和拨款呢?甚至为什么不是授权给一部分接受者,而是选择那些提供资金的纳税者或是收集和分配资金的政府呢?在这里,分配为授权做出了让步。

权利是年度性的敌人,后者规定了预算过程的周期性,而前者则规定了接受政府资金的合法权利。年度性是为了让政府能够更好地控制自己,而权利则让受益者能够对政府提出要求。年度性提倡支出的限制而权利提倡支出的扩张。

预算全面性标准的反面是支出渠道的多样性,而这种多样性是许多发生开支的人最喜欢看到的。支出的形式越多,当一种方式行不通的时候采用另一种方式就越容易。支出渠道(贷款、担保贷款、税收优惠、权利等)种类越多样化,就越难以精确地知道什么人为了何种目的正在使用多少资金并得到了多少收益。另外,注意力越集中在总支出上,越容易使每一个项目在分开来看时显得合理,因为所有的项目都对人们有好处。支出行为应当承受的坏处则出现在其能导致的一些很分散的后果中,譬如说税收、借款、利息率、通货膨胀、经济增长等。我把其称为一种"分散的预算",而如果强调这种预算,则会鼓励政府增加支出项目,同时减少对于降低支出的注意力。

分散的和具有延续性的预算过程都有利于并适合不平衡的预算体系。在这种标准之下的行为隐藏了支出的总量。我们不情愿也不必去面对关于支出和收入相互关系的问题,即财政赤字的问题。失衡、延续和分散的预算注定比平衡、年度和全面的预算规模大。然而,计划的方法有很多种,正式的计划失败了,但不正式的计划成功了,也就是这里说的标准的转化,实现了最终的目标——更高的支出水平。

限制总支出水平的提议就是想通过法律而不是依靠习惯的手段来推广预算全面性和平衡的标准。美国旨在限制支出、平衡预算的修正案将支出限制在上年水平加上国民收入增长率的范围之内,目的在于使公共部门的增长不超过私人部门。其他西方国家则以别的名义建立一套整体的限制，使所有的支出水平都能与之相适应。斯坦福·博林斯(Stanford Borins)告诉我们，在20世纪70年代中期，加拿大国内出现了"对联邦政府预算体系的强烈不满，"这一现象无疑基于"没有财政限制，内阁官员们毫无廉耻地互投赞成票。"提交给内阁官员的政策建议"没有充分考虑其成本，或资金是不是能够用于其他项目的情况下就被通过或否决"。[9]

1975年10月14日，加拿大联邦政府公布了以"向通货膨胀宣战"为标题的白皮书，表示政府总支出的上升趋势不应当比国民生产总值的上升趋势更快。负责相关事宜的国家官员指出：

这个紧缩性的政策将应用于合并的财政收入基金的支出总额，其中包括预算内的和预算外的支出(贷款、投资和预提)，政府亲自负责这个新政策的执行，提前一个会计年度公布总支出额的目标上限。这就产生了一个非常真实的行政法规来激励政府采取行动将支出控制在一个范围之内。[10]

减少支出的动机对其他一些大大超过其以前额度的项目和部门会造成损失。[11]加拿大目前由内阁来执行这个政策，试图将支出的增长速度控制在国民生产总值增长速度的水平。[12]但迄今为止，没有一项努力是成功的。

在丹麦，克里斯滕森(Christensen)告诉我们，政府没有遵循其最初计划承担的限制。为什么呢？他的解释是：

公共部门不会意识到资源的稀缺，即使资源由于公共开支经常超过可利用资源而出现缺口，通常的政治反应就是增加公共部门可利用资源的总量。用其他的话说，如果公共部门出现资源稀缺的话，他们就会让这件事情带上政治色彩而得到解决，从而否认追加了超过官方限制的拨款。他们从来就没有控制住公共部门的增长速度。[13]

一旦大家都知道限制被冲破了，没有人还会甘心遵守原来的规则。仔细观察周边就会发现，总是失败的人对成功不会有多少渴望。当然，那些导致不平衡的人也不会喜欢相反的后果，既然如此，谁会呢？但是不得不说，同他们希望和能够增加的财政收入相比，他们更喜欢用这些钱能够买到的东西。

自由主义正引领我们时代的文化潮流，因此市场型的关系在国家范围内占据着统治地位，传统的预算标准仍然具有效力：在平衡的标准之下，支出总量得到限制；在全面性的标准之下，部门对自己的底线负有责任；在年度性的标准之下，支出的效率会被经常考察。然而，我们已经找到了新的标准以使更高水平的支出得到便利，即不平衡、分散和延续的预算体系。那么，是什么类型的人，拥有什么样的价值观，如何立法去规范社会行为，使得政府的成长如此迅速呢？

注 释

1. Aaron Wildavsky, "Budgets as Compromises Among Social Orders," *The Federal Budget: Economics and Polices*, ed. Michael Boskin and Aaron Wildavsky (San Francisco: Institute for Contemporary Studies Press, 1982), pp. 21—38.

2. Steve Rayner and Jonathan Gross, *Measuring Culture* (New York: Columbia University Press, 1985).

3. 我使用的标准引自于 Mary Douglas, "Cultural Bias," *In the Active Voice* (London: Routledge & Kegan Paul, 1982). See also Mary Douglas and Aaron Wildavsky, *Risk and Culture* (Berkeley and Los Angeles: University of California Press, 1982).

4. 这部分摘自于 Aaron Wildavsky 和 Michael Thompson 共同努力的成果。

5. 去发掘那些执着于平衡预算准则的人,并将他们的税收和支出模式与那些并不秉持这一观点的人相比较,将会很有意义。当美国在是否坚持这个准则的矛盾中徘徊时,西方国家仅仅只有冰岛能作为研究对象。虽然国土面积和人口规模都不大,但它是一个国家,这就是我们所有的全部。在所有的西方国家中,从 1972~1980 年间,冰岛的中央政府规模增长得最缓慢(从国家产出的 27.3%增长到 29.3%)[《政府财政统计年鉴 6》(1982)和《国际财政统计年鉴》(1982)以及世界货币基金组织的出版物]。它也与平衡预算保持了最紧密的联系。在冰岛的政治生活中产生不平衡的预算,哪怕很小的规模,都是不可接受的。简单地说,收入限制支出。在平衡预算的背景下,一般的税收增长限制着支出。一部 1968 年通过的法律实际上将所有的预算外支出都纳入中央账户的范畴。最重要的是,平衡预算的理念被阐释为就像没有赤字一样也不能有盈余。作为冰岛前任预算主管,Gisli Blondal 说道,"我们担心盈余将很快被议会过程中进一步支出拨款所吞噬。"["Balancing the Budget: Budget Practices and Fiscal Policy Issues in Iceland," *Public Budgeting and Finance* 3, no. 2(Summer 1983): 47—63]。如 Blondal 所言,保持预算既无赤字也无盈余暗示着"对凯恩斯准则事实上的反对"。单一的决策准则——保持预算平衡——在限制支出上是强有力的,虽然同时它放弃了凯恩斯主义的反周期财政政策(在通胀的时候盈余,在紧缩或者失业增加时赤字)的能力。

6. Allen Schick, "Off-Budget Expenditure: An Economic and Political Framework" (paper prepared for OECD, Paris, August 1981).

7. Ibid.

8. Rudolph G. Penner, "Forecasting Budget Totals: Why Can't We Get It Right?," *The Federal Budget: Economics and Politics*, ed. Michael J. Boskin and Aaron Wildasky (New Brunswick, N. J.: Transaction 1982), pp. 89—110.

9. Sanford F. Borins, "Ottawa's Expenditure 'Envelopes': Workable Rationality at Last?," *How Ottawa Spends Your Tax Dollars: National Policy and Economics Development* (Toronto: James Lorimar, 1982), p. 64.

10. "Controlling Public Expenditure—The Canadian Experience" (paper prepared by civil servants for the Organization for Economic Co-Operation and Development seminar

on Controlling Public Expenditure, Paris, May 28—30, 1980), p. 2. See also G. Bruce Doern and Allen M. Maslove, eds., *The Public Evaluation of Government Spending*, Institute of Research on Public Policy (1979), pp. 39—60; G. Bruce Doern, "Liberal Priorities 1982," *How Ottawa Spends Your Tax Dollars*, p. 23; and R. Van Loon, "Stop the Music: the current policy and expenditure management system in Ottawa," *Canadian Public Administration* 23 (Summer 1981): 175—199.

11. Aaron Wildavsky, "From Chaos Comes Opportunity: The Movement toward Spending Limits in American and Canadian Budgeting," *Canadian Public Administration* 26, (Summer 1983): 163—181.

12. Ibid.

13. Jorgen Gronnegard Christensen, "Growth by Exception: or the Vain Attempt to Impose Resource Scarcity on the Danish Public Sector," *Journal of Public Policy* 2 (May 1982): 140.

第12章

政府为什么增长

本章我将考虑对政府支出增长的另一种有竞争力的解释，并以赞成文化理论的观点结束。相对而言，当今对政府增长的主要解释是经济容量的增加。20世纪，政府采取措施使国民产值的消费比例不断增加，不能完全通过其日益增长的财富或工业化来解释。一种观点认为，确切地说，正是这些国家的财富和技术实力使得他们可能，或者说倾向于减少政府活动的比例。

经济理论

在这个经济和技术决定论的背景下，根本原因通常被给予贫穷国家中政府职能的扩大。一些作者认为，由于这些国家的私人企业家起的作用比较弱，所以政府就必须介入以积累投资的资源。另外，由于私人企业家收集不到重要数据，所以这件事也必须由政府来做。但是，较富裕的国家有各种各样的私人数据收集系统。尽管穷国常以应对国际经济波动的敏感性较差作为政府采取保护主义的理由，但较富裕的国家享有更为稳定的经济环境，这应该（有时确实）能够保障他们进行更为自由的贸易。穷国一般会缺乏政权的合法性，并且为了一小块蛋糕就会发生激烈的内部冲突，政府通常通过对消费进行补贴来减少动荡，那么为什么富国政府的慷慨并没有使抗议减少呢？如果是贫穷的程度导致了对福利支出需要的增加，那么为什么穷国所需要的比例更小呢？如果是穷人的绝对收入水平约束了他们，那为什么他们在可比较的水平上，比过去花费更多呢？为什么穷国和富国的共同之处都是政府活动的增加呢？

我不否认，一直以来，在每一个民主和工业发达的国家，政府在社会福利和整体政府支出方面花费的比例更高。我毫不怀疑，到目前为止，在决定政府支出占国民生产总值比重的许多因素中，财富无疑最重要。我只是不承认这一结果是预先确定的，不承认它存在于人们的意志之外，并不受人们的意志支配。我并不是要争论我们知道的经济技术解释的错误性，而是要说明这种解释本来就没有必要是正确的。每一种支持政府随意增长的主张，在其相反的方向上都有另外一种论点，而两者从直觉感受上来说似乎都有道理。

相反，设想这样一个世界，竞争性的个人主义是占统治地位的文化。当经济处于上升期时，它的成就主要归功于市场机制的完美运行。当经济处于周期性衰退时，错误就是违背市场规则——过高的补贴或转移支付，过严的对贸易活动的限制。当一国变得越来越富裕的时候，它很自然地就容易消费更多。但是信息收集和救济贫困相对便宜，所以把这些事情委托给私人慈善团体和当地政府来做，即使这样做有可能会扩大他们的实力，到时（即19世纪中期的英国）也会更好地提供补救措施。过剩的产品可以用来减少税收，也可以点燃创造财富的首要力量。令个人重新开始创业的规则可以使不幸合理化。"个人过失"而不是"系统过失"应该成为标准。用来证明政府干涉是应当的每一种不幸原因——被外国竞争削弱的产业，大量由单亲父母抚养的私生子——都受到反干涉主义基本理论的反驳：熊彼特式的"创造性破坏"能使每个人生活得更好，这种方式就是把资金运用到生产效率更高的地方，尽管在这种方式中资助私生子只能导致更多的私生子产生。今天需要政府补贴的论点（例如，工业社会里人们之间不断增强的相互依赖性导致需要政府补贴）被人们认为是理所当然的，而这些论点同社会复杂和个人才能一样，也可以被个人主义者用来说明个人为什么可以做得更多而政府为什么可以做得更少。不是市场基本原理必须正确，而是我们必须解释它为什么应该正确，以及为什么不能用来限制政府增长。

尤其有趣的是，数据中展示出的各种模式——缓慢或快速的上升，上升后的一个稳定状态，或者偶尔一个微小的下滑，然后又是一个上升。坦白地说，以不变价格计算的支出在国民生产总值中所占的比例为什么不时上升，而很少下降且下降幅度微小呢？这一状态的几个清楚的方面之一就是如果驱使政府支出增加的措施有时中断（它很少被推翻），那么随着时间的推移，最后的结果肯定是政府支出所占份额的持续增加，没有任何一个明显的停止点。

支持国内较大政府的政党或相关利益集团的权力分配,尤其是福利方案扩张的权力分配,就显得格外不同。但是,由某些政党主张的福利方案有时(或大多数时间)并不能解释为什么他们的反对者能保持甚至扩大这些方案而不是减少它们。政府福利的增长不应该仅由推动经济增长的力量来解释,而且也应该由阻止经济下滑的力量来解释。如果所有重要的政党和政治精英都一致同意福利方案应该提高或者应该保持稳定,那么正是这一深层的一致而非政治事件表面的变动需要解释。

当我们观察到政府支出持续增加,我们知道肯定有人希望这一事件发生。这一事件是为了迎合谁的利益或根据谁的价值观或活动而发生的呢?哪一个政权会反对更大的政府增长,而哪一个政权又希望它永垂不朽?我的假设是政府支出的相对规模是政权(即等级或党派与市场相对力量)的函数(或结果,如果你喜欢这样称呼)。

政体就是不同类型的统治。统治者与被统治者之间的关系不仅包括而且也排除了一定种类的行为,就与自然科学中的不可能定理一样。广泛的公共所有权制度与竞争充分的个人主义不相容,废除特权制度与特权不相容,相信权威与宗派主义不相容。当以为穷人服务为义务的、持有平等主义观念的工党或者天主教党派掌权时,他们会消费更多。虽然社会党、天主教徒和保守党在许多事情方面不同,但是,它们都是以阶层为导向的。如果统治阶级的政权是分等级的,而且新增选的宗派主义者一直支持统治阶级,那么政府会继续扩大,而不管是否有更多的保守党执政。正是政权的性质控制着政府的相对规模。

我同意福斯曼(Forsman)和他同事的观点:"公共部门的崛起是20世纪社会经济发展唯一最重要的变化。"[1] 让我们追踪这一问题:通过检验由主要学者提供的各种解释,为什么西方政府相对于他们的社会增强了(同时美国为什么落后了)。

瓦格纳法则

对公共支出为什么以比经济增长速度还快的速率增长这一问题做出首要解释也是最重要解释的是阿道夫·瓦格纳(Adolf Wagner)的"政府活动增长规律"。[2] 瓦格纳并没有说富国比不富裕的国家会支出更多。他只是说,随着一国人均实际收入的增长,人们通过政府花费国民产值的比例也会更高。不管支出和税收数据的限制如何(他们经常缺失、不连续,或者是从不同角度考虑的),都有一个一致的观点:即瓦格纳法则正是所发生的。[3] 各种不同的模式发生过后,为什么这一不屈不挠的模式仍然发生。

像大多数文献一样,瓦格纳的著作里有一个技术要素。在这一技术要素里,人们可以想象不可避免、只朝一个方向运行的、工业化的某一未指明的、经常存在的而且强有力的逻辑。瓦格纳认为城市生活密度的增大会加剧社会摩擦,而政府应该被召集起来改善这一问题。随着在城市生活的人居住得越来越紧密,对较强的警力和其他形式的政府服务的需求也随之上升。这一观点的反面,即城市生活密度的加大为规模经济提供了机会。然而没有一个人想出用这一反面观点去反驳瓦格纳的观点,这一点至少令我很惊奇。因此,尽管在城市集合区里患流行病的风险要比稀疏居住的人群大,但每人接种疫苗的成本却比后者低很多。同样,对于交通、通信和卫生服务的提供,道理也一样。至少在一些条件下,人们之间的亲近感可能或会导致人际相互帮助网络的形成,而这能够降低对公共服务的需求。

伴随着工业化而产生的不断深入的专业化和劳动分工,法律关系更加复杂,而当瓦格纳对这一问题进行阐述时,他站在了更加坚定的立场上。当然,与保存文档、强调一致性和可预测性一起,规范关系的法制的扩散会延伸到法律通过政府扩大而得到强化的领域。但是,同样正确的是,专业化带来了能帮助解决成员分歧的专业协会。因此,许多以前可能由政府法院解决的案例,现在都可以通过这些伴随工业化而成立的新增协会来解决。[4]

现在,专业协会不仅是政府的替代物,也是政府的一部分。由于政府通常是以等级的方式来组织的,而这种方式需要依赖专业知识,所以政府给予专业协会更多的宽松余地就不足为奇了。当我们发现关于医疗和消费品责任的诉讼急剧增加时,就像最近10年美国发生的那样,我们马上知道等级规则已经垮掉了。与此相对照,在其他大多数西方国家,盛行的规则使病人很难挑战医生。等级集团通常依赖于这些专业协会法官,而为了限制对他们的挑战,美国不可能制定出偶尔支付给律师费用这样的策略。如果鼓励宗教主义者挑战权威,鼓励来自各地的、充分竞争的个人主义者起诉来赚钱,那么这似乎不是工业化的内在逻辑,但不管它是什么,它也是生活方式的一种选择。于是,在某一最低限度之上,关系的合法化似乎从本质上不是工业化的函数,而是人们选择如何去组织自己的函数。

随着工业的发展,瓦格纳认为某些投资需要政府提供更多的资本。与此同时,也有一些因不符合私人企业家利益而得不到提供的简易投资(它们现在被称为公共物品),原因在于这些投资的收益不能严格地分配给投资者。在这些投资中最明显的就是教育。像瓦格纳(及其无数跟随者)的大多数论点一样,这一论点从直觉上之所以吸引人,是因为它有一些优点。问题是优点有多少?对每个政府不可或缺的活动,有人可以举出必须由政府来提供资金的国家,也有人可以举出不提供资助也能办好或者通过向使用者收费,把负担从普通收入者转移给直接受益最多的人的国家。政府的交通运输网络是由收费公路或者汽油税资助的。如果理念不是说明政府应该做什么,而且说明它是否应该面对不可抵抗的、无法动摇的需求,那么证据与主张相违背。政府倾向接管夕阳产业依赖于政治争论而不是技术争论。尽管行业会提供一些科研设施,但私人企业家可能不会提供这些。然而,在政府资金的主要接收者名单里,研究中心通常也不被列出。在提供奢侈品如歌剧方面,政府处于自然垄断者的地位,这一观点几乎不会受到反驳。

教育是政府支出的一个重要对象,而且可能是因为一群受过更加良好教育的,或者至少说有更多文化的国民是工业社会所必需的一项要素。然而,在如日本等的一些国家,教育的某些方面不仅由私人提供,而且工业本身也提供它认为员工需要的某种教育。由于在西方工业民主国家里,高等教育中学毕业生的比例从8%~45%不等,所以说,在公共提供这种产品的必要性方面有很大的余地。

一些商品具有收入弹性(即对它们由政府提供的期望随着收入的增长而增长)的观点是瓦格纳的重要贡献之一。这里他的观点融合了马斯洛(Maslow)的需求层次理论。马斯洛的需求层次理论是,在人的基本需求满足以后,非物质的需要(譬如艺术、戏剧,或者通过收入再分配来帮助社会下层的愿望)就会上升。[5] 社会学家"相对剥夺"的观点开始发挥作用,以至于随着人们变得相对富裕,他们的口味也会转向公共物品。如果随着人们变得越来越富有,公共物品也能变得越来越好,那确实是一件幸运的事。我不知道什么证据可以用来证明这一不平凡的观点。至少历史上曾有这样的人(不管人们怎么看他们),在他们的物质需求被多次满足后,仍然没有与别人共享财富的必然愿望。另外,相对剥夺的观点有赖于下述这个问题得到回答:哪种文化诱导人们的嫉妒观而不是抵制这种无谓的感觉。

对这一点有更多解释的是塔什关于经济发展导致社会需求——示范效应的注释。他写道:"社会通信的革命,尤其是电视的到来,使得人们对社会其他部分甚至是世界其他地方人的生活水平有了更多的了解。因此,期望和要求增加,人们对公共物品分配中的不公平也越来越敏感。"[6] "不公平"一词隐藏着大量含义。如果人们知道他们想要哪种物品,那么他们为什么不采取工作更努力或以不同方式工作的策略来获得必需的资源呢?不同区域的人们可能意识到其他区域的人们拥有更多的公共物品,尽管这一点可以理解,但也不能自然地把这种感觉解释成政府应该重新分配收入以满足他们的利益;在其他一些条件下,这种感觉可能可以解释成区域应该使自己更有吸引力以吸引赚钱机会。被认为理所当然的是,不公平的感觉(即由于区域缺乏相关资源而使竞争不起作用的感觉)正是需要解释清楚的。

富裕导致慷慨的观点仍有生命力。因此,塔什说道:"当生活需要被满足后,市民就更有可能把自己与过剩资源分开。那时,在为公共福利方案筹集资金时,一个发达社会的政府就比一个穷国的政府处于更有利的位置上。"[7] 只要实际收入增加,税收一定会有所减轻。繁荣使征税变得更容易。但是,就如瓦格纳所预料的,当经济条件恶化时,要求政府补偿人们摆脱困难时期的呼声也会出现。如果条条大路通罗马,那么不管它们指向哪个方向,我们都能够知道为什么大多数人会到达那里。

政府在提供公共物品方面有一定的自然优势这一命题与瓦格纳做出的另一论断相冲突,这另一论断的内容是政府提供服务的成本会随着时间而上升。就像瓦格纳所说的,当把这一命题运用于军事武器时,就显得更有意义,因为竞争会涵盖武器的数量和质量。但当这一命题运用于公共部门时就失去了力量。在它现代的外表[有时被称为"鲍莫尔病"(Baumol's disease)]下,服务部门的劳动密集度会驱使一定量服务的价格上升。结论——"假设工资结构保持不变,为了获得稳定的产出,人们就必须增加转移到公共部门的资源"[8] 预设了维持或增加公共部门这一前提。通常,如果某一特定物品的价格越高,那么人们可能购买它越少而不是更多。

在19世纪末已经显现的技术特性引导瓦格纳的预言:不断增加的工业化会导致政府干预。由于所需的资本规模会导致私人垄断,政府或者通过政策干预,或者通过接管一家看似十分强大的私人企业来干预。在加尔布雷思(Galbraith)的手中,这一论题被扩展了:技术型政府会使所有的工业社会达到同样的结果,也就是说,强大的政府权力抵消强大的私人垄断,因为工业公司分割市场并掌控着各自的价格。[9] 这些解释隐含的实用主义通过威伦斯基(Wilensky)和勒博斯(Lebeaux)两人的说明而清楚。威伦斯基和勒博斯两人解释了随着更多的妇女参与工作,老人不再由家庭赡养、青少年犯罪等困难的出现,工业主义怎样把负担强加于家庭。而为了解决这些困难,政府的行动——控制青少年犯罪、发放养老金、提供社会福利——就显得十分必要。[10]

我的回复是"不是必须这样"。虽然在形式上我不反对功能解释,但有争论的问题正是人类的需要是否在最大程度上被政府满足。有什么理由可以相信过去几百年的家庭能比现在更好地应付疾病、衰老和贫穷?他们过去穷得多,因此拥有的资源也很少。例如,住房很小,而且远远不够。据我

299

们所知,多代家庭住在同一间屋子里,使得每一层关系——丈夫与妻子、父母与孩子——相处起来都难得多。[11]

经济决定论最强有力的论断来自于哈罗德·威伦斯基(Harold Wilensky)。在对 64 个穷国和富国进行了代表性的分析之后,他得出以下结论:

"社会主义"对"资本主义"经济学,"集体主义"对"个人主义"意识形态,甚至"民主的"对"极权主义的"政治体制都是激烈的、难以相处的几大派别,在诸如这些派别的重压之下,替代解释崩溃了……在解释福利政府的起源和一般发展时,这些派别几乎都没用。[12]

然而,在最富的几国中,对社会福利各个方面资助水平的不同是如此巨大,以至于威伦斯基认为肯定有特别的社会或政治因素决定着这些差距。

无疑,人口统计学的变化对公共支出的一些增长负有责任。问题是为什么这些变化看起来经常是以上升的趋势而不是以下降的趋势运行?例如,随着生命期限继续增长,人口的老龄化也加速了。因此,养老金增加了政府的成本。但是,我们又会问,挤出的储蓄在哪里?大概应该由孩子或者其他部分人口来消费的数量相对而言更少了,这类支出可能会下降,但与受益人的下降不成比例。

关于越是易受国际贸易波动影响的国家,越有可能资助民族产业这一观点,有一些经验证明,在全世界,不管国家是不是工业化的,他们都会采取一系列新重商主义措施来保护民族产业。这些政策的关键是在不引起不必要的困难的前提下,启动一些经济复苏进程,(例如,重新配置劳动力)对这一命题最强有力的争论由卡梅伦(Cameron)做出,他认为经济的开放一定会产生结构变化:工业联合开始集中,导致集体合同范围扩大到包括工业和个人补贴,即集体提供。[13]因此,政府支出随着经济的开放性和承受攻击的强度而改变。政府不仅提供一些投资资本,而且也提供失业补助、养老金、维持就业津贴等。[14]

政府支出的一部分用来补助出口产品的国内生产成本。尽管认为两种愿望——较高的生活水平和通过降低出口产品价格来消除国内波动——会在一定程度上产生冲突。如果遵循古典经济范式,有人可能认为不被任何一国控制(因此强调自发)的国际竞争的加强在一段时间后会导致对国家间劳动力报酬的分层。另外,害怕他们的经济区域受到攻击,各国可能会提高本已很高的关税壁垒,因而用更大的收入公平换取更高的生活水平。人们选择这个而不是那个的事实不是任何"工业化逻辑"的一部分,而是做决策的精英所共有的价值观的一部分。

从对公共支出的需求转向对公共收入的提供,皮科克(Peacock)和怀斯曼(Wiseman)提出了他们的"替代效应假设":他们认为,支出受到可获得收入的限制。[15]在探索解释收入巨大增长的过程中,他们发现:尽管在第一次世界大战和第二次世界大战期间,税收水平从很高的水平上降下来,但两次世界大战后,它没有降到原来的水平。在一般形式下,他们的假设是重大经济危机会提高公众对较高税收水平的容忍度,而危机之后,支出就会大量涌进以使新旧收入水平产生不同。具体而言,皮科克和怀斯曼认为政治领袖经常找一些用来支出公共钱财的好理由。他们的问题是说服民众来支付。这一争论中缺少的联系是政治领袖意识形态的变化,这个意识形态解释了大量支出为什么在第一次世界大战后没有发生,而在第二次世界大战后却发生了,或者说,第二次世界大战后,政治领袖为什么没有需要更大的税收减免。

通过争论支出倾向于用完所有的可获收入,皮科克和怀斯曼理论的优势在于,它不仅解释了支出为什么会随着收入的上升而上升,而且解释了支出在下滑方向上为什么具有"粘性"。他们理论的劣势在于,它同时没能解释支出为什么如此之快就填充真空,除非支出自身被认为是自然法则。这一问题的经验证据是混合在一起的,而且一定不能清楚地确认替代假设。尽管如伯德(Bird)所说,"整个财政心理学问题……明显需要更细致的研究",[16]但讨论下面这个问题还是合理的:即一国对税收和支出的态度会随着剧烈的震荡而改变。

弗雷德里克·普赖尔(Frederick Pryor)对工业国家支出增长研究的众多贡献之一,是他意识到不管所有作者的主要假设是什么,他们都通过使用特别的解释来支持它。不管作者提到的是突然的经济危机,如大萧条;还是渐进的政治改革,如选票扩大到大多数国民;还是支出的方法,如转移支付相对于政府机构支出的不断增加,瓦格纳法则的众多变量都通过一些不同的解释而得到补充。然而,我们想知道的是,为什么所有这些特别的解释都只朝一个方向前进——即较高的政府支出。

由于在这些解释中,已经给了我一个优势地位——即渐进主义——所以我很难再去抱怨。[17]无人否认在经济稳定时期,大多数预算变化都是微小的,从过去几年开始到现在只变了几个百分点。也可能是由于环境的复杂性,决策者只考虑了一些变量,而且这些变量与现存的方案区别甚微。过去几十年通过缓慢增长而建立起来的预算基础,不仅通过缩小决策范围简化了计算,而且也通过接受过去多数的方案,限制了冲突范围。到现在为止,一直都还不错。如果某人想解释为什么某些项目的规模大于其他的项目,例如,渐进主义者指出一个真理:建立越早的方案,它建立增量的时间越长,相对于后来开始的项目规模也越大。亨利·阿伦(Henry Aaron)指出,对22个较大社会保障项目相对规模的最好解释是它们发展的时间。[18]威伦斯基总结说，"一旦一个方案开始实施，先例决定了谁将得到政府所给予的，并且多少流向的项目或机构取决于在最后获得了什么。"[19]但是是什么造成了渐进主义的单行道呢？这个理论的主题中没有什么需要正的渐进而非负的渐进，不过也有建议说有时递减的变化也是需要的——通过连续的细小步骤而改变。因此递增变量和递减变量相互抵消，就没有了增加将不再有政府活动的法则。那么，除了渐进进程，在政府环境中正在运行的什么因素导致选择增加并拒绝减少呢？

根据最近关于政府支出决定因素研究的重要作者之一是戴维·卡梅伦（David Cameron）的观点：

威尔达夫斯基（Wildavsky, 1975）从第三个角度提供了关于公共部门经济资源扩张的观点。在可能被称之为"反瓦格纳"的法则里，威尔达夫斯基认为公共经济范围扩张的程度与经济增长呈反向变化，而不是正向变化。在国民财富快速增长的国家，譬如日本，任一对公共基金的增长需求都可以通过增加的收入来满足，而这一增加的收入是通过把不断增长的公共份额使用到更多的经济产出中获得的。但是，在经济增长缓和得不能产生足量收入来满足额外公共物品需求的国家里，譬如英国，那些需求就必须通过公共经济产品份额的扩张来满足。简言之，威尔达夫斯基的理论预言：经济增长与公共部门扩张的关系是负的，即经济增长越慢的国家，公共经济的扩张就越大。[20]

与瓦格纳法则相反，一国经济财富增长的速率并不对公共经济的扩张做出贡献。显然，国民对服务的需求以及他们接受较高税率的意愿水平，或者两者都不具有收入弹性。相反，这一分析支持了威尔达夫斯基的论断：即在相关条件下，当经济增长缓和时，公共经济反而增长。[21]

根据瓦格纳法则，当经济增长下滑时，支出的规模不会随着国民产出的规模增长，而当经济增长上升时，情况却与之相反。我再次陈述这个关键问题：这一反瓦格纳法则解释了为什么当西方经济增长速率整体下滑时，政府支出却继续以一定的比例增长。但是它没有必要解释为什么随着人们实际收入的下降，他们却愿意支付更高的税收。

可能从税源的多样化考虑，人们并没有意识到他们支付了多少。众所周知，财政幻觉（即可能出现在著名的货币幻觉之后，在货币幻觉里，起作用的是票面价值而不是购买力），这一学说主张：间接税隐藏了应付的总额，所以市民被误导，比他们应该付的支出更多。[22]这一点可能是真的。抗税和高比例的直接税之间的紧密关系是由威伦斯基发现的。[23]由卡梅伦做出的另一经验分析否认了支出随着"无形"税收（社会保障税、销售税，以及增值税）的增长而增长。他总结说，"相反，在20世纪60年代后，在严重依赖并且以不断增加的程度依赖财富弹性税（例如，那些针对个人和公司的税收）的国家里，公共经济扩张得十分迅速。[24] 就如林肯（Lincoln）所说，在一段时间欺骗一部分群众是可能的，但在所有时间欺骗所有群众是不可能的。那么，根据财政幻觉学说，在至少没有愚蠢的情况下，我们该如何解释一个被欺骗的世纪？因为他们想消费更多，所以国民很容易"欺骗"，这可能吗？

公共观念

不同的公共支出水平伴随着不同的政治模式。在福利领先的国家里，斯堪的纳维亚国家，奥地利以及荷兰，公共服务的扩张波动很小。一般情况下，尽管一个政党在这一时期处于统治地位，但就如1976年的瑞典一样，执政党的变化所带来的影响很小。在统治领袖和大众之间，我们可以怀疑他们在政府和社会关系（这种关系体现在政府保证提供一系列多样化的社会服务）上所达成的基本一致。但这并不意味着税收可以永远增长。在一些方面，即使在这些国家，人们都感觉到他们所获得的与他们所付出的相比越来越少。但如果这种感觉确实发生了，那就意味着，与不同价值观国家的抗税相比，该国的抗税可能会在更高的政府消费水平上发生。在古老的欧洲政权里，福利增长与更多的左翼政府相联系，而且也与政府控制经济的企图强相关。政府，尤其是法国和意大利，曾考虑继续提供社会各个方面的服务，都是为了操纵经济和作为操纵经济的手段。而且这种支持被认为是有问题的。在英国、法国和意大利，商业和劳动力被急剧分割开，在政府试图控制它们的时候，它们也在为控制政府而斗争。在政府应该做什么上没有一致观点，但是在政府的激进主义角色上却观点一致。在美国，政府活动很少被广泛接受。不管是政府对个人安全的责任，还是政府对经济的责任，都不像欧洲一样被完全接受。但仍然有一些社会力量同意公共领域的扩张。

政府和国民关系的不同，可以期望反映在公共观念的不同结构里。推论的问题由于缺乏大量的跨国调查而变得更加困难。收集相关数据和分析得最好的是理查德·M.库格林（Richard M. Coughlin）所著的《意识形态、公共观念和福利政策》（1980）；甚至他也必须在不同的时间用不同的问题来比较各个国家。然而，根据库格林的分析，我们可以表述公众对福利政府及其项目的态度的广泛倾向。

首先，每个地方的人都喜欢共同获利的社会方案：养老金、儿童津贴以及医疗保险。库格林写道,"公众在为老人的养老金方面所做的努力,使之享有一致的赞同,而这种赞同在社会和经济政策通常有争议的方面并不常见。"[25]人们可能特别支持这一领域的增长,而且在这一领域里关于方案的价值也绝对没有怀疑。家庭津贴在不同国家譬如澳大利亚、加拿大、法国和瑞典也同样流行。[26]然而,在英国,支持顶多是冷谈的,而且除非将方案方向改变到最大需求,否则增加肯定会遭到反对。医疗保险在它存在的地方都非常流行;即使在美国,对全民医疗计划的支持都是充分的。然而,在美国和英国,库格林还找到了对私人医疗的支持。

对失业保险滥用和不给予的怀疑普遍存在。美国人喜欢提供工作而不是福利;而且,在斯堪的纳维亚国家,政府偏向提供工作的政策表明这是正常的。在1965年,69%的美国人想使需求变得更加严厉一些,与此同时,一份由1 968名加拿大人参与的调查发现,65%的人希望欺骗变得更加困难一些。[27]

公共援助——项目的设置仅指向穷人,并且通常以有能力支付为基础——常遭受许多同样的怀疑。在比较六国对贫穷的原因和适当政府支出的态度的过程中,库格林建议:

> 未揭开的欧洲信仰的最突出特征是……英国人将指责贫穷的例外原因归于"个人懒惰和缺乏意志力"。相反,法国人强调"社会不公平"在贫穷原因中的影响,然而,丹麦人聚焦"坏运气"和"不可避免"等宿命论因素。英国人关于贫穷的观点与美国人和加拿大人的相似程度强于其他任一共同市场国家……除法国、联邦德国和丹麦,这三个国家(英国、美国和加拿大)都强调个人主动性(或者,缺乏个人主动性)是贫穷的主要原因。[28]

数据揭示了对具体方案在意识形态和手段上的一个融合态度。库格林争论说,在健康医疗和养老金领域,所存在的个人态度被集体态度压倒了。[29]个人态度对反对失业补助和公共援助非常重要。库格林的解释以外的说法是:当政策考虑到个人主义时,就成了"另一个人的个人主义"。如果真是这样,那么国家之间的区别就不是平等主义意义上的区别,而是团结意义上的区别;我们都在同一条船上。库格林认为区别应该归咎于对风险的理解:不管一个问题是否应该被认为在个人的控制之外(衰老、疾病),还是与个人行为有关(失业、贫穷)。[30]因此,他主张说"个人主义"不仅是一个偏好,而且也是对世界怎样运行的一个理解。

各地的人们都偏好社会保障的观念,但在美国支持最弱。各地的人们都珍惜个人的流动性和事业心;即使在瑞典,人们对政府不断增加对商业控制的支持也很少。[31]法国人在看待税收问题时有一个"个人主义化"观点的历史。就像库格林指出的那样:

必须有意愿接受政府福利的集体主义意义并不大；真正的集体主义必须包含牺牲个人可支配收入来支持更为广阔的公共目的的意愿。在这一点上，法国人不愿意为了福利政府的集体主义，领先把个人钱袋的钱用来付税。[32]

库格林发现的一个有趣的方面是：对公共支出态度最好的预测者是占有。作为经济体系一部分的人民，诸如小型企业家，喜欢政府也保持小型。[33]

不幸的是，我们所有关于政府雇员的唯一数据仅来自美国政府和当地政府。与有相当社会和经济地位的其他国民相比较，政府雇员明显地，但不是极端地喜欢高政府支出。由于他们比其他国民以更高的频率支持高支出政府，所以他们在民意测验中会有所不同。[34]

政治解释

外行可能会认为，决定由赞成高支出的政党所控制的政府是否应该从国民那里得到支持并不困难。当然，专心致力于政府增长的社会党，提供了一个关于"人民"是否得偿所愿的测试。如果他们被选中，而且继续留在办公室执政，可能社会党所承诺的——高支出——正是国民所想要的。

又错了。首先，当非社会党、自由党、天主教徒或者保守党执政时，他们通常也像社会党一样支出相同比例或者更多。政府支出不能下降的一个原因是非社会党，在最低程度上，不能充分减少他们所固有的支出水平。表面上看，大家一致同意（有，但是很少，且是短暂的期望）不能减到低于现在的水平。一些方案诸如20世纪60年代或70年代的国防，一定随着GNP和政府支出下降了一定比例。但是，以目前的经济增长水平来看，他们保持了支出的绝对水平。显然，某些项目保持相同水平，而另一些增长了，那么总的结果将是更高的支出水平。

目前争论很激烈的一个问题是：执政的社会党是否会采取提高经济公平度的措施。休伊特（Hewitt）说他们会[35]，而杰克曼（Jackman）和帕金（Parkin）争论说他们不会。[36]结果是有很多经济公平措施，而且被采纳的措施影响了研究结果。[37]福利项目经常开始将目标指向生活最差的人。在效果上，付税最多的人将他们的钱给了最穷的人。然而，设想为了扩大政府支持，或者传播好事的更多方面，那么肯定就有更高的福利，一个更广范围的福利受益者也包括其中。那么收税最多的人与受益最多的人之间的区别就缩小了，因此就缩小了方案的平等主义影响。如果平等依赖于重新分配给小部分受益人的程度或者重新分配给大部分受益人的范围，那么即使在较低的支出水平上又怎样呢？使用的措施越是能缩小收入不公平的差距，政治变量相对于经济变量就越重要。[38]

一个特别强硬的措施——控制立法机构的执行者和代表，控制民众选票的比例——是否是符合社会党（或者，更一般地说，左派或福利经济人）政治倾向的最合适政策，工业化国家政治机构之间的巨大区别使得这个问题很难总结。在选择执行者控制方面，我会遵循威伦斯基，因为尤其是在议会形式的政府里，那是统治能力至关重要的指示器。一般情况下，正如普赖尔和威伦斯基所言，在与绝对政府支出的关系方面，经济容量比政治左倾主义更有力。[39]当然，美国通常保持变化无常，或更富裕或支出的比例更少。然而，威伦斯基认为，政治上的意识形态事实上一点作用都没有。[40]

威伦斯基认为，在福利成就的决定因素方面，天主教党权力比左派政党权力更重要。[41]尽管天主教的社会学说是反社会党的，反对政府直接控制企业，但它也是集体主义者。天主教党把政府看作通过社会福利立法将各部分人口都集中到一起来确保组织意见一致的机构。家庭政策对天主教党尤其重要，因为他们支持为儿童提供津贴。卡斯尔(Castle)和博格(Borg)主张：社会民主权力和右派政党权力（后者是否定的）都强烈地把福利成就联系起来；然而，右派政党的权力，或者说缺乏它，是更重要的。[42]我认为卡斯尔和博格已经发现了相同的现象。

重要的事情不是某国政治领域的右派政党还是左派政党胜利了，而是表现这一领域的态度的范围。特别地，是否有一个强烈反对中央经济统制论者的政党，也不得而知。[43]威伦斯基的分析否定了美国民主党和瑞典社会民主党类似"左派"的说法。然而，在瑞典，任何一个右派政党都同美国共和党人不相似（即，像"右派一样"）。

卡斯尔以这样的见解开始：

如果按照T. H. 马歇尔(T. H. Marshall)的称呼：福利政府在很大程度上被授予"平等身份"，那么它不仅符合工业工人阶级的利益，而且也符合绝大多数工薪收入者的利益，以尽力大大减少"风险和不确定性"……只要他们卷入了财富的重新分配，那么唯一有明显兴趣反对福利行动的社会阶层是与大多数群众相比被极度授予特权的阶层。在绝对数目上，这样一个社会阶层可能相对弱小，但它的政治影响依赖于历史和结构的力量，这些力量形成了政党体系。我的假设是：在一定程度上，如果这些力量能导致一个大的、团结的右派政党的出现，并作为特权阶层的政治手段，那么一定有一个强有力的障碍阻止福利。[44]

尽管特定条件会影响最能反映"资本家"利益的那个政党(不管是哪个政党)的联合水平和力量水平,但对那个政党来说,只要能建立充实的基础,它对"大众"一定有一些吸引力。因此,一个反政府的政党(不像法国的戴高乐主义)在自由市场上一定有它的意识形态基础。

在比利时、荷兰、卢森堡和斯堪的纳维亚国家,政治系统是分割开的。在比利时和荷兰,天主教党派倾向于导致联合政府。在这些国家,卡斯尔定义的、通常包括在政府里的"右翼政党"一个也没有,并且在所有这些国家里(部分是由于政党的数量),右翼的总选票很少。尤其是在荷兰,相互削弱的宗教分裂阻止了由自由市场意识形态定义的大政党的出现。

相反,在加拿大、美国、澳大利亚和英国,所有的国家都是两党制,在两党制里,有一个政党或多或少代表着自由市场的力量。他们也没有天主教政党(除非把魁北克人也算入其中),而且尽管有时很努力,并以工资约束为中心,要成为"社团主义者"也很难。对于这些国家,卡斯尔和威伦斯基分析了相似的政策。

在德国、意大利和法国,情况变化更多。在法国,右翼曾经很强大,而不是基督教民主党;收入维持支出,卡斯尔想解释的变量增长很缓慢。在德国,右翼和基督教民主党过去都很强大;公共收入维持的支出相对来说增长仍然缓慢。在意大利,右翼过去很强大,尤其是当权的时候经常这样;然而,它通常是与社会民主党(这里是社会党)联合起来的。支出相对收入大约是以经济合作与发展组织平均速率增长。在这些国家,由于政府在福利方面的支出在起始阶段非常高,所有总的数额也保持很高。因此,尽管对卡斯尔而言,他们代表着阻止由强有力的右翼创建的福利政府[45],但在威伦斯基的分析里,他们又提供了基督教民主具有优势的证据。

也许,重要的不仅是政府的意识形态,可能还有政府结构。关于中央集权、地方分权和政府支出的关系,我们知道什么呢?直觉上讲,结果可能会偏向一方——中央集权国家,因为人们相信其能更好地从顶层施展控制,人均花费也会少一些;反之,由于支出方案的人均成本在多数纳税者中扩散开来,所以没有人有足够的兴趣减少支出,以使总成本更低。中央政治体制集权程度小,结构上是联邦的政府可能会支出更多,因为这里有更多支出的龙头可以打开。另外,他们人均支出会少一些,因为地方政府的多样性使得税收和支出的联系更紧密。

在敌对的机构发生冲突的地方,毫不奇怪,学术化的斗争对集权化或分权化之上更高或更低支出的传统表示不满。然而,随着经验的积累,集权可能会与更高的支出相联系。无疑,由于更高水平的国防支出,所有高度集权的政府都热衷于社会服务支出,只有以色列和苏维埃联邦对这些项目的支出比他们可能需要的少。最好的研究来自于比较美国的缅因州和佛蒙特州:一个从中央取得大量税收收入并支出,而另一个把中央和当地政府的活动混合起来。结果是,在较集权的两个相邻州,人均支出都相当高。[46]

在威伦斯基试图一般化这个解释的过程中,他认为:只有在内部的社会分裂(在经济的、种族的、宗教的和地理的集团中间)伴随着破碎的政治结构时(就如美国或者在较小程度上如瑞典),才能使政府支出慢下来。[47]我们可能会问,是阻止或扩大支出的集权或非集权政治结构形成了他们的政治机构,还是人们对政府介入的偏好形成了他们的政治结构?加拿大和美国都是联邦结构,但在政治文化上却截然不同,这两国给我们提供了点对点检验这个案例的机会。

在社会福利方面,在比欧洲民主国家支出更少这一点上,加拿大与美国很相似;但在一系列项目方面,比在其南方的邻国支出更多这一点上,加拿大却与美国不同(例如,加拿大有家庭补贴)。加拿大被认为与欧洲福利国家属于一类,而美国不是。因此,在加拿大,既没有"福利对抗性反应",也没有拆除整个福利计划的任一部分的部署。为什么没有呢?

正如罗伯特·库德勒(Robert Kudrle)和西奥多·马默(Theodore Marmor)告诉我们的那样,重视已有文化的"加拿大","原来居住着不同价值观(这些价值观来自美国)结构的人们,而这些不同仍将继续"。[48]简单地说,加拿大也有罪犯,但不会像美国那样逍遥法外。西部躲避法律的亡命之徒可能会被义务警员或当地州长临时组织的人马追捕。其北方的邻居会派遣西北装备警察,这些警察服务于中央科层的集权化组织。不管血统上是法国人还是英国人,加拿大人都来自于已建立的等级阶层,而且美国保皇党成员(他们在保护英国国王的革命战争中失败了)也加入了。从明显的历史和地理原因来看,尽管加拿大以联邦结构出现,但正如所有的观察家同意的,"加拿大中央和地方两级政府都有相当程度的中央集权"。[49]

文化的不同之处是美国有强大的市场和较弱的等级,但是等级和市场在加拿大都很强大,尽管随着人们向西部迁移,等级标准有所削弱。[50]威伦斯基认为,"有自我雇用经历的劳动力所占的比例越大,经济个人主义和伴随的抵抗福利政府的情绪就越大。"[51]立法的结果是加拿大的公共政策比美国更注重平等主义和再分配,而且它反映了部分对整体的阶层考虑,并由于市场的影响,它的政策与欧洲相比,保持了对限制总支出的更大兴趣。从1980年开始,加拿大通过把国民产出限制在合适的增加比例,通过把强大的中央政府能力和为私人企业留出发展空间的愿望结合起来,它在支出控制上比美国更成功。[52]

库德勒和马默在观察到加拿大的贸易联盟运动比美国社会党数量多以后,又继续以不同的话语支持我的观点:"总之,加拿大和美国之间意识形态的区别……似乎对福利政府的发展有相当的影响。"[53]如果一个人将纯粹思想的、脱离肉体的意识形态概念替换为更有内容的文化表达——共同的价值观使想要的社会实践合法化——那么,政策之间的区别似乎自然地就来源于生活方式的区别。

经济与政治

我们提醒一下我们自己,要阐述的问题是:(1)在工业化的民主国家中,公共支出占国民总产值的比例不断提高;(2)抵抗该比例下降的因素,即,抵消因素的缺位;(3)不管上述两方面的适用性,政府支出的巨大差异仍然将美国与其他国家区别开来。对于这个重要问题,我将使用亨里奇公式(Hinrichs's formulation,除了现在它的上限可能会增加1倍。):

一个复杂的民主工业化国家与其公共部门可能存在约20%～40%的函数关系。在这个范围之内(或之上),这一值具体落到哪一点可能不取决于结构需要(据说这项需求只有20%),而取决于意识形态承诺,或者走向"福利国家",和/或者走向对现存意识形态体系的"保护和防范"。[54]

到目前为止,民主国家的"福利"继续以二比一的优势超过"国防"开支,它们的"意识体系"、实践和价值观正是我要找的政府支出增长的解释所在。如果只是因为经济在20世纪70、80年代下滑,那么它不可能再度增长。正如盖伊·彼得斯(Guy Peters)所指出的,如果政府占GNP(国民生产总值)1/4,且支出每年以8%增长,那么2%的经济增长就可以支持政府。[55]如果政府占GNP的1/2,且支出以每年8%增长,那么就需要4%的经济增长来支撑政府,而且没有任何结余以供额外的私人消费或投资。然而许多欧洲国家的政府占GNP的比例接近或超过50%,但其经济增长却小于4%。居民税后工资的减少揭示了支持政府以经济增长率131%的速度增长的困难所在。西方民主国家经济增长和政府增长之间的差距还会直接使"统治难"的观念持续下去。

历史理论

鲁道夫·戈德沙伊德（Rudolf Goldscheid）并没有解释政府为什么增长，因为他认为（或者说在他的时代——19世纪末）其规模太小了。[56] 现代早些时候的"穷"国王可以不需要其国民的经济资助而仅凭自己的财富生活。[57] 但是，资本主义改变了这一切。它创造了"税收国家"，在这里政府收入依赖于私人部门的缴税。不巧的是，私人部门喜欢其个人收入，且不愿意放弃所得。因此，与资本主义和马克思主义者的主张相反，私人部门剥削了劳动大众。戈德沙伊德争论说，应该通过给政府属于它的财富来重组从政府那里不幸被分离出的资本。这样才可能有一个真正的混合社会。不是像马克思主义者建议的牺牲当前状态以达到一个无阶级的、未来的、不真实的社会——好像政府没有存在的必要，也不是使公众权威让位于私人部门，戈德沙伊德通过国家财产转让解决了资本主义的矛盾。

约瑟夫·熊彼特认为，"税收国家的危机"是资本主义为其自身的消亡而奠定的基础；就如马克思主义者所信奉的，不是因为资本主义失败了，而是因为它太成功了。[58] 富裕导致了人们对生产力所依赖的利润动机的蔑视。社会慈善机构的花销随着人们收入的增长而增长。最终，政府税收会变得过度以至于经济下滑，使自己变成"税负国家"。如同论述政府负载过重的文献所言，资本主义的弊端天生在于其政体：由于资产阶级不再认为其值得保护，因而富裕便导致了道德沦丧。

只要马克思主义学者坚持认为国家只是资产阶级的压迫工具，他们便无需面临福利制度的增长。无论怎样，福利也带有剥削性质。福利制度的扩张最终也变得反复无常起来：如果福利制度帮助了穷人，那么它就不完全具有剥削性；如果工人们赞成该制度——就像他们明显的行动一样——资本主义的让渡就不一定是其运行所固有的。如果国家（有时候称为政府）替人民埋单且不能提高这一贿赂，那么政府就是因为坏的理由而做了好事，但这些坏的理由最终会赶上好事。对保守主义者和马克思主义者而言，这就是赤字支出和政府增长如何成为资本主义矛盾的表现。

詹姆斯·奥康纳（James O'Connor）认为，资本主义矛盾起源于国家通过操纵市价和借福利之名缓解群众不满，同时寻求资本家利润的增长。[59] 经济投资和社会福利争夺同一种资源，导致了内耗。

艾伦·沃尔夫(Alan Wolfe)从另一角度认为,民主和权威被福利政府放在了不同的位置上。[60]他探索民主(有时称为自由)政治结构一直延伸到市场意识形态。政府寻求促进资本积累,并减少劳动力流动的障碍。由于早期的方法已经用完了,即福利支出比经济增长还快,所以政府已经精疲力竭了(沃尔夫说的是"不堪重负")。他认为官僚主义有利于分配,但不利于积累,这也是福利国家反对者先前的批判,因为福利削弱了人们的生产积极性。[61]

我可以继续引述马克思主义学者——普兰塔兹(Poulantzas)、米利邦德(Miliband)和哈贝马斯(Habermas)的著作,他们都努力说明国家不仅是资产阶级的代言人,没有必要说它好。[62]克蒂斯·奥芙(Claus Offe)认为,社会力量之间的冲突不是垂直的(阶级之间),而是水平的(一代人与一代人之间、区域之间或者道德群体之间),将这种冲突升级看作具有重要意义的分析家们与"对此感兴趣"的资产阶级学生并没有什么不同。[63]如果至少在某种程度上,国家独立于社会力量和经济阶层(马克思主义学说在两方面都可被引用),那么解释支持国家福利项目的行为便是有可能的。

作为回应,其他马克思主义学者通过表明现在所做的每一件事情都是为了增进资本家利益(虽然最后没有成功),来为潜在的资本主义"逻辑"争辩,而这一争辩显然把在马克思主义者的分析中论及的外在矛盾联系起来。根据马克思主义学说,资本主义依赖剥削,也就是剩余价值或者利润。因此,根据资本主义积累是否雄厚,或者正如他们目前所认为的,利润率是否开始下降。皮奇奥托(Picciotto)和霍洛韦(Holloway)说明了国家在不同时期如何转换职能。[64]是这样吗?证据并非是决定性的。[65]

政府扩张是能拉紧私营经济的松弛部分,还是会威胁到私人部门的生产?在这个问题上,伊恩·高夫(Ian Gough)对马克思主义思想综合性的稳步推进所做的努力值得我们借鉴:

只要较高的"社会工资"由总劳动力成本(劳动力价值)而不是利润(剩余价值)来补偿,福利支出水平的升高就无需资本积累的干涉。社会契约可以提供一种实现此目的的,并因此而解决前面分析到的福利国家矛盾(虽然是暂时)的方式。国家可以通过保证一份关于工资、价格、税负和社会福利等所有因素的契约承诺,来确保福利支出水平的不断增长,并且不产生额外的通货膨胀压力或不伤害利润率。[66]

福利国家使得政府得利合法化。由于政府和社会的关系不再预先确定,所以我们就需要细致的经验研究来探究什么正在发生。那么,威伦斯基与高夫的经验分析——对马克思主义者或任一其他社会学家所支持的利益集团活动与政府政策之间关系的经验分析——有何不同?

不同之处在于,高夫认为资本主义不可能胜利。缓慢的增长妨碍了所有集团获得更多:"改革的物质基础消失了"。[67]因此,联盟领袖和党派政治家们无法为他们的支持者分发物品。高夫认为社会生活是一个固定值;劳动者得到的多就意味着资本家得到的少;反之亦然。[68]结论总是相同的:资本主义不可能紧密结合,因为它建立在内部矛盾的基础之上。

我同意盖伊·彼得斯的观点:

关于国家财政危机的讨论,最显著的可能是市场与激进改革者(譬如马克思主义者)的相似度。他们都注意到在决定福利国家目前的状况中,政治因素与经济因素的直接关系。两批分析者们都认为的、几乎是这些社会系统所固有的、螺旋式下降是系统自身需要将其合法化的结果。对于"激进的改革派"来说,这种需要是资本主义体系和其结构弊端所固有的;然而,对于市场改革者来说,这种需要更多地以具体的政治考虑和承诺为基础,譬如保证实现充分就业,或者害怕高失业率带来的政治后果。[69]

如果政府增长是为了使其合法化,那么合法化(机构有权做决策的信念)为什么依赖于政府增长这一问题仍然存在?

正如很久以前赫伯·廷斯腾(Herber Tingsten)所说,少使用福利政策意味着愿意接受不平等结果。奥芙和沃尔夫认为,国家计划与资本主义不相容,并不一定伴随有大批的反动分子。[70]等级和市场已经并存了很长时间。坚持对失败给予补偿,并通过干涉保证所有人都不遭受损失,以此保持结果的公平性,是与资本主义不相容的,因为那样就破坏了竞争的基本原理。

利益集团理论

有时候浅显易懂的利益集团政治理论辅以政府支持的偏好,不需要宏大的理论就能说明问题。举例来说,对于中位选民,只要不影响到他们的收入,他们一直会为政府扩张投赞成票。正如赫伯特·考夫曼(Herbert Kaufman)所著的那样:

当一小股激进分子对市场上的某一方面心生不满时,他们会向政府当局请求干预。这种请求干预的行为自然会遭到抵抗,但关键是抵抗势力多且分散,所以即使成功的概率很小,还是很有可能促成政府职能的扩张。而且每一次这样的成功做法都会成为后续干预行为的一个范例。

结果是出现了一个多中心的政府系统，它由许许多多激进分子所支配的决策小岛组成。到最后，即使是之前每个领域里的反对者，如果不能说是依赖的话，也会习惯这些新的安排。当前局面的受益者会增多。反对者被同化，并赢得了政府。在决策小岛内扩张活动范围的提议更容易获得支持。人们非常关注他们自己决策小岛的情况，而很少关注别人的情况。如果别的决策小岛的占有者尊重彼此的话，每个决策小岛的占有者事实上都会承认他人的利益范围。如果说有人想要试图放弃某一职能，进而会影响到某个人的利益，那么这些占有者，无论他们之前如何为一些细节问题争得喋喋不休，也会群起而攻之。

如果一个职能单位的反对者试图进入小岛，并从内部开始改变或颠覆其政策的话，这将是一件非常困难的事，因为要打破内部人的集体垄断并非易事。因此反对者必须动员政府机构内所有其他非相关的利益团体一起——主要是立法机构——来推翻独立的决策小岛。此举并非易事，这需要耗费可观的时间、金钱，还需要坚持不懈的精神。需要做许许多多投反对票的人的工作。另一种做法是重新组建一个归顺自己的决策小岛（例如，组建一个环境部或消费者部来抵抗生产者部和销售商部）。这样你在政府里加进了一个你可以完全掌控的部门，来抵抗你所反对的部门。所有前述的内容就解释了为什么使事情逆转是非常困难的——为什么改变现状也是非常困难的。[71]

在我看来，民主环境下利益集团的活动能用来更好地解释为什么当支出达到一定水平之后就不会再下降，而不是用来解释支出为什么会增长。因为支出本身有一些特性可以保持其相对稳定，有些支出的提高必然会导致其他一些支出的减少。

日本和德国的增长速度达到了历史最高峰，而像英国、美国一些国家却没有；曼库·奥尔森（Mancur Olson）认为第二次世界大战破坏了整个利益体的结构，得到了过多的利益，致使增长速度减缓。他洞察了现代民主国家的政治组织机制，特别是大众对商品的需求，但是又不想真正为商品付钱（这是他在《集体行动的逻辑》一文基本观点的延伸），这是造成经济衰退的一个缓慢而又深刻的原因。[72]虽然之前有人调侃说一个国家与其赢得战争不如输掉战争，因为输掉战争之后经济状况会变得更好，但这是第一次根据这种说法建立的基本理论假设。

奥尔森理论的一个重要优势在于它可以解释为什么一个国家的国土面积不与其经济增长速度密切相关。因为如果是政府资源的使用放慢了资本积累的速度，从而也减少了私人投资，那么资源使用多的政府，其国家的经济增长要比资源使用少的政府来得低。所以说国家国土面积的大小与其经济增长速度之间的联系是很牵强的。特别突出的反例是，瑞典和奥地利，给这条准则的正确性带来了挑战。然而根据奥尔森的理论，不是政府管辖面积本身，而是政府对有效率做法的限制，外加对效仿别人做法的默许，两者共同妨碍了经济的增长。当什么时候对限制做法的程度进行度量成为可能时，奥尔森的理论可能会让人觉得比今天更加强大。

要不是有许多国家硬是要把奥尔森认为是灾难的东西当作治国良策的话，我更倾向于相信和推崇奥尔森关于资本主义疏忽造成的衰亡的精彩论题。福利计划的倡导者，至少在第二次世界大战之后，运用凯恩斯主义的分析方法来为政府辩护，认为政府对私人经济是有好处的。而其他为社会福利计划辩护的人认为，福利计划是维持这些政治系统的一个机制，不然的话，整个系统说不定早就崩溃了；从而也就根本不会有经济增长水平的问题。当然现在仍有人抱怨经济增长速度不尽如人意，或者比起经济积累而言，更喜欢分配。用社会学的语言来说，奥尔森的隐性功能是他们这些人的显性功能。在他们看来，当然这也是整个西方民主世界的主流观点，现在整个社会唯一的弊病是政府支出不足。

休·赫克罗（Hugh Heclo）很理性地把福利国家的增长分成了三个阶段。第一个阶段，发端于19世纪末，他把这个时代称为是实验阶段。在这个阶段，各种社会保险的提议，尤其是养老金，都提出来了。没有人明白是否每个人都应该拿相同的养老金，是否养老金应该与收入挂钩，是否只有穷人才能领取养老金，是否养老金作为一种权利，每个人都应该享受。还有关于安全问题，即防范灾祸的愿望，这与自由和平等的权利是一致的，这也是争论的焦点。第二个是巩固阶段，这个阶段一直贯穿20世纪50年代，新的关于住房、教育、医疗、失业等的政策出台了，旧的政策在政治上就变得神圣而不可侵犯。在一系列的选举中，那些反对这些政策的人无一例外地都落选了，而现存的这些政策就成为后来的政府开支项目的一部分。20世纪30年代的大萧条则彻底推翻了那些认为安全和平等问题可以完全交给私人部门处理的观点。那个时候一个普遍接受的观点是，政治的合法性和经济的增长都可以靠一系列的政策来实现，这些政策都是为了收入维持和社会服务的目的。又由于政策承诺的原因，致使一些人认为意识形态的时代已经快要终结了，因为好像每个人都很满足。第三个阶段，赫克罗称之为"扩张"，在这个阶段，政府税收的增长比经济资源的增长更快，而且总支出增长得更快。在每个国家，最终的结果都是公共部门从国民经济产品中分享的份额逐渐增多。[73]第二次世界大战之后出现了显著的经济增长，正如赫克罗提醒我们的一样，在很大程度上是出乎意料的。他认为这样的经济增长带来的结果是削弱了在政治上支持福利开支的意识和需求。"这其中的道德体系是建立在对那些落后于群体的个体进行单个补偿的基础上的，而不是共担风险……但是几乎每个人都有足够的理由和权利去申请这项或者那项补偿。"20世纪60年代末期，人们不安地再次发现了不平等的存在，再加上经济增长速度的衰退，这导致了人们的觉醒。[74]

为什么在20世纪60年代和70年代人们突然发现了结果的不平等性呢？看似没有什么内在的因素；而且许许多多的因素好像更是背道而驰。人们的生活状况是改善了，不是恶化了。福利方面的开支是增长了，不是下降了。为什么在面对这么多改善的情况下，人们要求结果平等性的愿望却更加强烈了呢？其他的解释要么在经验分析上站不住脚，要么假设最亟待解决的问题，即价值的增加是由结果的平等性所给定的。

对政府为什么会增长的解释必须结合两个趋势：它必须能解释为什么支出会增加，而且为什么它不会下降。经济增长，只要它一直能够持续，提供了一个（解决不平等问题的）便利条件；但是如果没钱可花，欲望就被资源限制住了。然而一旦资源可以获得，那么问题就变成了是把资源用于扩张私人部门，进而从绝对量上（但不是相对量上）增加国家开支；还是把资源用于扩张公共部门，这么做的代价是损失了部分私人部门的利益。可持续的经济发展使这个问题变得无关紧要；但是在困难时期，一定要做出这种选择的时候，总的开支是不会下降的，对于结果一定要维持平等性的承诺要求政府花更大的努力去维持之前的社会福利政策。政府这个时候会对市场进行干预，以促进结果的平等性。最终的情况可能会有所不同，但并不是因为最初这个非此即彼的关键决定所促成的。

"一个时代到来了，"正如安东尼·金（Anthony King）所说："我们的政府不再神神秘秘地做事……在美国，政府的影响和干预比世界上其他国家政府都要小，因为我们美国人更希望政府这么做。"[75]我的贡献在于对金的分析在两个方面做了扩展：一是在领域上，我的研究覆盖了工业民主国家；二是从组织上讲，识别了不同的社会形态，这些社会形态可以用于解释欧洲和美国的差别，而且还可以解释各欧洲国家之间的相似点。在这方面美国有自己的步调，等级制度很弱而市场关系很强，导致了福利开支较少。而欧洲国家普遍等级制度很强，而且宗派主义一般也比较强，这导致了欧洲各国福利开支都比较高；而有些宗派主义比较强的国家，其福利开支就更甚了。英国、加拿大和澳大利亚居中，因为虽然这几个国家的等级制度很强，但是市场关系也很强。

如果欧洲社会民主国家和苏联式的政府在福利开支上有相似之处的话，那么一定是因为它们有一些共同的因素，而不是因为在民主决策上不同。东欧和西欧国家之间还需要提的一点是，它们都有比较强的等级制度。

然而，它们在另外一个方面的差异却越来越大，这就是宗派主义团体。自从布尔什维克革命之后，苏联的宗派主义被摧毁了，但是西欧国家的宗派主义却日渐兴盛。[76]所以说，我可以预言，到了21世纪，西欧国家的平等肯定要比东欧国家搞得好。

宗派主义主张结果的平等，因此促使国家增加福利开支。至少我如此假设。如果这个假设成立的话，那么可以预见的是，所有为了经济平等的措施都将促使政府更早地进行再分配；宗派主义的增长要先于再分配的实现。只要其他差异不消失，政府支出占GNP的份额就会一直保持增长。而且随着宗派主义的盛行，欧洲各国政府的支出情况会逐渐趋同。公共部门的支出增长得越多，其支出情况就越相似。

佩尔茨曼法则或文化的重新思考

如果对我所提出的文化理论存在实证分析的话，它必须包括与众多瓦格纳法则——非均衡结果的增加应该在公共支出比例增加之前就存在——的追随者们所假设的缘由相反的说法。等级主义和宗派主义政治文化的崛起首先导致通过政府来重新分配财富的愿望高涨，其次，它可能提供促进政治机构完善的方法，很快（可能需要一代的时间）将引起总额及福利方面更高的公共支出。幸运的是，佩尔茨曼（Peltzman）精确地提供了我们需要的检验方法。他的发现对那些主张经济发展优先的人直接提出了挑战。

我所谓的佩尔茨曼法则主张："不公平收入的减少刺激了政府的增长。"[77]他的贡献在于更为精确地展示了公平如何影响支出。佩尔茨曼争辩说，早期纳税人之间的不公平越大，后期他们倾向于支持重新分配支出的可能性越小。

通过使用工资公平作为经济趋势的指标，佩尔茨曼归纳数据并将其与自己的理论联系起来：

20世纪英国、美国和加拿大经历的情况在几乎每个发达国家都存在。第一次世界大战前后，工资和薪水的不公平程度开始下降，但到1950年左右，下降遇阻并出现停止……第一次世界大战前后，在世界上典型的发达国家，占人口的5%阶层的收入占整个国民收入的30%……然而到1950年左右，这一比例下降到20%以下……但总体来看，政府的增长遵循了相同的路径。对于多数国家来说，政府增长的一个重要时期发生在最后25年，或发生在促进平等的主要力量开始消亡之后。如果平等的确是政府规模达到均衡的决定因素,那么滞后的调节过程则一直在控制最近的发展经验。因此,政府最近的增长可能与不平等程度而不是绝对规模的大小关系更为密切。

在20世纪50年代后期,政府规模和不平等本质上不相关。但不平等与接下来的增长之间却存在强烈的负相关关系。[78]

用欧洲以外国家的数据检验该理论,佩尔茨曼总结道,国际数据似乎能更强烈地说明某些事情。不需要除收入不平衡之外的任何因素来解释政府的增长。从我们对1960年收入不平等的了解情况看[79],我们有足够的资料写出下一个15年政府增长的历史。

值得注意的是,奥尔森历史的、发展的理论强化了佩尔茨曼的观点。由于奥尔森认为,集团通过限制竞争来寻求特别优势,因此政府与市场相比是不平等的更大源泉。[80]他同时认为(20世纪60年代早期后有一特殊的力量),"一国建立的时间越长,特殊利益集团得以形成积累所需的时间也越长,政府增长的速率也就越慢"。[81]低的增长率与重新分配收入的努力相结合,导致了规模庞大的政府。

教育水平(作为劳动技能的代表)在刺激政府支出方面所起的作用受到了特别关注。随着中产阶级的成长、教育水平的提高,阶层内收入平等的普遍化使对收入再分配政策感兴趣的(因为他们将因此而获利)、并有能力对此提供赞助(因为他们有发言权)的人口比例也随之增长。[82]

我不能预言,但我赞同佩尔茨曼开创性论文中的"大预言"(the larger message):"关于政府增长,没有什么事情是不可避免或不可阻挡的"。[83]

根据公共选择学派的文献,佩尔茨曼的基本观点是:"政府规模的大小是对有关联的利益人的回应,这些人倾向于获取或失去资源分配。"[84]我们一旦抛弃人们可能作为一个个相互孤立的个体而生存的幻想,便可以将公共选择学派的"利益"问题归为两类:一是当地利益,或者如心理学家所说的二次所得,这种情况发生在个人收入直接取决于政府行动的时候。另一种利益由于明确意识到社会交往相互影响的特点,被归结为合法化不同生活方式的共同价值观。这就是文化。所以佩尔茨曼法则(有一点点渐进主义),可以扩大到这样说:文化变化先于并统治着预算变化;今天政府规模的大小是其昨天政治文化的函数。

如何评价文化理论?与其他任一理论一样,依赖于相同的标准——一致性、说服性和不同解释的对比等。我认为,应用于预算领域的文化理论比其他任何解释都更好地回答了在开篇时关于政府增长提出的5个问题。

317

平等主义大行其道

工业化走向成熟的时代,20世纪60年代、70年代和80年代早期展现了预算的趋势:社会性计划支出增加,军费开支相对值减少而绝对值增加,税收的巨大增长无力保持两者同步。

如果文化理论正确,支出不应仅与国民收入成一定比例增长;它最具平等主义的成分应该快速增长,而平等主义最少的(譬如军费开支)则应较慢增长。这种情况确实出现了。

社会福利政策的本质是提供转移支付,并通过政治性机制来提供帮助性服务。对机制的管理最终属于公民,管理权利的实施通过一定范围的选举得以实现。

表12.1显示,从20世纪50年代中期到70年代中期,一般经济合作与发展组织国家的政府开支从占国内生产总值的不到30%增加到40%以上。在12%的增长中,5%来自于政府对商品和服务的采购——其最终消费——7%来自于转移支付和津贴的增加。因此,转移支付占政府支出的比例由30.9%增加到38.9%。

表12.1　　　　　　以经济类别区分当前价格计算的公共
支出占GDP的比例趋势——3年平均值

	1955~1957年			1974~1976年		
	最终消费	转移支付	总支出	最终消费	转移支付	总支出
澳大利亚	9.7	5.6	21.7	15.9	9.3	32.8
奥地利	12.6	11.8	29.0	16.2	15.8	39.9
比利时	11.5	10.5	—	16.2	19.3	43.0
加拿大	13.2	6.2	25.1	19.7	11.8	39.4
丹麦	12.6	7.4	25.5	24.0	15.8	46.4
芬兰	12.1	9.1	29.2	18.6	13.4	37.3
法国	14.1	15.0	33.5	14.4	21.9	41.6
德国	12.5	12.5	30.2	20.3	16.9	44.0

续表

	1955~1957年			1974~1976年		
	最终消费	转移支付	总支出	最终消费	转移支付	总支出
希腊	10.9	9.3	—	17.8	6.2	—
爱尔兰	12.5	12.5	—	20.4	19.7	49.4
意大利	11.9	10.9	28.1	13.7	21.5	43.1
日本	9.7	4.0	—	10.7	8.4	25.1
荷兰	15.1	9.3	31.1	18.0	27.3	53.9
新西兰	12.9	7.6	—	17.8	9.1	—
挪威	11.3	11.1	27.0	16.7	22.3	—
西班牙	9.2	2.9	—	9.9	11.1	25.3
瑞典	15.6	8.2	—	24.8	19.3	51.7
瑞士	9.4	6.0	—	12.1	13.6	(33.5)
英国	16.6	7.9	32.3	21.5	14.7	44.5
美国	16.7	4.5	25.9	18.8	11.2	35.1
OECD平均（不加权）	13.0	8.8	28.5	18.0	16.1	41.4

资料来源：National accounts of OECD countries, supplemented by national publications。

20世纪50年代中期到60年代中期，作为GDP一定比例的政府支出，其13%的增加中有4%与通货膨胀有关；因此，我们仍有必要对其余部分做出解释。支出的最大增长来自什么环节？社会支出中(参见表12.2)一个可观的比例被用于健康、教育和保证持久收入的计划中。

表12.2　以当前价格计算1974年经济合作与发展组织国家公共福利支出在GDP中所占的比例

	支出	教育	健康	总福利支出弹性 w.r.t. GDP
日本	2.8	2.6	3.5	1.28
澳大利亚	4.0	3.8	5.0	1.33
新西兰	6.5	4.4	4.2	1.10
加拿大	7.3	6.5	5.1	1.66

续表

	支出	教育	健康	总福利支出弹性 w.r.t. GDP
美国	7.4	5.3	3.0	1.52
英国	7.7	4.4	4.6	1.33
瑞典	9.3	5.9	6.7	1.61
挪威	9.8	4.9	5.3	1.72
丹麦	9.9	(7.0)	6.5	1.65
意大利	10.4	4.0	5.2	1.44
法国	12.4	3.0	5.2	1.25
德国	12.4	3.0	5.2	1.25
比利时	14.1	4.9	4.2	1.25
奥地利	15.3	4.0	3.7	1.17
荷兰	19.1	5.9	5.1	2.04
OECD平均（不加权）	9.5	4.9	4.9	1.42

资料来源：Derived from OECD, *Public Expenditure on Education* (except New Zealand); *Public Expenditure on Income Maintenance Programmes*。

经济合作与发展组织调查委员会报道说，在健康、教育、收入维持等方面公共支出增加的原因主要在于其涉及的范围更为广泛了。[85]许多国家的大多数人都有资格获得健康福利，1/5 的人在高等教育方面受到资助，1/10的人享受养老福利。调查委员会大胆地总结道：

过去的 10 年中，社会总体上在完成其所谓的"民主"目标方面多少有了一些进步，这类目标主要是指尽可能地扩大相关人口的覆盖比例。而在履行其更加"平等主义"的目标方面，譬如帮助社会弱势群体和经济贫困人口，只有缓慢的进步。实际上，目前为实现更广泛覆盖上的努力已经限制了福利的提高，这两个目标甚至已经发生了冲突。[86]

社会最低收入的观念已经得到很大的扩展，但收入或服务的公平化仍有很长的路要走。

当大多数福利国家在世界上崛起时，社会支出的结构数据表明其可划分为三个群体：

(1)福利政府领先者：丹麦、挪威、瑞士及荷兰在福利的所有方面都增加了开支。

(2)在养老金方面不成比例的高支出，高支出发生在古老的欧洲国家，例如，德国、意大利、法国和英国——它们仍然是欧洲的主要经济体。社会性支出发端于这些国家；英国曾经是福利国家的楷模，但现在则落后于其他国家了。

(3)英属殖民地:美国、加拿大、澳大利亚和新西兰。相对于第二群体,这些国家对教育支出较多,而对就业保障支出较少。因为经济的增长允许在不影响支出占 GDP 比例的前提下,支出的绝对值可以大大增加。从 1960 年到 20 世纪 70 年代中期,日本表现为一个较低的支出者。

在对 1954~1980 年间西方国家占主导性的预算支出进行分析的基础上,理查德·罗斯(Richard Rose)发现,尽管政府支出占国民产出的总比例是 22%,但其主要支出项目之间的增加比例差异很大,只有经济性基础设施建设(也就是道路与住房)以平均比率增加。国防开支占国民产出比例下降的国家,在维持收入、教育、健康和贷款利息方面的支出则大幅增长。以美国为例,健康方面的支出增加了 213%,而国防开支却下降了 59%。[87] 由此,我们可得出以下结论:主要支出项目之间变化的比例确实不同。除了贷款利息(它是赤字增加的结果),与收入转移有关的项目如健康(另一种平等化收入的方式)和教育(其趋势虽然不很明显,但也朝同一方向增长)都显著增长了。[88]

正如罗斯所建议的,比较国家之间与国家内部主要支出项目的增长显然是一件必须认真研究的事情。但是如果不考虑政府是否也对总支出设限,那么这种对项目的比较本身是不够的。

支出应随着国民产出增长趋势的速度而绝对增长。如果其他项目减少一定数额,必定有另外一项超出了其本应有的数量。但这种情况并未发生。某一重要项目支出增多并不意味着另一项支出减少。只有经济以同样速度增长(这也没有发生),或者,不止一次地、重复做一个增加政府在国民产出中所占份额的隐性抉择,所有项目的增加才是可能的。当平等化结果的行动成败难料——例如,保持收入、健康、教育——一个主要项目可能比其他项目更受欢迎,但相对于国民收入的比例,所有项目都绝对和相对地增长了。文化理论假设阐明得最好的正是这一平等化趋势——重新分配方案的支出稳定增长的趋势。

为什么西方国家的预算控制最终走向瓦解?明显的答案——因为政府及其组织机构希望花费更多——不应该被忽视。他们想花费在哪些方面?大体上可以用平等主义措施来衡量。在解释支持那种预算结果的政权为什么会兴起方面,我们已经给出了圆满的解答。

注　释

这是在《私人与公共》(*The Private and the Public*)一书中"公共部门增长的逻辑"的修订版,Jan-Erik Lane(Beverly Hills,Calif.：Sage,forthcoming)。

1. A. Forsman, et al., "Appendix：The Expansion of the Public Sector in Sweden

in the Postwar Period," in *Postindustrial Society*, ed, Bo Gustafsson(New York: St. Martin's Press,1979),p. 191.

2. Patrick Larkey, Chandler Stolp, and Mark Winer, "Theorizing About the Growth of Government: A Research Assessment ," *Journal of Public Policy* 1(May 1982): 157—220.

3. See ibid. for a sophisticated statement of the methodological difficulties.

4. Eliot Fredison, *Doctoring Together: A Study of Professional Social Control* (New York: Elsevier,1975);Corinne Lathrop Gilb, *Hidden Hierarchies: The Professions and Government*(New York: Harper & Row,1967);J. A. Jackson, ed. , *Professions and Professionalization* (Cambridge, England: Cambridge University Press, 1970); and Magali S. Larson, *The Rise of Professionalism : A Sociological Analysis* (Berkeley: University of California Press,1977).

5. Abraham H. Maslow, *Motivation and Personality*(New York: Harper & Row, 1954).

6. Daniel Tarschys, " The Growth of Public Expenditures: Nine Modes of Explanation," *Scandinavian Political Studies Yearbook* 10(1975) : 9—31.

7. Ibid. , p. 24.

8. Ibid. , p. 26.

9. John Kenneth Galbraith, *The New Industrial State*(New York: New American Library,1967).

10. Harold L. Wilensky and C. N. Lebeaux, *Industrial Society and Social Welfare*(New York: Russell Sage Foundation,1958).

11. Glenn H. Beyer, *Housing and Society* (New York: Macmillan,1965);Gertrude Sipperly Fish ,ed. , *The Story of Housing*(New York: Macmillan,1979) ; and Gwendolyn Wright, *Building the Dream: A Social History of Housing in America* (New York:Pantheon,1981).

12. Harold L. Wilensky, *The Welfare State and Equality*(Berkeley and Los Angeles: University of California Press,1975),p. xiii.

13. David R. Cameron, "The Expansion of the Public Economy: A Comparative Analysis,"*American Political Science Review* 72(December 1978): 1250—1260.

14. Ibid. , and Larkey et al. , "Theorizing About the Growth of Government. "

15. A. T. Peacock and J. Wiseman, *The Growth of Public Expenditures in the United Kingdom*(Princeton: Princeton University Press, 1961).

16. Richard Bird, "Wagner's 'Law' of Expanding State Activity, "*Public Finance* 26(1971): 1—26.

17. Aaron Wildavsky, *The Politics of the Budgetary Process*, 4th ed. (Boston: Little, Brown, 1984).

18. Henry Aaron, "Social Security: International Companies," *Studies in the Eco-*

nomics of Income, ed. Otto Eckstein (Washington, D. C. : Brookings Institute,1967).

19. Wilensky, *The Welfare State and Equality*.

20. Cameron,"Expansion of the Public Economy,"p. 1245.

21. Ibid. , p. 1251.

22. Aaron Wildavsky, *How to Limit Government Spending* (Berkeley and Los Angeles: University of California Press,1980).

23. Wilensky, *Welfare State and Equality*.

24. Cameron, "Expansion of the Public Economy. "

25. Richard M. Coughlin, Ideology, *Public Opinion, and Welfare Policy*, Research Series No. 42 (Berkeley: Institute of International Studies, University of California Press),pp. 95—101.

26. Ibid. , pp. 105—106.

27. Ibid. , p. 108.

28. Ibid. , p. 111.

29. Ibid. , p. 131.

30. Ibid. , p. 122.

31. Ibid. , Chapter 2.

32. Ibid. , p. 30.

33. Ibid. , p. 138—142.

34. Edward M. Gramlich and Daniel L. Rubinfeld,"Voting on Public Spending: Differences Between Public Employees, Transfer Recipients, and Private Workers," *Journal of Policy Analysis and Management* 1(Summer 1982): 516—533.

35. Christopher Hewitt, "The Effect of Political Democracy and Social Democracy on Equality in Industrial Societies: A Cross-National Comparison,"*American Sociological Review* 42(June 1977):450—463.

36. Robert Jackman,*Politics and Social Equality:A Comparative Analysis* (New York : Wiley & Sons,1975). Frank Parkin, *Class Inequality and Political Order*(New York: Praeger,1971).

37. Harold L. Wilensky, "Leftism, Catholicism, and Democratic Corporatism: The Role of Political Parties in Recent Welfare State Development, " in *The Development of Welfare States in Europe and America*, ed. Peter Flora and Arnold J. Heidenheimer (New Brunswick, N. J. : Transaction, 1981),p. 350.

38. Hewitt,"The Effect of Political Democracy. "

39. Pryor,*Public Expenditures in Communist and Capitalist Nations*.

40. Wilensky,*The Welfare State and Equality*,p. 45.

41. Wilensky,"Leftism, Catholicism , and Democratic Corporatism. "

42. Francis G. Castles, *The Social Democratic Image of Society*(London: Routledge & Kegan Paul, 1978) and Francis G. Castles and Sten G. Brog, " The Influence

of the Political Right on Public Income Maintenance Expenditure and Equality,"*Political Studies* 29, no. 4(December 1981): 604—621.

43. Joseph White 关于 Wilensky 和 Castles 之间不同点的建议让我受益匪浅。

44. Castles, *Social Democratic Image*, p. 75.

45. Wilensky,*Welfare State and Equality*, pp. 52ff.

46. J. Fred Giertz, "Centralization and Government Budge Size," *Publius* 2, no. 1 (Winter 1981): 119—128.

47. Wilensky,*Welfare State and Equality*, pp. 53—54.

48. Robert T. Kudrle and Theodore R. Marmor,"The Development of Welfare States in North America,"*The Development of Welfare States in Europe and America*. ed. Peter Flora and Arnold J. Heidenheimer (New Brunswick, N. J.: Transaction, 1981). p. 89.

49. Ibid., p. 90.

50. Seymour M. Lipset,*Agrarian Socialism: The Cooperative Commonwealth Federation in Saskatchewan* (Garden City, N. J.:Anchor, 1968).

51. Wilensky, *Welfare State and Equality*, p. 61.

52. Kudrle and Marmor ,"Development of Welfare States"; Aaron Wildavsky, "From Chaos Comes Opportunity: The Movement Toward Spending Limits in American and Canadian Budgeting,"*Canadian Public Administration 26* , no. 2 (Summer 1983): 163—181; G. Bruce Doern, ed., *How Ottawa Spends Your Tax Dollars* (Toronto: James Lorimer, 1981); and G. Bruce Doern, ed.,*Spending Tax Dollars: Federal Expenditures 1980—1981* (Ottawa: Carleton University Press,1981).

53. Kudrle and Marmor ,"Development of Welfare States,"p. 112.

54. Harley H. Hinrichs, *A General Theory of Tax Structure Change During Economic Development* (Cambridge , Mass.: Harvard University Press,1966),pp. 9—10.

55. B. Guy Peters, "Fiscal Strains on the Welfare State: Causes and Consequences,"*Fiscal Stress and Public Policy*, ed. Charles H. Levine and Irene Rubin, Sage Yearbooks in Politics and Public Policy 9 (Beverly Hills, Calif.: Sage, 1980):42.

56. Rudolf Goldscheid, " A Sociological Approach to Problems in Public Finance," *Classics in the Theory of Public Finance*, ed. Richard A. Musgrave and Alan T. Peacock (New York :St. Martin's Press,1967).

57. Carolyn Webber and Aaron Wildavsky, *A History of Taxation and Expenditure in the Western World* (New York: Simon & Schuster, forthcoming, 1986),Chapter 5.

58. Joseph A. Schumpeter, "The Crisis of the Tax State,"*International Economic Papers* 4, trans. W. F. Stolper and R. A. Musgrave (London: Macmillan, 1954).

59. James O'Connor, *The Fiscal Crisis of the State* (New York: St. Martin's Press. 1975).

60. Alan Wolfe, The Limits of Legitimacy (New York: Free Press, 1977).

61. See Jeffrey Straussman's review of Wolfe, "Spending More and Enjoying It Less: On the Political Economy of Advanced Capitalism,"*Comparative Politics*(January 1981), pp. 235—252.

62. Nicos Poulantzas, *Classes in Contemporary Capitalism* (London : NLB , 1975); Nicos Poulantzas, *Political Power and Social Classes* (London: Verso, 1978); Ralph Miliband, *The State in Capitalist Society* (London: Wiedenfeld and Nicolson, 1969); Ralph Miliband, *Marxism and Politics* (Oxford : Oxford University Press, 1977); Jürgen Habermas, *Legitimation Crisis* (Boston: Beacon Press, 1975); and Jürgen Habermas , *Communication and the Evolution of Society*(Boston: Beacon Press, 1979).

63. Clause Offe, "Political Authority and Class Structures: An Analysis of Late Capitalist Societies," *International Journal of Sociology* 2 (1972): 73—108.

64. Ian Gough, "Theories of the Welfare State: A Critique,"*International Journal of Health Services* 8, no. 1(1978): 27—40 and Ian Gough, *The Political Economy of the Welfare State*(London and Basingstoke: Macmillan & Co. , 1979).

65. Richard A. Musgrave, "Leviathan Cometh—Or Does He?," *Tax and Expenditure Limitations*, ed. Helen F. Ladd and T. Nicholas Tideman (Washington, D. C. : Urban Institute, 1981), pp. 375ff.

66. Gough,*Political Economy of the Welfare State*, pp. 149—150.

67. Ibid. , p. 151.

68. Ibid. , p. 150.

69. B. Guy Peters, "Fiscal Strains on the Welfare State,"p. 30.

70. Clause Offe, *Wolfahrtsstaat und Massenloyalitat* (Koln: Kiepenheuer und Witsch , (1975); *Industry and Inequality: The Achievement Principle in Work and Social Status* (London: Edward Arnold, 1976); Alan Wolfe, *Limits of Legitimacy*; and *The Seamy Side of Democracy : Repression in America*, 2nd, ed. (New York: Longman, 1978).

71. 写给 Aaron Wildavsky 的信。

72. Mancur Olson, *The Rise and Decline of Nations: Economic Growth, Stagflation, and Social Rigidities*(Cambridge, Mass. : Yale University Press, 1982).

73. Huge Heclo,"Toward a New Welfare State?,"*in The Development of Welfare States in Europe and America*, ed, Peter Flora and Arnold J. Heidenheimer(New Brunswick, N. J. : Transaction, 1981), p. 394.

74. Ibid. , pp. 398—399.

75. Anthony King, "Ideas, Institutions and the Policies of Governments: A Comparative Analysis : Part Ⅲ,"*British Journal of Political Science* 3 (October 1973): 409—423.

76. Leonard Shapiro,*The Origin of the Communist Autocracy: Political Opposi-

tion in the Soviet State: *First Phase*, 1917—1922 (New York: Praeger, 1965); and Robert Vincent Daniels, *The Conscience of the Revolution*: *Communist Opposition in Soviet Russia* (New York: Simon & Schuster, 1969).

77. Sam Peltzman, "The Growth of Government," *The Journal of Law and Economics* 23 (October 1980): 209—288.

78. Ibid., pp. 262—263.

79. Ibid., p. 265.

80. Ibid., *Rise and Decline of Nations*, p. 173.

81. Ibid., p. 97.

82. Ibid., p. 285.

83. Peltzman, "Growth of Government," p. 287.

84. Ibid.

85. OECD Studies in Resource Allocations, *Public Expenditure Trends* (June 1978) and, from the same series, *Public Expenditure on Income Maintenance Programmes* (July 1976), *Public Expenditure on Education* (July 1976), and *Public Expenditure on Health* (July 1977).

86. OECD, Trends, pp. 26 and 30.

87. Richard Rose, "The Programme Approach to the Growth of Government" (paper prepared for the American Political Science Association Annual Meeting, Chicago, September 1—4, 1983).

88. Ibid.